高等职业院校国家技能型紧缺人才培养培训工程配套教材·汽车运用与维修专业

汽车运用基础

（第3版）

张永杰　代绍军　主　编
柴慧理　主　审

電子工業出版社
Publishing House of Electronics Industry
北京·BEIJING

内容简介

本书是高等职业教育汽车运用类专业规划教材，是按照教育部颁布的《汽车运用与维修专业领域技能型紧缺人才培养培训指导方案》的要求，紧密结合当前汽车后市场职业岗位对人才职业能力和职业素养的实际需求而编写的。既有较强的理论性、实践性，又有较强的综合性。在内容上突出了针对性和实用性。

本书共分 5 章，系统地介绍了汽车运用概述、汽车选购知识、汽车的合理使用、汽车使用中的管理、汽车的运用效率和成本等内容。

本书可供高等职业院校汽车类各专业教学使用，也可作为汽车运用行业岗位的培训教材，同时可供汽车运用部门的工程技术人员、技术管理人员学习参考。

图书在版编目（CIP）数据

汽车运用基础 / 张永杰，代绍军主编. —3 版. —北京：电子工业出版社，2014.9
高等职业院校国家技能型紧缺人才培养培训工程规划教材. 汽车运用与维修专业
ISBN 978-7-121-24075-1

Ⅰ. ①汽…　Ⅱ. ①张…　②代…　Ⅲ. ①汽车－应用－高等职业教育－教材　Ⅳ. ①U471.2

中国版本图书馆 CIP 数据核字（2014）第 187048 号

策划编辑：程超群
责任编辑：郝黎明
印　　刷：北京虎彩文化传播有限公司
装　　订：北京虎彩文化传播有限公司
出版发行：电子工业出版社
　　　　　北京市海淀区万寿路 173 信箱　邮编 100036
开　　本：787×1 092　1/16　印张：16.5　字数：422 千字
版　　次：2005 年 8 月第 1 版
　　　　　2014 年 9 月第 3 版
印　　次：2021 年 7 月第 6 次印刷
定　　价：35.00 元

凡所购买电子工业出版社图书有缺损问题，请向购买书店调换。若书店售缺，请与本社发行部联系，联系及邮购电话：（010）88254888，88258888。。

质量投诉请发邮件至 zlts@phei.com.cn，盗版侵权举报请发邮件至 dbqq@phei.com.cn。

本书咨询联系方式：（010）88254577，ccq@phei.com.cn。

前　言

为贯彻落实教育部颁布的《汽车运用与维修专业领域技能型紧缺人才培养培训指导方案》的精神，在电子工业出版社的倡导和组织下，按照教育部关于开发技能型紧缺人才培养培训工作的要求，紧密结合当前汽车后市场职业岗位对人才职业能力和职业素养的实际需求，编写了高等职业教育技能紧缺型人才汽车运用与维修专业规划教材，可作为高等职业院校开设汽车运用课程的相关专业教材，也可作为汽车运用部门工程技术人员、技术管理人员的参考资料，同时也可作为社会人员系统了解汽车运用相关知识的学习资料。

自 2005 年本书第 1 版面世以来，得到了各方读者的充分肯定，此次为继 2008 年第 2 版之后的第 3 版修订。

本书共分 5 章，系统地介绍了汽车运用概述、汽车选购知识、汽车的合理使用、汽车使用中的管理、汽车的运用效率和成本等内容。

本书的编写符合国家对技能型紧缺人才培养培训工作的要求，注重以就业为导向，以能力为本位，面向市场，面向社会，以为经济结构调整和科技进步服务为原则，体现了职业教育的特色，满足了汽车运用技术领域高素质专业实用人才培养的需要。

本书在组织编写过程中，认真总结了交通职业院校多年来的专业教学经验，吸收先进的职业教育新理念和新方法，使本书既有较强的理论性、实践性，又有较强的综合性，在内容上突出了针对性和实用性。该课程虽不是必修的核心课程，但从内容上做到了对核心课程的必要补充和衔接。

本书由云南交通职业技术学院张永杰、代绍军担任主编，由山西交通职业技术学院柴慧理担任主审。第 1、2 章由张永杰编写，第 3 章由云南交通职业技术学院杨维和编写，第 4、5 章由代绍军编写。

本书在编写过程中，得到了云南交通职业技术学院、山西交通职业技术学院及其他相关院校和人员的大力支持，在此表示感谢。

由于编者水平有限，书中难免存在缺点和错误，诚恳期待广大读者及有关专家给予批评指正，以便修正。

编　者

目　录

第1章　汽车运用概述……………………………………………………………………（1）
1.1　汽车概述……………………………………………………………………（1）
1.1.1　汽车发展历史……………………………………………………………（1）
1.1.2　汽车工业在国民经济中的地位和作用……………………………………（6）
1.1.3　汽车的基本结构…………………………………………………………（8）
1.1.4　汽车的技术参数…………………………………………………………（9）
1.1.5　汽车的分类……………………………………………………………（10）
1.1.6　车辆识别代号编码和汽车产品型号编制规则……………………………（13）
1.1.7　整车标志、车型标牌和汽车家谱…………………………………………（17）
1.1.8　汽车行驶的基本原理……………………………………………………（21）
1.1.9　汽车专业术语与常识……………………………………………………（24）
1.1.10　汽车技术发展和汽车的未来……………………………………………（30）
1.2　汽车的使用性能……………………………………………………………（39）
1.2.1　概述……………………………………………………………………（39）
1.2.2　汽车的动力性…………………………………………………………（39）
1.2.3　汽车的燃料经济性………………………………………………………（41）
1.2.4　汽车行驶的安全性………………………………………………………（41）
1.2.5　汽车行驶的舒适性………………………………………………………（43）
1.2.6　汽车的操纵稳定性………………………………………………………（45）
1.2.7　汽车的通过性…………………………………………………………（46）
1.2.8　汽车容载量……………………………………………………………（46）
1.2.9　汽车的使用方便性………………………………………………………（47）
1.3　汽车的使用条件与运行工况…………………………………………………（47）
1.3.1　概述……………………………………………………………………（47）
1.3.2　气候条件………………………………………………………………（48）
1.3.3　道路条件………………………………………………………………（49）
1.3.4　运输条件………………………………………………………………（50）
1.3.5　汽车高速公路的使用条件………………………………………………（51）
1.3.6　汽车运用效率…………………………………………………………（51）
1.3.7　汽车运行技术条件………………………………………………………（52）
1.3.8　汽车运行工况…………………………………………………………（53）
1.4　汽车使用寿命………………………………………………………………（54）
1.4.1　概述……………………………………………………………………（54）
1.4.2　汽车使用寿命的评价指标………………………………………………（56）
1.4.3　影响汽车经济使用寿命的因素……………………………………………（57）
思考与练习……………………………………………………………………（59）

第 2 章　汽车选购知识…………（60）
2.1　汽车使用价值分析…………（60）
2.1.1　概述…………（60）
2.1.2　汽车价值分析…………（61）
2.1.3　汽车投资效果的测算…………（62）
2.2　汽车使用费税及相关法规…………（63）
2.2.1　车辆购置附加税…………（63）
2.2.2　车船使用税…………（64）
2.2.3　通行费和过渡费…………（65）
2.2.4　燃油附加税政策…………（66）
2.3　汽车的选购…………（67）
2.3.1　汽车的合理配置…………（67）
2.3.2　汽车选购的基本步骤…………（68）
2.3.3　汽车的择优选购…………（68）
2.3.4　新车的选购…………（68）
2.3.5　二手车的选购…………（75）
2.3.6　个人选购汽车时应注意的问题…………（79）
2.3.7　社会车辆政府采购的法律、法规和招、投标程序…………（81）
2.3.8　汽车购买手续及汽车质量问题的解决…………（83）
思考与练习…………（84）
第 3 章　汽车的合理使用…………（85）
3.1　汽车常用运行材料…………（85）
3.1.1　汽车燃料…………（85）
3.1.2　汽车润滑材料…………（98）
3.1.3　汽车特种工作液…………（108）
3.1.4　汽车轮胎…………（115）
3.2　汽车的安全使用…………（127）
3.2.1　道路交通事故…………（127）
3.2.2　我国道路通行原则及行驶规定…………（134）
3.2.3　道路交通安全管理法规…………（136）
3.2.4　汽车驾驶与安全行驶…………（138）
3.2.5　机动车运行安全技术条件…………（141）
3.2.6　车辆装备、装载与安全…………（144）
3.2.7　车辆的日常维护与安全…………（147）
3.3　汽车在一般条件下的合理使用…………（149）
3.4　汽车在特殊条件下的合理使用…………（152）
3.4.1　汽车在走合期内的合理使用…………（152）
3.4.2　汽车在低温条件下的合理使用…………（155）
3.4.3　汽车在高温条件下的合理使用…………（157）
3.4.4　汽车在山区或高原条件下的使用…………（158）

3.4.5 汽车在无路或坏路条件下的合理使用……（160）
3.5 汽车技术状况的变化及检测……（162）
3.5.1 汽车技术状况及其变化分析……（162）
3.5.2 汽车技术状况的分级与评定……（167）
3.5.3 汽车诊断技术……（169）
3.6 汽车公害及其控制……（172）
3.6.1 汽车排放污染及其防治……（172）
3.6.2 汽车噪声及其控制……（186）
3.6.3 汽车电波公害……（193）
3.6.4 交通事故……（194）
思考与练习……（194）
第 4 章 汽车使用中的管理……（196）
4.1 汽车的户籍管理……（196）
4.1.1 车辆管理概述……（196）
4.1.2 汽车的注册登记……（197）
4.1.3 汽车的过户登记……（199）
4.1.4 汽车转出与转入登记……（200）
4.1.5 汽车变更登记……（201）
4.1.6 汽车抵押、注销登记……（202）
4.1.7 车辆管理概述……（202）
4.1.8 汽车其他管理规定……（203）
4.2 汽车保险……（203）
4.2.1 汽车保险的项目及范围……（203）
4.2.2 汽车投保的程序……（205）
4.2.3 汽车保险的索赔与理赔……（206）
4.2.4 机动车交通事故责任强制保险……（209）
4.3 汽车检测与审验……（210）
4.3.1 汽车检测与审验概述……（210）
4.3.2 汽车检测站……（213）
4.3.3 汽车年检及审验的内容及标准……（215）
4.4 汽车维护……（219）
4.4.1 汽车维护概述……（219）
4.4.2 汽车的定期维护……（222）
4.4.3 汽车的非定期维护……（226）
4.5 汽车修理……（230）
4.5.1 汽车修理概述……（230）
4.5.2 汽车修理工艺……（233）
4.5.3 汽车维修质量控制……（237）
4.6 旧机动车鉴定评估……（241）
4.6.1 旧汽车评估合法手续检查……（242）

4.6.2 汽车的技术状况鉴定……(242)
4.6.3 旧汽车成新率的确定……(244)
4.7 汽车报废拆解与回收利用处理……(246)
4.7.1 汽车报废……(246)
4.7.2 全生命周期的汽车利用……(246)
思考与练习……(248)
第5章 汽车的运用效率和成本……(249)
5.1 汽车运输工作过程和运输工作条件……(249)
5.1.1 汽车运输工作过程……(249)
5.1.2 汽车运输效果和运输质量……(250)
5.1.3 汽车运输工作条件……(251)
5.2 汽车利用程度评价指标……(252)
5.3 汽车运输生产率……(253)
5.4 汽车运输成本……(254)
思考与练习……(255)
参考文献……(256)

第 1 章　汽车运用概述

1.1　汽车概述

从 1886 年世界第一辆汽车问世至今，汽车因投资小、见效快、灵活机动、适应性强、货物周转快、可实现门到门直达运输等诸多优点而得到快速发展。极大地方便了人们的工作和生活，因此备受青睐。随着国民经济的蓬勃发展，汽车已经一跃成为当前极为重要的交通运输工具。汽车工业进而成为各个国家经济的重要组成部分。汽车已渗透到现代社会活动的各个方面，从生产活动到日常生活，从体育竞技到军事活动，哪里都离不开汽车。汽车在实际使用中应满足高运输生产率、低运输成本、安全可靠和舒适方便等工作要求。汽车为了适应这些工作要求，必须研究汽车与运行条件相适应的运行状况，保持汽车良好的使用性能，以发挥最大的工作效益和延长汽车的使用寿命。汽车的运用依赖于一定的外界条件，运行条件是决定汽车能否运行的重要因素。

汽车的概念与科学技术发展有着密切的联系，在不同的时期和国家其含义不同。“汽车”英文原意为“自动车”（Automobile），在日本也称为“自动车”，日本汉字中的“汽车”则是我们所说的“火车”，我国“汽车”的叫法是由于早期的汽车是由蒸汽机驱动的。

美国汽车工程师学会标准 SAE J 687C 中对汽车的定义是：由本身动力驱动，装有驾驶装置，能在固定轨道以外的道路或地域上运送客货或牵引车辆的车辆。

日本工业标准 JIS K 0101 中对汽车的定义是：自身装有发动机和操纵装置，不依靠固定轨道和架线能在陆上行驶的车辆。

以上两种定义的汽车范围都较我国的广，它们可以包括二轮摩托车和三轮摩托车，接近于我国道路汽车所指的范围。我国国家标准 GB/T3730.1—2001《汽车和挂车类型的术语和定义》中对汽车的定义是：由动力装置驱动，具有四个和四个以上车轮的非轨道承载的车辆，主要用于载运人员和（或）货物、牵引载运人员和（或）货物以及其他特殊用途的车辆。

我国汽车产品具有以下特征：

（1）车辆自身带有动力装置并依靠动力装置驱动运行。

（2）具有四个或四个以上车轮，但车轮不得依靠轨道运行。

（3）动力能源应随车携带，不得在运行途中依靠地面轨道或架空线取得。

（4）车辆的主要用途是载送人员或货物，牵引载送人员或货物的车辆，或者其他特殊用途，一般不包括自行式作业机械。

1.1.1　汽车发展历史

1．世界汽车发展历史

汽车自 19 世纪末诞生以来，已经走过了风风雨雨的一百多年。从卡尔·苯茨造出的第一辆速度为 18km/h 的三轮汽车到现在，竟然诞生了从速度为 0 加速到 100km/h 只需要三秒钟多点的超级跑车。这一百多年，汽车以惊人的速度发展着。同时，汽车工业也造就了多位巨人，他们创建了通用、福特、丰田、本田这样一些在各国经济中举足轻重的著名公司。回望这段历史，可品味到其中的辛酸与喜悦，体会到汽车给人类带来的种种欢乐与梦想。

汽车同其他现代高级复杂工具（如电子计算机等）一样，并非是哪一个人坐在那里发明的。发明之初的汽车也不是现在这个样式。汽车的发展也有一个漫长的历程，总的来说，汽车发展史可以分为蒸汽机发明前、蒸汽汽车的问世、大量流水生产汽车开始三个阶段。

人类最初的工作劳动完全是由自身来完成的，根本没有什么汽车和发动机。随着人类的进步与发展，人们对自然界的认识越来越深，利用自然、改造自然的能力日益加强，人们不仅知道使用人力、畜力，而且知道使用水力、风力及其他动力。

在 1705 年，纽可门首次发明了不依靠人和动物来做功而是靠机械来做功的实用化蒸汽机。这种蒸汽机用于驱动机械，于是产生了划时代的第一次工业革命。随着蒸汽驱动的机械即汽车的诞生，人类社会便拉开了永无休止的汽车发展的序幕。

由于蒸汽汽车本身又笨又重，乘坐蒸汽汽车又热又脏，为了改进这种发动机，艾提力·雷诺（Etience Lenor）在 1800 年制造了一种与燃料在外部燃烧的蒸汽机（即外燃机）所不同的发动机，让燃料在发动机内部燃烧，人们后来称这类发动机为内燃机。

1876 年康特·尼古扎·奥托（Count Nicholas Otto）又发明了对进入汽缸的空气和汽油混合物先进行压缩，然后点火的发动机，提高了发动机效率。这种发动机具有进气、压缩、做功、排气四个行程，为了纪念奥托的发明，人们把这种循环称为奥托循环。

1879 年德国工程师卡尔·苯茨（Kart Benz），首次试验成功一台二冲程试验性发动机。1883 年 10 月，他创立了“苯茨公司和莱茵煤气发动机厂”，1885 年他在曼海姆制成了第一辆苯茨专利机动车，该车为三轮汽车，采用一台两冲程单缸、0.9hp 的汽油机，此车具备了现代汽车的一些基本特点，如火花点火、水冷循环、钢管车架、钢板弹簧悬架、后轮驱动前轮转向和制动手把等。与此同时在 1883 年就与威廉·迈巴赫合作制成了第一台高速汽油试验性发动机的德国人戴姆勒（Daimler）又在迈巴赫的协助下，于 1886 年在巴特坎施塔特制成了世界上第一辆“无马之车”。该车在买来的一辆四轮“美国马车”上装用他们制造的功率为 1.1hp，转速为 650rpm 的发动机后，以 18km/h 的当时所谓“令人窒息”的速度从斯图加特驶向康斯塔特，世界上第一辆汽油发动机驱动的四轮汽车就此诞生了。实际表明，此车使用良好。第二年苯茨第一次把三轮汽车卖给了一个法国巴黎人，由于这种三轮汽车设计可靠，选材和制造精细，受到了好评，销路日广。

由于上述原因，人们一般都把 1886 年作为汽车元年，也有些学者把卡尔·苯茨制成第一辆三轮汽车之年（1885 年）视为汽车诞生年。苯茨和戴姆勒则被尊为汽车工业的鼻祖。这是汽车发展史上的第二件大事。

需要说明的是，那时的汽车司机必须是勇敢、机智的机械修理工，在许多场合下他不得不“从汽车内爬出或爬到汽车下”或者到乡下铁匠那儿去修车，所以一般人是望车莫及的。尽管如此，坐在极为嘈杂和振动非常厉害的机械上，不仅要饱受路人的嘲笑和日晒雨淋，而且全然没有今日司机的舒适和气派，况且马车手认为汽车抢占了他们的生意，当汽车与马车并行时，他们常常扬起皮鞭抽打汽车司机。

进入 20 世纪以后，汽车不再仅是欧洲人的天下了，特别是亨利·福特（Henry Ford）在 1908 年 10 月开始出售著名的“T”型车时，这种车产量增长惊人，短短 19 年，就生产了 1500 辆。此间，在 1913 年福特汽车公司还首次推出了流水装配线的大量作业方式，使汽车成本大跌，于是汽车价格下降，汽车不再仅仅是贵族和有钱人的豪华奢侈品了，它开始逐渐成为大众化的商品。同时，美国汽车成为世界宠儿，福特公司也因此成为名副其实的汽车王国。所以人们说，汽车发明于欧洲，但获得大发展却是在20世纪30年代的美国。福特公司采用流水作业生产汽车，在汽车发展史上树起了第三块里程碑。

短短几年时间，汽车已经从一种实验性的发明转变为关联产业最广、工业技术波及最大的综合性工业。汽车、钢铁、建筑这三大工业曾被誉为“三大支柱”，而汽车工业更是美国工业骄傲的象征，长期以来，他们一直以研究豪华小汽车为主。但当1973年首次发生石油危机时，美国汽车工业便受到很大的冲击，而日本似乎对此早有察觉，他们大量研制生产的小型节油汽车，终于在1980年把美国赶下了“汽车王国”的宝座并取而代之。

日本真可谓“后起之秀”，当历史进入20世纪，日本出现第一辆汽车，几年后日本人才开始研制汽车。但谁又能料到，1925年才第一次出口汽车（向我国上海）的日本，60年后竟然出口汽车达6400万辆，登上了“汽车王国”的宝座。这件事引起了全世界的广泛关注，成为汽车发展史上一个特大新闻。当然美国也决不会就此罢休，到底“鹿死谁手”还很难预料。未来的汽车市场仍是世界市场中竞争最为激烈的市场。

为了占领未来汽车市场，如今已有许多公司把各种先进技术和装备，如微型电子计算机、无线电通信、卫星导航等新技术、新设备、新方法和新材料广泛应用于汽车工业中，汽车正在走向自动化和电子化。有了卫星导航系统，汽车可接收交通卫星的通信资料，确定汽车所在位置，从而自动提供最优行车路线，并且显示出交通图；汽车的雷达系统可以把障碍物的距离和大小告诉给驾驶员，这样停车就更容易；而语言感知系统可以用图、表和声音告诉驾驶人员汽车的各个部位情况，此外还可按“音”行事，执行驾驶有关指令等。另外，汽车的能耗、排放废气、噪声和污染等公害也日盖减小，安全性、使用方便性将日益提高，即使再次发生石油危机，汽车工业也不会受到很大的影响。专家们认为，汽车是当前世界最主要的交通工具，在将来它仍然是世界上的主要交通工具，别的任何公共交通工具都不可能完全把汽车取代。

2. 中国汽车发展历史

根据中国汽车工业发展的历程，中国汽车工业的发展大致可以分成三个阶段。

第一个阶段：中国汽车工业1953年诞生，到1978年改革开放前初步奠定了汽车工业发展的基础。汽车产品从无到有。

第二个阶段：1978年到20世纪末。中国汽车工业获得了长足的发展，形成了完整的汽车工业体系。从载重汽车到轿车，开始全面发展。这一阶段是我国汽车工业由计划经济体制向市场经济体制转变的转型期。这一时期的特点是：商用汽车发展迅速，商用汽车产品系列逐步完整，生产能力逐步提高。具有了一定的自主开发能力。重型汽车、轻型汽车的不足得到改变。轿车生产奠定了基本格局和基础。我国汽车工业生产体系进一步得到完善。随着市场经济体制的建立，政府经济管理体制的改革，企业自主发展、自主经营，大企业集团对汽车工业发展的影响越来越大。汽车工业逐步摆脱了计划经济体制下存在的严重行政管理的束缚。政府通过产业政策对汽车工业进行宏观管理。通过引进技术、合资经营，使中国汽车工业产品水平有了较大提高。摸索了对外合作、合资的经验。

第三个阶段：进入21世纪以后。中国汽车工业在中国加入WTO后，市场规模、生产规模迅速扩大；全面融入世界汽车工业体系。

目前，我国汽车工业已经与国际接轨，达到WTO的发展中国家的平均水平，放开汽车市场，今后我国汽车工业将面临更广泛的国际合作、竞争与机遇。

3．未来汽车发展趋势

美国《汽车新闻》、《汽车工程》等杂志对目前每年生产的5千万辆左右的汽车进行了统计分析，预测出未来汽车技术的发展趋势。

（1）乘用车柴油机化的比例将越来越高。随着柴油机技术的不断发展，特别是小型高速直喷式柴油机技术的日趋完善，使其较汽油机更为经济、排放量更低，因此装用柴油机的车型将越来越受欢迎。有专家预测，十年以后，世界乘用车市场柴油机化的比例将超过50%。

（2）电动汽车将进入实用阶段。随着低价格、高能量和长寿命新型电池的研究发展，以及人们对环保的强烈呼声，电动汽车将越来越多地在各大城市取代石油能源汽车成为一种代步工具。

实际上，今天汽车能源由石油占据绝对优势的局面已经被打破，尽管石油能源汽车在未来三四十年内仍会保持领先，但由于燃气汽车、醇类汽车及电动汽车的迅速发展，石油能源汽车很快将走下坡路。专家预计，到21世纪中叶其下降速度将急剧增快。就整个21世纪而言，呈现在人们面前的将是汽油汽车、柴油汽车、燃气汽车、醇类汽车、电动汽车、氢气汽车及其他多种能源汽车活跃的多级模式。21世纪中叶之后，上升势头最猛的非电动汽车莫属。到21世纪末，汽油汽车和柴油汽车可能已经或即将退出历史舞台，燃气汽车也成了强弩之末，电动汽车势必稳取汽车世界的霸主宝座。

（3）汽车安全标准将会更加严格。为保证汽车安全，今天选装或正在研发的许多安全装置，如ABS、EBS、智能气囊（含侧面）、三点自动上肩式安全带、防侧撞杆等均将逐渐成为标准装备。

（4）汽车排放标准将会更加严格。如美国2007年开始执行的EPA2007排放标准要求将EPA2004中规定的微粒物（PM）减少90%，氮氧化合物（NO_x）减少95%。同时，对柴油品质也做出规定：石油公司必须将柴油含硫量按目前标准减少97%，仅占百万分之十五。

（5）降低油耗将成为各大汽车制造厂商制胜市场的首选课题。随着近年国际燃油价格的不断攀升，低使用成本的低油耗车型成为市场上的抢手货。专家预计，在采取各种措施后，未来轿车的油耗能从目前6.0L/100km的水平降到4.0L/100km，甚至3.0L/100km。

（6）使用更多替代钢、铁的轻质材料，以降低车辆自重。铝合金、镁合金、工程塑料及碳素纤维等轻质材料在汽车制造上的应用将越来越多。

（7）各种电子、电控、智能装置将越来越多地应用在汽车上。如电子防盗门锁、电控可变技术、智能驾驶等。

（8）前轮驱动汽车的比例将不断增加，发动机横置技术进一步发展。因为这两种技术将使汽车的经济性大大改善。

（9）通信、网络技术在汽车，尤其是商用车上的应用越来越普遍。如在美国现代卡车上，现已全面应用GPS技术，实现卫星监控和导航技术。在最新型号的重卡车上，驾驶室有键盘和显示器，装置一个称为全线通（OmniTRACS）的移动通信和跟踪网络系统，将GPS、GIS、通信、计算机、物流技术融为一体，不仅为交通运输业提供卫星定位、双向通信、网上发布（车、货）动态信息，使货主能通过因特网方便地查询托运货物的动态情况，还能够与企业现有的调度、财务和仓储等系统集成，实现物流管理的一体化和全面自动化。

（10）重型载货汽车向高吨位发展。在20世纪50年代，重型载货车的最大功率约150kW（近200hp），20世纪90年代末已提高到最大功率约440kW（近600hp），40年内提高了3倍。有专家预测，在未来的50年内，重卡车的最大功率将达到735kW（1000hp），汽车总质量将达到 100t。

4．汽车工业及其发展趋势

随着经济全球化进程不断加深和科技不断进步，世界范围内的汽车产业从产业技术、生产经营以及销售等方面都呈现出了与以往截然不同的发展趋势。自 1886 年德国人卡尔·本茨发明了世界上第一台以汽油为动力的汽车以来，世界汽车工业已经经历了一百多年的发展历程。中国的汽车工业从 1953 年开始发展到现在，已经走过了 60 多年的历史，从艰苦奋斗创业到现在的汽车生产大国，经历了风风雨雨，现在中国汽车工业已进入快速发展的时期。我国汽车工业的发展可以总结为初创、自主造车、成长、全面发展和自主创新五个阶段。随着经济全球化进程的发展及技术的进步，当代全球汽车产业呈现出一系列与以往不同的发展趋势。具体表现为以下五个方面。

（1）汽车市场由发达国家逐步转向发展中国家

进入 21 世纪以来，全球汽车市场呈现萎缩趋势，2002 年世界汽车销售量与 2000 年的 5500 万辆相比，减少了 11%。西欧及北美等传统发达国家的情况与全球整体变化趋同。与此同时，全球汽车产业的生产规模不减反增，目前每年全球有 1500 万辆汽车属于过剩产品，各大汽车生产商都在全球范围内寻找新的市场增长点。在发达国家汽车市场逐渐饱和，美国、英国、法国、意大利等国汽车销售持续疲软的同时，以亚洲、东欧、南美的中国、马来西亚、泰国、匈牙利、巴西等国为代表的发展中国家，以其庞大的人口（为发达国家的 6 倍之多，且绝大部分为无车人口）和较快的经济增长速度为基础，汽车市场近年来迅速发展，成为新的世界汽车市场。全球汽车市场的重心逐渐由发达国家向发展中国家转移，并以以上地区为转移重点。

（2）汽车生产企业通过世界范围内的集团化重组、兼并、联合，新的汽车产业格局已初步形成

20 世纪末 21 世纪初，世界汽车产业经过一系列全球范围的汽车企业重组、兼并、联合，逐步形成了当前的“六加三”格局，即通用集团、福特集团、大众集团、丰田集团、戴姆勒—克莱斯勒集团、雷诺—日产集团六大集团和宝马公司、本田公司、法国标致—雪铁龙公司三家相对独立的汽车公司。经历兼并、重组之后的世界汽车工业基本上为美、德汽车公司所统治，新形成的集团公司规模惊人，超过了以往任何时期。基于现代信息技术的跨国管理方式，推动了扁平型企业管理组织的发展，加速了大集团管理链中的信息流动，大大降低了规模扩张后带来的管理成本，使超大汽车集团的形成成为现实。这表明原有的世界汽车产业竞争格局已被打破，新的汽车产业格局正在逐渐形成。

（3）产业链配置呈现全球化趋势

目前，全球主要汽车制造企业在全球范围内配置资源，以适应各地区不同的经营环境和市场需求。产业链中主要环节的分布已不再局限于一国，而是日趋立足于全球平台操作。

进入 20 世纪 80 年代以来，随着汽车市场逐渐向发展中国家转移，发达国家的汽车企业纷纷采取跨国投资办厂的经营模式，这些跨国公司的子公司或者合资公司为当前的产业链全球性配置提供了基础。

进入 20 世纪 90 年代以后，世界各个地区性贸易组织逐步扩张，地区和国家间关税壁垒逐步打破，导致世界多边贸易体制逐步形成，国际贸易趋于同化。信息技术的发展加速了信息传递，互联网采购使得交易成本大幅下降，新型的跨国组织形式逐渐完善。处于汽车工业

产业链中的市场客户、分销中心、生产商、零部件供应商之间的资源配置，逐渐由过去在一个地区转向在全球范围内进行产业链资源的最优配置，缩短了产品的研发周期和新产品的投放周期，使自身竞争能力得以提高。

（4）零部件企业技术进步加快，系统集成和模块化生产成为新的发展方向

网络化采购保证了企业可以及时地了解市场中消费者的需求与偏好，以适时调整自己的产品满足市场需求，降低库存成本，减少以前常常出现的过时产品积压现象。这种生产方式加速了产品的更新，缩短了汽车产品的生命周期，传统的一个车型独享一系列零部件的生产方式，已不能满足当前汽车产业发展的需要。原来依附于单个整车组装企业的零部件企业开始面对全球范围的多个企业供货，原来配置于整车组装企业内部的某些非核心业务开始外部化，整车和零部件企业之间出现了网络型组织。零部件企业技术进步加快，系统集成和模块化生产成为新的发展方向。在传统零部件企业数量大大减少的同时，零部件的跨国公司迅速增加。新的分工协作模式推动了平台化战略的实施，最大可能地实现了零部件共享、系统集成和模块化生产。

（5）产业的核心技术变革加快

当代汽车产业核心技术变革主要集中在汽车燃料和自动驾驶两个方面。传统的石油燃料给环境造成了难以挽回的破坏及石油资源日渐枯竭的形势，使得寻找新的绿色能源成为全球汽车产业技术变革的方向。目前，汽车代用燃料技术开发已经处于突破性阶段，2002 年底，在加拿大蒙特利尔举办的第 17 届国际电动汽车展览会上，福特、奔驰公司宣布，将在 2004 年实现燃料电池汽车的商品化。到 2010 年，燃料电池汽车产量已达到 100 万辆。福特公司的小威廉·克莱·福特预言：燃料电池将最终结束内燃机一百余年的统治。

为了实现汽车的安全驾驶，世界各大汽车生产厂商一直在寻找各种增加汽车安全系数的技术，新的驾驶技术就是其中的一种。进入信息时代以来，随着电子技术的飞速发展，汽车的自动驾驶即将实现，通过通信卫星和全球定位系统，计算机将协助驾驶员来驾驶汽车，电子系统的精确性将大大提高汽车驾驶的安全性。当前汽车功能的集成化控制正在实现，智能交通系统已开始建设。

1.1.2 汽车工业在国民经济中的地位和作用

随着世界汽车工业的不断发展壮大，汽车工业在世界经济发展中的地位越来越突出，汽车工业逐渐成为各主要汽车生产国的支柱产业，并对世界经济的发展和社会的进步产生巨大的作用和深远的影响。

1．是优化交通结构的产业

现代交通结构由火车、汽车、飞机、轮船等现代交通工具组成，它们各自在交通结构中发挥着重要作用。其中汽车所具有的普遍性和灵活性则是其他现代交通工具无法相比的。

（1）普遍性

火车、飞机、轮船只适于作为公共交通工具，并要求有与之相适应的客货运输车，而汽车既适于作为公共交通工具，又适于作为家庭和个人的交通工具；既适于大批量客货运输，也适于小批量客货运输。

（2）灵活性

火车、飞机、轮船均属于线性交通工具，火车只能沿铁路运行，飞机只能沿航线飞行，轮船只能在江河或海中航行。而汽车是面上交通工具，只要有道路就能行驶，它既可通向各

个城市，又可通向广大农村，实现“门对门的服务”。

由于汽车所具有的普遍性和灵活性，才使得现代交通结构实现了公共交通与个人或家庭相结合，大批量客货运输与小批量客货运输相结合。火车、飞机、轮船运输也需要与汽车运输相结合，以汽车作为其终端运输工具才能实现现代化运输的全过程，从而使现代交通结构达到完美的地步。

2．是创造巨大产值的产业

汽车既是高价值产品又是批量大的产品，因而它能够创造巨大的产值。

3．是波及范围广和效果大的产业

汽车产业对相关产业的影响，不仅表现在生产过程中，也表现在使用过程中。它涉及原材料工业、设备制造业、配套产品业、公路建设业、能源产业、销售业、服务业和交通运输业等。

4．是提供较多就业机会的产业

汽车工业提供的就业机会不仅数量较大，而且面广，技术含量也较高。

目前世界主要汽车生产国汽车工业和相关产业提供的就业机会，约占全国总就业机会的10%～20%。中国汽车年产量和保有量相对来讲还比较小，但是汽车工业和相关产业的就业人数已有相当规模。

5．是技术密集型的产业

汽车是高新技术的结晶，汽车工业所涉及的新技术范围之广、数量之多，一般是其他产业难以相比的。为发展新材料、新设备、新型配套产品，均需要应用和发展新技术。电子技术、信息技术在汽车上获得越来越广泛的应用，汽车电子产品占整车价值的比重也越来越大。

6．是强大的出口产业

汽车工业是资金和技术密集的大批量生产产业，不是任何国家都有条件发展汽车工业的。但是世界上所有国家都需要大量汽车，这就决定了汽车工业成为强大的出口产业的地位。汽车工业是世界制造业中创汇最高的产业之一。

7．是获得巨额税收的产业

汽车不仅在生产过程中有巨额税收，在销售、使用过程中也有巨额税收，而且后者显著高于前者。

1997年德国征得的汽车各项税收占全国总税收的23.4%。1997年，我国中央和地方在汽车生产和使用环节征得的总税收约1300亿元。

8．是推进社会显著进步的产业

汽车是改变世界的机器，它既改变了生产也改变了生活。汽车工业对推进社会进步发挥了显著的作用。它促进了城市发展，缩小了城乡差别，改善了人们的生活质量。

纵观历史，20世纪20年代美国经济的兴起，20世纪50年代联邦德国、意大利、法国经济的起飞，20世纪60年代日本经济的发达，无不以汽车工业的高速增长为前导。汽车已经成为一些国家经济的支柱产业。

9．汽车对人类生活的影响

汽车的发展不仅对社会经济起到巨大的推动作用，同时又给人类的生活产生重要的影响。

（1）汽车对人类生活的有利作用

汽车的发展明显地改变了人们的生活方式，使人们的生活空间更加广阔，交流更加便利，生活半径也相应增大，同时在一定程度上还影响了人们的思维方式。比如，可以提高人们的自尊心和信心等，使人们心情愉快，工作效率也会相应提高。汽车的拥有从某种意义上来说，反映了人们的生活水平和社会地位。汽车给人们的生活带来了如下一些便利。

① 汽车自由灵活，富有独立性。汽车让人们的出行时间、方式和质量发生改变，汽车能随时停留，可任意选择目的地，使人们的活动范围从点扩大到面，从而提高了生活品质，增大了人们的生活半径。

② 汽车行驶的方便性是其他交通工具无法比拟的。汽车可以到达许多火车所不能到的地方，同时也是其他交通方式的有效补充和连接。汽车车窗敞亮，视野开阔，可观赏沿途风光。对于一些具体目标，汽车站一般比火车站离村镇、名胜古迹较近，更有利于旅游者沿途游览。

（2）汽车对人类生活的不利影响

汽车的产生对人类的影响是多元化的综合效应，在带给人类便利的同时也给人类的生活带来种种问题。这些问题集中表现在三个方面：能源、交通和污染。

① 汽车产业高度消耗自然资源。制造汽车需要消耗大量的自然资源，除了使用钢铁外，现代的汽车还需要使用能耗很高的铝材和难以回收的塑料，另外，使用汽车需要消耗大量的汽油，全世界 1/2 以上的石油被用于运输业，而其中 1/3 的燃油被用于驱动汽车的内燃机。

② 汽车的运行致使交通拥挤，交通事故频发。汽车引起的交通事故是当今世界上导致人类死伤数量多的原因之一，每年约有数百万人遭受车祸的伤害。同时大量的汽车造成交通拥挤，车辆的停放也日益压缩着人们的生活空间。

③ 汽车的使用会使环境受到污染。汽车排放的尾气对城市环境的污染非常严重，使有些城市中的空气不适宜呼吸，以致儿童和老人有时会感觉透不过气来。由汽车尾气引发的光化学烟雾是世界上许多大城市需要解决的难题。

④ 汽车的使用还会造成噪声污染，使人们的精神分散，健康受到危害。

1.1.3 汽车的基本结构

世界上最早的汽车是蒸汽汽车、电动汽车，以内燃机作为动力源，装备齐全、性能较高的现代汽车的出现至今才一百多年，但其所表现出来的优良性能淘汰了蒸汽汽车和电动汽车。从广义上讲，汽车应包括蒸汽汽车、电动汽车、内燃机汽车和其他燃料汽车，通常所说的汽车一般都是指内燃机汽车。

汽车是由上万个零件组成的结构复杂的机器，根据其动力装置、运送对象和使用条件的不同，汽车的总体构造有很大差异，但它们的基本结构都由内燃发动机、底盘、车身、电气设备四个部分组成。

发动机是汽车的动力装置，它将供入其中的燃料燃烧产生的热能转变为机械能而发出动力。大多数汽车都采用往复活塞式内燃机，它一般是由机体、曲柄连杆机构、配气机构、燃料供给系统、冷却系统、润滑系统、点火系统（汽油发动机采用）、启动系统等部分组成的。

汽车底盘接受发动机的动力，使汽车产生运动，并保证汽车按照驾驶员的操纵正常行驶。底盘由下列部分组成。

传动系统——将发动机的动力传递到车轮上的全部动力传动装置，并能实现动力的接通与切断、起步、变速、倒车等功能。机械式传动系统由离合器、变速器、传动轴、驱动桥等部件组成。

行驶系统——将汽车各总成、部件连接成一个整体，支撑整车，并将动力旋转运动变成汽车的直线运动，实现汽车的平顺行驶。它由车架、车轴、车轮和悬架等部件组成。

转向系统——用来控制汽车的行驶方向。它由转向盘、转向器和转向传动机构组成。

制动系统——用来使行驶中的汽车按照需要降低速度，停止行驶和在坡道上驻车。它由制动器、制动传动机构等部件组成，一般汽车制动系统至少有两套各自独立的制动装置，即行车制动装置和驻车制动装置。

汽车的车身是驾驶员工作的场所，也是装载乘客和货物的场所。车身应为驾驶员提供方便的操作条件，以及为乘客提供舒适安全的环境或保证货物完好无损。

汽车的电气设备用于汽车发动机的启动、点火、照明、灯光信号及仪表等监控装置。我国汽车电气系统的电压等级均采用12V和24V，负极搭铁。汽车的电气设备由电源组、发动机启动系统和点火系统、汽车照明和信号装置等组成。在现代汽车上越来越多地装用各种电子设备，如微处理机、中央计算机系统、卫星导航系统及各种人工智能装置等，显著地提高了汽车的性能。

1.1.4 汽车的技术参数

与汽车有关的主要技术参数如下。

（1）整车装备质量（kg）：汽车完全装备好的质量，包括润滑油、燃料、随车工具、备胎等所有装置的质量，但不包括行李箱内杂物的质量。在进行车辆四轮定位时，车辆必须处于整车装配质量，否则会影响定位精度。

（2）最大总质量（kg）：汽车满载时的总质量。

（3）最大装载质量（kg）：汽车在道路上行驶时的最大装载质量。

（4）最大轴载质量（kg）：汽车单轴所承载的最大总质量，与道路通过性有关。

（5）车长（mm）：汽车长度方向两极端点间的距离。

（6）车宽（mm）：汽车宽度方向两极端点间的距离。

（7）车高（mm）：汽车最高点至地面间的距离。

（8）轴距（mm）：汽车前轴中心至后轴中心的距离。

（9）轮距（mm）：同一车桥左右轮胎胎面中心线间的距离。

（10）前悬（mm）：汽车最前端至前轴中心的距离。

（11）后悬（mm）：汽车最后端至后轴中心的距离。

（12）最小离地间隙（mm）：汽车满载时，最低点至地面的距离。

（13）接近角（°）：汽车前端突出点向前轮引的切线与地面的夹角。

（14）离去角（°）：汽车后端突出点向后轮引的切线与地面的夹角。

（15）转弯半径（mm）：汽车转向时，汽车外侧转向轮的中心平面在车辆支撑平面上的轨迹圆半径。转向盘转到极限位置时的转弯半径为最小转弯半径。

（16）最高车速（km/h）：汽车在平直道路上行驶时能达到的最大速度。

（17）最大爬坡度（%）：汽车满载时的最大爬坡能力。

（18）平均燃料消耗量（L/100km）：汽车在道路上行驶时每百公里燃料消耗量。

（19）车轮数和驱动轮数（n×m）：车轮数乘以驱动轮数为计量依据，n 代表汽车的车轮总数，m 代表驱动轮数。

1.1.5 汽车的分类

关于汽车的分类，英、美国家大体分为卡车（Truck）、轿车（Car）和巴士（Bus）三类，所有派生出来的车型都归纳在此三类之内，如 SUV（运动型多功能厢式车）、MPV（混合功能旅行车）及皮卡等归于卡车类。我国汽车的分类方法目前有很多种，下面介绍主要的几种。

1．按用途分类

按 GB/T3730.1—2001《汽车和挂车类型的术语和定义》，根据车辆的设计和技术特性分为汽车、挂车和汽车列车。

1）汽车

汽车分为乘用车和商用车辆两类。

（1）乘用车。乘用车是指在其设计和技术特性上主要用于载运乘客及其随身行李或临时物品的汽车，包括驾驶员座位在内最多不超过 9 个座位，它也可以牵引挂车。

乘用车主要包括普通乘用车、活顶乘用车、高级乘用车、小型乘用车、敞篷车、仓背乘用车、旅行车、多用途乘用车、短头乘用车、越野乘用车、专用乘用车 11 种。其中，专用乘用车又可分为旅居车、防弹车、救护车、殡仪车。

（2）商用车辆。商用车辆是指在设计和技术特性上用于运送人员和货物的汽车，并且可以牵引挂车。商用车辆按照用途分为客车、半挂牵引车和货车三大类。

① 客车——在设计和技术特性上用于载运乘客及其随身行李的商用车辆，包括驾驶员在内的座位数超过 9 个。客车有单层的和双层的，也可牵引一挂车。根据各种客车的各自设计和技术特性，又可分为小型客车、城市客车、长途客车、旅游客车、铰接客车、无轨电车、越野客车和专用客车。

② 半挂牵引车：装备特殊装置用于牵引半挂车的商用车辆。

③ 货车：主要为载运货物而设计和装备的商用车辆，它能否牵引一挂车均可。根据货车的技术和结构特点又分为普通货车、多用途货车、全挂牵引车、越野货车、专用作业车和专用货车。

2）挂车

挂车是指自身无动力，需要由汽车牵引的一种道路车辆，用于载运人员或货物及其他特殊用途，包括牵引杆挂车、半挂车、中置轴挂车。

3）汽车列车

汽车列车是指一辆汽车与一辆或多辆挂车的组合。汽车列车主要可分为乘用车列车、客车列车、货物列车、牵引杆挂车列车、铰接列车、双挂列车、双半挂列车和平板列车。

2．汽车和挂车分类——按用途以符号分类

根据 GB/T15089—2001 国家标准分类《机动车辆及挂车分类》，将机动车辆及挂车分为 M 类、N 类、G 类、O 类和 L 类五种类型。

1）M 类车辆

M 类车辆是指至少具有四个车轮的载客车辆，根据乘员数或座位数、最大设计总质量等分为 M_1、M_2 和 M_3 三类。

M_1 类——包括驾驶员座位在内，座位数不超过 9 个的载客车辆。

M_2 类——包括驾驶员座位在内座位数超过 9 个，且最大设计总质量不超过 5000kg 的载客车辆。

M_3类——包括驾驶员座位在内座位数超过 9 个，且最大设计总质量超过 5000kg 的载客车辆。

其中 M_1、M_2 类车辆根据乘员数及对乘员的要求，又可分为 A 级、B 级、Ⅰ级、Ⅱ级和Ⅲ级五类。

2）N 类车辆

N 类车辆是指至少有四个车轮的载货车辆，根据最大设计总质量分为 N_1、N_2 和 N_3 三类。

N_1 类——最大设计总质量不超过 3500kg 的载货车辆。

N_2 类——最大设计总质量超过 3500kg，但不超过 12 000kg 的载货车辆。

N_3 类——最大设计总质量超过 12 000kg 的载货车辆。

3）G 类车辆

G 类车辆可概括为越野汽车，包括在 M 类或 N 类之中，即满足要求的 M 类、N 类的越野车。

4）O 类车辆

O 类车辆是指包括半挂车在内的挂车，根据最大设计总质量分为 O_1、O_2、O_3 和 O_4 四类。

5）L 类车辆

L 类车辆是指两轮或三轮的车辆。根据车辆使用的热力发动机排量、车轮数，又分为 L_1、L_2、L_3、L_4 和 L_5 五类。

3. 按公安机关管理分类

为了便于汽车技术检验、核发牌证及进行专门管理，公安机关根据目前我国汽车工业标准和公安机关管理的需要，将汽车分类如下。

1）大型汽车

总质量≥4500kg，或车长≥6m，或乘坐人数（不含驾驶员）≥20 人的汽车称为大型汽车。大型汽车又分为如下几类。

① 大型客车——普通大客车、铰链式大客车、其他大客车。

② 大型货车——栏板式大货车、厢式大货车、倾卸式大货车、半挂货车、其他大货车。

③ 大型特种车——大型消防车、大型救护车、大型警车、大型工程救险车、其他大型特种车。

④ 大型专用载货车——大型专用罐车、大型冷藏保温车、大型邮政车、其他大型专用载货车。

⑤ 大型其他专用车——大型起重车、大型牵引车、大型仪器车、其他大型专用车。

2）小型汽车

总质量<4500kg，车长<6m，乘坐人数（不含驾驶员）<20 人的汽车称为小型汽车。小型汽车又分为如下几类。

① 小型客车——吉普型小客车、旅行型小客车、轿车型小客车、其他小客车。

② 小型货车——栏板式小货车、厢式小货车、倾卸式小货车、其他小货车。

③ 小型特种车——小型消防车、小型救护车、小型警车、小型工程救险车、其他小型特种车。

④ 小型专用载货车——小型专用罐车、小型冷藏保温车、小型邮政车、其他小型专用载货车。

⑤ 小型其他专用车——小型起重车、小型牵引车、小型仪器车、其他小型专用车。

4. 汽车的构造分类

为了满足不同的使用要求，汽车的总体构造和布置类型可以不同。按发动机和各总成相对位置的不同，现代汽车的布置类型通常有如下几种。

（1）发动机前置后轮驱动（FR）

FR是传统的布置类型。国内外的大多数货车、部分轿车和部分客车都采用这种类型。该类型的结构特点是：发动机布置在前轴的上方或前方。发动机的动力经离合器、变速器后通过传动轴传到主减速器再到后轮，后轮驱动，车身及轴距较长，其底盘通用性好，承载能力强。既适合轿车也适合载货车，大多数载货车采用此布置类型。此类型是分体式，轿车类的分为车身与车架，各自独立；货车类分为驾驶室、车厢、车架三大总成件且各自独立，均由螺栓、螺母连接构成。轿车最前端是保险杠，前部装的是发动机、悬架装置、前围支架、散热器、风扇、空调系统的冷凝器、空气压缩机、干燥器、散热器补充罐、液压油缸、线路保险盒、蓄电池、大小灯、标志等零部件。轿车的最前端至中部A柱这部分是车身的前部分，左右两侧是翼子板，翼子板下方是前轮。车身中部A柱、B柱、C柱构成了前后车门，车门内部是玻璃和升降器，车门内表面是装饰面料，左右A柱内侧是仪表台，仪表台上安装着仪表及各种控制器件。随着轿车的档次不同，车内有不同的配置，有的配置有单或双安全气囊、高级音响设备，车身内配置着前后排座椅及安全带，有的车辆的座椅有电子自动调节装置。C柱至最后端构成后行李箱，形成一个腔，装置备胎、行李及杂物，行李箱底板是压模而成的底板，行李箱最后端是后排灯具，灯具的下方是后保险杠。行李箱左右两侧下方是后驱动轮，底盘各部件及总成按部就班装在车身各个部位。而载货车有所不同，其分为驾驶室、车厢、车架。车架的前端和后端是前、后保险杠，驾驶室的前端是散热器保护罩，保护罩的后端是散热器、风扇，再后是发动机总成，保护罩的正面是大小灯，保护罩的上方是发动机盖。驾驶室前围两侧是翼子板，两侧是车门，车门内装置着门窗玻璃和升降器，驾驶室内是仪表及座椅，驾驶室由带有减震胶的螺栓固定在车架的前部，驾驶室的后面安装着车厢，靠着骑马U形螺栓紧固在车架上。车架上安装着底盘各总成，前面是悬架装置、前钢板弹簧及减震器、前桥，前桥两端是前轮和横直拉杆转向系统，中部是油箱，如是气压制动需安装有储气筒及制动管路，车架后部有悬架装置，后钢板弹簧连接着后驱动桥，驱动桥的两端是驱动车轮，发动机后端的变速器连接着前传动轴，通过中心轴承支架连接后传动轴，通过后驱动桥的主减速器变为后轮驱动。

（2）发动机前置前轮驱动（FF）

FF是在轿车上逐渐盛行的布置类型，具有结构紧凑、减少轿车的质量、降低地板高度、提高高速行驶时的操纵稳定性等优点。该类型的结构特点是：发动机布置在驾驶室前面，可以纵置，也可以横置，如桑塔纳轿车就是采用纵置式，捷达轿车就是采用横置式。有的布置在轴距内或轴距外，也有的布置在前桥的上方。前置前驱动式发动机的前面是散热器、风扇，有的车还设置了空调冷凝器、压缩机、干燥器及管路或机油散热器，两侧分别有线路保险盒、蓄电池、散热器补充罐、方向机助力泵、液压油缸等附件，散热器的前面是前围支架、装饰格栅、左右前照灯及转向灯。前置前驱动汽车一般多用于承载式轿车，车身与车架构成是整体式，各部件和总成件安装在车体上。前轮既是驱动轮又是转向轮。

（3）发动机后置后轮驱动（RR）

RR是目前大、中型客车盛行的布置类型，具有降低室内噪声、有利于车身内部布置等优点。少数微型或普及型轿车也采用这种类型。后置后轮驱动就是发动机布置在汽车后部，在轴距之外，发动机、离合器、变速器、主减速器布置成一体，后轮驱动，结构紧凑。后置后轮驱动没有传动轴，车内面积利用率高，好布置，但操纵系统距离动力装置太远，传动环节多，操纵响应灵敏性差。发动机在汽车尾部，散热效果差，温度高。该类型车身前部是转向系统，整个车身是框架形，各大总成件集中在汽车后部，重心在后。

（4）发动机中置后轮驱动（MR）

MR 是目前大多数运动型轿车和方程式赛车所采用的布置类型。由于这些车型都是采用功率和尺寸很大的发动机，将发动机布置在驾驶员座椅之后和后桥之前，这样有利于获得最佳轴荷分配和提高汽车的性能。此外，某些大、中型客车也采用这种布置类型，把配备的卧式发动机装在地板下面。该类型汽车是对置式发动机，发动机布置在前桥与后桥之间，在车身底部。轴荷分配合理，传动轴长度短，车内面积利用率高，驾驶室前舱短，驾驶室只是转向机构，结构简单。前围前部是保险杠、大小灯及装饰栏，左右两侧翼子板的下方是前轮。车身中部是门，A 柱至 C 柱距离较长，是驾驶员及乘客座位区，使用面积利用得好，发动机动力传至驱动轮行程短，结构紧凑，功率利用率高。车身的尾部是行李箱，下方是后驱动轮，重心低，整体结构合理。

（5）全轮驱动（nWD）

nWD 是越野汽车特有的类型，通常发动机前置，且变速器后装有分动器，以便将动力分别输送到全部车轮上。所谓全轮驱动是指所有车轮都是驱动轮，都与地面接触并施于驱动力，通过性相当好，不但可以在公路上行驶，还可以在野外非公路上行驶，越野性能相当强。其结构特点是发动机前置，在变速器后面装置分动箱，将动力分配输送到全部车轮上。它的结构与布置同前置后轮驱动基本相同，但全轮驱动多了前驱动桥、主减速器、传动轴、分动箱等，操纵程序多了分动箱操作程序。

1.1.6 车辆识别代号编码和汽车产品型号编制规则

1. 车辆识别代号编码

现在世界各国汽车公司生产的汽车大部分使用了 VIN（Vehicle Identification Number，车辆识别代号编码），车辆识别代号是为识别某一辆车，由车辆制造厂为该车辆指定的一组字码，具有在世界范围内对一辆车的唯一识别性。每辆新出厂的车被刻上 VIN 代号，此代号将伴随着车辆的注册、保险、年检、维修与保养，直至回收或报废而载入每辆车的服役档案。利用 VIN 代码可方便地查找车辆的制造者、销售者及使用者。

国际标准化组织 ISO 在 1976 年制定了 ISO3780—1076《道路车辆 世界制造厂识别代号（WMI）》后，各主要汽车生产国纷纷制定了自己的标准，建立了世界范围内的车辆识别系统。我国使用 VIN 代号是在车辆制造与贸易及管理上同世界接轨的重要步骤，在 1996 年完成了有关车辆识别代号的报批工作，发布了四个重要标准：GB/T16735、GB/T16736、GB/T16737、GB/T16738，这四个标准等同采用了 ISO 标准。1998 年国家机械工业部发布了有关使用 VIN 的规定，使之成为汽车行业的强制性标准，使我国朝建立世界统一的车辆识别系统迈出了极为重要的第一步，于 1999 年 1 月 1 日后，我国适用范围内的所有新生产车必须使用车辆识别代号。

VIN 车辆识别代号编码由一组大写拉丁字母和阿拉伯数字组成，共 17 位，又称为汽车 17 位识别代号编码，每车一号，彼此不同，它是识别一辆汽车不可缺少的身份识别标志。另外，由于车辆识别代号常被打刻（拓印）在车架或底盘的某个部位，因此也将 VIN 称为车架号或底盘号。VIN 的每位代码代表着汽车的某一方面信息参数，按照识别代号编码顺序，从

VIN 中可以识别出该车的生产国别、制造公司或生产厂家、车的类型、品牌名称、车型系列、车身形式、发动机型号、车型年款、安全防护装置型号、检验数字、装配工厂名称和出厂顺序号码等车辆的基本信息参数。

VIN 一经打刻，便不允许更改、变动，这也是验车工作中的一项重要检验项目。VIN 打刻的具体位置在汽车使用手册中均有说明。国产轿车的 VIN 大多设置在仪表板左侧、风挡玻璃下面或发动机舱内流水槽的上部。另外，在汽车车架的前部右侧均打刻了 VIN。打刻的 VIN 应易见且易于拓印，其字母和数字的高度不应小于 7.0mm，深度不应小于 0.3mm。

1）车辆识别代号管理规则基本要求

① 每一辆汽车、挂车、摩托车和轻便摩托车都必须具有车辆识别代号。

② 在 30 年内生产任何车辆的识别代号不得相同。

③ 车辆识别代号应尽量位于车辆的前半部分易于看到且能防止磨损或替换的部位。

④ 9 人座或 9 人座以下的车辆和最大总质量不大于 3.5t 的载货汽车的车辆识别代号应位于仪表板上，在白天日光照射下，观察者不需移动任一部件从车外即可分辨出车辆识别代号。我国轿车的 VIN 大多设置在仪表板的左侧、风挡玻璃下面。

⑤ 车辆识别代号应标示在车辆部件上（玻璃除外），该部件除修理以外是不可拆的；车辆识别代号也可以标示在永久性固定在车辆上的车型标牌中。如果制造厂家愿意，允许在一辆车上同时采取以上两种标示方法。

⑥ 车辆识别代号的字码在任何情况下都应是字迹清楚、坚固和不易替换的。

⑦ 车辆识别代号的字码高度：若直接打印在汽车和挂车（车架、车身等部件）上，至少应为 7mm 高；其他情况至少应为 4mm 高。

⑧ 车辆识别代号仅能采用下列阿拉伯数字和大写拉丁字母（字母 I、O、Q 不能使用）。

1 2 3 4 5 6 7 8 9 0

A B C D E F G H J K L M N P R S T U V W X Y Z

⑨ 车辆识别代号在文件上标示时应写成一行，且不要空格，打印在车辆或车辆标牌上时也应标示在一行上。特殊情况下，由于技术上的原因必须标示在两行上时，两行之间不应有间隙，每行的开始与终止处应选用一个分隔符表示。分隔符必须是不同于车辆识别代号所用的任何字码，且不易与车辆识别代号中的字码混淆的其他符号。

2）车辆识别代号组成部分基本内容

车辆识别代号（VIN）由三个部分组成，即世界制造厂识别代号（WMI）、车辆说明部分（VDS）和车辆指示部分（VIS），如图 1.1-1 所示。

（1）第一部分——世界制造厂识别代号（WMI）。

世界制造厂识别代号（WMI）应符合 GB16737—2004《道路车辆 世界制造厂识别代号（WMI）》的规定，必须经过申请、批准和备案后方能使用。ISO 组织授权美国汽车工程师学会（SAE）作为其国际代理，负责为世界各国指定地区代码及国别代码，负责 WMI 的保存与核对。我国机械工业部汽车行业管理司获得授权负责中国境内的车辆识别代号的统一管理，负责 WMI 代号的分配。

WMI 由 3 个字码组成，位于 VIN 的第 1～3 位，用以表示车辆的制造厂，即表示由某个国家汽车制造厂家生产的某种类型的汽车。

① 世界制造厂识别代号的第 1 位字码是标明一个地理区域的字母或数字；第 2 位是标明一个特定地区内的一个国家的字母或数字。第 1、2 位字码的组合将能保证国家识别标志的

唯一性。第 3 位字码是标明某个特定的制造厂的字母或数字。

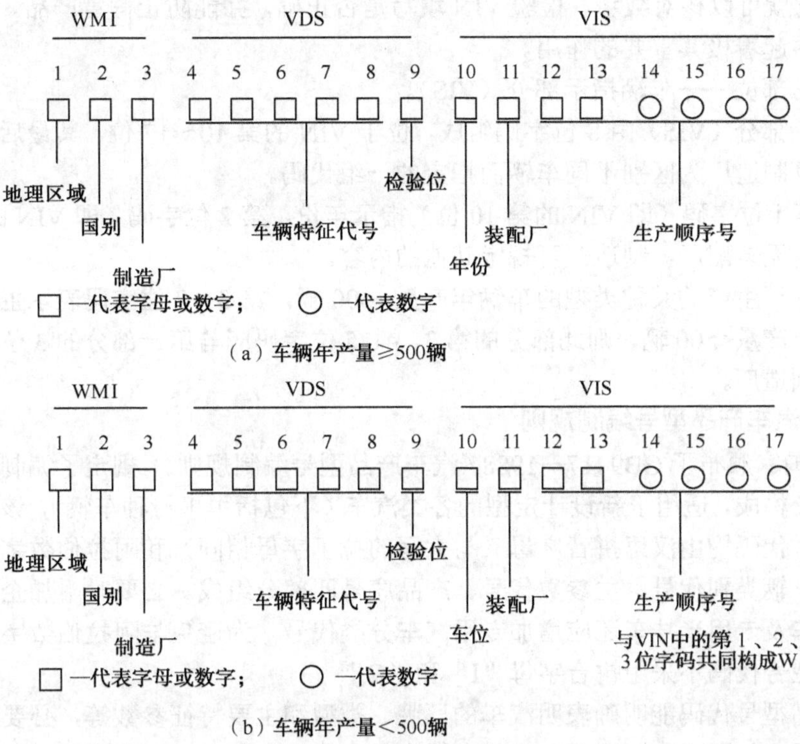

图 1.1-1　车辆识别代号的组成

第 1、2、3 位字码的组合能保证一个国家的某个汽车制造厂识别标志的唯一性。

世界主要汽车生产国的字码（位于 VIN 的第一位）：I 是美国、J 是日本、K 是韩国、L 是中国、S 是英国、V 是法国、W 是德国、Z 是意大利。

以下是国内常见汽车制造厂家的 WMI 编号：

上海大众——LSV	一汽大众——LFV	神龙富康——LDC	北京吉普——LEN
广州本田——LHG	北汽福田——LHB	哈飞汽车——LKD	长安汽车——LS5
上海通用——LSG	北京现代——LNB	南京菲亚特——LNP	一汽轿车——LFP

② 对于年产量≥500 辆的制造厂，世界制造识别代号由以上所述的 3 位字码组成。对于年产量<500 辆的制造厂，世界制造厂识别代号的第 3 位字码为数字 9。此时车辆指示部分的第 3、4、5 位字码将与第一部分的 3 位字码作为世界制造厂识别代号。

（2）第二部分——车辆说明部分（VDS）。

车辆说明部分（VDS）由 6 位字码组成，位于 VIN 的第 4～9 位，用以说明车辆的一般特征信息。不同的汽车制造厂家赋予这 6 位字码的含义是不尽相同的。

如果制造厂不用其中的一位或几位字码，应在该位置填入制造厂选定的字母或数字占位。VDS 第 1 位～第 5 位（即 VIN 的第 4 位～第 8 位）应对车型特征进行描述，其代号及顺序由车辆制造厂决定，第 6 位（即 VIN 的第 9 位）是制造厂检验位，在该位置应填入一个用来表示车辆识别代号（VIN）书写正确的“检验数字”（一个数字或一个字母 X），即检验位由 0～9 中的任一数字或字母 X 标明，它是其他 16 位字码对应数值乘以其所占位置权数的和除以 11 所得的余数，当余数为 0～9 时，余数就是检验数字，当余数是 10 时，使用字母“X”

作为检验数字。检验位与身份证号码中的校验位一样，其目的是提供校验 VIN 编码正确性的方法，通过它就可以核对数字，检验 VIN 填写是否正确，并能防止假冒产品。检验位在车辆的识别过程中起着极其重要的作用。

（3）第三部位——车辆指示部分（VIS）。

车辆指示部分（VIS）由 8 位字码组成，位于 VIN 的第 10～17 位，其最后 4 位字码应是数字，是车辆制造厂为区别不同车辆而指定的一组代码。

VIS 的第 1 位字码（即 VIN 的第 10 位）指示年份，第 2 位字码（即 VIN 的第 11 位）指示装配厂，若无装配厂，制造厂可规定其他的内容。

如果制造厂生产的某种类型的车辆年产量≥500 辆，第 3～8 位字码表示生产顺序号；如果制造厂的年产量<500 辆，则此部分的第 3、4、5 位字码应与第一部分的 3 位字码一起来表示一个车辆制造厂。

2. 国产汽车产品型号编制规则

1988 年国家颁布了 GB9417—1988《汽车产品型号编制规则》，规定了编制各类汽车产品型号的术语及构成，适用于新设计定型的各类汽车（不包括军事特种车辆），该标准规定国产汽车产品型号代码均由汉语拼音字母（与大写的拉丁字母相同）和阿拉伯数字编写，由企业名称代号、车辆类别代号、主参数代号、产品序号四部分组成。必要时附加企业自定代号。对于专用汽车及专用半挂车还应增加专用汽车分类代号。为避免与阿拉伯数字“1”和“0”混淆，产品型号代码不采用拼音字母“I”和“O”。

汽车产品型号代码能明确表明汽车的厂牌、类型和主要特征参数等，必要时还允许附加企业自定代号，如图 1.1-2 所示。对于专用汽车及专用半挂车，产品型号代码中还应增加专用汽车分类代号。

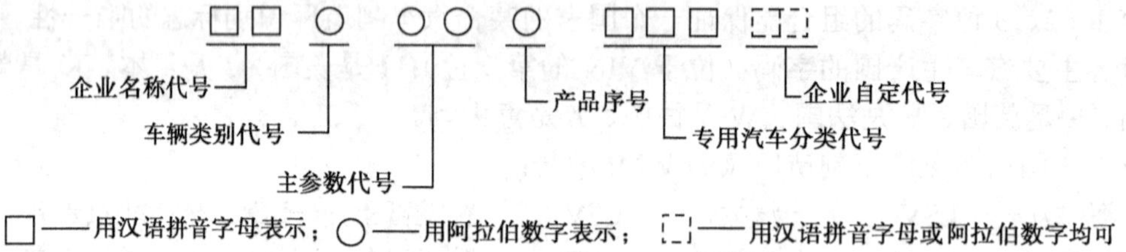

图 1.1-2　国产汽车产品型号组成

国产汽车产品型号各个组成部分说明如下。

（1）企业名称代号——位于产品型号的第一部分，用代表企业名称的两个汉语拼音字母表示。例如，CA 代表第一汽车制造厂，EQ 代表第二汽车制造厂等。

（2）车辆类别代号——位于产品型号的第二部分，用一位阿拉伯数字表示。

（3）主参数代号——位于产品型号的第三部分，用两位阿拉伯数字表示。车辆类别不同，主参数的含义一般也不相同。

（4）产品序号——位于产品型号的第四部分，用阿拉伯数字表示，从 0，1，2，…依次使用。当车辆主参数有变化，但不大于原定型设计主参数的 10%时，其主参数代号不变，大于 10%时，应改变主参数代号，若因为数字修约而主参数代号不变时，则应改变其产品序号。

（5）专用汽车分类代号——专用汽车分类代号位于产品型号的第五部分，用反映车辆结构特征和用途的三个汉语拼音字母表示。

（6）企业自定代号——位于产品型号的尾部。基本型汽车的编号一般没有尾部，为了将其变型车与基本型相区别，常在尾部加 A、B、C 等企业自定代号，自定代号的位数由企业自定。制造商为用户选装的额外功能性或娱乐性装置，如暖风装置、收音机、CD 播放器、贴膜、地毯、绞盘等，均不属结构特征变化，不必加企业自定代号。

汽车产品型号中部 4 位阿拉伯数字代号的含义见表 1.1-1。

表 1.1-1　汽车产品型号中部 4 位阿拉伯数字代号的含义

首位数字为 1～9，表示汽车类型		中间两位数字表示各类汽车的主要特征参数	末位数字表示企业自定产品序号
载货汽车	1		
越野汽车	2		
自卸汽车	3		
牵引汽车	4		
专用汽车	5	数字表示汽车的总质量	按 0，1，2，…依次排列
客车	6		
轿车	7		
（备用分类号）	8		
半挂车及专用半挂车	9		

1.1.7　整车标志、车型标牌和汽车家谱

1. 整车标志

整车即完整车辆的简称，完整车辆是指除了增添易于安装的部件，如后视镜、轮胎与轮辋总成等，或进行小的精整作业（如车身补漆）外，不需要进行制造作业就能完成其预期功能的车辆。与完整车辆相对的概念是非完整车辆，后者是指已经包括了车架、动力装置、转向装置、悬架系统和制动系统等总成的车辆，对其除了增添易于安装的部件（如后视镜或轮胎与轮辋总成），或进行小的精整作业（如车身补漆）外，还需要进行制造作业才能使其具有预期的功能。消费者购买的新车都可看做完整车辆即整车。

整车一般是整车制造厂家的产品，整车制造厂家是指负责使车辆经过装配工序而成为可使用汽车产品的厂商或公司，如一汽大众、上海通用、福特和宝马等汽车公司。制造厂家为车辆 VIN 的唯一性负责。

整车在车身前部外表面的易见部位上应至少装置一个能永久保持的标志（标识、商标）或厂标。整车标志在树立企业形象、培养用户信赖感和认同感等方面有着不可取代的作用。如图 1.1-3 所示为知名汽车制造厂家的整车标志，其中，奔驰汽车标志中的三叉星代表开发陆海空运载技术的愿望；第一汽车集团公司的标志以“一汽”两字为核心元素，经组合、演变，构成“雄鹰”视觉景象，寓意第一汽车搏击长空、展翅翱翔；现代汽车标志是一个银光闪闪的椭圆形中斜立着一个大写的 H；大众标志的两个字母 VW 来自德文单词 Volkswagen（人民汽车）。

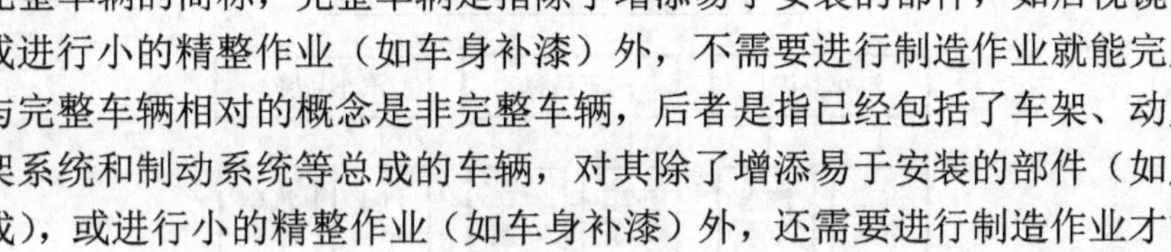

（a）奔驰　（b）一汽　（c）现代　（d）大众

图 1.1-3　部分知名汽车制造厂家的整车标志

2．车型标牌

汽车制造厂家除了在其产品上装置整车标志外，在汽车出厂时，把汽车的出厂时间和基本性能用文字和字母缩写后，记录在汽车的某个部位，称为车型标牌，即汽车一般还装置有至少一个能永久保持的车型标牌（铭牌），或称为产品标牌。车型标牌一般固定在显而易见的、不受更换部件影响的部位，其具体位置应在汽车使用手册中指明。车型标牌内容应编写规范、字码清晰、防腐耐磨且易于识别阅读，进口汽车车型标牌上的项目名称应有中文表达。人们在使用、维修、筹措配件及交易鉴定评估时，都需参阅车型标牌以获取必要的数据信息。

常见的汽车车型标牌上记录的内容有商标、整车型号、发动机型号与排量、车架编号、车身颜色编号、装饰编号、车轴编号、制造年月、制造厂家名称及制造国等，车型标牌的具体位置在汽车使用手册中均有说明。改装车不应拆卸或改动原车的车型标牌。

进口汽车的制造厂家不同，车型标牌固定的位置也不同，但多数都固定在驾驶室仪表板或发动机罩的某个位置上。不同厂家生产的车型标牌内容有所不同。

3．汽车家谱

人有家史，车也一样。车系是指制造商为一个品牌（Brand）中的一组或一批车辆命的名，这些车辆在结构上具有一定的共性。例如，桑塔纳、桑塔纳 2000、桑塔纳 3000。谱系的概念其实并不难理解，一个谱系好比一个大家庭，而“家庭成员”则是由“家长”收购或者合并的子品牌。各个车系构成品牌，不同品牌由同一家公司生产便形成了家谱图，如图 1.1-4 所示为汽车家谱示意图。

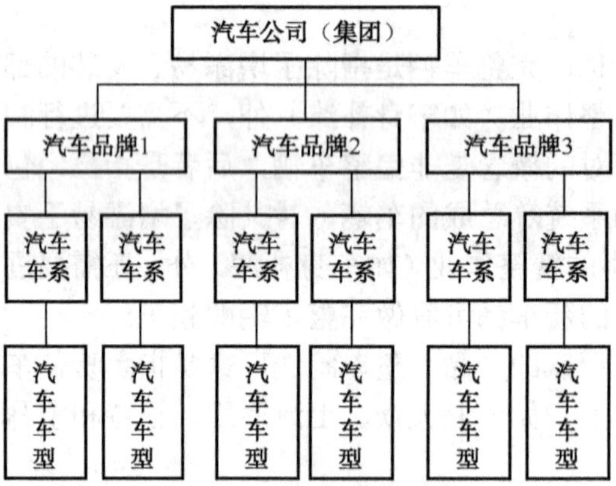

图 1.1-4　汽车家谱示意图

下面介绍世界四大汽车家族的谱系状况。

（1）大众汽车家谱

大众汽车是本次介绍中大家最熟悉的一个家族系列，该公司的德文是 Volkswagen，译为大众使用的汽车，图形商标取德文 Volkswagen 单词中的两个字母 V 和 W 进行叠合，并镶嵌在大圆圈内，使之形似三个“V”字。大众汽车公司是德国最年轻，同时也是德国最大的汽车生产厂家，使其扬名的产品是“甲壳虫”轿车系列。说起大众家族的家谱，估计大多数车迷朋友并不陌生。家族中的高端品牌当数宾利——豪华车市场不可或缺的重磅级车型，还有我们再熟悉不过的奥迪，其在中国的战略部署可谓精湛，来自捷克的斯柯达也早已为人们所知，而来自意大利的兰博基尼更是跑车的象征。大众汽车家谱如图 1.1-5 所示。

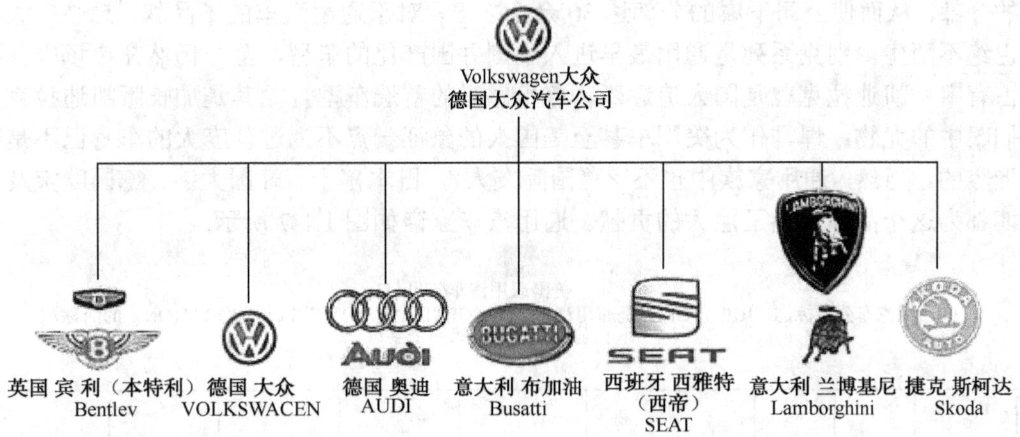

图 1.1-5　大众汽车家谱图

（2）福特汽车家谱

福特家族的成员大家也一定不陌生，对汽车没有多少了解的朋友也能在近两年的国内各大车展中看到福特集团的集体亮相。1903 年，亨利·福特创建福特汽车公司。传言福特生前十分喜爱动物，他经常忙里偷闲访问动物专家。1911 年，商标设计者为了迎合亨利·福特的嗜好，就将英文 Ford 设计成为形似奔跑的白兔形象，一博福特的欢心。1908 年，福特 T 型车的诞生，为“装在汽车轮上的美国”立下了不朽功勋。福特旗下的知名品牌众多，从以赞助 007 系列扬名的英国品牌阿斯顿·马丁到号称“世界最安全车”的瑞典的沃尔沃，英国象征霸气的路虎和代表尊贵绅士品位的捷豹在中国同样占据着很高的人气，而以先进科技著称的日本马自达更是早早进入国人的视野，只是大家很难将它和福特家族联系起来罢了。作为福特的当家明星，林肯不论在美国还是在中国的地位都是其他车型难以撼动的，加长型林肯几乎成为国内婚车的指定用车。福特汽车家谱如图 1.1-6 所示。

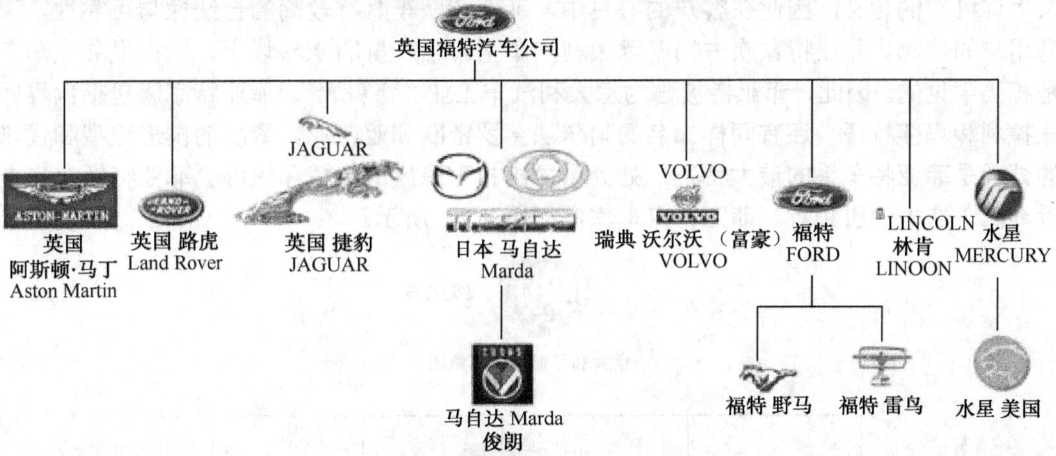

图 1.1-6　福特汽车家谱

（3）通用汽车家谱

1902 年 9 月 16 日，威廉·杜兰特组建了早期的通用汽车公司。后经威廉·杜兰特的几番努力，先后联合或兼并了别克、凯迪拉克、雪佛兰、奥兹莫比尔、奥克兰、庞蒂克、休斯和 EDS 等公司，成立了当今规模巨大的美国通用汽车公司，使原来的各个小汽车公司成为该公司的分部，从而使公司下属的分部达 30 余个之多。对于通用汽车的子品牌，想必广大车迷朋友也绝不陌生。别克系列是通用最早进入中国并国产化的车型，至今仍然在市场中保持极高的占有率；凯迪拉克曾是国人追逐豪华尊贵感受的首选车型，尤其是加长版凯迪拉克更成为人们眼中的尤物；悍马作为美国车甚至美国人的象征一点不为过，庞大的车身已不是霸道可以形容的。当然，通用家族中也不乏“国际友人”，日本富士、韩国大宇、德国欧宝及瑞典的萨博都为这个品牌做出了巨大的贡献。通用汽车家谱如图 1.1-7 所示。

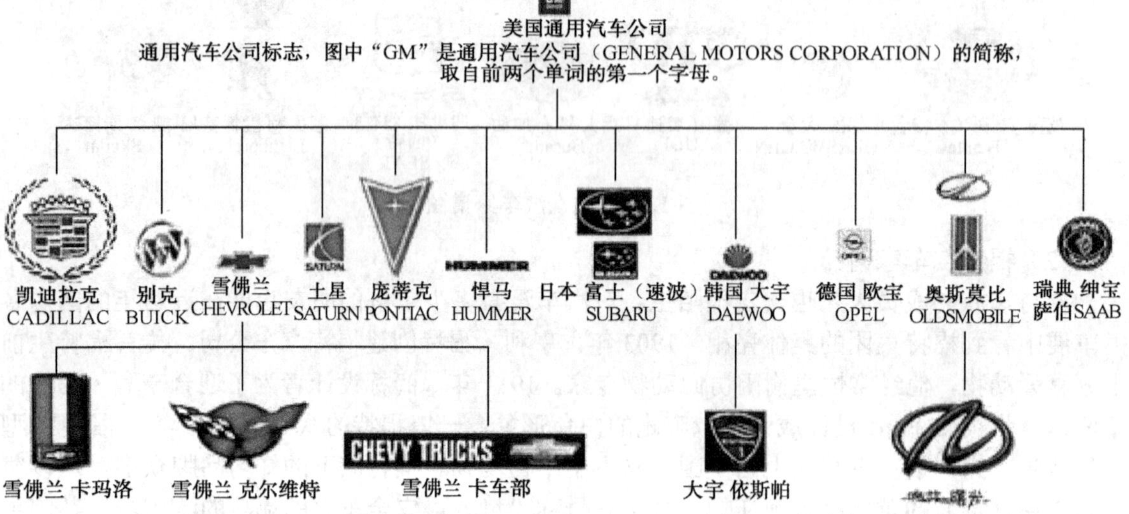

图 1.1-7　通用汽车家谱图

（4）菲亚特汽车家谱

1899 年，阿涅利在意大利西北城市都灵创建了菲亚特公司并采用盾型商标。1906 年，公司开始采用全称四个单词的第一个大写字母“FIAT”作为商标。“FIAT”在英语中具有“法令”、“许可”的含义，因此在客户的心目中，菲亚特轿车具有较高的合法性与可靠性，深受家庭用户的信赖。菲亚特家族占据着意大利汽车全年总产量的 90%以上，这在世界汽车工业中是相当罕见的。因此，菲亚特被称为意大利汽车工业“寒暑表”。菲亚特家族包括世界闻名的法拉利和玛莎拉蒂，还有同样知名的阿尔法·罗密欧和蓝西亚。紧凑的楔形造型和优雅精巧的外观是菲亚特车系的最大特征，处处彰显出拉丁民族的热情和浪漫。菲亚特轿车也被誉为世界汽车造型的引领者。菲亚特汽车家谱如图 1.1-8 所示。

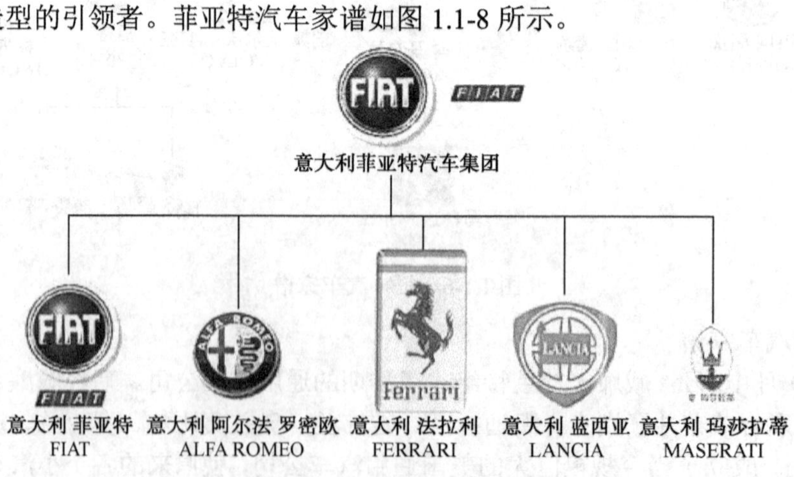

图 1.1-8　菲亚特汽车家谱图

1.1.8　汽车行驶的基本原理

沿着汽车行驶方向，作用于汽车上的各种外力有两类，即驱动力与行驶阻力，汽车行驶时，其驱动力一定要克服行驶阻力。

1．汽车的驱动力

如图 1.1-9 所示，汽车行驶时发动机输出的扭矩经传动系统传至驱动车轮，驱动车轮便产生一个作用于路面的圆周力 F_0，路面则对驱动车轮产生一个反作用力 F_t，即驱动汽车的外力，称为汽车的驱动力。

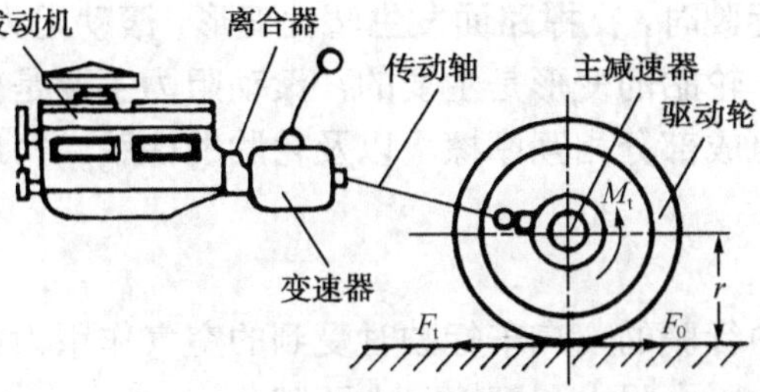

图 1.1-9　汽车驱动力的产生

由牛顿第三定律（作用力与反作用力）可知，F_t 与 F_0 大小相等，方向相反，有

$$F_t=F_0=\frac{M_t}{r} \tag{1-1}$$

式中，M_t——作用于驱动轮上的扭矩（N • m）；

r——车轮半径（m）。

作用于驱动轮上的扭矩 M_t 是由发动机产生并经传动系统传至驱动轮上的，由传动过程可知

$$M_t=M_e i_k i_0 \eta_T \tag{1-2}$$

式中，M_e——发动机的有效扭矩；

i_k——变速器的传动比；

i_0——主减速器的传动比；

η_T——传动系统的机械效率。

则有

$$F_t=\frac{M_t}{r}=\frac{M_e i_k i_0 \eta_T}{r}=\frac{9550P_e i_k i_0 \eta_T}{nr} \tag{1-3}$$

式中，P_e 是发动机在转速为 n（r/min）时的功率（kW）。

由式（1-3）可知，影响汽车驱动力的因素主要有发动机的有效扭矩、变速器和主减速器的传动比、传动系统的机械效率和驱动轮半径等。汽车的驱动力与发动机的扭矩、传动系统各挡的传动比及传动系统的机械效率成正比，与驱动轮半径成反比。

2．汽车的行驶阻力

汽车行驶中所需要的功率和能量取决于它的行驶阻力。汽车在水平道路上匀速行驶时必须克服来自地面的滚动阻力 F_f 和来自空气的空气阻力 F_w；当汽车在坡道上上坡行驶时，还必须克服重力沿坡道的分力 F_i（即上坡阻力）；汽车加速行驶时还需要克服其惯性力 F_j（即加速阻力）。因此，汽车行驶阻力可以分为稳定行驶阻力和变速行驶阻力，汽车行驶的

总阻力为

$$\sum F=F_f+F_w+F_i+F_j \tag{1-4}$$

上述各阻力中，滚动阻力 F_f 和空气阻力 F_w 是在任何行驶条件下均存在的，上坡阻力 F_i 和加速阻力 F_j 仅在一定行驶条件下存在，在水平道路上等速行驶时就没有上坡阻力 F_i 和加速阻力 F_j。

1）滚动阻力 F_f

当车轮在路面上滚动时，由于车轮和路面相互作用而使道路发生塑性变形，轮胎发生弹性变形，从而产生能量损失，能量损失的总和就是车辆行驶的滚动阻力造成的。

汽车在松软路面上行驶时，支撑路面发生塑性变形，滚动阻力主要是由路面变形引起的；汽车在硬路面上行驶时，轮胎的变形是主要的，滚动阻力主要是由轮胎变形引起的，这时轮胎的胎面、帘布层等各组成部分相互摩擦，以及轮胎的橡胶、帘线等物质的分子间摩擦，引起轮胎发热。

2）空气阻力 F_w

汽车是在空气介质中行驶的，汽车行驶时受到的空气作用力在行驶方向上的分力称为空气阻力。空气阻力可分为压力阻力和摩擦阻力两部分。

压力阻力是作用在汽车外形表面上的法向压力的合力在行驶方向上的分力，它包括四个部分：形状阻力、干扰阻力、诱导阻力、内循环阻力。汽车行驶时，车身前部要分开空气，会受到空气的挤压作用（正压），而后部会形成空气涡流区（负压），这就使汽车在行驶方向上产生了压差阻力；车身表面的凸起物（如后视镜、门把、引水槽、传动轴等）同样会引起类似的阻力；发动机冷却系统、车身通风等使空气流经车身内部时也会构成阻力；汽车行驶时车身上、下部分气流流动速度不同而引起的空气升力在水平方向的分力都属于压力阻力。

摩擦阻力是空气的黏性在车身表面产生的切向力的合力在行驶方向上的分力。摩擦阻力与车身表面粗糙度及表面积有关，其大小约占空气阻力的 8%～10%。

3）上坡阻力 F_i

当汽车上坡行驶时，汽车的重力在平行于路面方向的分力，称为汽车的上坡阻力，用 F_i 表示。如图 1.1-10 所示，当坡度角为 α 时，根据受力分析，有

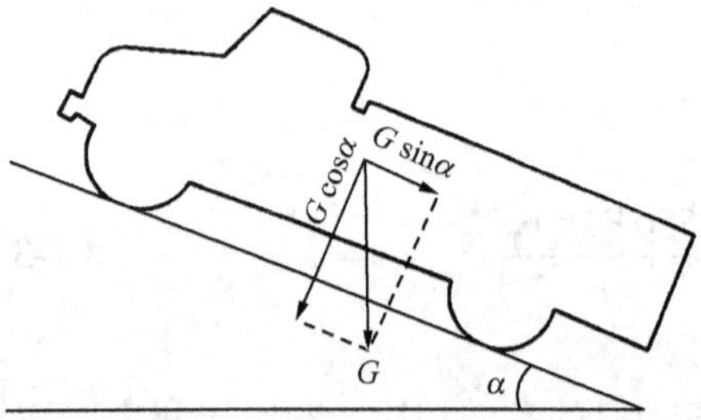

图 1.1-10　汽车的上坡阻力

$$F_i=G\sin\alpha \tag{1-5}$$

式中，G——车辆的重力（N）。

由于滚动阻力 F_f 和上坡阻力 F_i 均与道路条件有关，且均与车辆重量成正比，因此常把这两种阻力合在一起称为汽车的道路阻力。

需要注意的是，当汽车下坡时，F_i 与汽车行驶方向一致，它将促使汽车加速行驶。

4）加速阻力 F_j

汽车加速行驶时，需要克服其质量加速运动时的惯性力，就是加速阻力 F_j。通常把汽车的质量分为平移的质量和旋转的质量两部分，加速时不仅平移的质量产生惯性力，旋转的质量也要产生惯性力偶矩。为便于计算，一般把旋转质量的惯性力偶矩转化为平移质量的惯性力，并以系数 δ 作为计入旋转质量惯性力偶矩后的汽车质量换算系数，汽车质量换算系数主要与飞轮的转动惯量和车轮的转动惯量以及传动系统的传动比有关。

3. 汽车行驶的基本原理——驱动条件和附着条件

1）汽车行驶的驱动条件

汽车在行驶的过程中，受到各种行驶阻力的作用，为保证汽车的正常行驶，必须有一定的驱动力，以克服各种行驶阻力。表示汽车驱动力与行驶阻力之间关系的等式，称为汽车的驱动力平衡方程，即

$$F_t=F_f+F_w+F_i+F_j \tag{1-6}$$

式（1-6）说明了汽车行驶中驱动力与各行驶阻力的平衡关系，若平衡关系不同，则汽车的运动状态不同。

当 $F_j=F_t-(F_f+F_w+F_i)>0$，即 $F_t>F_f+F_w+F_i$ 时，汽车将加速行驶；

当 $F_j=F_t-(F_f+F_w+F_i)=0$，即 $F_t=F_f+F_w+F_i$ 时，汽车将等速行驶；

当 $F_j=F_t-(F_f+F_w+F_i)<0$，即 $F_t<F_f+F_w+F_i$ 时，汽车将无法起步或减速行驶直至停车。

可见，汽车行驶的必要条件是

$$F_t\geqslant F_f+F_w+F_i \tag{1-7}$$

式（1-7）为汽车的驱动条件，它反映了汽车的行驶能力，但还不是汽车行驶的充分条件。

2）汽车行驶的附着条件——路面附着力

可以采用增加发动机扭矩和加大传动比等措施来增大汽车的驱动力，但是这些措施只有在驱动轮与路面之间不发生滑转现象时才有效。如果驱动轮在路面滑转，则增大驱动力只会使驱动轮加速旋转，地面切向反作用力并不会增加。这种现象说明地面作用在驱动轮上的切向反作用力受地面接触强度的限制，并不能随意加大，即汽车行驶除受驱动条件制约外，还受轮胎与地面附着条件的限制。

地面对轮胎切向反作用力的极限值称为附着力 F_φ，在硬路面上附着力取决于轮胎与路面间的相互摩擦，它与驱动轮法向作用力 F_Z 成正比，常写成

$$F_\varphi=F_Z\varphi \tag{1-8}$$

式中，φ 称为附着系数，表示轮胎与路面的接触强度，反映了轮胎与路面的摩擦作用。

附着系数 φ 与光滑表面间的摩擦系数不同。当轮胎与路面接触时，路面的坚硬微小凸起能嵌入变形的轮胎中，增加了轮胎与路面的接触强度，对轮胎在接地面积内的相对滑动有较大的阻碍作用，轮胎与地面间的上述作用，通常被称为附着作用。

附着力与地面对车轮的法向反作用力成正比，而驱动轮的地面反作用力与汽车的总体布置、行驶状况及道路坡度有关。

在水平路面匀速行驶的汽车，地面对驱动轮的法向反作用力等于驱动轮的轴荷（与重心配置有关）。

当汽车上坡或加速时，地面对驱动轮的法向反作用力与坡度角大小、汽车重心高度配置、驱动形式有关，前轮载荷减小，而后轮载荷增加，从而前轮法向反作用力减小，后轮法向反作用力增加，即后轮驱动的汽车，上坡或加速时可获得较大的驱动力。

当汽车下坡或减速时，前轮载荷增加，而后轮载荷减小。

动载荷的绝对值随坡度与加速度的增加而增加，当汽车利用极限附着力以通过大坡度和以大加速度行驶时，动载荷达到最大。

在一定附着系数的路面上，不同驱动方式的汽车具有不同的汽车附着力，只有四轮驱动汽车才有可能充分利用整部汽车的重力来产生汽车附着力，即只有汽车前、后驱动轮的附着力分配刚好等于其前、后轮法向反作用力的分配时，四轮驱动汽车才真正利用了此附着力。

前轮驱动汽车的附着利用率不如后轮驱动汽车，为了克服此缺点，前轮驱动汽车的质心位置都布置得偏前。

在松软路面上，土壤的变形比轮胎的变形大，轮胎胎面花纹的凸起部分嵌入土壤，这时附着系数φ值不仅取决于轮胎与土壤间的摩擦作用，同时还取决于土壤的抗剪切强度。因为只有当嵌入轮胎花纹沟槽的土壤被剪切脱开基层时，轮胎在接地面积内才产生相对滑动，车轮才发生相对滑转。

显而易见，地面的切向反作用力不得大于附着力，否则会发生驱动轮滑转，即

$$F_t \leqslant F_\varphi \tag{1-9}$$

这就是汽车行驶的附着条件。应当指出，汽车的附着力并非是汽车受到的一个力，而是限制驱动力大小的一个数值，附着系数也不能等同于摩擦系数。

将汽车的驱动条件和附着条件联系在一起，可得出汽车行驶的驱动——附着条件，即汽车行驶的充分和必要条件为

$$F_f+F_w+F_i \leqslant F_t \leqslant F_\varphi \leqslant F_Z\varphi \tag{1-10}$$

即汽车行驶时，汽车的驱动力应大于汽车行驶中遇到的各种阻力之和，但驱动力不得大于汽车的附着力，这就是汽车行驶的基本原理。

1.1.9 汽车专业术语与常识

1. 汽车专业术语

（1）汽车4S店

汽车4S店是指将4项功能集于一体的汽车销售服务企业，它包括汽车的整车销售（Sale）、零配件供应（Spare Part）、售后服务（Service）和信息反馈（Survey）四种业务。汽车4S店作为一种整体服务方式，是于1999年以后逐步由欧洲传入我国的，这种新兴的方式现在越来越受到客户和经销商的青睐。另外，现在的汽车4S店大多增加了二手车置换的功能（Second Hand Vechile），故汽车4S店大多已成为5S店。

（2）本田VTEC技术

在国内生产的雅阁轿车发动机就是采用了VTEC技术，VTEC为英文Variable Valve Timing and Lift Electronic Control System的缩写，中文意思为“可变气门正时及升程电子控制系统”。VTEC是可变进气门控制技术，通过改变进气门开度来改变进气量，提高发动机转矩。

整个VTEC系统由发动机电子控制单元（ECU）控制，ECU接收发动机传感器（包括转速、进气压力、车速、水温等）的参数并进行处理，输出相应的控制信号，通过电磁阀调节摇臂活塞液压系统，从而使发动机在不同的转速工况下由不同的凸轮控制，影响进气门的开度和开启时间。

本田的VTEC发动机一直享有“可变气门发动机的代名词”之称，它不只是输出马力超强，还强调低转速，具有排气标准环保又低油耗的特点。而这样完全不同的特点在同一台发动机上出现，就因为它在一支凸轮轴上有两种，甚至三种不同角度的凸轮，中、低转速时用小角度凸轮，高转速时，再切换成高角度的凸轮，所以才有两种完全不同性能表现的输出曲线在同一台发动机上发生的情况。本田推出的i-VTEC，即智能“可变气门正时及升程电子控制系统”，加入可连续性变化的正时与重叠角的设计，配合原本的VTEC机构，使i-VTEC发动机成为近似完美的可变气门发动机。

（3）丰田 VVT-i 技术

VVT-i 是英文 Variable Valve Timing intake 的缩写，它是一种控制进气凸轮轴气门正时的装置，通过调整凸轮轴转角对配气正时进行优化，从而提高发动机在所有转速范围内的动力性、燃油经济性，降低尾气的排放。而丰田在 2000 年生产出新一代的 VVTL-i 发动机，它也用类似本田 VTEC 的原理，比原来 VVT-i 发动机上的凸轮轴多了可以切换大小不同角度的凸轮，也利用“摇臂”的机构来决定是否顶到高角或小角度的凸轮，而做到“可连续式”地改变发动机的正时、重叠时间与“两阶段式”的升程。VVTL-i 结合了 VVT-i 的连续式可变正时与重叠角，与 VTEC 式的凸轮轴切换，而首先成为可以说是“近似”完美的发动机，VVT-i 加入可以变化 valve 升程后的新发动机 VVTL-i，果然在性能版的 Celica 身上有超过 100hp/L 的实力，1.8L 的它能有 180hp/7800rpm 的超强实力，而且它还保有扭力曲线高而平原式的表现达到 0～96m/h。应该说 VVTL-i 是 Toyota 划时代的力作。

（4）曲轴箱强制通风

PCV 是 Positive Crankcase Ventilation（曲轴箱强制通风）的缩写。它的作用是防止窜气进入大气，同时防止机油变质。在发动机做功燃烧过程的末端，一些未燃混合气在高压力下从活塞环漏入曲轴箱内，业内将这种泄漏称为“窜气”。这些窜气会从曲轴箱内逸入大气中造成污染；同时，这些窜入的混合气如果不排除，还会稀释曲轴箱内的机油，使机油变质造成发动机机件过早磨损。

（5）EGR 系统

废气再循环（Exhust Gas Reciculation）简称 EGR 系统，用于减少废气中 NO_x 的含量。国外的早期研究发现，将少量的废气（5%～20%）再循环进入气缸与新鲜可燃混合气混合后燃烧，可有效抑制 NO_x 的产生。事实上，除了可采用气门重叠产生废气回流的内部 EGR 方式外，更常用的措施是用专门的管道将部分废气引至进气歧管，由 ECU 控制 EGR 阀改变流通截面来调节废气量，实现 EGR 率的变化。通常在发动机暖机、怠速、低负荷、高负荷等工况下不需进行 EGR 控制。

EGR 控制的一般过程是 ECU 根据发动机的转速、节气门开度、冷却液温度等信号，计算最佳 EGR 率，再通过控制 EGR 阀开度来实现 EGR 控制。而 ECU 对 EGR 阀的控制实质上是通过对真空调节阀的控制来实现的。真空调节阀一般是电磁式的，用于将 ECU 输出的电信号转换为气压变化，从而实现对气动式 EGR 阀的控制。并且，ECU 还通过压力传感器测量 EGR 率信号来进行反馈控制。在实施反馈控制时，最初使用的是独立式压力或压差传感器，而今又出现了与 EGR 阀共为一体的 EGR 位置传感器，提高了控制精度。

（6）三元催化净化器（TWC）

催化剂是其本身在形态和质量上均无变化，却能促成化学反应的物质。例如，HC、CO、NO_x 和氧气一起被加热至 500℃（932℉），它们之间实际上不发生化学反应，但当这些气体通过催化剂作用后即发生化学反应，这些气体就转化为无害的 CO_2、H_2O 和 NO_2。

汽车的废气催化净化器所用催化剂，视气体种类而异，通常使用的有铂、铱、铑等。催化剂涂在“载体”的表面上，以增加其与废气接触的表面积。

如果使用含铅汽油，催化剂表面就会覆盖上一层铅，使催化剂失效。因此，安装有废气催化净化器的车辆必须始终使用无铅汽油。

“净化率”用于测量废气中污染物能转换成非污染物的比例。当催化剂温度超过 400℃（752℉）时，净化率接近 100%。这就是说，在温度低于 400℃（752℉）时，催化剂不能有效地起催化作用。

（7）防抱死制动系统

防抱死制动系统，是在传统的制动系统基础上增加了车轮速度传感器、ABS 电控单元、制动压力调节装置及制动控制电路等主要元器件的制动系统，可克服传统制动系统不能克服的缺点，如制动跑偏、甩尾，提高制动最佳综合性能。ABS 即防抱死制动系统，是 Anti-lock Braking System 的缩写。

（8）电子制动力分配系统

电子制动力分配系统（EBD），英文全称为 Electronic Brake Distribution。EBD 的工作原理是用高速计算机在汽车制动的瞬间，利用传感器分别对 4 只轮胎附着的不同地面进行感应、计算，得出不同的附着力数值，进而控制 4 只轮胎制动装置以不同的方式和力量实施制动，并在运动中快速调整，使制动力与附着力相匹配，从而保证车辆的平稳、安全。EBD 通常是防抱死制动系统 ABS 的附加装置，在汽车紧急制动、车轮将抱死的情况下，EBD 在 ABS 动作之前就已经平衡了每一只轮胎的有效地面附着力，防止出现甩尾和侧滑。配备有 EBD 的 ABS，各车轮由于有最理想的制动力分配，可进一步缩短汽车紧急制动时的制动距离。

（9）驱动防滑控制系统

汽车驱动防滑系统（Acceleration Slip Regulation 或 Traction Control System）简称 ASR 或 TCS（日本车型称它为 TRC 或 TRAC）。

ABS 是防止制动过程中的车轮抱死，保持方向稳定性和操纵性并能缩短制动距离的装置。而 ASR 的作用是防止汽车加速过程中的打滑，特别是防止汽车在非对称路面或在转弯时驱动轮的空转，保持方向稳定性、操纵性，维持最大驱动力。ASR 系统是继 ABS 后采用的一套防滑控制系统，是 ABS 功能的进一步发展和重要补充。ASR 系统和 ABS 系统密切相关，通常配合使用，构成汽车行驶的主动安全系统。

由于 ASR 是 ABS 系统功能的延伸和补充。因此 ASR 与 ABS 之间有许多相同之处，主要部件可以通用或共用。

（10）电控悬架系统

传统悬架系统使用的是定刚度弹簧和定阻尼系数减震器，只能适应特定的道路和行驶条件，无法满足变幻莫测的路面情况和汽车行驶状况，只能被动地接受地面对车身的各种作用力，不能主动地去进行调节，故称为被动悬架系统。

电控悬架系统的最大优点是悬架随不同的路况和行驶状态做出不同的反应，既可使汽车的乘坐舒适性令人满意，又能使操纵稳定性达到最佳状态。

采用电控悬架系统的基本目的是控制调节悬架的刚度和阻尼力。

（11）车辆电子稳定系统

车辆电子稳定系统（Electronic Stability Program，ESP）是博世（BOSCH）公司于 1995 年推出的，到目前为止，博世公司已为全球提供了 800 万套 ESP 系统。随着人们对汽车的安全越来越重视，ABS 和 ESP 系统已成为汽车安全的代名词。

ESP 系统的工作原理：其传感器时刻监控车辆行驶状态、驾驶员驾驶状态和驾驶员动作，通过中央处理器分析传感器传来的信号，从而及时调整车辆的行驶状态，维护车辆的行驶稳定性。

从严格的角度来讲，ESP 系统实际上包括 ABS 和 TCS（牵引力控制系统）两大系统的功能，但又不是两者简单的叠加。当汽车在行驶过程中需躲避障碍物突然猛打转向盘或在复合路面上行驶时，ESP 系统就会启动来有效地保证行驶安全。

（12）巡航控制系统

汽车的巡航控制系统又称恒速、稳速或 CCS（Cruise Control System）系统，它是利用电子控制技术对汽车行驶速度进行自动调节的系统，可以让行进中的汽车以接近恒速的方式行驶。当安装有 CCS 的汽车在行驶状况良好的高速公路上行驶时，可以免去驾驶员持续踩踏节气门踏板的动作，巡航控制系统可根据行车阻力自动增减节气门开度，保持汽车能以事先选定的车速在公路上恒速行驶。一旦需要，驾驶员也可以按意愿实现对汽车的完全操控权，任意加速、减速或停车。从而大大减轻了驾驶者的劳动强度。

（13）GPS 技术

GPS（Global Positioning System）称为全球导航系统，又称全球卫星定位系统。

1973 年，美国开始研制全球定位系统（GPS），经过 20 年的不断完善，耗资 200 亿美元后，该系统终于在 1994 年全面建成。GPS 由绕地球运行的 24 颗卫星组成，卫星距地面约 17 000km。在军事上，这套系统可以为战机、军舰和导弹等导航，并锁定攻击目标；在民用方面，它可以为飞机、船舶和汽车等导航。目前，GPS 为世界各国所采用，美国从中赚取了巨额的利润。

GPS 的主要功能如下。

① 实时显示汽车在预先制定的电子地图中的位置、行驶速度，以及与目的地之间的距离。输入目的地后自动生成一条去目的地的最佳行驶路线，并在转弯时用语言提醒用户，使用户去任何地方都不用问路，便可直接到达。

② 随时可查询沿途的酒店、商店、加油站、修理厂、车站、码头等，为用户提供方便。

③ 可在汽车遭遇抢劫后，在指定范围内停止发动机的运行，并把汽车所处的位置报告给警察。GPS 将改变汽车防盗行业的经营方式，它将是继计算机革命之后的又一场革命。

④ 停车后可用其播放音乐或 VCD。

汽车 GPS 主要由两部分组成：一部分是由安装在汽车上的 GPS 接收机和显示设备组成；另一部分是由计算机控制中心组成。两者之间通过定位卫星进行联系。

2. 汽车常识

（1）常用缩写的含义

现代汽车会遇到很多英文缩写，常用的有以下几个。

ABS：防抱死制动系统；
ASR：驱动防滑控制系统；
BAS：辅助制动系统；
CBC：弯道制动控制系统；
DSC：动态稳定控制系统；
DTC：动态牵引力控制系统；
EBD：电子制动力分配系统；
EBV：电子制动力分配系统；
EDL、EDS：电子差速锁止系统；
ESP：车辆电子（车身）稳定系统；
EBC/MSR：发动机转矩控制系统；
TCS：驱动防滑控制系统；
TRAC/TRC：牵引力控制系统；
VSA：车辆稳定辅助控制系统；
VSC：车辆稳定控制系统。

（2）AT 如何使用

现代路面上使用自动挡（AT）的车越来越多，AT 的变速杆如何使用呢？

① 禁止在行驶中将选挡杆拨入 N 位（空挡）或在下坡时用空挡滑行。

② 低挡→高挡，不受任何车速条件的限制；高挡→低挡，必须让汽车减速至车速低于相应的升挡车速后才能进行。

③ P（Park）——停车挡。前轮被机械锁止，车辆只有在完全停稳时才能进入该挡。若想换出 P 挡，需踏下制动踏板并按下手柄按钮。

④ R（Reverse）——倒车挡。车辆在静止状态下，按下手柄即可移进或移出该挡。

⑤ N（Neutral）——空挡。在车辆静止，点火开关接通的情况下，只有踏下制动踏板，按下手柄按钮方可移出 N 挡。在行车中只需按下手柄按钮即可。在行车状态下（>5km/h），可自由移进或移出 N 挡。

⑥ D（Drive）——行驶挡。通常情况下的前进行驶挡位，此时自动变速器根据节气门开度和车速等自动在四个前进挡中换挡。

⑦ 3——坡度挡。如遇坡路可选用此挡，此时自动变速器在 1、2、3 三个挡位中自动实现换挡。同时在下坡时可以利用发动机的制动效果。

⑧ 2——长坡挡。遇到较长距离爬坡或下坡时选用此挡，汽车根据节气门的开度和车速在 1、2 挡自动实现换挡。这样避免了不必要的换入高挡，下坡时可以利用发动机的制动效果。

⑨ 1——陡坡挡。在上、下非常陡峭的坡时选用此挡。为换入 1 挡，要按下换挡手柄上锁止按钮。此时汽车永远处于 1 挡，而不会换入其他挡位。1 挡也最大限度地利用了发动机的制动效果。

（3）自动变速器和无级变速器

现在经常听人说，某车型用的是无级变速器（CVT）。其实，他们所指的往往是自动挡变速器。那么，自动变速器、无级变速器是一回事吗?二者之间又有哪些异同呢?

无级变速器是自动变速器的一种手动变速器，其结构简单、准确有效，但是，也存在操纵复杂、长期使用容易疲劳、换挡时冲击较大等不足。为此，聪明的人们又开始设想制造一种能够自动换挡的变速机构。1940 年，美国通用汽车公司在奥兹莫比尔（Oldsmobile）上安装了世界上第一台自动变速器，从此自动变速器取得了快速发展。一般来讲，汽车上常用的自动变速器有以下几种类型：液力自动变速器、液压传动自动变速器、电力传动自动变速器、有级式机械自动变速器、无级式机械自动变速器等。其中，最常见的是液力自动变速器。

液力自动变速器不是真正的无级变速。目前，在常用的轿车中，大多采用电控的液力自动变速器，其主要由自动离合器和自动变速器两大部分组成。它能够根据节气门的开度和车速的变化，自动地进行换挡。与无级变速器相比，液力自动变速器最大的不同是，在结构上它由液压控制的齿轮变速系统构成。因此，液力自动变速器并不是真正的无级变速，它还是有挡位的。它所能实现的是在两挡之间的无级变速。而无级变速器则是由两组变速轮盘和一条传动带组成的，因此，它比传统自动变速器的结构简单，体积小。另外，它可以自由改变传动比，从而实现全程无级变速，使汽车的车速平稳变化，没有传统变速器换挡时那种“顿”的感觉。

现代无级变速器传动效率提高，节气门反应快、油耗低。随着汽车技术的进步，技术人员已经越来越不满足于液力自动变速器，他们希望彻底改进无级变速器，从而实现汽车从有级变速阶段向无级变速阶段的飞跃。福特、菲亚特、奥迪等企业也纷纷推出了能够匹配大排量发动机的无级变速器。目前国内的自动挡基本上全是液力自动变速器，而奥迪采用了无级变速器。以奥迪 Multitronic 无级/手动一体式变速器为例，它就是在原有的无级变速器基础上，进行了多项技术上的创新、改进和提高。奥迪的技术专家在变速器上安装了一种称为多片式链带的传动组件，这种组件能够传递和控制峰值扭力高达 280N·m 的 6 缸发动机源源不断地输出的动力和转矩。由于这种组件的应用，大大拓展了无级变速器的使用范围，这种新的无级变速器的传动比远远超过了以前各种自动变速器的传动比的极限值。另外，这种变速器还采用了湿式多片式离合器，取代了以前无级变速器和普通自动变速器车上的液压变矩。该离合器的明显优势是耗能少，反应更快，和一级方程式赛车采用的半机械式电子离合器极为相似。这样，新型的无级变速器车辆节气门反应更快、油耗更低。从车辆的整体性能来看，装有 Multitronic 无级/手动一体式变速器的奥迪 A6 2.8 轿车的 0～100km/h 加速时间比装普通自动变速器的同级车快了 1.3s，甚至比装有最佳的 5 速手动变速器的相同车型也快 0.1s。同时，按照欧洲的燃料消耗标准，它比装常规自动变速器车辆每百公里少消耗 0.9L 汽油，而且比装 5 速手动变速器的车每百公里少消耗 0.2L 汽油。

（4）安全气囊

安全带自发明之后已经发挥了很重要的保护作用，但在强烈的碰撞发生时，前座驾乘者的头部和胸部还是很容易受到伤害的，于是安全气囊便诞生了。众所周知，气囊对冲击的缓冲作用是非常有效的，它会充分吸收驾乘者的部分冲力，辅助安全带保护驾乘者。于是更多的气囊出现在了驾乘者的头部和侧面。例如，Volvo 公司开发的 SIPS（车侧碰撞防护系统）的防侧撞气囊和 ICSystem（充气保护屏障系统）的充气帘。这些保护系统向驾乘者提供了全方位的安全保护，一旦汽车发生正面碰撞、侧撞或翻滚，安全带加上安全气囊将全力保护驾乘者的安全。

综合分析事故车辆可以得出这样一个结论：有 2/3 以上的撞车事故均发生在车辆的前部，在碰撞过程中，车辆需要吸收来自正前方或斜前方的冲击，尤其在高速行驶时，这种冲击是相当大的，因而正面安全气囊系统应用最广泛。各汽车生产商对气囊的触发条件有不同的标准，但总体上要求碰撞要发生在一定的前方角度范围内和达到一定的减速度（指减加速度，而非车速）时，才能使安全气囊准确地打开。

以某款车的安全气囊为例，当该车车速为 50km/h 时突然发生正面碰撞，约 10ms 后，达到安全气囊系统引爆极限，引爆器点燃转向盘中的气体发生器，驾驶员仍处于原来坐姿；约 40ms 后，气体相继完全充满驾驶员和乘员安全气囊，驾乘者分别前移，安全带被拉长，部分冲击能量被吸收；约 60ms 后，驾乘者的头部及身体上部沉向气囊，在驾乘者身体压力的作用下，气体开始从气囊的排气口匀速逸出，并吸收大部分冲击能量；约 110ms 后，驾乘者向后回到座椅上，大部分气体已经从气囊中逸出，前方视野恢复。

（5）安全带

众所周知，当汽车发生碰撞或遇到意外紧急制动时，将产生巨大的惯性作用力，使驾驶员、乘客与车内的转向盘、风窗玻璃、座椅靠背等物体发生二次碰撞，极易造成对驾乘人员的严重伤害，甚至将驾乘人员抛离座位或抛出车外。安全带能将驾乘人员束缚在座位上，防止了二次碰撞，而且它的缓冲作用能吸收大量的动能，从而减轻驾乘人员的伤害程度。

安全带虽然简单，但也有不少驾乘人员不能正确使用，以致酿成事故。为了保证驾乘人员安全，在使用座椅安全带时应注意以下几点。

① 经常检查座椅安全带的技术状态，如发现有损坏应及时更换。座椅旁边地板上所有固定座椅安全带的螺栓都应按规定拧紧，螺栓周围应涂上密封胶。

② 要正确佩戴。三点式腰部安全带应系得尽可能低些，系在髋部，不要系在腰部；肩部安全带不要放在胳膊下面，应斜挂胸前。一副安全带只能一个人使用，严禁双人共用。不

要将安全带扭曲使用。

③ 不要让安全带压在坚硬的或易碎的物体上，如衣服内的眼镜、钢笔和钥匙等；也不要让安全带与锋利的刃发生摩擦，以免损伤安全带；不要让座椅靠背过于倾斜，否则安全带将不能正确地伸长和收卷；座椅上无人时，要将安全带送回卷收器中，例如，扣舌处于收藏位置，以免在紧急制动时扣舌撞击在其他物体上。

④ 安全带必须与座椅配套安装，不得随意拆卸；如果安全带在使用中曾承受过一次强拉伸负荷，即使未损坏，也应更换总成，不得继续使用；安全带脏污时可用软肥皂和水作清洁液，用布或海绵擦洗，不要使用染料和漂白剂，它会腐蚀安全带而降低其抗拉强度，也不要用硬刷去擦，以免造成对安全带的损伤。

⑤ 安全带关系到车上驾乘人员的生命安全，一定不可忽视，适当的使用会让你一路平安。

1.1.10 汽车技术发展和汽车的未来

1. 现代汽车技术及其发展

汽车自1886年诞生至今，经过了一百多年的发展，已成为当今世界经济中的支柱产业，也是人们工作和生活中不可缺少的部分。随着科学技术的进步和计算机、新型材料、新工艺、新能源等技术在汽车上的应用，当今的汽车已演变成为一种精美绝伦的高科技产品。与传统汽车技术相比，现代汽车技术主要包括以计算机为核心的电子控制技术；以质轻、高强度为代表的新材料技术；应用现代设计理论和设计方法，以CAD（计算机辅助设计）为核心的整车及零部件新设计；融合当代制造技术的汽车制造新工艺；以减少石油燃料消耗、降低大气环境污染为目的的新型能源动力汽车技术。其中，电子装置及控制技术的应用尤为突出。汽车电子化的程度越来越高，特别是集成电路、微机控制技术出现以后，在扩展电子系统各部分功能的同时，减少了电子装置的体积和质量，并推动了传感器、执行机构、显示装置及控制技术的发展。这不但改变了汽车工业的面貌，而且使汽车的结构和性能焕然一新。汽车的动力性、燃油经济性、安全可靠性、乘坐舒适性以及废气排放和噪声控制等方面都得到了显著的改善和提高。汽车工程界专家指出：电子技术的发展已使汽车产品的概念发生了深刻的变化。这也是最近电子信息产业界对汽车电子空前关注的原因之一。但是，必须指出的是，除了一些车内音响、视频装备，车用通信、导航系统，以及车载办公系统、网络系统等车内电子设备的本质改变较少外，现代汽车电子从所应用的电子元器件（包括传感器、执行器、微电路等）到车内电子系统的架构均已进入了一个有本质性提高的新阶段。其中，最有代表性的核心器件之一就是智能传感器（智能执行器、智能变送器）。下面着重介绍汽车的现代结构和控制技术，以及汽车的新型能源动力技术及其发展现状。

1）汽车电子控制技术及其发展

汽车电子化发展迅速，电子控制装置日新月异，层出不穷。电子技术的飞速发展和汽车相关法规（节能、安全、排放等）的建立是汽车电子控制技术形成与发展的两大主要因素。汽车电子控制技术形成和发展过程可分为三个阶段。

第一阶段：电子装置代替某些机械部件。

20世纪50年代初期，汽车上安装了电子管收音机。1995年晶体管收音机问世后，晶体管收音机也成了汽车的主要器件。汽车零部件中，最早采用的电子装置是交流发电机的整流器。自1960年美国克莱斯勒公司和日本日产公司率先采用交流发电机以后，全世界各汽车公司都陆续采用交流发电机，进而淘汰了直流发电机。

20 世纪 60 年代初期，人们开始对汽车发动机周围零部件的电子化进行研究。首先使电压调节器及点火装置电子化。1960 年，美国通用汽车公司（GM）开始采用 IC 电子调节器，并于 1967 年以后在所有车中都换用 IC 电子调节器。1973 年，美国通用汽车公司开始采用 IC 电子点火装置，并逐渐普及使用。1974 年起，通用公司开始装备加大火花塞电极间隙、增强点火能量的高能点火系统，并且力图将分电器、点火线圈和电子控制电路制成一体式的。

第二阶段：电子装置被应用于某些机械装置无法解决的复杂控制系统。

1976 年，美国克莱斯勒公司首先创立了由模拟计算机对发动机点火时刻进行控制的控制系统。1977 年，美国通用汽车公司开始采用数字点火时刻控制系统，称为迈塞（MISAR）系统。该系统是真正的计算机控制系统。同年，美国福特汽车公司开发了能同时控制点火时刻、排气再循环和二次空气喷射的发动机电子控制系统。继之，日本、欧洲一些国家也相继开发了自己的汽车发动机电子控制系统。以后他们又经过多次改进，其控制功能不断增多，性能更加先进。

电子控制燃油喷射系统，是由德国博世（BOSCH）公司于 1967 年研制成功的，它用电子电路控制喷油器的喷油量，与化油器相比，该技术其有明显的优越性。随着时间的推移，该技术日渐成熟，又被美国、日本等国家广泛采用。

第三阶段：电子装置成为汽车设计中必不可少的装置。

汽车电子控制装置开发最早、最主要部分是从发动机控制开始的，而发动机的电子控制技术又首先是从控制点火时刻开始的。它从单一项目的控制，发展到多功能的控制，即从单一的控制点火时刻或控制燃油喷射空燃比开始，逐步扩展到控制发动机怠速转速、排放、涡轮增压等多项内容的发动机综合控制系统，后来称为发动机集中控制系统。进入 20 世纪 90 年代后，在美国、欧洲、日本、韩国大汽车厂生产的轿车，95%以上都采用了电子控制燃油喷射发动机。

由于电子技术在发动机控制中取得了成功经验，汽车厂家越来越多地把电子技术应用到汽车上。现在电子控制技术已渗透到汽车的各个组成部分，如制动防抱死系统、自动变速系统、信息显示系统等。美国通用、福特、克莱斯勒汽车公司生产的较高级的轿车上，一般都装有 7～8 个微处理器，日本丰田公司“滑翔机”牌汽车上已使用 24 个微处理器。最近十年左右美国、日本、欧洲以及韩国等进口的汽车上，都或多或少、不同程度地装有各种微机控制装置。在 1990 年世界生产的轿车上，有 90%左右已采用微机控制装置。微机在汽车上的应用发展迅速，且日益普及和完善，可以说，在发达国家，汽车已进入电子控制时代。

国产汽车电子控制技术的开发和应用相对较晚。到 20 世纪 90 年代初期，只有少数汽车厂家，如一汽的奥迪、北汽的切诺基汽车上开始采用电子控制燃油喷射发动机，而且基本上是对国外生产的部件进行组装。在汽车电子控制技术上，与国外的先进汽车生产厂家差距较大。随着形势的发展，如城市汽车数量的增多，汽车尾气造成的污染日趋严重等，国家新的安全、油耗、排放法规将同国际标准接轨；同时，迫于国际汽车行业的激烈竞争，我国汽车行业大大加快了采用电子控制技术的前进步伐。国产汽车电子控制技术的发展速度是可喜的，国家要求从 2000 年开始，新生产的轿车都要采用电子控制燃油喷射发动机和三元催化净化装置，到目前为止已基本实现。另外，其他电子控制装置，如防抱死制动系统、安全气囊、电控自动变速器等，也被陆续安装在国产轿车上。

关于汽车技术未来的发展，2000 年美国汽车工程师协会年会得出的结论是“21 世纪的汽车将是架在4个轮子上的计算机”。可见，以计算机为核心的汽车电子控制技术将在未来汽车技术中发挥主导作用。目前常见的、较成熟的汽车电子控制技术的主要内容如下。

（1）发动机的电子控制

发动机控制部分的内容，分为汽油机和柴油机两种。对于柴油发动机而言，主要有各种泵油喷射系统对燃油喷射量、燃油喷射时机控制，高压共轨喷射控制，进气节流的控制和电热塞的电流控制。汽油发动机电子控制目前应用极为普遍，主要有燃油喷射控制、点火控制、怠速控制、排放控制、进气及增压控制、稀薄燃烧及缸内直喷控制。而且有些控制在工作过程中互相结合起作用，体现出现代汽车的智能程度。例如，为使发动机处于最佳工作状态，就需要从吸入气缸的空气流量、进气压力的测定开始，再根据水温、空气温度等工作环境参数计算出基本喷油量，同时还要通过节气门位置传感器检测节气门的开度，确定发动机的工况，进而控制，调整最佳喷油量，最后还需要通过曲轴的角速度传感器监测曲轴转角和发动机转速，最终计算出并发出最佳点火时机的指令。另外，发动机燃油喷射系统和点火综合控制系统还可以与废气排放的监控系统和启动系统等组合，构成可使汽车发动机功率和扭矩最大化，同时燃油消耗和废气排放最低化的智能系统。此外，发动机电子控制还有电动燃油泵、发电机输出、冷却风扇、发动机排量、节气门正时控制及系统自我诊断等功能。在不同类型和不同生产年代的汽车上，电子控制的内容有多有少。

另外，随着微机技术的进一步发展，微机将会在现代汽车上承担更重要的任务。如控制燃烧室的容积和形状，控制压缩比，检测汽车零件逐渐增加的机械磨损等。目前在控制汽车尾气排放和自诊断功能方面，发展速度更快。

（2）底盘的电子控制

底盘控制的内容正在增多，目前主要有自动变速器控制、悬架系统控制、动力转向控制、四轮转向控制、巡航控制、制动防抱死控制、驱动防滑控制、轮胎压力的监测。它们的工作并不是孤立的，例如，出于平稳、安全驾驶的需要，仅针对四个轮子的操控上，除了应用大量压力传感器并普遍安装了刹车防抱死装置（ABS）外，许多轿车，包括国产车，还增设了电子动力分配系统（EBD）。ABS、EBD可以最大程度地保障雨雪天气驾驶时汽车的稳定性。现在，国内外的一些汽车进一步加装了紧急刹车辅助系统（EBA），该系统在发生紧急情况时，自动检测驾驶者踩制动踏板时的速度和力度，并判断紧急制动的力度是否足够，如果需要，就会自动加大制动力。EBA的自控动作必须在极短时间内完成，这个系统能使200km/h高速行驶车辆的制动滑行距离缩短极其宝贵的二十多米。针对车轮的操控还有分别监测各个车轮相对于车速的转速，进而为每个车轮平衡分配动力，保证在恶劣路面条件下各轮间具有良好的均衡抓地能力的“电子牵引力控制”（ETC）系统等。底盘电子控制的主要目的是提高驾驶的轻便性，行驶的稳定性、安全性和司乘人员的舒适性。控制内容包括汽车运行中的三个基本特征，即行驶、转弯和停车。

（3）车身的电子控制

车身方面的控制主要是为司乘人员提供更为安全、方便和舒适的环境，并能 够提高整车的市场竞争力。车身方面的控制内容很多，主要有安全气囊控制、安全带控制、防撞系统控制、灯光控制、门锁控制、防盗系统控制、自动空调控制、自动座椅控制、音响及音像系统控制。很多控制系统都达到了较高的智能化程度，例如，安全气囊在关键时刻必须能及时、正确地打开，但在绝大多数时间内气囊是处于待命状态的。因此安全气囊的ECU必须具有自检、自维护能力，能够不断确认气囊系统的可正常运作的可靠性，确保动作的“万无一失”。

（4）信息与通信系统及其控制

该系统可让司乘人员更多、更快地获取有关汽车各方面的信息，同时通过与车外通信实现与社会连接，以获取各种信息资料。它主要有以下几方面的内容：数字化仪表（集感觉、识别、情况分析、信息库和控制等各种功能于一体的综合信息系统）、汽车定位导航系统（GPS）、移动电话系统等。这些都大大方便了人们的出行，并且有些技术现在已经相当成熟了，如 GPS 定位系统，它的静态相对定位精度一般在几毫米到几厘米之内，动态相对定位精度一般在几厘米到几米之内。

2）新型能源动力汽车技术及其发展现状

新型能源是相对于汽车使用的汽油和柴油传统能源而言的。目前研究的应用于汽车动力的新型能源，主要有各种代用燃料、天然气、液化石油气、太阳能、燃料电池等。由此形成了代用燃料汽车、天然气汽车、液化石油气汽车、太阳能汽车、燃料电池汽车及其他各种电动汽车和混合动力汽车。

新型能源动力汽车技术的内容涉及面极广，既包括能作为汽车动力能源的新型能源资源及其获取技术，也包括使用新型能源动力机械的开发技术，还包括与应用新型能源动力相匹配的汽车开发与控制技术。

开发新型能源动力汽车的目的是为了降低乃至最终取代有限的石油燃料资源的使用，减少并最终消除汽车对大气环境的污染。目前，汽车的动力源主要是汽油和柴油，而石油短缺与环境污染已严重制约了燃油汽车的发展，因此，高效、节能、低噪声、零排放的电动汽车最近几年备受人们关注，尤其现在也有一些电动汽车已经进入部分家庭。下面介绍一下国内外电动汽车的发展现状。

（1）国外电动汽车的发展现状

由于石油危机和环境污染，发展电动汽车已是相当迫切的要求了。美国通用汽车公司董事长几年前就预言："如果在 21 世纪只依靠内燃机，没有一个汽车公司能兴旺起来。"目前全球大多汽车商都在开发研制电动汽车。美国通用汽车公司 1996 年就已推出一款镍金属混合电池电动汽车，2000 年推出的混合动力汽车每百公里平均油耗只有 2.94L，新开发的燃料电池电动汽车"氢动一号"性能优异。2003 年 11 月 24 日，广州本田在广州国际车展上展示了 Honda 燃料电池车。加拿大自 2000 年以来氢能燃料电池工业研发投入超过 10 亿加元。加拿大 2004 年宣布，将由氢燃料电池车承担 2010 年冬奥会期间部分运输任务。日本在 2010 年前，已生产了 5 万台燃料电池电动汽车，并力争在 2020 年燃料电池电动汽车社会保有量达 500 万辆以上，并规划建设 3 800 个氢加注站。

（2）国内电动汽车的研发实力

我国的燃油汽车总体落后于国外先进水平二三十年，而在电动汽车的研发方面仅落后国外 3～5 年，某些技术甚至处于国际领先地位。在高性能电池方面，北京有色金属研究院先后完成了 10～150Ah 等系列方形密封镍氢动力电池的开发工作，并于 1999 年底将其成功用于 5 人座电动轿车，一次充电行驶距离达 225km，电池性能表现优异。中科院大连化学物理研究所从 1995 年开始对质子交换膜燃料电池开展了系统研究开发，至今已申请了包括电极催化剂制备、电极制备、电池结构在内的 25 项中国发明专利。开发了具有自主知识产权的以氢气为燃料的 6 台 5kW 电池组构成的 30kW 质子交换膜燃料电池堆。该电池堆整体性能相当于奔驰、福特与加拿大 Ballard 公司联合开发的 MK7 质子交换膜燃料电池电动车的水平。2004 年东风汽车公司自主投资 1000 万元与武汉理工大学合作进行燃料电池汽车研究，成功研制出一台 25kW 级燃料电池轿车——“楚天一号”，专家评审认为，该车整体达到国际先进水平。

2．汽车的未来发展趋势

道路交通的发展是推动汽车技术发展的主要因素。以高速公路启动和发展为标志的公路网等级提高对汽车高速性能提高提出了迫切要求。城市交通日益拥挤，在环境保护方面（如汽车的排放、噪声、电波污染等）也必须做出越来越严格的规定。另外，汽车作为社会能源消耗的一个重要方面，车用能源的节约和多样化也为公众所关注。

上述要求促使汽车的各项技术性能，包括动力性、操纵稳定性、燃料经济性、舒适性、制动性、可靠性以及环境要求都需要不断改进和优化。1965～1990 年的 25 年间西欧典型轿车的单位行驶里程燃油消耗量下降了 40%；起步到 100km/h 的加速时间（动力性主要指标）减少了 1/2；排放污染也按越来越严格的法规标准进行了控制。

在汽车技术进步过程中，来自各方面的要求往往是互相矛盾和互相牵制的，比如，为控制污染排放，就有可能增加油耗，就会对成本有所影响。所以在促进汽车技术进步过程中，必须综合考虑，尽量使多方面功能有所改善的同时又不使其他重要功能损失过多。因此汽车的发展主要体现在以下几个技术方面。

1）安全技术方面

在汽车技术中，有助于减轻事故后果的功能称为被动安全性，而有助于防止事故发生的功能则属于主动安全性。

在被动安全方面，为保证乘员必要的生存空间，要求车头是可变形而且能吸收能量的，乘坐室则应尽可能刚劲、稳定。

同时，要在撞车时尽量避免乘员与车内其他部件如风窗玻璃、转向盘等相撞，所以要有完善的乘员约束系统，目前已广泛采用了安全带和安全气囊。现在的研究工作集中在如何保证安全带在撞车瞬间处于张紧状态。另外，也研制了关闭车门时能自动压在乘员身上的安全带，以免乘员漏带。

在主动安全方面，改进制动性能是第一位的，其中制动时防止车轮抱死至关重要。防抱死制动系统正成为标准装备，它由传感器、控制装置和执行机构组成。传感器装在车轮上，把车轮角速度、角减速度等运动参数传送到控制装置。控制装置进行计算并与规定数值比较，给执行机构发出指令，适时调节制动力矩，防止车轮抱死。目前正努力把常用的“阶段调节”更新为“无波动调节”，以便能更好地利用道路与轮胎间的摩擦力。

为保持汽车的操纵性能，汽车驱动力控制系统正在普及，以防止驱动轮出现滑转。

提高轮胎的应急行驶性能也是一个努力方向，如即使胎中空气漏光，轮辋也不会切坏轮胎，还可继续行驶数十公里。

驾驶员在驾驶过程中，经常需要查看仪表板上的信息，这时既需要改变眼睛的仰角，又要调节视线的远近。为了提高安全性，研究人员研制了直观显示屏，仪表板上的信息通过光学系统和设在风窗玻璃中的全息半镜，直接出现在驾驶员的视野内，就像是汽车前面几米远处的实际图像。

2）节能和多种燃料技术

高速车辆的空气阻力消耗的功率比例很大。以中档轿车为例，如果空气阻力减小 30%，油耗将降低 10%。为此，加强了车身各个细部的研究来减小轿车空气阻力系数。

在大型货车方面也广泛采用了各种导流装置，有效降低了高速行驶阻力。

减轻质量可以有效地降低油耗。在大型车辆上通过结构优化来减轻车辆自重（装备质量）是关键。虽然，选用轻质材料（如铝材）可以大幅度降低自重，但是燃油费用的节省往往还抵偿不了车辆售价的增加。采用塑料则需考虑车辆报废后的回收和处理问题，所以汽车厂家一直对扩大塑料应用持慎重态度。

近年来，已经推广的电控直接喷射汽油发动机由于其能按照发动机的不同工况和复杂的使用条件，精确地供应所需的最佳混合气成分，一般可以节油 5%～20%。发动机进一步的发展在于寻求可变气门定时方法，以及随负荷降低而增大压缩比的可变压缩比的方法。柴油机的电子控制喷油，以及在高速柴油机中用直接喷射取代间接喷射，都将有助于油耗的降低。鉴于世界石油资源有限，各国除了对汽车节能不断关注外，还积极探讨多种燃料的应用技术。太阳能汽车、电动汽车、液化石油气汽车、压缩天然气汽车，以及使用甲醇燃料的汽车等都在试验、开发和产品化过程中。

液化石油气已被广泛用于大城市的出租车。针对液化石油气的特点，在燃料供给系统中对混合器、怠速系统中的蒸发器进行改良，改良后，混合气浓度的控制精度大大提高，燃料消耗量也降低了。电子控制技术也在推广之中。

压缩天然气的储存是一个研究课题，在一定储气压力下要尽量减小储气罐的总容积，而又保证足够的储气量。

在酒精燃料发动机方面，目前研究的是能够交替使用酒精和汽油，并能燃用两者按任意比例混合的发动机，其中需要测定油箱中汽油和酒精的混合比，并通过电控调节喷油和点火。

3）环保技术

电控发动机为排气净化作出了贡献。进一步开发发动机在全部负荷范围内的净化技术，特别是在发动机动态的负荷或转速变化条件下使混合气成分保持在“入窗口”范围内。在柴油机中适应瞬时工况控制和调节喷油量，减少炭烟形成和微粒排放。目前正在研究废气过滤系统的应用。

燃用液化石油气和压缩天然气的发动机，同样需要完善燃料供给系统，这两类发动机可采用电控装置来达到排气净化的目的。

各种排气净化催化剂已广泛用于汽车，目前人们对金属催化剂载体兴趣日益增加，同时也在研制能承受更高温度的催化剂。

装有复合驱动系统（柴油机+电机）的汽车已经进入市场，在人口密集的对噪声和废气排放极为敏感市区内，可使用电力驱动；而在公路上行驶时，可以柴油机作为主要动力。与同类轿车相比，油耗和废气排放可望降低 1/2 以上。

电动汽车中纯电动汽车（PEV）、混合动力汽车（HEV）、燃料电池电动汽车（FCEV）技术的发展及应用，更体现出了绿色环保的新理念。

在噪声污染方面，随着车速的提高，轮胎噪声污染日益突出。胎面花纹沿轮胎圆周不规则分布的低噪声轮胎已经进入市场，平均声压级比花纹对称等间距分布的轮胎下降约 3dB（A），尖叫噪声也明显下降。轮胎两半边花纹相对错开的低噪声轮胎也已有厂家供应。

许多国家已制定限制汽车燃油蒸发污染的法规：油箱必须密闭，防止蒸发；燃油系统必须装有带木炭吸附剂的容器；加油时的燃油蒸气则由加油站特殊加注器来回收。采取上述措施后，汽油中蒸发的气态丁烷可以得到控制。

我国很多地区汽车装有制冷空调设备，因为其中制冷剂在维修作业或在报废车挤压时会逸出到大气中，所以部分汽车正在采用无氟利昂空调设备。

作为大量生产的轿车，其报废后的处理是一个棘手的问题，因此必须在开发设计时就充分满足回收工程的要求，比如，尽量少用硬塑料和热塑性塑料，并保证报废车上的塑料件容易分离。

4）舒适性技术

卧姿人体受振特性是汽车舒适性开发的重要出发点。为在载荷变化的情况下保证车辆装载面处于正常水平高度，在中小吨位汽车上广泛地采用了水平调节装置。一些厂家开始供应可调减震器，可以使汽车适应多种路况，并避免弯道行驶时过分侧倾。在一级方程式赛车上已采用电控的主动悬架系统，但此系统较为昂贵，必须进一步产业化后才有望用于轿车。

在我国，公路卧铺客车已广泛用于长途班线，这是卧姿人体受振特性研究成果的成功转化。在其他国家此类客车极为少见。

车内噪声是舒适性的一项重要指标。把发动机包封起来减小发动机噪声向外辐射的设计已付诸实施，而把车身部分包封起来防止噪声传入的办法被认为更为经济。同时研究人员也在研究噪声源与汽车其他零件间连接的噪声的传播，设法消除耦合，设置吸音材料等。目前，利用重叠声场相干的原理研究积极减噪的尝试正在进行，首先是减小驾驶员头枕处的噪声。

车内居住性是舒适性技术的一个重要方面，在长途大客车内配置卫生间、声像设施、车载电话、冷热餐饮和冷暖空调，令乘客如居家中，充满温馨。市内公共汽车广泛采用低地板布置，车内外信息显示系统，大容量冷暖装置等，都是改善车内居住性的重要措施。

座椅是减震的关键部件，目前航空式（靠背可调，带头枕、肘靠、脚蹬）的客椅已普遍采用。在卧铺客车上，减震卧铺的研究也在积极进行中。

减轻驾驶员疲劳的努力一直没有停止。在美国西部 15 号州际公路上建造了 7.5m 长的自动驾驶系统。在这段路上，驾驶员不需要用手操纵转向盘，不需要用脚踏脚踏板，也不需要用眼睛注视前方道路。但据美国自动化高速公路协会发言人称："前 15s 很兴奋，之后便感到很无聊。那种感觉就像雇佣驾驶员为你开车。"所以，车辆控制、导航系统与驾驶员的驾驶乐趣如何协调将是舒适性技术需要探讨的一个新的方面。

面对老龄驾驶者人数的增加，家用车辆生产厂家都在研制老年人用车。包括上下车的方便性、座位宽敞性、驾驶轻松性等。老年人用车市场潜力很大，所以这方面的研究前景很可观。

5）交通流适应技术

交通管理系统的发展要求汽车技术与之协调。目前已广泛采用的是交通信息系统，正在推广的是行车引导系统，正在试验的是列队自动驾驶系统。

（1）交通信息系统

初期，曾尝试在路口信号灯前方，通过外部光信号为驾驶员提供建议合适的速度以求汽车到达路口时恰好是绿灯，继而，在车内显示汽车相对于前方信号灯变换相位的位置，使驾驶员了解车速快慢的影响，这种系统被称为"绿波"，它可使汽车一路绿灯通过交叉路口。针对交通阻塞，为各个车辆指示其具体行车路线的交通指导信息系统也已在某些国家开通了十几年。

（2）行车引导系统

行车引导系统包括车载电子装置，道路信号柱上的红外发送装置和接收装置，以及交叉路口上的电子控制柜。车载电子装置的核心是导航计算机。行车开始时驾驶员输入起止点坐标，随后车载电子装置即可向驾驶员一路提供行车方向指示。

德国柏林的行车引导系统可使被引导的驾车者平均减少 10%的行驶时间，并能向驾驶员发送行车建议，比如"避开高峰，晚出发 1 小时，可节省 10 分钟"等。

（3）列队自动驾驶系统

列队自动驾驶系统可以大幅度增加交通通行能力。如以 120km/h 车速行驶的两车间安全距离是 60m，而列队行驶时间隔可控制到 2m，所以在 60m 内可再行驶 5 辆汽车。而只有在汽车队列之间才需保持 60m 的安全距离。

发达国家，在紧张的路段上单向车道已多达 6～8 条，道路网所占用的土地面积已经很多了，如果再建造新的道路，或者扩宽现有紧张路段是没有更多余地的。因此，上述采用列队自动驾驶系统来扩大通行能力具有很大的吸引力。

列队行驶的间隔小，因而大大降低了空气阻力，同时又保持车速均匀，油耗和排放都可大幅降低。加入列队后驾驶员可以解脱，也有随时“离队”的自由。列队自动驾驶系统的核心是车载测距装置，这一装置可能要综合闭路电视摄像和图像分析、脉冲激光测距、红外监视等几套系统。

6）汽车电子技术

在上述各项技术发展中，电子技术已经取代了许多机械系统，尤其是在精密复杂的控制系统中，它使汽车某些总成能从单纯调节作用发展到实现闭环控制。今天汽车已成为机电一体化的产品。电气和电子装置的成本在轿车总造价中的比例已达 20%以上。

轿车上装用的电子装置有发动机与传动系上的怠速控制，空燃比控制，停车、启动系统，变速器电子控制，数字式燃油喷射控制，爆震控制，点火正时控制等；改善安全性能的有前照灯调节与清洁装置，车窗刮水与刷洗控制，防抱死制动系统，牵引力控制系统，随负荷变化的维护里程间隔指示器，燃油系和磨损件监控系统，空气囊充气装置，安全带拉紧装置，防盗系统等；改善舒适性的车速控制，中央车锁，暖气、空调控制系统，座椅调节和记忆装置，悬架控制等；通信方面的电子话音命令、收音机、车上计算机、汽车电话、引导与信息系统等。另外，雷达式距离报警装置、轮胎压力监测装置、车上诊断系统和电子节气门踏板等一些电子装置也在试用推广之中。

由于汽车电子控制装置是随各个总成、各种功能的发展而发展起来的。现在就需要一个整体系统，使其互通信息，协同工作。目前研究的方向是根据不同的任务，将系统硬件和软件分为几个不同模块，它们之间又有一定通用性。这样就无须重复设置许多传感器，可避免各个子功能间的冲突，也便于测试和诊断。

为了提高电子装置的可靠性，解决抗电磁干扰的问题日益突出。因此除了控制单元采用金属壳封装、屏蔽线和车身附加接地等措施外，研究人员也在探索采用光束波导管来避免传感器和控制单元间的信号干扰。

7）计算机技术

由于计算机技术在汽车上的成熟应用，汽车的结构还将发生重大的变化。

（1）汽车操纵系统将向电子化、电动化发展

用导线逐步代替机械传动机构，如导线驾驶（Driving by Wire）、导线制动（Brake by Wire）、导线转向（Steering by Wire）等。

（2）功能控制继续向集中综合控制快速发展

综合控制集中表现在以下四个方面。

① 发动机管理系统和自动变速器控制系统。

② 集成为动力传动系统综合控制（PCM）；将发动机管理系统和车辆稳定系统（ESP）或驱动（牵引）力控制系统（TCS）相结合；采用电子气门（ETC）进行转矩控制。

③ 通过中央底盘控制器将制动、悬架、转向、传动等控制系统通过总线连接形成车辆控制系统（VCS），计算机控制中心对各种系统进行协调。

④ 将车辆行驶性能控制到最佳水平。

（3）汽车计算机控制系统向智能化、网络化、信息化发展

智能化、网络化、信息化主要体现在以下三个方面。

① 智能化传感器：未来的智能化传感器不仅能提供用于模拟和处理的信号，而且本身就能对信号进行放大和处理，自动进行最优化检测和自我校正线性和非线性传感器信号的质量，始终保持高精度的信号。

② 光纤电缆将取代传统的同轴电缆和双绞线。光纤电缆具有抗电磁干扰力强，信号传输速度快，音频响应好的优点，可增强汽车电子系统的耐久性和可靠性。

③ 自动调速汽车和智能交通系统（ITS）将会投入市场。配备防撞雷达的先进调速系统可使汽车自动调速，使车和车之间保持安全距离；ITS 系统可提高高速公路的交通流量、运行速度，并可降低和避免交通事故。

此外，红外夜视系统、驾驶员疲劳报警系统、轮胎气压监测报警系统、指纹识别系统、语音识别系统及自动照明系统等智能设备将会在汽车上大有作为。

（4）向网络化汽车发展

网络化汽车的主要表现如下。

① 汽车上采用的微处理器芯片（CPU）将会越来越多。据统计，2000 年生产的汽车使用 CPU 平均数量达到 35 个，最多 48 个。最新汽车采用可编程（PLC）32 位芯片，可同时管理发动机和变速控制系统。IBM 和 Intel 公司宣布开发车载计算机平台将采用奔腾 MMX 处理器，控制功能由简单的计算向复杂的高端应用领域拓展。

② 新的计算机总线技术或多路传输技术将被广泛应用。由德国 BOSCH 公司推出的 CAN（控制器局域网）现场控制总线将被世界各大汽车厂广泛采用。CAN 技术是目前世界上唯一被批准为国际标准的现场总线。高速总线（CAN-H）控制发动机、变速器、SRS、ABS/ASR/ESP 等，低速总线（CAN-L）控制车门、防盗、中控锁、空调等。高、低速总线间通过网关（信息传递中继站）连接。

③ 蓝牙（Bluetooth）技术在汽车上的应用，使汽车网络更加丰富多彩。蓝牙技术（短程无线通信标准）通过配备蓝牙接口的网关设备连接到汽车内部网络 CAN，通过汽车外部笔记本电脑或蓝牙实施开关车门、车窗等功能。

（5）向信息化汽车发展

信息化汽车主要体现在以下几个方面。

① 卫星全球定位系统（GPS）的应用将会迅速增加。此系统可实时提供车辆所在位置、行驶速度和时间，同时具有防盗功能，控制中心可为驾驶员提供最新交通信息，通过电子地图选择最佳行驶路线。

② 信息化汽车除装有车载无线广播、车载电话、后座娱乐系统外，还拥有更多、更新的信息化通信设备，如车载 PC，驾车人可阅读、发送电子邮件和传真，访问互联网，使汽车网和互联网紧密地联系在一起。

总之，随着计算机技术的高速发展，汽车的智能化、网络化、信息化的发展趋势将会使汽车的各项功能进一步提高和完善。

1.2 汽车的使用性能

1.2.1 概述

汽车的使用性能是指汽车在一定的使用条件下，汽车能发挥最大工作效率的能力。它是汽车选型配备的主要依据，也是汽车运用的先决条件，是由决定汽车利用效率和方便性的结构特征表征的。

汽车技术水平的高低，主要由汽车使用性能的优劣显示，而在汽车使用中评价汽车使用性能的好坏，必须先给定使用条件，在此条件下方可分析汽车的技术性能与使用条件是否相适应。所以，汽车的使用性能好，即表示汽车对具体的使用条件是适应的，反之，即为不适应。

汽车主要使用性能有汽车的动力性、汽车的燃油经济性、汽车的行驶安全性、汽车的舒适性、汽车的通过性和汽车的使用方便性等基本性能。这些使用性能均可定量表征，可用以全面、客观地评价汽车结构的完善程度。对于不同用途的汽车，其使用性能要求的侧重点也不相同，各类型汽车要求的主要使用性能见表 1.2-1。

表 1.2-1　各类型汽车要求的主要使用性能

汽 车 种 类	主要使用性能
小轿车	速度性能、乘坐舒适性、安全性、使用方便性、可靠性
载货汽车	容量、经济性、可靠性与维修方便性、安全性、动力性
公共汽车	容量、使用方便性、耐久性、可靠性、维修方便性、安全性、经济性
大型客车	容量、使用方便性、乘坐舒适性、速度性能、安全性、可靠性、维修方便性
越野车与特种车	使用方便性、安全性、速度性能、可靠性、维修方便性、越野性

为了评价汽车结构特性能否满足使用要求，即评价车辆在给定使用条件下有效利用的可能性，必须制定汽车使用性能的量标。我国较为广泛采用的汽车使用性能量标见表 1.2-2。

1.2.2 汽车的动力性

汽车的动力性是指汽车在良好的路面上直线行驶时，由汽车受到的纵向外力决定的所能达到的平均行驶速度。汽车运输效率的高低、平均技术速度的高低，在很大程度上取决于汽车的动力性。所以，动力性是汽车性能中最重要、最基本的性能。

汽车的平均行驶速度是汽车动力性的总指标。以获得尽可能高的平均行驶速度的观念出发，汽车的动力性主要由三方面的指标来评定，即最高车速、加速性能和上坡性能。

1. 汽车的最高车速

最高车速是指满载的汽车行驶于平直良好路面（混凝土或沥青）上所能达到的最高行驶速度。它对于长途运输车辆的平均行驶速度影响较大。

2. 汽车的加速性能

汽车的加速性能是指汽车在各种使用条件下迅速增加行驶速度的能力。它对于市区运行车辆的平均行驶速度影响很大，特别是轿车对加速时间尤为重视。加速能力在理论分析中用加速度来评定，而在实际试验中常采用下列两种方法评定。

（1）最高挡或次高挡加速性能，也称超车加速性能。它是通过汽车用最高挡或次高挡由某一预定中速全力加速至另一预定高速时所经过的时间或距离来评定的。这段时间越短，超车加速能力越强，从而可以减少超车过程中的并行时间，有利于保障行车安全。

（2）起步连续换挡加速性能，也称原地起步加速性能。它是通过汽车以起步挡起步，并以大的加速度且选择恰当的换挡时刻逐步换至最高挡后，加速到某一高速（80%或以上）所需时间与距离来评定的。原地起步加速时间是衡量高档次轿车动力性能的重要指标。

表 1.2-2　汽车使用性能量标

使用性能		量标和评价参数
容量		额定装载质量（t） 单位装载质量（t/m^3） 货厢单位有效容积（m^3/t） 货厢单位面积（m^2/t） 座位数和可站立人数
使用方便性	操纵方便性	每百公里平均操纵作业次数 操作力（N） 驾驶员座位可调程度 照明、灯光、视野、信号完好
	出车迅速性	汽车启动暖车时间
	乘客上下车和货物装卸方便性	车门和踏板尺寸及位置 货厢地板高度 货厢栏板可倾翻数 有无随车装卸机具
	可靠性和耐久性	大修间隔里程（km） 主要总成的更换里程（km） 可靠度、故障率 故障停车时间（h）
	维修性	维修和修理工时 每千公里维修费用 对维修设备的要求
	防公害性	噪声级 CO、HC、NO_x排放量 电波干扰
燃料经济性		最低燃料耗量［L/（100t·km）］ 平均最低燃料耗量［L/（100t·km）］

使用性能		量标和评价参数
速度性能		动力性 平均技术速度（km/h）
越野性、机动性		汽车最低离地间隙 接近角 离去角 纵向通过半径 前后轴荷分配 轮胎花纹及尺寸 轮胎对地面单位压力 前后轮辙重合度 低速挡的动力性 驱动轴数 最小转弯半径
安全性	稳定性	纵向倾覆条件 横向倾覆条件
	制动性	制动效能 制动效能恒定性 制动时方向稳定
	平顺性	振动频率 振动加速度及变化率 振幅
	设备完备	车身类型 空气调节指标 车内噪声指标 座椅结构

3. 汽车的上坡性能

汽车的上坡性能通常用最大爬坡度来评定。最大爬坡度是指满载的汽车用变速器最低挡位在良好路面上等速行驶时所能克服的最大道路纵向坡度。它对于山区行驶车辆的平均行驶速度有很大影响。

轿车一般不强调爬坡能力，因为轿车最高车速大，加速时间短，经常在较好的道路上行驶；货车则不同，它需要在各种地区的各种道路上行驶，所以必须具有足够的爬坡能力。

1.2.3 汽车的燃料经济性

汽车在一定的使用条件下，用最少的燃料消耗完成单位运输工作的能力，称为汽车的燃料经济性。燃料经济性是汽车使用经济性能的一个很重要的指标，它对汽车运用的效果有决定性的影响。燃料费用一般占汽车运输成本的 20%～30%，所以降低汽车的燃料消耗是减少使用费用的主要途径之一。

燃料经济性的评价指标通常用在规定条件下行驶单位里程所消耗的燃料量表示，一般称为百公里油耗，其单位为升/百千米（L/100km）；也有用每燃烧单位体积燃料汽车行驶的里程数表示，其单位为千米/升（km/L）或英里/加仑（mile/gal）。运输企业也用运送单位质量的货物至单位里程所消耗的燃料量表示汽车的燃料经济性，其单位为升/百吨千米［L/（100t・km）］或千克/百吨千米［（kg/（100t・km）］。此评价参数不仅表示了燃料消耗量，而且还表示了运输的效率，便于比较不同装载质量汽车的燃料经济性。

测定汽车燃料经济性的试验方法有很多，我国国家标准规定有在道路条件下的直接挡全油门加速燃料消耗量试验，等速燃料消耗量试验，多工况燃料消耗量试验，限定条件下的平均使用燃料消耗量试验，汽车在底盘测功机上的循环试验等。

汽车直接挡全油门加速燃料消耗量的试验条件是汽车挂直接挡（没有直接挡时挂最高挡），以（30±1）km/h 的初速度，稳定通过 50m 的预备段，在测试路段的起点开始，油门全开加速通过测试路段测得燃料消耗量。

进行汽车等速行驶燃料消耗试验时，汽车用常用挡位，往返等速行驶通过 500m 的测试路段，分别测试车速为 20km/h、30km/h、40km/h，直至 90%最高车速等各车速下的燃料消耗量。然后以车速为横轴，燃料消耗量为纵轴，绘制出曲线图，称为等速燃料消耗量特性曲线，简称等速油耗曲线。

多工况燃料消耗量试验是考虑了实际行驶中频繁出现的加速、减速、停车怠速、制动等各种工况，并将其根据车型经过加工简化规定为标准的循环进行试验。

限定条件下的平均使用燃料消耗量试验，其选择的测试路段应是三级以上平原干线公路，长度不小于 50km，试验时轿车的车速为（60±2）km/h，铰接式客车为（35±2）km/h，其他车辆为（50±2）km/h，测定每 50km 单程的燃料消耗量，然后换算成百公里燃料消耗量。往返各试验一次，以两次测量结果的算术平均值作为测定结果。

为了节约石油资源，很多国家都制定了限制汽车油耗的法规，从而促进了燃料经济性的不断提高。

1.2.4 汽车行驶的安全性

汽车以最小的交通事故概率和最少的公害适应使用条件的能力，称为汽车的安全性。安全性是汽车的重要使用性能之一（节能、环保、安全是汽车使用所必须具备的能力），它直接关系到人们的生命和健康，以及汽车和运输货物的完好。汽车速度性能的发挥，很大程度上取决于汽车的安全性能，特别是随着汽车保有量日益增加和汽车速度的提高，对汽车的安全性要求也越来越严格。

汽车的安全性是一系列结构性能的综合体现。我国汽车强制性标准分为三大部分，即安全性标准、污染控制和节能。其中安全性标准项目包括主动安全、被动安全和防火安全。

1．主动安全性

汽车主动安全方面的主要内容如下。

（1）保证驾驶员有良好视野方面——驾驶员前视野要求；汽车后视镜的安装要求及性能；风窗玻璃除霜、除雾；刮水器、洗涤器等。

（2）保证良好操纵性能方面——转向系统、加速控制系统、制动系统的功能；汽车喇叭的性能等。

（3）各种照明及信号装置的要求——各种照明及信号装置的标识、性能要求，前照灯、雾灯、倒车灯、转向灯、制动灯和示廓灯的位置及要求等。汽车驾驶室内各种操纵件、指示器及信号装置使用统一的图形标志，可避免驾驶员错误识别或错误操作而导致车祸。

2．被动安全性

被动安全性即发生事故时的安全性，指汽车发生交通事故后，减轻乘员和行人伤亡、减少车辆损失的结构性能，其中主要包括以下内容：

（1）驾驶室、车身结构的刚度，防止正面、侧面撞击的性能，特别是轿车的侧门强度。

（2）汽车座椅系统的安全性，包括座椅强度、安全带强度、安全带固定点的强度、座椅头枕等。它们的作用主要是保证撞车时能吸收乘员的能量，减轻乘员伤亡。

（3）汽车（特别是轿车）内外凸出物的要求。例如，在头部碰撞基准区内，要求不得有曲率半径小于2.5mm的刚性材料构件和粗糙表面等。

（4）汽车和挂车的侧面及后下部设有防护装置，主要用来防止车辆在行驶时有其他人、车、动物等撞击，造成事故。

（5）汽车安全玻璃，用以防止撞击后玻璃破碎伤人。目前我国规定要使用国家安全认证过的玻璃。

3．防火安全性

防止车辆火灾的结构措施主要如下。

（1）提高车身内饰材料的耐火性。要求用阻燃材料制造，阻燃材料应满足以下三个要求。

① 不燃烧；

② 可以燃烧，但燃烧速度不大于100mm/min；

③ 燃烧火焰在60s内自行熄灭，且燃烧距离不大于50mm。

（2）燃油箱规定。燃油箱与排气管的出口端位置应相距300mm以上，或设置有效的隔热装置，燃油箱的加油口应距裸露电器接头与电器开关200mm以上。

（3）轿车碰撞时燃油箱的泄漏规定。主要是防止碰撞后油箱漏油引起燃烧，造成二次损坏。要求按规定的试验方法试验时，从燃油箱及燃油管泄漏的燃油总量，在5min内不得大于200mL。

4．制动性

汽车的制动性是强制停车和降低车速的能力，它直接关系到人的安全。汽车必须具有优良的制动性能，才能保证在安全的条件下充分发挥其速度性能。因而制动性是汽车使用过程中安全性的重要指标。评价汽车制动性的主要指标有制动效能（制动力、制动距离和制动减速度）、制动效能的稳定性及制动时汽车的方向稳定性。

（1）制动效能——汽车迅速降低行驶速度直至停车的能力称为汽车的制动效能。它是评价汽车制动性最基本的指标。主要用制动距离和制动减速度来评价。

① 制动距离——车辆制动过程中所驶过的距离。

② 制动减速度——车辆制动时能够达到的最大减速度。

根据汽车理论可知，汽车的最大制动减速度是由道路条件所决定的，各种性能优良的制动器应考虑充分利用道路的附着性能。

除用制动距离和制动减速度评价外，也可用制动力评价。制动力是在室内用制动试验台检测汽车各车轮制动力的大小，根据其与轴荷的比例判断制动效能是否合格。

（2）制动效能的稳定性——制动效能的稳定性是指制动效能不因制动器摩擦条件的改变而恶化的性能，包括热稳定性和水稳定性。

水稳定性——制动效能不因制动器浸水而衰退的能力。

热稳定性（抗热衰退性）——制动效能不因制动器温度升高而衰退的能力。

（3）制动时的方向稳定性——制动时，汽车保持按给定方向行驶的能力。各轮的制动力不均匀、比例不当将导致制动跑偏、侧滑，它是使汽车失去控制而离开原行驶方向的基本原因。

1.2.5 汽车行驶的舒适性

汽车的舒适性是指行驶中的汽车对其乘员身心影响程度的评价，即舒适性是评价在规定的行驶条件下，在合理运行时间范围内驾驶员与乘客感觉良好的标准。长期以来，各汽车厂家都在积极采取改进措施，以提高汽车的舒适性。汽车的舒适性的好坏，主要取决于行驶平顺性、噪声、空气调节和居住性等因素。

1．汽车行驶平顺性

汽车行驶平顺性是指保持汽车在行驶过程中乘员所处的振动环境具有一定舒适度的性能，对于载货汽车还包括保持货物完好的性能。行驶平顺性的优劣，通常是根据人体对振动的生理反应，以及振动对货物完好的影响来评价的。行驶平顺性既是决定汽车舒适性最主要的方面，也是汽车性能的主要指标。行驶平顺性主要用振动参数，如振动的频率、振幅、加速度等作为评价指标。

行驶中的汽车是一个复杂的“振动系统”，振动的发生源主要有凹凸不平的路面、不平衡轮胎的旋转、不平衡传动轴的旋转及发动机的扭矩变化等。这些因素引起的振动又大多与车速相关，尤其是凹凸不平路面引起的振动，随着车速的变化，振动的频率和强弱会产生相应的变化。上述诸多“信号”不断地“输入”行驶中的汽车，而汽车又可以看做由轮胎、悬架、坐垫等弹性阻尼元件和悬架质量及非悬架质量构成的“振动系统”。各种“输入”信号沿不同的路径传至乘员人体，因路面、轮胎而产生的振动，先传到悬架，受悬架自身的振动特性影响后再传给车身，通过车身传到乘客的脚部。同时通过座椅传给乘客的臀部和背部，还通过转向系统，以转向盘抖动的形式传到驾驶员手部。因发动机、传动系统而产生的振动，通过支撑发动机、变速器和传动轴的缓冲橡胶垫，经衰减后传给车身，再经上述途径传至人体各个部位。

当振动频率超过 40Hz 时，便形成噪声传进人的耳朵。作为系统的“输出”，使人体或货物受到的振动，其中最重要的是振动的频率和振动加速度。由物理学知识可知，任何一个“振动系统”均有一个“固有频率”。当外界激振信号的频率接近或等于“固有频率”时，将出现“共振”现象，产生剧烈的振动。研究汽车行驶平顺性，实际上要解决两方面的问题：一是如何避免汽车这个“振动系统”的“共振”现象，这既影响汽车的操纵稳定性，也影响行驶平顺性；二是使“振动系统”输出的振动频率避开人体敏感的范围，振动加速度不超过人体所能承受的强度。

我国参照 ISO2631 制定了《汽车平顺性随机输入行驶试验方法》，用于测定汽车在随机不平的路面上行驶时振动对乘员及货物的影响，国标中用加速度均方根值给出了在 1～80Hz 振动频率范围内人体对振动反应的三个不同界限。

（1）暴露极限——当人体承受的振动强度在这个极限之内时，将保持健康或安全。通常把此极限作为人体可以承受振动量的上限。

（2）疲劳——该界限与保持工作效能有关。当驾驶员承受的振动强度在此界限之内时，能准确、灵敏地反应并正常地进行驾驶。

（3）舒适降低界限——此界限与保持舒适有关，在这个界限之内，人体对所暴露的振动环境主观感觉良好，能顺利地完成吃、读、写等动作。

2. 空气调节与居住性

空气调节与居住性都是影响汽车舒适性的重要因素。空气调节不好，会引起乘员胸闷、晕车等不适感觉，造成驾驶员反应迟钝，影响行车安全；居住性不好，会使驾驶员感到操作不便、易疲劳，乘员感到难以保持舒适的坐姿等。

1）空气调节

汽车的空气调节是指对车内空气质量进行调节，即不管车外的天气情况如何，将车内的温度、湿度和清洁度都保持在满足舒适要求的一定范围之内。

汽车的空气调节系统主要由四大装置构成，即通风装置、暖气装置、冷气装置和空气净化装置，通过这四大装置可实现换气、温度和湿度的调节及空气净化三大功能。

换气功能是空气调节的最基本的功能，是将车外的新鲜空气引入车内，同时将车内气体排到车外，以保持车内二氧化碳浓度不超过规定值。为组织好换气，提高换气质量和效率，合理布置空气的出、入口非常重要。汽车设计和试制阶段，一般要进行风洞试验，测定车身表面空气压力的分布，将空气入口设置在正压力大的部位，车内气体的出口设置在负压力大的部位。轿车的进气口一般开在前挡风玻璃下的机罩上，排气口开在后排座位的车侧。

温度和湿度的调节包括冬季的加温除湿，夏季的降温除湿，以使车内保持适宜的温度和湿度。

2）居住性

汽车的居住性主要是指车内空间的分配、布置如何适应各种人体特征的要求，以使驾驶员和乘员经长时间行驶而不感到疲劳。

（1）驾驶员的居住性。为了使驾驶员长时间驾驶而不感到过度疲劳，汽车的居住性要求应满足下列条件。

① 各操纵机构布置应合理，便于操作。

② 各类操纵机构需要的操作力要适度。

③ 驾驶员座椅高度、前后位置等能适度调整，以满足不同体形驾驶员的需要和保证驾驶员能获得与各操纵机构相协调的位置和舒适的坐姿。

④ 保证良好的视野，以便于获取道路状况、各种信号标志和周围行车情况等必需的外部信息。

⑤ 易于辨认的仪表和警示灯等，以便及时发现汽车各装置的工作状况和行驶状况的信息等。

（2）乘员的居住性。为了使乘员长时间乘坐汽车而不感到乏力和疲劳，必须给乘员提供能够随意选择乘坐姿势的宽敞室内空间和舒适可靠的座椅。

汽车的外形尺寸有限，要给乘员提供宽敞的室内空间，应注意以下两方面：一方面是要在有限的外形尺寸内，制造出必要的空间；另一方面是要合理安排居住空间的形状，以便更有效地发挥有限居住空间的功效。

车辆室内容积的确定，首先应考虑人体尺寸的参差不齐。通常是从成年女子 5%分布值开始，到成年男子 95%分布值之间（所谓 5%分布值，以身高为例，是指不超过此高度的人占 5%，95%分布值的含义与此相同），对人体的身高、坐高等尺寸进行测量，然后以被测对象的尾椎点为基准，考虑适于汽车各种用途的坐姿及供身体转动的足够空间，还要考虑不致因振动而令乘客触及车内装备件而受伤等因素，由这些因素决定车室空间的长度、宽度、高度尺寸。

在汽车横截面积不变的情况下，采用发动机前置、前轮驱动及减少轮胎装置空间等可以扩大室内有效空间；采用曲面玻璃可以扩大乘员肩部空间。

要使座椅舒适可靠，首先是座椅的长、宽、高基本尺寸与人体尺寸相适应，能按照乘员的体型进行尺寸调整。大多数汽车座椅靠背的倾角调整范围为 3°～8°，长途客车的座椅靠背要求可以倾斜到 25°以上，以便乘客休息。座椅靠背的结构采用头枕式，以提高其舒适性。要进一步提高座椅的舒适性，还需对座椅的振动特性进行测试，使其共振频率避开人体和悬架的共振频率。另外，座椅蒙皮的触感、室内装饰件的色彩、乘员的视野等也影响其居住性。

1.2.6 汽车的操纵稳定性

汽车的操纵稳定性反映汽车的两个相互紧密联系的性能，即汽车的操纵性和稳定性，也就是指驾驶员在不感到过分紧张、疲劳的条件下，汽车能遵循驾驶员通过转向系统及转向车轮给定的方向行驶，且当遇到外界干扰时，汽车能抵抗干扰而保持稳定行驶的能力。汽车的操纵稳定性直接影响着汽车在转向或受到各种意外干扰时的行车安全性，通常用汽车轮胎的横向附着系数和抗侧翻性来评价。

1．操纵性

操纵性是指汽车对驾驶员的转向指令能够及时且准确地响应的能力。轮胎的气压和弹性、悬挂装置的刚度及汽车的重心位置都会对汽车的操纵性产生显著的影响。

2．稳定性

稳定性是指汽车在受到外界扰动后，不发生失控，自行迅速恢复原来的行驶状态和方向，抑制发生倾覆和侧滑的能力。

汽车行驶稳定性又可分为纵向稳定性和横向稳定性。纵向稳定性反映汽车受扰动后的方向保持能力，横向稳定性反映汽车在横向坡道上行驶、转弯或受到其他侧向力作用时抵抗侧翻的能力。

构成汽车稳定性的主要因素有轴距、轮距、质心位置、汽车通过质心垂线的转动惯量、悬架结构特性、前轮定位参数、轮胎特性（侧向刚度、自动回正力矩、转弯特性）、转向系统的结构和性能、车身的空气动力学性能（侧向风压中心）、汽车稳态转向特性。

汽车的质心高度越低，稳定性越好，正确的前轮定位角度使汽车具有自动回正和保持直线行驶的能力，提高了汽车直线行驶的稳定性。若汽车装载超高、超载，转弯时车速过快，横向坡道角过大及偏载等，都容易造成汽车侧滑及侧翻。

1.2.7 汽车的通过性

通过性指车辆不用其他辅助措施以足够高的平均速度通过各种坏路（沙、雪、冰等）、无路地段和自然障碍的能力。

对于经常在道路条件较差的地区使用的车辆，如农用车、林用车、军用车、工程用车等，通过性十分重要，对于在高等级公路上行驶的车辆则要求不高。但是任何类型的车辆都有可能要通过恶劣路面和无路地段，因而都应具有与其使用条件相适应的通过性。

汽车的通过性包括轮廓通过性和支撑通过性。

1. 轮廓通过性

轮廓通过性表征车辆通过坎坷不平路段、障碍（陡坡、侧轮廓通过性坡、台阶、壕沟等）的运行能力。如图 1.2-1 所示，表征车辆轮廓通过性的指标有离地间隙 C、接近角 γ_1、离去角 γ_2、纵向通过半径 ρ_1、横向通过半径 ρ_2，以及车辆通过的最大爬坡等。

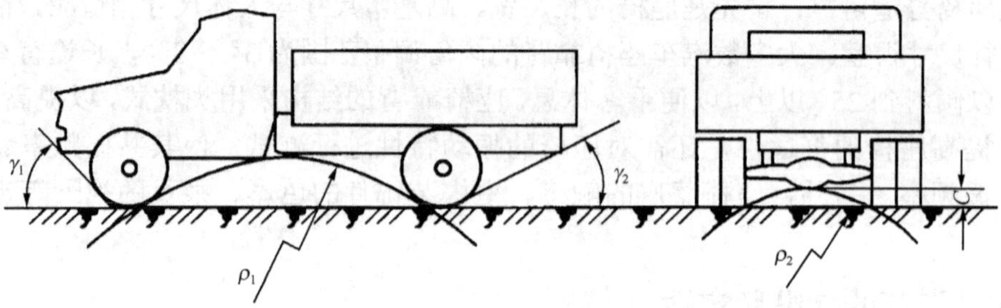

图 1.2-1　汽车轮廓通过性的几何参数

最小离地间隙 C 是汽车除去车轮外的最低点与路面之间的距离。它表征汽车无碰撞地越过石块、树桩等地面障碍的能力。汽车的前桥、飞轮壳、变速器壳、消声器和主减速器外壳等通常有较小的离地间隙。

接近角 γ_1 与离去角 γ_2 是指自汽车车身前、后突出点向前、后车轮引切线时，切线与路面之间的夹角。它表征了汽车接近或离开障碍物（如小丘、沟洼地等）时不发生碰撞的能力，也就是不发生触头和托尾失效的能力。接近角和离去角越大，则汽车的通过性越好。

纵向通过半径 ρ_1 是指在汽车侧视图上，做出与前、后轮及两轴间轮廓相切圆的半径。它表征汽车可无碰撞地通过小丘、拱桥等障碍物的轮廓尺寸。ρ_1 越小，汽车的通过性越好。

横向通过半径 ρ_2 是指在汽车的正视图上，做出与左右车轮及与两轮之间轮廓线相切的圆半径。它表示汽车通过小丘及凸起路面等横向凸起障碍物的能力。ρ_2 越小，汽车的通过性就越好。

2. 支撑通过性

支撑通过性表征车辆在松软土壤、雪地、冰面、沙漠、滑溜路面上运行的能力。其评价参数通常有附着质量、附着质量利用系数、接地比压。

1.2.8 汽车容载量

汽车容载量是指汽车能够装载货物的最大数量或乘坐旅客的最多人数。

汽车容载量与汽车装载质量、车厢尺寸、货物密度、座位数和站立乘客的地板面积等有关。

1.2.9 汽车的使用方便性

汽车的使用方便性是一项综合的使用性能，它是指汽车在结构上为使用者提供的各种条件的方便性。它由一系列性能指标构成，主要有：平顺性、舒适性、行驶方便性、操纵方便性、装卸货物的方便性、乘客上下车的方便性、机动性、紧凑性、最大续驶里程和维修性等。

1. 操纵方便性

操纵方便性是指驾驶员在驾驶汽车的过程中劳动强度的高低，包括操纵力、操作频度等。评价指标有：施加于操纵机构的力、运行时驾驶员的操纵次数、工作装置的位置和装备情况、视野及后视镜的装置情况、照明及信号装置是否完善等。GB7258—1997《汽车运行安全技术条件》对一定条件下施加在转向盘外缘的最大切向力、行车制动在产生最大作用时的踏板力、驻车制动时施加于操纵装置的力均有规定。

从汽车结构方面来说，离合器、转向系统、制动系统采用助力或加力装置，可明显减小驾驶员的操纵力。汽车转向桥轴载质量大于4000kg时，必须采用转向助力装置。

2. 装卸货物方便性

装卸货物方便性指车辆对装卸货物的适应能力。表征车辆装卸方便性的指标主要有：货厢和车身地板的装货高度，从一面、两面、三面装卸货物的可能性，厢式车车门的结构、布置和尺寸，有无随车装卸货物的装置及其效率等。

3. 乘客上下车的方便性

乘客上下车的方便性主要对轿车和客车而言。乘客上下车方便与否取决于车门的布置（轿车）和车门踏板的结构参数。如踏板的高度、深度、级数和能见度，以及车门的宽度。客车的上下方便性还影响城市公共汽车在线路上的运行时间。

4. 机动性

机动性是指车辆在最小面积内转向和转弯的能力。其评价指标主要有：前外轮最小转弯直径（或转弯半径）、转弯的通道宽度等。

5. 紧凑性

紧凑性是表征汽车外形尺寸合理与否的指标，主要有汽车的长度利用系数、汽车外形尺寸利用系数等。

6. 最大续驶里程

汽车处于最大总质量状态且油箱加满油后，保持经济车速行驶，即使下坡也不得空挡滑行，用尽燃油箱油料所能行驶的最大里程称为最大续驶里程，单位为km。

7. 维修性

维修性是指在规定条件下使用的汽车、总成等，在规定的时间内，按规定的程序和方式，保持或恢复到能完成规定功能的能力。

常用评价汽车维修性的指标是维修度、平均修复时间和修复率。

1.3 汽车的使用条件与运行工况

1.3.1 概述

汽车给人们带来了极大的便利，它既满足了物资和人员移动的物流运输需要，也满足了人们在提高现代生活质量方面的需求。现代汽车技术使汽车比以往更安全、更舒适和更环保，能够更加满足人们对汽车动力性、经济性、安全性和环保性的要求。现代汽车的安全设施，如ABS系统、安全气囊等系统已经成为汽车的基本装备，舒适的空调系统、音响系统、导航系统等给人们在驾乘过程中提供了更加舒适的环境，有利于提高驾驶员的工作效率和驾驶安全性。

尽管汽车的性能有了很大的提高，但汽车的使用效果也不一定有所提高，即使汽车的性能相同，但由于它的使用者素质及外界条件的不同，它的使用效果也不同。汽车在正常使用过程中，必然会受外界条件的影响。汽车的外界条件是相当复杂的，它在汽车使用过程中不断变化，直接影响汽车各种使用性能及运输工作的效益和成本，这些条件称为汽车的使用条件，它主要包括气候条件、道路条件、运输条件和汽车安全运行技术条件等。

汽车的使用条件是影响汽车使用效果的各类外界条件。所谓使用效果既指汽车完成运输工作的效率，也指汽车的动力性、经济性、安全性、环保性、可靠性和驾驶性给人们所带来的满足程度。使用条件对汽车使用效果的影响，有的是直接作用于汽车，有的是由驾驶员通过操纵控制系统输入给汽车，汽车“响应”改变了状况，并以一定的可变状况参数输出，包括发动机的扭矩、转速、传动比，发动机指示效率、有效效率，底盘传动效率，车轮半径，悬挂参数等，即组成汽车及其总成的工况。反映汽车外部作用的输出可变参数主要有汽车运行速度、燃料消耗、发动机排放、噪声、故障率和备件消耗等。输出参数表征了汽车技术状况。在汽车的运输生产中，使用条件常常直接影响到汽车运输生产率和运输成本。

为了研究汽车与使用条件的适应性，通常采用多参数描述汽车的运行状况，并称之为汽车运行工况。即汽车在使用条件下，汽车驾驶员以其自己的经验和技能去操纵车辆，完成一定任务时，汽车及其各零部件、总成的各种参数变化及技术状态。

1.3.2 气候条件

汽车总是在各种气候条件下运行的，春夏秋冬、风沙雨雪、晴阴昼夜、酷暑严寒、潮湿腐蚀，都可能是汽车的工作环境。气候条件对汽车技术状况作用的主要参数是环境温度、湿度、风速和太阳辐射等。

汽车只有在适宜的气候条件下，其技术性能方可正常发挥。而在严寒或炎热的季节，汽车技术状况将会下降，甚至难以启动或正常使用。汽车各总成在工作过程中都有一个最佳热工况区，如发动机最佳热工况区的冷却水温为80～90℃，发动机在这一热工况区运行时零件磨损最小，环境温度高于或低于这个温度都将导致汽车故障率增加。

气温过高时，发动机散热性能变差，造成发动机过热，使润滑油黏度降低，机油压力减小，并加速机油氧化变质过程，导致机件磨损严重；气温高还易使汽车发动机供油系统产生气阻，使车辆启动困难；气温过高还会出现轮胎爆胎现象。进入严冬后，车辆各总成和机件工作状况明显变差，技术性能急剧下降，由于低温使汽油的挥发性能降低，机油黏度增大，曲轴旋转阻力增加，蓄电池的储能和电压下降，同时由于润滑油的黏度增大，使车辆起步与加速阻力增大；低温使散热器、缸体易被冻坏，车辆上的金属、塑料、橡胶等制品，在低温的条件下也都有变脆的倾向，致使这些机件易发生脆裂、折断和收缩，可能造成交通事故；在严寒地区由于路面冻坏和积雪，车轮容易产生侧滑和空转打滑等现象，而且制动的距离增长（为干燥沥青路面的3倍以上），给操作者增加了困难；由于低温润滑油黏度增大，流动性差，机油泵不能及时将润滑油压入曲轴轴颈的工作表面，导致曲轴和轴瓦严重磨损；底盘主要总成（变速器、减速器、差速器等），由于低温时润滑油黏度增大，增加了机件的运动阻力，起步后很长一段时间内负荷较大，从而加速了总成零件磨损。

气象因素中的风、降水（雨、雪等）、雾、气温、湿度、气压和太阳辐射等因子会通过对神经系统、皮肤等感觉器官的作用，在人体内引起一系列不良反应，如车厢内温度上升，乘员会感到头晕发闷。

除此之外，降水、能见度等因素的变化还会对车辆运行、道路条件和交通环境产生较为直接的影响，通过对道路系统中人、车、路三要素的影响，打破系统的正常运行，诱发道路系统中错误的发生。恶劣的天气条件是不可抗拒的自然现象，各类天气条件有其自身的特点。因此，汽车使用者应充分了解其特征和对交通安全的不利影响及影响程度，提高判断和应变能力，预防事故发生，减轻事故程度。

1.3.3 道路条件

道路条件是指由道路状况决定的，并影响汽车运行的因素。它是影响汽车使用指标的直接因素。汽车的结构、运行工况、技术状况都与汽车运行的道路条件密切相关。道路条件包括公路和城市道路中一切可能对汽车运行效率和道路通行安全产生影响或起决定作用的道路因素，包括道路设计、物理构造、安全设施和道路环境等方面。

汽车运输对道路条件的基本要求是在充分发挥汽车速度的情况下，保证车辆的安全行驶，满足该地区对此道路所要求的最大通行能力，车辆通行方便，乘客有舒适感，而且车辆运行材料消耗最低，零件的损坏最小。

由交通及道路情况所决定的影响因素称为交通与道路条件。交通情况包括道路交通流、混合交通情况、沿路交通设施。交通情况限制了车辆行驶的车速，交通拥挤及混合交通要求车辆有可靠的行驶安全性，并且对汽车列车的样式和长度有所限制。道路情况包括路面质量和平坦度、道路在水平面内和垂直面内的布置（如坡度、弯度及在水平面与垂直面内的曲率半径）、道路的坚固程度等。道路路面的质量决定了车辆的允许载荷；路面平坦度则在保证客货安全行驶的前提下，限制了汽车的最高车速；道路线形影响汽车的动力性、行驶稳定性和燃料经济性。

道路情况决定了汽车总成的工况（载荷和速度域、传递的扭矩、曲轴转速、换挡次数，以及道路不平所引起的动载荷等），从而决定了汽车组成元件、机构的磨损进程，明显地影响汽车的工作能力。路面质量决定了发动机工况，在运行里程相同的条件下，发动机曲轴转数越多，运行工况就越恶劣，各机构和零件的磨损就越大。

道路条件的主要特征是车辆运行速度和通行能力，它们是确定道路等级、车道宽度、车道数、路面强度和道路纵断面的主要依据。

道路条件对汽车的运行速度、行驶平顺性及装载质量利用程度的主要影响来自道路等级和道路养护水平。汽车的使用效果在很大程度上也取决于道路的等级。同时，道路等级也影响汽车的技术性能，它是车辆运用的首要条件。根据公路的任务、功能和适应的交通量，我国将公路分为高速公路、一级公路、二级公路、三级公路和四级公路五个等级。

汽车运行的公路作为对称的工程建筑物也具有几何轴线。在地形上布置的公路的几何轴线称为路线。路线的方向在水平面和垂直面不断变化成为空间线形。影响公路使用质量和车辆使用效率的路线技术特性主要包括：在水平面内（平面路线），曲线段的平曲线半径；在垂直面（纵断面）内，纵坡、纵坡长度、竖曲线半径；在横断面内，车道宽度、车道数和路肩宽度等。纵坡对交通安全的影响主要表现在坡度比较大时，不仅造成车辆速度差异比较大，还往往造成汽车上坡熄火或下坡刹车失灵，进而诱发事故；下坡路段，由于受重力影响，易造成车辆加速行驶；坡度过大，也增加了驾驶员的操作难度，一旦遇到有突发情况就可能酿成事故。此外，驾驶员经过上坡行驶后，在下坡行驶时，心里放松了警惕，易造成超速行驶而导致事故。道路纵坡对交通安全的影响非常大，尤其当坡度比较大时，事故率明显增大。公路的纵坡使汽车动力消耗增大，燃料消耗增加。路面质量对汽车的运行工况和安全性有重要影响。路面应具有足够的强度、很高的稳定性、良好的平整度及适当的粗糙度，以保证满足汽车的附着条件和最小的运行阻力。路面平整度是路面的主要使用特性之一，它影响汽车的运行速度、动载荷、轮胎磨损、货物完好性及乘员舒适性，从而影响汽车的利用指标和使用寿命。

良好的景观设计，可以使公路和自然景观融为一体，给驾驶员和乘客创造舒适感和美感。从交通心理学的角度讲，公路景观设计的好坏，会直接或间接地对驾驶员的心理产生影响，从而影响到道路行车安全。行车实践表明：在空旷的地段设置长直线线形，因景观单调，不能有效地吸引驾驶员的视线，极易诱发事故。因而，公路的设计应坚持与自然景观相协调的原则，以使驾车环境对驾驶员的驾驶行为从心理和生理两方面产生积极作用，以利于行车安全。安全是道路景观设计的基础和前提，景观的布置应突出强调道路行车安全感。如何消除司乘人员在行车过程中产生的压抑、恐惧、压迫等不良感受，是线形设计、景观布设、绿化布设的重要内容。如在高速公路的下坡与转弯处应在安全视距范围内安排一定的视觉要素，如绿化等，以使驾驶员的视点能随之变化；在高曲线弯道外侧边坡植树，既可以使曲线变化非常明显，又可以减轻驾驶员行车时的恐惧心理，起到增加安全感的作用。

一般来讲，道路等级越高，路面质量就越好。汽车在良好的道路上行驶可以获得较高的平均技术速度，较低的运行消耗。但如果道路的养护工作不及时、养护质量不好或长期不对道路进行养护，即使高等级道路，其路面的质量也会很差。汽车在路面质量比较差的道路上行驶时，不仅平均技术速度低，运行消耗高，而且凹凸不平的路面对车辆的冲击将严重影响车辆的平顺性和乘坐的舒适性，加剧行驶机构的损伤和轮胎的磨损，增大零部件冲击载荷。同时由于行驶中换挡、制动次数增加，使离合器、变速器、制动装置等磨损过大而导致早期损坏。

1.3.4 运输条件

由运送对象的特性和运输任务的要求所决定的影响车辆使用的各种因素，称为运输条件，包括货物种类和特性，客货流向、流量或运量，客货运送距离和送达期限等。

货物种类和特性主要是指其结构、形状、密度、存在形式及物理属性等。货物有散装的和件装的；有固态的和液态的；有长大笨重的和轻泡松软的，也有易腐蚀的和鲜活的。货物种类特性不同，对车辆要求自然也不同。长大笨重的货物宜选用低栏板和动力性好的汽车；轻泡类货物宜选用高栏板长货厢的平头类汽车；散装类货物宜选用厢式车或自卸车。

客运主要有市内客运和公路长途客运两种，市区客运中的出租类小型客运车和面包车应采用使用方便、乘坐舒适、经济性好、低噪声的汽车，而公共客车应具备大车厢、大容量、多站位、宽通道、多车门、上下方便的特点。城市间公路客车要求有较高的速度性和乘坐舒适性，辅助设备齐全，使用方便。

货物运输量，货物的批量、均匀性、季节性，货物种类及特性，决定了运输车辆的车型选择和组织方法，也是装卸工作机械化程度、是否采用专用车辆、是否用拖挂的决策依据。

货物的批量和运距也对车型提出了不同要求，市内运输，运距短、装卸频繁、道路条件好，而农村地区道路条件差，经常运输谷物、蔬菜等。这就决定了所选车型的不同。

运输到达期限是汽车运输必须完成的时间指标。市内运输道路条件好，一般要求到达期限很短；城乡运输多为农产品流转服务，季节性强，时间要求紧迫；城市间运输的特点是定期性、运距长、行驶速度快。运输到达期限是选择运输车辆和确定运输组织方式的重要影响因素。

1.3.5 汽车高速公路的使用条件

高速公路是国民经济和社会发展中的重要基础设施，是一个国家现代化水平的重要标志之一，同时，高速公路以其高效、快捷、便捷等优点，在我国交通运输领域发挥着举足轻重的作用。高速公路的设计车速一般为100～120km/h。高速公路与高速运输是密切相关的。高速运输的最显著特点就是运输车辆持续高速运行。高速运输对汽车的动力性、制动性、操纵稳定性、加速性、舒适性的要求更加严格，许多在普通公路上运行不存在的问题，在高速行驶中却变得至关重要。有关资料表明：在高速公路上发生的交通事故中，由汽车机械故障造成的比例逐年升高。

超速、疲劳驾驶是影响高速公路行车安全的主要因素，汽车追尾是高速公路交通事故的典型形式之一。为了避免发生追尾事故，汽车间应保持一定的行车间距。当车辆行驶速度为100km/h时，行车间距至少应为100m；当车速为70km/h时，应至少保持70m的行车间距。在潮湿的路面上行驶时，应保持2倍以上的上述行车间距。当遇有大风，雨，雾或路面积雪、结冰时，应以更低的速度行驶，以保证行驶安全。

高速公路行驶对车速也有限制，高速公路行车必须遵循《高速公路交通管理办法》，按限速规定行车。此外，高速公路行车，驾驶员容易发生驾驶疲劳，因此长途行车（行程超过300 km）必须配备2名以上驾驶员轮流驾驶，避免驾驶疲劳。驾驶员应注意休息，一旦发觉疲劳，必须进服务区停车休息，切勿疲劳驾驶。

此外，在高速公路行驶，还应注意以下五个方面。

① 严格遵守交通法规，按限速规定行驶；

② 进入高速公路前，应进行汽车维护，确保车辆处于最佳状态；

③ 按道行驶，不准在超车道长时间行驶或骑、压车道分界线行驶；

④ 不得随意停车，不得在路肩行驶，不许调头、倒车或穿越中央分隔带，不许进行试车，不许在匝道上超车和停车；

⑤ 遵守管理部门规定的管制措施。

1.3.6 汽车运用效率

汽车运用效率是反映汽车在时间、速度、行程、装载能力和拖挂能力等方面利用情况的一系列指标的统称。这些指标是评价汽车运输组织工作的水平和质量，分析汽车运用效率和运输成本的主要依据。提高汽车的运输生产率，是提高汽车运输经济效益的直接途径，而要提高汽车的运输生产率，也就是要提高汽车的运用效率。

评价汽车运用效率的指标主要有单车产量、车吨（座）位产量、车公里产量等。影响汽车运用效率的因素主要有驾驶员的驾驶操作技术水平、维修水平、汽车运行材料供应水平、汽车运输的组织管理水平和汽车保管等。

1．驾驶操作技术水平

驾驶员的驾驶操作技术是一项综合性技术，由操作技能和支持技术所构成。操作技能是指机件组合技能、情况观察技能、情况判断技能和要素综合技能等。支持技术包括理论基础、维护知识、法规知识、勤务知识和安全知识等。

2．维修水平

提高汽车运行效率，不仅要提高汽车驾驶员的驾驶技术水平，更重要的是汽车的技术状况也要达到良好的水平。

尽管汽车维修企业发展较快，但是，由于维修人员自身素质较低，车辆维修设备落后，要想修好车，修出高质量的车仍然很难。目前，对汽车维修业管理的规章还不十分健全，在提高汽车维修质量方面存在一些漏洞，致使一些汽车维修企业一味地追求修车数量，不注重修车质量，也严重影响到行车安全，给生命财产带来巨大的威胁。要想提高汽车维修质量，应该做到：加强法制建设，强化管理力度；搞好技术培训，提高维修水平；建立科学的现代化维修管理体制；充分利用先进的检测手段等。

3．汽车运行材料供应水平

汽车使用的燃料（汽油、柴油、代石油燃料）、润滑剂（发动机油、齿轮油、自动变速器油、润滑脂）、特种液（制动液、冷却液、空调制冷剂）等统称为汽车运行材料。若汽车运行材料供应水平低，质量差或使用不当，汽车会出现早期损坏，并且会造成资源浪费、环境污染。汽车运行材料关系到汽车的动力性、经济性、制动安全性、操纵稳定性、舒适性（平顺性）、通过性、环保性（排放性）等。汽车运行材料已成为汽车技术的重要组成部分，也是汽车技术管理的重要内容。汽车运行材料必须与汽车同步发展并升级换代。我国汽车运行材料正按照国际有关标准，迅速与国际接轨，步入标准化、系列化、高档化的发展轨道。未来燃料将呈现出汽油、柴油、天然气、液化石油气、电能、氢气、醇类、二甲醚及生物质能（生物柴油等）等多种燃料活跃的多极模式。润滑剂和特种液将向安全、环保、节能、长效等方向发展。

4．汽车运输的组织管理水平

运输的组织管理水平用载质量利用系数和里程利用率来评价。显然，运输的组织管理水平越　　高，载质量利用系数和里程利用率越高。

1.3.7　汽车运行技术条件

1．汽车运行安全技术条件

为保证车辆安全行驶，运行可靠，汽车运行必须符合《汽车运行安全技术条件》（GB7258—1997）中规定的技术条件。

汽车运行安全技术条件主要有车辆外观整洁，装备齐全、紧固可靠，各部件完好，并具有正常的技术性能。

发动机动力性能良好，运行可靠，不得有异响；燃料消耗正常，无漏油、漏水、漏气、漏电现象。

底盘各总成连接牢固，无过热，无异响，性能良好，各润滑部位不缺油，钢板弹簧无断裂或错开现象，轮胎气压正常，汽车、挂车连接及防护装备齐全、可靠。

转向轻便灵活，转向节及臂、横直拉杆及球销不得松旷，应性能良好，四轮定位符合要求。

车辆制动性能符合规定，挂车与牵引车意外脱落后，挂车应能自行制动，牵引车的制动仍然有效。

客车车厢、货车驾驶室内应不进尘土，不漏雨，门窗关闭严密、开启灵活；挡风玻璃视线清晰；客车座椅齐全整洁、牢固；货车车厢无漏洞，栏板销钩牢固、可靠。

车辆的噪声及废气排放应符合有关规定。

灯具、信号、仪表和其他电气设备应配备齐全，工作正常、可靠。

2. 汽车危险货物运输规则

车辆运载具有易爆、易燃、有毒、放射性等危险货物时，必须符合《汽车危险货物运输规则》的规定。

主要技术条件有：车辆的车厢、底板平坦良好，栏板牢固；衬垫不得使用松软易燃材料；运载危险货物的车辆左前方悬挂黄底黑字的“危险品”标志；根据车内装运危险货物的性质，车辆必须配备相应的消防器材等用具；车辆行驶和停车必须遵守交通、消防、治安等法规要求；必须指派熟悉车内危险物性质的人员承担押运，严禁搭乘无关人员。车辆总质量超过桥梁、渡船标定承载质量时，或车辆装载超高、超宽、超长时，均应采取安全有效措施，报请当地交通、公安主管部门批准。未经允许，不得冒险通过。

除上述运行条件外，车辆装载散装、粉尘、污秽货物时，应使用密闭车厢或车厢加盖篷布，以免货物洒漏，污染环境。车辆在等外道路、危险渡口和桥梁上通过，或在遇有临时开沟、改线、水毁、塌方、冰坎、翻浆等情况时，必须采取防范危险的有效措施，以保障行车安全。

1.3.8 汽车运行工况

为了研究汽车与运行条件的适应性，通常采用多参数描述汽车的运行状况，并称之为汽车运行工况，即汽车在使用条件下，汽车驾驶员以其自己的经验和技能去操纵车辆完成一定任务时，汽车及其各零部件、总成的各种参数变化及技术状态。

汽车运行工况的参数包括汽车速度、变速器的挡位、发动机转速、节气门开度、制动频度等。在特定的汽车运行工况研究中，还包括发动机曲轴瞬时转速、输出功率、输出扭矩、油耗、冷却液温度、各总成润滑油温度、各挡使用频度、离合器结合频度等。

汽车是在一定的道路和交通条件下完成运输任务的。为了提高汽车运输生产率、降低运输成本和实现控制排放等要求，必须研究汽车在所运行的交通和道路条件下的运行状况。

汽车运行工况的调查内容，可根据研究任务的需要而增减。通过测试数据的统计分析，求得汽车运行工况参数样本的分布规律及其数学特征。进而在无偏性、一致性和有效性的原则下，推断出参数的总体分布和数学特征。

汽车运行工况是个随机过程，受到许多因素的影响，如道路状况、交通流量、气候条件及汽车自身技术性能的变化等，同时也受驾驶员操作习惯的影响。运行工况的调查和研究通常采用测试统计方法和计算机数字仿真方法。

在汽车运行工况研究中，工况调查是首先要进行的工作。通过运行工况调查，掌握在特定的使用条件下，表征汽车运行状况的各参数变化范围和变化规律，为评价车辆的合理运用及车辆性能、结构能否满足使用要求提供基础资料。

汽车运行工况测试是汽车运行工况调查的重要步骤。通过汽车运行试验及试验后的数据处理和统计分析完成运行工况调查。

汽车运行工况调查的内容有选择反映汽车运行状况的具有代表性的路线，并取得道路资料和交通状况的调查数据；同步测取汽车行驶中的车速、发动机转速、油耗、节气门开度及挡位使用和变化情况；调查路线（或路段）内的累积停车次数和累积制动次数等。必要时还要记录交通流情况，如交通量、交通构成等。

在测试汽车运行工况时，风速、气温、海拔高度等试验条件应符合试验规范，以对测试参数进行修正。试验所用车辆必须符合国家标准规定。汽车运行工况数据主要用于确定汽车的常用工况及其特征，并结合汽车的结构特点，评价汽车常用工况的合理性及其影响因素。

例如，具体使用条件下汽车油耗水平的预测、油耗定额的制定、节能装置的选用、底盘的匹配、车辆的选型等，都需要研究汽车运行条件的适应性问题，为此，需要定量地研究汽车的运行工况。其中，第一步就是进行工况调研，在调研中精选调研参数非常重要，调查中需要有相应的专门测试设备。

此外，在城市交通规划、交通流控制方面必须考虑对汽车排放污染物的影响程度，特别是对城市环境状况的评估，必须进行汽车运行工况与排放污染物影响规律的研究。利用仪器测量汽车瞬时行驶速度并同步测量城市道路特征参数，通过对大量采集数据的处理分析，建立城市汽车排放污染物测量的一般道路汽车行驶工况、主干道汽车行驶工况、快速道路汽车行驶工况、城区综合道路汽车行驶工况，从而实现合理的城市交通规划和交通流控制。

1.4 汽车使用寿命

1.4.1 概述

汽车使用寿命是指从技术和经济上分析汽车的使用极限，可以用累计使用年数或累计行驶里程表示，即汽车使用寿命是指从汽车初次注册登记日开始计算，到不再能够被使用为止，所经历的总使用时间或总行驶里程。其中，汽车的总使用时间既包括其行驶时间也包括停驶时间。汽车不再能够被使用的判断标准有四个，即国家汽车报废（法律法规）标准、技术性标准、经济性标准和合理性标准等，因此将汽车的使用寿命分为汽车的规定使用寿命、技术使用寿命、规定技术使用寿命、经济使用寿命与合理使用寿命。对于依法没收的走私车辆，其初次注册登记日按车辆出厂年份计算。

1. 规定使用寿命

汽车规定使用寿命是指从汽车初次注册登记日开始计算，到达到国家《汽车报废标准》及各地制定的有关报废规定、报废标准，持续累计的总使用时间或总行驶里程。其中，汽车的总使用时间或总行驶里程按照国家《汽车报废标准》的规定计算，如果总使用时间以年计算，则汽车的规定使用寿命又称为规定使用年限。

国家《汽车报废标准》规定，9 座以下非营运小型客车、9 座以上的非营运载客汽车及出租车的规定使用年限分别是 15 年、10 年和 8 年。但出租车不准延缓报废，即其规定使用年限是不予延长的，而上述两类非营运客车在到达报废年限后还可延缓报废，即其规定使用年限是允许延长的，不过各自允许延长的年限却是不同的，只要能够通过规定的定期检验，9 座以下非营运小型客车的规定使用年限的延长量是没有限制的，而 9 座以上非营运载客汽车的规定使用年限的延长量则不许超过 10 年。

如果汽车虽未到达报废年限，但因交通事故或车辆超负荷使用造成发动机和底盘严重损坏，经检验不符合国家《汽车运行安全技术条件》规定的汽车安全、尾气排放要求，那么此时便也是汽车规定使用寿命结束的时刻。因此，一辆汽车的规定使用年限可能会短于国家规定的汽车报废年限。在旧车鉴定评估业务中，汽车规定使用年限是按规定的报废年限计算的，不包括车辆达到报废标准后延长的使用年限。

2. 技术使用寿命

汽车技术使用寿命是指从汽车初次注册登记日开始计算，到其主要零部件技术状态超出技术规范，而不能继续修理时为止的总使用时间或总行驶里程。车辆主要零部件超出技术规范，是指零部件因长期工作不可避免地发生老化、磨损和松动，其结构尺寸和各种构件间隙等已超出设计技术规范值，车辆的性能指标如安全性、动力性、尾气污染物排放量、燃油经济性和润料消耗量等已变得极度恶劣，无法进行修复改进或修复改进成本太高。汽车的技术使用寿命强调的是其已经不能正常发挥应有的技术功能，不能正常在道路上行驶。

国家规定汽车必须进行年检，经检验不符合国家《汽车运行安全技术条件》及各地制定的有关汽车安全、尾气排放要求，便不允许（在该地区）继续使用，即使这些车辆还能够正常行驶。另外，像出租车和1.8 t以下的微型载货汽车等，到了报废年限后，即便还能发挥应有的技术功能，能够继续行驶，或者说还没有到达其技术使用寿命，但根据国家《汽车报废标准》，这些车辆是不允许上路行驶的。

3. 规定技术使用寿命

汽车规定技术使用寿命是指从汽车初次注册登记日开始计算，到依据国家及地方的相关法律法规而不允许（在该地区）继续使用为止的总使用时间或总行驶里程。各地汽车尾气排放标准不尽相同，同一辆车的规定技术使用寿命可能在不同地区是不一样的，如北京市的环保标准比较高，因此在北京已经到达规定技术使用寿命的车辆，在其他环保标准比较低的地方，可能还没有到达规定技术使用寿命而允许继续使用。

汽车技术使用寿命主要取决于各总成及零件的设计水平、制造质量、驾驶人员的驾驶行为与维修保养条件。汽车维修工作做得越好，汽车的技术使用寿命会越长，不过随着汽车使用时间的延长，车辆的维修保养费用以及燃油和润料消耗量也会日益增加。汽车规定技术使用寿命主要与其注册登记地的汽车尾气排放标准有关，尾气排放标准越高，汽车的规定技术使用寿命就越短。对于达到《汽车报废标准》并不予延缓报废的车辆，其技术使用寿命与规定技术使用寿命相同。

4. 经济使用寿命

汽车经济使用寿命是指从汽车初次注册登记日开始计算，到因使用或营运成本太高、经济性变差而无法实现预期受益时为止的总使用时间或总行驶里程。所谓使用或营运成本太高、经济性变差是指通过全面的使用成本核算和经济分析，确认车辆的总使用成本已足够接近其营运毛收入，不能再为车辆拥有者带来最低程度的经济效益。车辆的使用成本包括购车支出，日常维修保养费用、大修费用、零部件更换费用、管理费用、人员劳务开支、燃油和润料费用，以及牌照、保险、养路费和各种规费、杂费等。

汽车经济使用寿命主要是针对营运车辆而定义的。私家车当然也有使用经济性问题，但一般来说，私家车是为了满足车主的交通和交往需要，如果仅仅是因为使用成本较高，而不是为了追求时尚、显示地位和实力、享用最新的汽车技术和配置，车主是不会轻易放弃爱车的。因为再购置一辆新车的一次性支出更大。汽车经济使用寿命是衡量其获利能力的重要指标。经营者在更新或购买二手营运车辆时，在国家法律法规允许的情况下，要特别关注和仔细了解车辆的经济使用寿命，特别是二手营运车辆的剩余经济使用寿命，因为汽车经济使用寿命越长，获得更多利润的可能性就越大。

国家对营运车辆的报废年限有严格的规定，以确保车辆和其他交通参与者的安全。营运车辆达到报废标准后，要么不予延缓报废，要么只允许延长有限的使用年限。汽车经济使用寿命不能超过国家规定的报废年限。在车辆的整个使用寿命期内，购车成本一般只占总支出的15%，而使用、维修保养和燃油费用等则占到总支出的85%左右。因此，车辆使用、维修的方便性、配件价格的高低、燃油经济性的优劣、新车型性能的提高和价格的下降等，是影响汽车经济使用寿命的长短与质量的基本因素。汽车营运成本越低，可认为其经济使用寿命不但长而且质量也更高。

5. 合理使用寿命

汽车合理使用寿命是指从营运汽车初次注册登记日开始计算，在到达经济使用寿命后，因为更新资金和更新车型来源等因素的制约，将营运车辆又继续使用一段时间后的总使用年数或总行驶里程。国家《汽车报废标准》规定多种营运车辆在达到报废年限后，还可延缓报废，在定期检验合格的情况下，允许延长车辆使用年限4年的原因之一，即对汽车合理使用寿命的考虑。值得注意的是，车辆到达经济使用寿命只是表明车辆不再具有合理的赢利能力，但并不是说继续使用就亏本。在更新营运车辆还不具备条件的情况下，将旧车继续投入使用，至少还可以保证相关人员的工作岗位。

汽车技术使用寿命、经济使用寿命和合理使用寿命三者的关系如下：

$$技术使用寿命>合理使用寿命\geqslant经济使用寿命$$

1.4.2 汽车使用寿命的评价指标

研究汽车的使用寿命及其计算方法，是确定旧车剩余使用寿命，进行旧车鉴定估价的基本依据。衡量汽车使用寿命的主要指标有使用年限、行驶里程、折算年限和大修次数。这四个指标从不同侧面反映车辆的老旧程度，反映车辆平均技术速度的下降，维修费用、尾气排放和噪声水平等的提高。参照国家汽车报废标准，选用合适的指标便可确定车辆的剩余使用寿命。

1. 使用年限

使用年限是指汽车从初次注册登记日开始计算，到不再能够被使用为止的总使用年数。其中，总使用年数既包括车辆的总行驶时间，也包括总停驶时间。使用年限反映车辆的时间折旧程度、行驶损耗和停驶期间的自然损耗，计算比较简单，不足的是不能反映车辆的实际使用强度和使用条件，会造成使用年限相同但车况相差却很大的问题。在旧车鉴定评估业务中，使用年限的概念应用最广，是计算车辆成新率的一个基本参数。

2. 行驶里程

行驶里程是指汽车从初次注册登记日开始计算，到不再能够被使用为止的总行驶里程。在运输行业中，车辆的总行驶里程常作为考核车辆各项指标的基数。行驶里程能够反映车辆的使用强度，但没有考虑车辆的使用条件和停驶期间的自然损耗。公路客货专业运输车辆，使用条件差别很大，年平均行驶里程相差同样也很大，这就导致车辆的使用年限虽然大致相同，但总行驶里程却相差悬殊。

3. 折算年限

折算年限是指机动车从初次注册登记日开始计算，到不再能够被使用为止的总行驶里程与年平均行驶里程的比值，车辆年平均行驶里程利用统计方法确定，与车辆的技术状态、完好率，平均技术速度和道路条件等因素有关。我国城市和市郊货运车辆平均行驶里程一般在4万公里左右，长途货运为5万公里左右。营运车辆在使用过程中，由于技术状况、平均行驶速度和道路条件等因素的不同，年平均行驶里程会存在较大差异，使用条件越好，年平均行驶里程一般也越大，反之年平均行驶里程会小一些，但车辆的年平均使用强度基本相同，折算年限即车辆平均使用强度的一种表达。折算年限综合反映了车辆的使用强度、使用条件、使用年限和自然损耗。

4．大修次数

大修次数是指机动车从初次注册登记日开始计算，到不再能够被使用为止所经历的大修次数。车辆在使用过程中，当动力性和经济性等性能指标下降到一定程度，已无法通过例行的维护和小修方法使其恢复正常技术状况时，就要进行大修。新车第一次大修的费用一般约占其购买价的10%。车辆大修次数越多，维修费用会越高，大修间隔里程将逐渐缩短，技术状况劣化程度就越大，成新率就越低，剩余使用寿命就越短。大修次数反映车辆维护保养和使用条件、使用强度、驾驶习惯和自然损耗等对车辆技术状况的影响程度。

对全国来说，采用使用年限这个量标比采用行驶里程更为合理，因为我国地域辽阔、幅员广大，地理、气候、道路条件差异较大，管理水平也有高有低。即使是相同的使用年限，而车辆总行驶里程有的长，有的短，车辆技术状况也大不相同。为此采用使用年限作为主要考核指标更为确切。鉴于上述实际情况，交通专业运输车辆，以使用年限和使用里程作为汽车使用寿命的考核指标，而以使用年限为主。社会专业运输车辆和社会零散运输车辆，以使用年限作为使用寿命的考核指标。

1.4.3 影响汽车经济使用寿命的因素

从提高经济效益的观点来进行分析，影响汽车经济使用寿命的主要因素有汽车的损耗、汽车的来源与使用强度和汽车的使用条件等。

1．汽车的损耗

首先从汽车的有形损耗和无形损耗两个方面进行分析。

无形损耗是指由于技术进步，生产的发展，出现了性能好、生产效率高的新型车或原车型价格下降等情况，促使在用车辆提前更新。实际上是旧车型相对新车型的贬值。

有形损耗是指车辆在使用过程中本身的消耗。

有形损耗主要与车辆使用成本有关，汽车使用成本一般为

$$C=C_1+C_2+C_3+C_4+C_5+C_6+C_7+C_8+C_9 \tag{1-11}$$

式中，C_1——燃料费用；

C_2——维护、小修费用；

C_3——大修费用；

C_4——基本折旧费用；

C_5——轮胎费用；

C_6——驾驶员工资费用；

C_7——管理费用；

C_8——养路费；

C_9——其他费用。

其中 C_5～C_9 是与汽车经济使用寿命无关的因素。当使用寿命确定后，基本是一个定值。只有 C_1、C_2、C_3 是随行驶里程（或使用年限）的增长，车况的下降而增加。因此对 C_1、C_2、C_3 这三个与汽车经济寿命有关的因素进一步分析，从而可按最佳经济效益确定其经济使用寿命。

（1）汽车的燃料费用

汽车随行驶里程的增加，技术状况逐渐变坏，其主要性能不断下降，燃料和润滑材料消耗不断增加。

（2）汽车的维修费用

维修费用是指汽车在使用过程中，各级维护费用及日常小修费用的总和，它主要是由维修过程中实际消耗工时费和材料费来确定的。随车辆行驶里程增加，各级维护作业中的附加小修项目和日常小修作业项目的费用也随之增加，其变化关系基本上是线性关系。

（3）汽车的大修费用

汽车在使用过程中，当动力性和经济性下降到一定程度，已无法用正常的维护和小修方法使其恢复正常技术状况时，就必须进行大修。大修费用根据初步统计表明，新车到第一次大修时的大修费用一般为车辆原值的10%左右。以后的大修随里程（或年限）的增长，大修费用也逐渐增加。另外，大修间隔里程在逐渐缩短。在计算大修费用时，要把某次的大修费用均摊在此次大修至下次大修的间隔里程段内，即相当于对大修后间隔里程段的投资。

2．汽车的来源与使用强度

不同的使用者，对车辆的使用强度差异比较大，由于使用条件不同，管理和维修水平相差较大，按使用部门不同，把车辆来源归纳为以下几类。

（1）交通专业运输车辆

交通专业运输车辆是指专门从事运输生产的营运车辆。这些车辆是为整个社会服务的，使用条件复杂，使用强度比较大。一般客车年平均行驶里程为 5 万公里左右，货车为 4.5 万公里左右。货车拖挂率、实载率均比较高，管理、使用和维修水平也比较高，车辆基础资料齐全。

（2）社会专业运输车辆

社会专业运输车辆是各行各业专门从事运输的车辆，主要是为本行业的运输生产服务的。

（3）社会零散运输车辆

社会零散运输车辆是指机关、企事业单位和个人的非营运车辆，主要是为一般零散运输和生活服务的公务、商务用车。这些车辆一般没有专门的管理机构和维修基地，使用情况差异很大。

（4）城市出租车辆

城市出租车辆是指城市和乡镇为客运和货运服务的车辆，多集中在大中城市，多以国产小轿车、微型面包车从事客运出租经营，以微型、轻型货车从事货运出租经营。客运出租车辆其使用强度很大，对于小轿车一般年平均行驶里程在 10 万公里左右；货运出租车辆，其使用强度受货运市场影响较大。由于车主受利益驱动，车辆经常超载运行，致使车辆机件磨损迅速上升，大大影响车辆使用寿命。另外，这些车辆管理、使用、维修水平情况差异很大。

（5）城市公共交通车辆

城市公共交通车辆是指城市公共汽车，一般这些车辆从“生”到“死”常年服役，不参与旧机动车市场交易。

上述车辆中，社会零散车辆使用强度不大，一般车况较好，城市出租车辆车况较差。

3. 汽车的使用条件

汽车的经济使用寿命除受使用对象影响外，还受复杂的使用条件的影响。我国地域辽阔，各地自然条件差别很大，具体使用条件有道路条件和特殊使用条件。

特殊使用条件主要指一些特殊自然条件和地理环境，如寒冷、沿海、风沙、高原、山区等地区，在这些特殊使用条件下工作的汽车，都将缩短汽车的经济使用寿命。

思考与练习

1. 简述汽车的定义。
2. 简述汽车的基本结构。
3. 按 GB/T3730.1—2001，汽车是如何分类的？
4. 什么是 VIN 码？它由什么组成？包括哪些部分？各部分分别代表什么？
5. 简述 VIN 码的主要功能及其在车辆上安装的部位。
6. 我国汽车产品型号主要由几部分组成？各部分的意义是什么？
7. 简述汽车行驶的基本原理。
8. 什么是汽车使用条件？主要包括什么内容？
9. 什么是汽车运用效率？简述汽车运用效率的影响因素。
10. 什么是汽车运行工况？
11. 汽车的主要使用性能有哪些？简述汽车各主要使用性能的含义，并说出其评价指标。
12. 简述汽车使用寿命的含义及其分类，汽车各类使用寿命之间有何关系？
13. 汽车经济使用寿命的评价指标有哪些？
14. 影响汽车经济使用寿命的主要因素有哪些方面？
15. 延长汽车使用寿命的措施有哪些？

第 2 章　汽车选购知识

2.1　汽车使用价值分析

20 世纪 90 年代以来，汽车工业作为我国国民经济发展的支柱产业，正进入一个蓬勃发展的新时期。进入 21 世纪，随着社会经济的发展和人们生活水平的提高，特别是中国加入 WTO 后，汽车作为代步的工具，必将进入中国的每一个家庭，拥有一辆属于自己的汽车已摆上老百姓的议事日程。随着人民生活水平的提高和汽车价格的逐步下降，汽车消费对象已经发生了很大的变化，从原来的交通系统（运输公司）或国有企业、工矿企业、集体企业，发展到全社会各阶层，特别是私家车用户越来越多。但人们在选购汽车时，却往往因为不能正确选择适当的车型而造成日后的种种问题，或是在汽车选购过程中显得束手无策。同时，汽车在使用过程中，能否做到合理使用将直接影响到汽车的整个使用寿命周期，尤其是在购车后对新车的使用格外重要。

2.1.1　概述

从汽车的使用角度来看，汽车价值分析是汽车技术管理的一项重要内容。通过对汽车进行价值分析，可以把汽车的使用性能、寿命周期费用与汽车的价值有机地联系起来，使汽车在使用过程中能获得最佳的经济效益。

汽车的寿命周期是指汽车从设计、制造、销售、使用直到报废为止的整个时期。在汽车寿命周期的各个阶段，都要耗费一定的费用，把这些费用加起来，就是汽车的寿命周期费用。它包括汽车的购置费用和使用费用。

这里所讲的价值，与政治经济学中有关价值的概念不尽相同，它是作为一种尺度提出来的，即评价事物有益程度的尺度。价值高，说明该事物的有益程度高、效益大、好处多；价值低，说明有益程度低、效益差、好处少。

汽车的价值可用下式表示

$$V=\frac{F}{C} \tag{2-1}$$

式中，V——汽车的价值；

F——车辆的功能；

C——寿命周期费用。

由式（2-1）可以看出，提高汽车价值的途径大体上分为两类：一类是以降低寿命周期费用为主要途径；另一类是以提高汽车的功能为主要途径。这里所说的功能，有时指产品的使用性能和质量指标，有时指其零部件在实现产品使用性能和其他质量特性指标中的作用。

汽车价值分析的核心也就是汽车功能分析，要努力找到其中那些对用户来讲是必要的功能，如果欠缺某项必要的功能或该功能水平不高，就应予以补充和提高；一切多余或过高的功能都应消除或适当降低。使汽车功能最大限度地满足用户需要，避免因多余的功能而增加用户的负担。例如，经常行驶在城市道路和干线公路上的汽车，全轮驱动桥就是多余部件，高越野性为多余的功能，所以吉普车当一般乘坐车使用是很不合算的。又如普通斜交轮胎，由于功能水平不高，有寿命短、油耗高等缺点，这就是汽车速度提高后欠缺的功能，选用具有相应速度等级的子午线胎，可使必要的功能得到完善和提高。

提高汽车价值并不是单纯地强调降低寿命周期费用，也不是片面提高使用性能，而是要求提高使用性能与寿命周期费用的比值。

2.1.2 汽车价值分析

汽车价值分析应包括两个方面：新车的价值分析和在用汽车的价值分析。

1．新车的价值分析

购买新车时，应根据运输任务的性质和要求，选择车辆的型号。如满足运输任务的汽车有多个品牌，则应对它们进行最低寿命周期费用分析，如图 2.1-1 所示为不同车型的寿命周期费用。由图中可以看出，车辆购置费由高到低的顺序依次是 III、II、I、IV 型汽车。虽然 IV 型车的购置费最低，但使用费用偏高，所以，汽车的寿命周期费用较高。而 II 型车尽管购置费偏高，但因使用费用低，所以，当使用年限在 4 年以上时，选用寿命周期费用低的 II 型车是最佳方案。

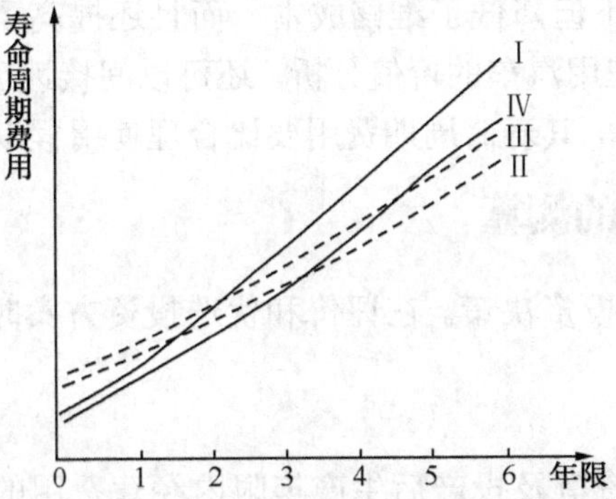

图 2.1-1　不同车型的寿命周期费用

当考虑货币的时间价值时，把各年的使用费用按一定的年利率折算成现值，则这四种品牌汽车的寿命周期费用如图 2.1-2 所示。由图可以看出，当考虑货币的时间价值时，II型车使用年限在 4 年以上，其寿命周期费用最低，这与图 2.1-1 的结论是一致的；在第 6 年末，IV 型车的寿命周期费用比 III 型车低，这一结论与图 2.1-1 的结论是不同的。所以，当使用年限较长时，一般应考虑货币的时间价值。

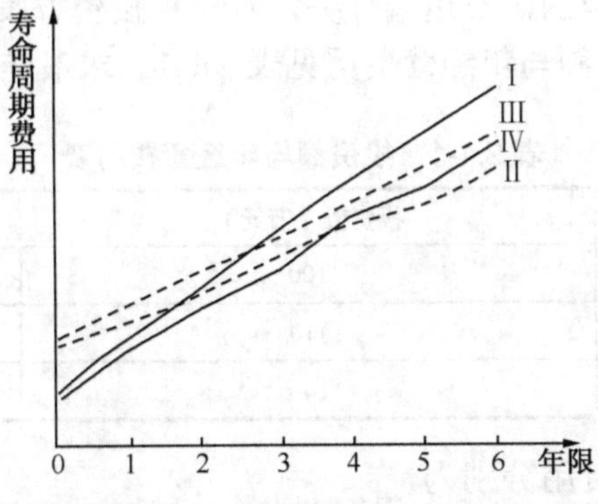

图 2.1-2　考虑货币时间价值时不同车型的寿命周期费用

综上所述，在购置新车时，不应只考虑汽车购置费的高低，还应考虑汽车的使用年限、使用费用和货币的时间价值等因素。

2．在用汽车的价值分析

在用汽车的价值分析主要对车辆在改装、改造、加装附属装置和汽车修理中零部件的替代时进行价值分析。

为了能够经常地完成某种运输作业，在企业运输车辆过剩和无法适应这种运输作业的条件下，有两种方案可供选择。一是购买适应这种运输作业的新车，二是对原有的车辆进行改装或改造，使之适应这种运输作业的需要。两个方案哪一个更佳，这就需要对这两个方案进行价值分析。分析时，将新车的寿命周期费用和原有车辆的寿命周期费用叠加后，与改装、改造后车辆的寿命周期费用进行对比分析，选择寿命周期费用最低的方案。

在北方的冬季，长途客车有无暖风装置对汽车的运输效益有很大影响。有暖风装置的客车，人们就愿意乘坐，汽车所获得的效益也就越大。对无暖风装置的客车加装暖风装置，虽然使用费用有所增加，但汽车的使用性能得到了改善，因而提高了汽车的价值。

对进口车辆和配件供应短缺的车辆进行维修时，在无配件供应的情况下，可采用其他车型的相关零部件进行替代，不但降低了维修成本，而且还提高了汽车的价值。

另外，通过对同型号的在用汽车的价值分析，还可以间接地反映出在用汽车的合理使用程度。合理使用程度不好的汽车，其寿命周期费用要比合理使用程度好的要高，汽车的价值也低。

2.1.3　汽车投资效果的测算

选配车辆是一项重要的投资决策。在评价和优选投资方案时，应事先对投资效果进行测算，做到先算后买。

1．总算法

总算法是用各方案的投资额及投产后生产年限内经营费用的总和来评价方案的优劣，从而确定方案的取舍。其计算式为

$$S = P + C \cdot N \tag{2-2}$$

式中，S——总费用；

P——基本建设投资额；

C——年经营费用；

N——生产年限。

例 2-1　某运输单位承担的矿石运输任务，有三种投资方案都能形成相同的运力，并能经营 10 年。三种方案的投资额与年经营费用见表 2.1-1。求最佳投资方案。

表 2.1-1　投资额与年经营费用表

方案	投资额（万元）	年经营费用（万元）
电力机车	100	140
中型载货汽车	110	120
重型矿用自卸车	140	110

解：三种投资方案的总费用分别为

$$S_1=100+140\times10=1500\text{（万元）}$$

$$S_2=110+120\times10=1310\text{（万元）}$$

$$S_3=140+110\times10=1240\text{（万元）}$$

计算结果表明：选用重型矿用自卸车的方案其投资额与年经营费用的总费用最少。

2．投资回收年限法

投资回收年限法是用回收全部投资所需时间（年）的长短来评价和优选方案的。投资回收时间的长短，取决于项目投产后年生产的净利润的多少。如果每年偿还额相等或接近相等时，可按下面的方法计算投资回收期

$$n=\frac{P}{F} \tag{2-3}$$

式中，n——投资回收期（年）；

P——投资回收总额（万元）；

F——平均每年生产的净利润（万元）。

当$n\leqslant n_b$［计划投资回收期（年）］时，方案可行。

例 2-2 某运输个体户计划投资 10 万元购置两辆微型面包车，进行出租营运业务，经测算 5 年内的年平均利润为 3.5 万元，计划在满 5 年时偿还全部投资，试确定该方案的可行性。

解：

$$n=\frac{P}{F}=\frac{10}{3.5}=2.86\text{（年）}$$

因$n\leqslant n_b$=5（年），所以该方案可行。

例 2-2 是粗略的计算方法，可用于对方案做初步评价。在做进一步评价时，还需计算资金的时间价值。

2.2　汽车使用费税及相关法规

2.2.1　车辆购置附加税

车辆购置附加税，原为车辆购置附加费。根据国务院国发［1985］50 号文件规定，对所有购置车辆的单位和个人，包括国家机关和军队，一律征收车辆购置附加费。根据新修订颁布的《公路法》规定，改为征收车辆购置附加税。

1．计税价格

根据国务院 2000 年 11 月 16 日颁布的《中华人民共和国车辆购置税暂行条例》规定，计税价格的计算方法如下。

（1）纳税人购买自用的应税车辆的计税价格，为纳税人购买应税车辆而支付给销售者的全部价款和价外费用，不包括增值税税款。也就是说，在这里的计税价格为不含增值税的价格。计算公式为：计税价格（不含税价）=（全部价款+价外费用）÷（1+增值税税率 17%或征收率 4%），然后再按照计税价格的 10%缴纳车辆购置税。

例 2-3 张某购买一辆国产私家车 150 000 元，手续费 10 000 元，包装费 6 000 元，应缴纳车辆购置税 14 188.03 元。计算过程为

车辆购置税计税价格 =（150 000 + 10 000 + 6 000）÷（1+17%）=141 880.34（元）

车辆购置税应纳税额 =141 880.34 × 10% =14 188.03（元）

（2）纳税人进口自用的应税车辆的计税价格的计算公式为：计税价格=关税完税价格+关税+消费税。

例 2-4 李某 2006 年 1 月 8 日进口一辆小轿车，到岸价格 400 000 元，已知关税税率 50%，消费税税率 8%，李某应纳车辆购置税 65 217.39 元。计算过程为

应纳关税=关税价格×关税税率=400 000×50%=200 000（元）

计税价格=关税完税价格+关税+消费税

=（到岸价格+关税）÷（1-消费税税率）

=（400 000+200 000）÷（1-8%）=652 173.91（元）

应纳车辆购置税税额=652 173.91×10%=65 217.39（元）

（3）国家税务总局参照应税车辆市场平均交易价格，规定不同类型应税车辆的最低计税价格。纳税人购买自用或进口自用应税车辆，申报的计税价格低于同类型应税车辆的最低计税价格，又无正当理由的，按照最低计税价格征收车辆购置税。

纳税人自产、受赠、获奖或以其他方式取得并自用的应税车辆的计税价格，由主管税务机关参照国家税务总局确定的相应应税车辆的最低计税价格核定。

例 2-5 王某于 2006 年 10 月购买体彩中奖获得小汽车一辆，国家税务总局确定同类型应税车辆最低计税价格为 25 万元。王某应纳车辆购置税=250 000×10%=25 000（元）。

2．征收费率

车辆购置附加税由国家税务局征收，纳税人购置应税车辆，应当向车辆登记注册地的主管税务机关申报纳税。税率统一为计税价格的 10%。

3．征收范围

车辆购置税征收范围见表 2.2-1。

表 2.2-1 车辆购置税征收范围表

应税车辆		具体范围注释
汽车		各类汽车
摩托车	轻便摩托车	最高设计时速不大于 50km/h，发动机汽缸总排量不大于 $50cm^3$ 的两个或三个车轮的机动车
	二轮摩托车	最高设计时速大于 50km/h，或者发动机汽缸总排量大于 $50cm^3$ 的两个车轮的机动车
	三轮摩托车	最高设计时速大于 50km/h，或者发动机汽缸总排量大于 $50cm^3$，空车质量不大于 400kg 的三个车轮的机动车
电车	无轨电车	以电能为动力，由专用输电电缆线供电的轮式公共车辆
	有轨电车	以电能为动力，在轨道上行驶的公共车辆
挂车	全挂车	无动力设备，独立承载，由牵引车辆牵引行驶的车辆
	半挂车	无动力设备，与牵引车辆共同承载，由牵引车辆牵引行驶的车辆
农用运输车	三轮农用柴油发动机	功率不大于 7.4kW，载质量不大于 500kg，最高车速不大于 40km/h 的三个车轮的机动车
	四轮农用柴油发动机	功率不大于 28kW，载质量不大于 1500kg，最高车速不大于 50km/h 的四轮机动车

2.2.2 车船使用税

自 1986 年起开征车船使用税，到 2014 年已开征 28 年了。2007 年年初实施的《中华人民共和国车船税暂行条例》规定，自 2007 年 7 月 1 日起，机动车车船税将随交强险一同缴纳，自行车、电动自行车等非机动车辆免交车船税。我国数亿骑车人将不再为自行车交税。

由于机动车的车船税具有涉及面广、税源流动性强的特点，且纳税人多为个人，征管难度较大。再加上纳税人直接到税务机关缴纳税款又存在道路不熟悉、花费时间长等种种不便。因此，由保险机构在办理机动车交通事故责任强制保险业务时代收代缴机动车的车船税，可以方便纳税人缴纳车船税，提高税源控管水平，节约征纳双方的成本。

随着机动车数量的不断增加，由此带来的大量汽车尾气排放，对环境的污染越来越严重。对此，新的车船税税额在原有基础上有所提高，这正体现了国家节能环保的意图，也是税收调节经济行为的体现。

十一届全国人大常委会第十九次会议表决通过了《中华人民共和国车船税法》，该法自2012年1月1日起施行。2006年12月29日国务院公布的《中华人民共和国车船税暂行条例》同时废止。

新车船税法规定乘用车车船税按排气量划分为七档征收。1.0L（含）以下的乘用车年基准税额为60～360元；1.0～1.6L（含）的年基准税额为300～540元；1.6～2.0L（含）的年基准税额为360～660元；2.0～2.5L（含）的年基准税额为660～1200元；2.8～3.0L（含）的年基准税额为1200～2400元；3.0～4.0L（含）的年基准税额为2400～3600元；4.0L以上的年基准税额为3600～5400元。

2.2.3 通行费和过渡费

1．规定

车辆通行费征收对象是指通过利用贷款（包括需归还的集资）新建、改建的高等级公路、桥梁和隧道的车辆。除正在执行紧急任务的设有固定装置的消防车、医院救护车、公安部门的警备车外，对其他任何机动车均应一律收取通行费。

凡利用贷款（包括需归还的集资）新建、改建（不包括局部改造）的高等级公路（即二级和二级以上的公路）或大型公路、桥梁、隧道，需要偿还贷款并符合下列条件之一的工程项目：

（1）桥梁300m以上，隧道500m以上，过渡为桥的可适当放宽到桥长200m；

（2）高速公路，里程在10km以上的一级公路及里程在20km以上的二级公路。

建成后，经省人民政府批准，所有过往车辆（不包括规定免征车辆）收取通行费。

车辆通行费的收取是以贷款、集资、新建、改建公路、桥梁、隧道为前提的。以桥梁、隧道的长度、公路里程为条件的收费项目，因受限因素较多，如公路、桥梁、隧道的长度，偿还贷款的时间，设置车辆通行费收费地的经济发展等条件，国家还很难做出具体的收费标准。因此，国家通过宏观控制，制定符合实际的前提和条件，具体征收标准由省级公路主管部门综合考虑桥梁、隧道、公路长度，还款额度，收费期限，交通量大小，车辆负担能力和便利通行等因素，会同省级财政部门、物价部门提出方案，报经省级人民政府批准后组织实施。

中外合资建设的公路项目，其收费标准按批准的协议或合作条款办理。

车辆通行费一般采取双向两次征收或单向一次征收的方法收取，昼夜二十四小时不间断收费，收取的车辆通行费按收费公路或公路构造名称设立专户存储。

过渡费的征收对象是来往过渡的所有车辆，由省级公路主管部门、物价部门根据过渡的长度、交通量大小、车辆负担能力结合当地实际情况，综合考虑核定收费标准。

过渡费由公路主管部门和其授权的公路管理机构征收。

2．征收

车辆通行费与过渡费征稽基本程序是对行驶收费路段、桥梁、隧道、渡口的车辆征收活动的主要内容，它不同于公路养路费、车辆购置附加费征稽程序。它的主要特点是：收费对象较明确，行驶一辆征收一辆，不受其他影响。

车辆通行费与过渡费征收工作程序如下。

1）预售

预售车辆通行费与过渡费票是缓解收费站压力、提高行车时效、掌握费源、稳定费收的有效措施和手段。预售费票应结合部门实际，采用定点、上门或与公路养路费征收相结合等方式，一般可按以下程序进行。

（1）定点预售——车辆通行费与过渡费收费站应根据本地区车辆的分布情况，合理设置收费站、点，组织办理预售费票工作。

（2）上门预售——是服务与售票相结合的一种收费方式，它可采用事先预约、定期上门预售等方法进行。征稽人员应做好充分的准备工作，携带有关的办公用品，备足不同种类的费票，对预售费款应当天存入专户银行，其程序近似定点预售。

（3）合署预售——是公路养路费和其他费综合征收的方式。它是方便缴费户，为其提供"一条龙"服务的主要形式之一，其程序近似定点预售。

2）检票

检票既是征稽部门检票人员查验缴费单位或个人是否按规定缴费的手段，又是考核售票人是否执行收费政策和廉洁奉公的依据，也是及时反映和掌握费种、费源变化情况的重要资料。检票程序是检票人员文明检票的重要"窗口"，也是检票的行为规范。

2.2.4 燃油附加税政策

1997 年 7 月 3 日在第八届全国人大常委会第二十六次会议上通过的《中华人民共和国公路法》做出了公路养路费以燃油附加税的方式交纳的修改，这为我国逐步实施公路养路费改税政策消除了法律上的阻碍。

从养路费征收制度本身而言，采用固定费额、费率征收的办法，与具体的各车辆使用公路时间、使用强度存在脱节现象，形成如用路频繁，对公路损坏较大的车辆并不比用路少的车辆缴费多的状况，用燃油附加税的方式取代现行公路养路费征收的方式，是解决这些弊端的有效途径。

燃油附加税是从油价中提取一定比例作为养路费用，其基本原理是车辆行驶的里程长短和载货量大小是与耗油量的多少紧密相连的，耗油越多，证明使用公路的"权利"越多，从油价中扣除上交燃油附加税也越多，对公路养护所尽的"义务"也就越多。

实施征收燃油附加税替代养路费表现出以下几个方面的优点。

（1）征收燃油附加税是世界上大部分国家的通行做法。有关资料表明，美国法律规定的公路建设专项税收有车辆购置税、登记税、燃油税、轮胎税、汽车配件税、内胎税、润滑税等 10 种；日本有车辆购置税、燃油税、轮胎税、汽车配件税等 8 种；而英、法、德、印度、新加坡等国家都有车辆购置税、燃油税；我国的香港特别行政区也有车辆登记税。与国外财税制度不同的是我国没有为某一特定项目开设的专用税种。实施燃油附加税制度，符合国际惯例，有利于与国际接轨。

（2）体现了"用路者交费，多用路者多交费"的合理原则和公平精神。

（3）有利于节约能源。

（4）可一定程度上堵塞现行征收方式中养路费的“跑、冒、滴、漏”现象，从而增加了公路养护、管理和建设费的收入。

（5）有利于建立一个公平、合理的道路运输市场，同时也有利于车辆的更新与技术改进。可以通过费改税，使车辆的使用真正转移到依靠科技进步和降低能耗，最终以求降低成本的道路上。

2.3 汽车的选购

2.3.1 汽车的合理配置

汽车的合理配置是指运输单位根据其所承担运输任务的性质、运量、运距、道路、气候及油料供应情况等条件，合理配置车辆，如大、中、小型车辆比例，汽、柴油车比例，通用、专用车比例等。通过合理规划，优化车辆构成，充分发挥车辆吨（座）位和客量的利用率，满足运输市场的需要。

汽车的合理配置的标志如下。

① 车型先进、安全可靠、货物装卸（或旅客上下）方便。

② 车辆规格齐全，能与当地货（客）源相适应，且配比合理（吨位大小、座位多少、高中低档比例等），吨位利用率和客量利用率高。

③ 车辆的油耗、维修费用、运输成本均低而利润高。

④ 应变能力强，既能完成正常的生产任务，又能突出重点，完成特殊任务。

为此，配置车辆时，除需要考虑当地运输市场状况，弄清现有在用运输车辆的基本技术情况外，还应考虑下列因素。

① 车辆经常行驶的道路条件。道路的通过能力、承载质量、坡度大小、路面质量和转弯半径等都会影响车辆的运行。因此，要注意所配置的车辆的技术参数是否适应所要行驶的道路条件，否则会影响运输效率。

② 气候、海拔条件。气候、海拔情况不同，对车辆要求也不同。例如，寒冷地区就应考虑配置启动性能好的车辆，高原地区空气稀薄，应配置动力性能高的车辆。因此，配置车辆时应充分考虑到本地区的气候和海拔条件。

③ 油料供应情况。车辆在使用中要消耗多种油料，如果油料来源困难，就会影响生产。所以选用新车时，尤其是进口车（使用优质燃润料）时，应注意到这一问题。

④ 车辆使用的经验。在性能先进的前提下，选择新车时应尽量选用本单位熟悉的车型，这样在管理、使用、维修上有较为完整且行之有效的规章制度、技术措施，从而可以避免重新组织技术培训和摸索管理方法。

⑤ 本单位或当地车辆构成情况和维修能力。配置车辆时应考虑当地车辆构成情况，要避免一个地区或一个车队所拥有的车辆车型过于复杂，以免造成维修配件材料的供应储备及维修工作的困难。

总之，合理配置车辆，对避免运力过剩，提高运输效率，节约能源，保障安全生产，降低运输成本，争取更多的客、货源都起到较大的作用。

2.3.2 汽车选购的基本步骤

购置新车时如何选择车型、厂牌，即称为选购。选购的主要依据是车辆的用途。选购时应遵循的步骤如下。

① 明确用途特点，研究车型的优化配置。

② 收集各种车型汽车的使用说明书，了解、收集各车型在使用过程中的一些资料，如实际耗油情况、故障率、使用方便性等；在此基础上，研究分析其主要性能指标参数，以确定汽车的适用性和运输生产能力，同时分析其使用可靠性、安全性、燃油经济性等。

③ 收集并研究各车型的售后服务网络构成和信誉、零配件的供应保障情况等。

④ 对拟选车型进行评价和决策分析，包括价值分析、适应性分析等。

选购车辆的数量比较多时通常采用招标方式。购车单位应提出对车型的基本要求，如使用的环境条件、特殊要求、汽车的性能、价格等，各投标单位对购车要求进行响应，通过对各投标单位所提供车型的性能、服务等进行综合评估，选定性价比好的车型作为选购目标。

2.3.3 汽车的择优选购

汽车的择优选购是根据运输生产需要和运行条件，按照对车辆的适应性、可靠性、经济性、维修和供应配件的方便性及产品质量的优劣等因素，进行择优选型购置车辆。

车辆能适应当地道路、气候等条件，就说明车辆的适应性好；车辆的可靠性一般用其发生故障的平均里程和频率来评价；易于早期发现故障、易于更换或修复损坏的零件，缩短维修时间，减少维修费用都是维修和供应配件方便性好的标志；同类型车的燃油经济性可能会有差异，尽管有时差异很小，但长期积累节约数量也相当可观。因此，对燃油经济性必须进行比较，车辆使用寿命长显然是产品质量好的重要标志之一。所以，在选购车辆时，应从车辆的售价、适应性、可靠性、维修和配件供应方便性、使用寿命及燃油经济性等因素综合考虑。

择优选购车辆是关系到运输单位和个人主要生产设备优劣的关键问题，应进行技术经济论证，避免盲目购置。要从实际出发，按需选购，量力而行，讲究实用可靠，以及尽可能达到少投入多产出，综合经济效益好的目的。

2.3.4 新车的选购

随着时代的发展，汽车已成为许多人生活中必不可少的交通工具，面对市场上众多的车型以及逐渐完善的售后管理体系，了解并掌握购车的主要考虑因素、基本程序以及相关手续的办理知识对购车者来说是非常必要的。

1. 购买新车前应考虑的因素

随着国内汽车市场的发展，国产和进口汽车大量投放市场。面对不同品牌、用途各异的汽车，购车者往往无从下手，尤其对初次购车者，此问题更显突出。购买新车前要根据自己的需要，正确地挑选汽车，一般应从下面几方面考虑。

（1）车辆安全性能

汽车的安全直接影响着人们生命财产的安全，国家制定了许多强制性标准加以限制。在 OC/T 900 —1997《汽车整车产品质量检验评定方法》中，安全环保项为四方面检验内容的首位，并实行“一票否决”制，即安全环保项不合格，整车产品质量就不合格，其他性能再好也无用。

汽车安全是消费者的第一要求，汽车的安全性能又分为主动安全性能与被动安全性能。主动安全性能是在正常情况下汽车预防和避免事故发生的能力，主要受到汽车操纵性能的影响，如超车时的加速性能（发动机功率、转矩），制动性能，行驶平衡控制系统，四轮驱动力平衡控制系统，驾驶员的视野，汽车的灯光，汽车的重心等。

汽车的被动安全性能是汽车在事故发生后的承受能力，也就是对车内所有乘客在事故发生后的保护能力。影响汽车被动安全性能的因素主要有安全带、安全气囊数目、前后保险杠、汽车的大小、车体整体结构的抗冲击和变形能力、脑后护垫等。

要注意的是，主动安全性能和被动安全性能有时候在设计上是冲突的，比如汽车质量加大对被动安全性能有利，但是由于质量加大使得制动距离加大不利于汽车的主动安全性能。而同一种安全性能中也会有冲突，比如重心高一般有利于改善驾驶员的视野，但是同时也容易造成翻车。

一般来说，大车、豪华车的安全性能比小车和经济车要好。同一档次、同一价位，相同配置的不同车型，就要看具体资料了。

（2）车辆经济性

汽车的经济性主要是指汽车燃料经济性。汽车行驶的燃料经济性是汽车性能的一个重要指标，其性能的优劣，不但反映了汽车整体设计水平，同时也影响到用户的汽车使用费用。

目前，在市场销售的汽车中，进口汽车燃料消耗一般相对较低，但汽车售价较高。国产汽车燃料消耗相对较高，但汽车售价偏低。国产轿车，经过汽车界人士的不断努力，积极消化引进技术，使燃料消耗降到 5～8L/100km，为轿车进入家庭起了很大的推动作用。燃料消耗的单位有 L/100km、L/t・km、km/L 和 L/kW・h，目前常用的是 L/100km。汽车耗油越大，燃料消耗费用方面的支出就越高。因此，耗油量是购车者格外关注的性能。从总体上看，汽车发动机的排量越大，其耗油量也就越高。但是新技术的采用也能使耗油量降低。一般在购车前可通过汽车使用说明书、厂家宣传资料、车型用户反映等得到各车型的汽车燃料经济性，通过比较来挑选适合自己的汽车。

（3）购车用途

个人购车的目的是用来代步或是用来从事营业性客运或货物运输，或是两者兼顾等，这一点是相当重要的，因为汽车型号的选择主要取决于此。城市家庭用车一般以代步为主，且以方便和舒适为主要考虑要素，所以轿车是首选目标。若是从事营业性运输，如出租、客运、货运等，即以赢利为目的，则以价格较低廉的汽车为首选目标。

大多数人都受经济能力的限制，不可能得到想要的东西，而每个人的需求又不同。因此购车者必须非常明确自己真正需要什么，想要什么，什么是可以放弃的，什么是一定不能放弃的。因此，购车者一开始就要把汽车的用途进行明确划分。

（4）个人的经济承受能力

对大多数人而言，经济能力是有限的，汽车的费用也就成了考虑的首要因素。在考虑汽车的费用时必须考虑汽车使用的“真实费用”。真实费用包括原始购买价，税、牌照、保险等费用，油费，每年折旧率及平均折旧率，每年平均保养、维修、零部件费用等。汽车的真实费用直接与车主对车的使用（持有车的年数及每年行驶平均公里数）有关，更与汽车的可靠性及生产厂家（品牌）的声望有关。

（5）可靠性与维修性

汽车的可靠性是指汽车在规定的使用条件下和规定的行驶里程（或时间）内，不发生故障的性能；而维修性则指一旦发生故障后，是否能迅速排除故障。二者都是汽车质量水平的综合反映，主要和设计、制造、装配、材料等因素有关，它直接关系到运输的经济效益。可靠性和维修性不好的汽车，不仅给车主带来很多不便，而且增加车主的维修费用和汽车的折旧率，从而大大增加车主的真实费用，同时有些故障甚至可能造成安全问题。

汽车用户都希望自己购买的汽车在运行中不出故障或少出故障，一旦发生故障能在短时间内加以排除，这样才不至于影响经营运输，才会产生较高的经济效益。汽车的可靠性如何，多数生产厂家有这方面的指标，尤其是进口汽车必不可少，可直接了解。对有些汽车没有此项指标的，可间接向老用户、修理企业、配件商店等了解。经常维修、配件销售量大，则说明该车可靠性差。所以，购车时应多花点时间了解情况，不要急于盲目买车。

2．如何确定车辆的具体品牌和款式

（1）综合考虑品牌因素

品牌作为汽车的性能因素具有一定的抽象性。因为从品牌上看不到任何有关数据和指标。但品牌是在几十年甚至上百年的时间形成的，它包含着企业对顾客的一种承诺。这个承诺既包含着产品的内在质量也包含着企业对售后服务的责任和让顾客满意的良好信誉。当然这种无形的资产还包含着产品的外形美观及技术的先进性。

一般品牌就是质量的象征，欧美的品牌是以扎实著称，而日韩的品牌则是物美价廉。不过车无完美的车，比如选择了欧洲车，那可能在油耗方面就没有日本车省油；而如果选择了做工精细、省油的日本车，那么在安全系数上又有可能比不上欧洲车。

（2）看技术的成熟性

一般上市时间比较长的车型在维修保养方面比较成熟，就拿上海大众公司的桑塔纳来说，无论它的配件还是维修，在全国各地都能找到，但是上市时间长的车型肯定会老一点。还有一点就是，上市时间长的车型，购买者能够问到一些用户的真实使用感受。买车一般不要去当“出头鸟”，因为一款汽车刚刚生产出来，各方面的性能参数都只是厂方的测试数据，实际使用的数据还没有。如果实在抵制不了诱惑，那就另当别论了。

（3）看性价比

买一款称心如意的车当然包括称心如意的价格，所谓“性价比”高的车是指各个方面不错加上价格合理。所以消费者在购车时，所考虑的内容不仅是价格，也包括不同车型的综合价值比较，其中特别是操控性能。可以去经销商那里试驾备选车型，因为只有试驾时才能真切感受到该型汽车的综合性能。试驾时要着重了解汽车的动力系统、安全配置和驾驶舒适性能。进车时可以感觉视野情况，各仪表操纵设置是否方便易触。动力性能要看它的起步阶段动力输出情况，是否有抖动，挡位是否清晰，挡位间距离长短、是否容易进入挡位。行驶时要注意车内及发动机噪声，转向盘是否抖动，转向和挡位是否精确，踏板需要的力度等。另外，还要看在颠簸路面的行驶情况。

安全性能要观察制动系统，除了常见的前盘后鼓式升级为四轮盘式，现在较多的车型都有 ABS、EBD 系统的配置，安全气囊也是每个车型的必备，一般多是前排双气囊，加上后排的气囊设置，可以为车主提供更多的安全保障。

另外，儿童安全锁、前后雾灯、后车窗除雾线和防夹电动窗是车辆必要的配置。舒适性能则首先要看车内密封情况，是否可以将噪声隔在车外。要在驾驶中切实体验其悬架的减振效果，看悬架对路面的颠簸及发动机振动的吸收控制情况。即使是相同排量但不同品牌的两款车，在性能上也有很大的差别，切身体验后，更容易进行选择。

（4）比较造型和外观

有时选车就是凭第一印象，觉得这款车够时尚，就有要买的冲动。当然看外观也是有很多讲究的。外观主要看车型设计，除了解汽车外形、颜色外，还可以对照生产商的资料介绍看车长和车高。看车长可以了解车内空间及后备箱容量，看车高可以观察其与整车的比例以及后座乘坐空间是否充裕。

汽车外形还要观察它的 C 柱是否坚实，车顶至后备箱弧线设计是否和谐，看车胎宽窄、品牌产地以及轮毂外观是否时尚动感、稳重大方。细节部分还要特别注意观察汽车间隙是否均匀，这既代表着总装质量也反映着制作加工水平。看车门和 C 柱是否是一体成形的，就是看车门或者 C 柱中间是否有接缝，如果是一体成形的，那么安全性会更好一些。

另外，看车内的塑料装饰部件与车体之间是否紧凑；汽车安全保险杠，是否和车身紧密结合在一起；储物箱是否能稳定关上，关车门的声音最好是清脆而没有杂音。

（5）看内饰和配置

对于车的外形是否喜欢是一眼就能决定的。但是内饰就不同了，要看仪表盘的指针是否明确，中控台是否方便驾驶员触摸，有没有为驾乘人员设计的人性化装置，另外就是要看内饰做得是否精致了。一般经济型轿车在内饰方面都做得比较精细，但是一些低端的越野车则在内饰方面做得不够精细。

另外一个方面是车的配置。其实购车不必把配置看得太重。如果是用不着的东西价值也不大。配置多了，可能发生故障的部位也会相应增多，要修理的东西也就多了，可能会增加养车费用。

（6）售后服务

购车是消费的开始而非终结，维修服务在汽车整体使用价值中占据着很大比重。汽车售出后是否有质量保证期，各地区是否有售后服务站、维修站，是否实行“三包”、上门服务，维修配件是否供应充足，这些都是购车者需要认真考虑的问题。一旦汽车出现故障得不到及时维修，或因缺少汽车配件使汽车停驶，或延长汽车维修停厂时间，都会给车主造成经济损失。通常情况下，买车时需要选择可靠的品牌和具备实力的经销商。这样，既可确保维修水平，也可保证合理的工时费、正宗的配件和便利的服务。

一般情况下，应尽量找大经销商或专门的 4S 店。因为这里的车比较多，挑选的余地也就大一些。同时它们的产品往往周转得比较快，购买者可以买到刚出厂的产品。万一看中的是一些货源不足的品牌，大经销商或专门的 4S 店也能依靠其进货渠道让购买者尽早提到车。

此外，大经销商或专门的 4S 店的运营渠道有时候还能帮助购买者顺利而快速地办齐相关手续。

3．提车时的主要工作

目前新车都是流水线规模化生产，同一批车之间质量相差不大。但由于制造、装配、运输、销售等多个环节中的不确定因素，并不能保证商家的每一辆车都能令人满意，因此，有必要在提车时对车辆进行认真的挑选和验收。如果感觉自己一个人会有疏漏，可以找一两个较内行的人帮忙，由于提车前肯定已经做了大量工作，因此也没必要找很多“专家”。

下面就新车的挑选和验收两个部分分别介绍一些注意事项，由于这两个部分的工作无法严格区分，因此有的内容作了适当重复。

（1）新车的挑选

① 看外观。重点看车身外部有无瑕疵。要环绕汽车仔细检查，不要让脏物或灰尘遮住

残损处，查看全车颜色是否一致，若不一致，用手摸一摸，看是否有修补痕迹，假若修补痕迹较多，则可判断该车为旧车。

② 看车门及车窗开关是否灵活到位。

③ 原地着车，等怠速稳定后听发动机的声音有无杂音，踩下离合器踏板后听发动机声音有无变化，将发动机转速提至3000rpm，再听声音有无变化。

④ 试音响系统、灯光系统（包括近光、远光、示宽灯、前后雾灯、制动灯、转向灯、双蹦灯、仪表灯、阅读灯、后备箱灯）。

⑤ 调试空调系统。

⑥ 试刮水器，前风挡清洁系统。

⑦ 试转向有无助力。在着车和熄火状态下，分别打轮（转向盘转动不小于180°），体会力量大小。

⑧ 试制动助力。熄火后，踩制动踏板3～5次，踩下的行程一次比一次小说明助力系统正常，否则就可能有问题。注意，新车制动一般未经磨合都比较软，在上路前应在安全场地内多踩几脚以便自己体会，否则易出事故。

⑨ 场地试车。

⑩ 检查随车工具。

（2）新车的验收

① 核对车型及参数。核对汽车型号，由于不少汽车是用多个英文字母代表其结构特点及有关参数，型号代码比较长，核对时一定要细心；核对发动机型号与说明书、发票上的是否相同；核对发动机号码、车身（架）号码与说明书上的是否一致，若不一致，机动车市场管理所不给办理上牌手续；查看汽车出厂日期。

② 核对车身颜色、烤漆是否与预先选定的一致。

③ 检查是否漏水漏油。检查散热器是否有水滴在地面或者散热器下部是否有明显的水滴凝集，用手摸摸散热器底部，若有较多的水分，则可能散热器存在漏水问题；检查发动机油底壳是否有机油渗漏；检查后桥主减速器壳是否有润滑油渗出；检查转向器（动力转向）是否渗油；检查燃油供给系统，特别是燃油滤清器、各燃油管路是否漏油等。

④ 检查车内设施。打开车门，检查车内座位是否完整，坐垫及椅套是否美观大方，坐椅能否前后调整，乘坐是否舒适，有无安全系统，安全带伸缩是否自如；检查车门与侧窗开关是否灵活、安全、可靠，手动或电动车窗操纵是否正常，门窗及前后风窗玻璃密封是否良好，玻璃有否存在裂纹；检查各后视镜中景物图像是否清晰；检查车内各装饰件安装是否牢固可靠，特别是车门拉手有无松动，内顶篷是否有松脱现象等。

⑤ 检查电气系统。检查蓄电池各接线是否牢固可靠；检查蓄电池电解液液面高度是否符合要求；检查刮水器、喷水器是否工作正常；检查各车灯，如前照灯、小灯、制动灯、转向灯、防雾灯、牌照灯、车厢灯等是否工作正常；按扬声器按钮开关，检查声音是否响亮；检查里程表有无读数记录，对于新车，其数值不应超过10km；拉紧驻车制动，挂上空挡，启动发动机，检查发动机启动是否容易，并观察各仪表及电气报警装备是否正常等。

⑥ 其他静止检查。检查轮胎规格，备胎及其他4个轮胎是否相同，轮胎气压是否合适；检查发动机、变速器、后桥的润滑油油量是否在规定范围内，润滑油是否变质；检查散热器冷却水高度是否符合要求；检查发动机各传动带（发电机、压缩机等设备处）是否有损坏及缺陷，张紧力是否合适；检查随车工具是否齐全等。

⑦ 路试检查。启动发动机，聆听转速情况，检查发动机运转是否轻快、连续、平稳而无杂音、异响，轻踩节气门，发动机转速应是连续、平稳地提升；车辆起步前行，换挡时应平顺，不应出现换挡困难及出现齿轮异响的现象；轻踩制动，检查制动系统的制动力度，以及制动时的方向稳定性是否良好；检查滑行性能，在 20km/h 的速度下挂空挡滑行，应可滑行 50～80m；多绕些弯路，检查转向系统，看汽车是否有良好的操控性；在不平路面上加速行驶，感受汽车的减震性能是否令人满意；高速行驶，检查汽车的高速行驶性能等。

4．购买新车所办手续

买辆新车从验证到正式上路需经过办移动证、占地证、保险、验车、缴附加费、上牌、领照、缴养路费、缴车船使用税、建档等程序及工商、交通、机动车市场管理所等多道窗口，现在一些交易市场都设有现场办事机构，许多手续在市场内即可办理，甚至可以委托商家一条龙服务，省时省力。这种流水作业的购车形式已成为商家竞争的重要手段。

一般购车的流程可表述如下：决定购车；提供相关证明及办理停车泊位证明；选购汽车；工商验证；办理车辆移动证；到车辆检测场验车；缴纳车辆购置附加费；上汽车保险；领取汽车牌照；缴纳养路费；办理行驶证照；缴纳车船使用税；正式上路。

各环节所需材料如下。

（1）购车。购车者需要提供以下证明：个人提供身份证；单位提供企业法人代码证，国有单位还需提供“控办”指标；军人购车，需部队出具本人姓名、单位、住址证明。

汽车经销商需向购车者提供的合法证明：正规购车发票；厂家提供的汽车质量合格证；进口车需提供海关货物进口证明或罚没证明书、商检证明书。

（2）工商验证。购车后，车主需要带上经销商提供的购车发票和购车合同到工商局所属的机动车市场管理所办理发票验证手续，并在发票上加盖验证章。所需材料包括购车发票，汽车质量合格证，企业法人代码证或个人身份证，进口车辆须提供海关货物进口证明、商检证明书，罚没车需出示罚没证明书。凡车价差异较大或售车后退货又重新出售的车需由售车单位出具证明，后者则需出示原售车发票。

（3）缴纳印花税。到地税局缴纳印花税，此时需要提供购车发票和购车合同。印花税的计算公式：印花税=购车价格×0.3%。

（4）缴纳购置附加费。购置附加费是到交通管理部门指定的车辆购置附加费征稽管理处缴纳，国产车的购置附加费是车价扣除增值税后，金额的 10%，计算公式：购置附加费=购车价格÷1.17×10%。进口车的购置附加费的数额是购车价格的 10%。需提供资料有工商验证发票原件及复印件两张，汽车质量合格证，进口车需提供海关货物进口证明或罚没证明书、商检证明书。个人提供身份证，单位提供企业法人代码证，属国家控制车辆还需提供控办“准购证”。

（5）办理移动证。购车后，没有牌照的车辆是不能上路的。因此，在领取正式牌照之前，本地车只有办理了移动证才能上路行驶，外地车还应办理“临时牌照”方能上路。车辆移动证需要到所在区、县的交通警察大队办理。需带手续有身份证、购车发票；进口车还需带海关货物进口证明（或罚没证明书）、商检证明书；单位的车需带企业法人代码证和公章。

（6）办理保险。新车必须要办理保险，否则去车辆检测场验不了车、到机动车市场管理所领不了牌照。从 2003 年 1 月 1 日起，全国正式推行车险条款、费率改革。各大保险公司的服务内容和保险费率也不尽相同，更趋向个性化，车主要根据自身需求慎重选择保险公司及险种。另外，车险的手续也比过去复杂了一点。车主需要提供的资料有车主名称、车型、车辆的座位或吨位、发动机号、车架号。其中后几项可在新车合格证上找到。

在投保单上签字或盖章并交保险费后，就可以从保险公司得到一张正式的保险单。有了这张保险单，就可以去验车、领牌照，在一年之内就有人为你的爱车保驾护航了。

（7）车辆检验。验车时要根据车主的户口所在区、县和所买的是国产车还是进口车选择交通警察大队指定的检测场。

验新车时需带的材料有车主身份证或企业法人代码证、汽车质量合格证、购车发票、购置附加费缴费凭证、占地证明、保险单。进口车需带海关货物进口证明或罚没证明书、商检证明书。新车检测合格后，便可以领到由驻检测场交通警察签发的验车表。

（8）领取牌照。领牌照的机动车市场管理所就是管辖为车主验车的检测场的机动车市场管理所。需带的手续有购车发票、汽车质量合格证、身份证及以上三项的复印件、保险单、购置附加费缴费凭证、验车表；进口车还须带海关货物进口证明（或罚没证明书）和商检证明书；单位购车还需带“控办”证明、企业法人代码证，并须在机动车登记表上加盖单位公章。

领取牌照须本人亲自到场，在领回牌照的同时，车主还能领到“检”字和临时行车执照。临时行车执照替代行驶证使用，同时供下一步备案新车和办正式行驶证时使用。

（9）保险公司登记车牌号。尽快把新车车牌号通知保险公司是非常必要的，《机动车辆保险条款》中有规定：保险车辆必须有交通管理部门核发的行驶证和车牌号，否则本保险单无效。

（10）新车备案。新车领回牌照后，应先去备案，然后再办行驶证。单位车辆到所在区、县交通警察支（大）队集体办理。个人车辆的备案地点是所在地的安委会。备案时需带车主身份证和临时行车执照。

（11）办行驶证。领牌照的三日之后方可办理行驶证，需要准备两张新车照片，到相应的机动车市场管理所办理。需带的手续有两张新车照片、临时行车执照、备案卡、车主身份证和养路费缴费凭证。

（12）新车建档。新车建档是在车主购置附加费征稽所进行，建档后，将在购置附加费证上加盖“已建档”的章。

（13）交车船使用税。新车领回行驶证后，应尽快去交纳车船使用税。所需手续有购车发票、行驶证。纳税时间：上牌照一个月内。纳税地点：各区、县地方税务机关或大型汽车交易市场。纳税税额：轿车每辆年税额为200元。交完车船使用税后，车主可以领到一张有效期为一年的“税”字，把它贴在前风窗玻璃上。到此为止，与购买车辆有关的手续就全部办完了。

5. 购车时应索取的凭证

（1）购车发票

购车发票是购车最重要的证明，同时也是汽车上户时必需的凭证之一，所以在购车时务必向经销商索要正规购车发票，并要确认其有效性。

（2）汽车质量合格证

汽车质量合格证是汽车的另一个重要凭证，也是汽车上户时必备的证件。只有具有合格证的汽车才符合国家对机动车装备质量及有关标准的要求。

（3）三包服务卡

根据有关规定，汽车在一定时间和行驶里程内，若因制造质量问题导致的故障或损坏，凭“三包”服务卡可以享受商家的无偿服务。不过像灯泡、橡胶等汽车易损件不包括在内。

（4）车辆使用说明书

用户必须按照车辆使用说明书的要求合理使用车辆。若不按使用说明书的要求使用而造成的车辆损害，厂家不负责“三包”。使用说明书同时注明了车辆的主要技术参数和维护调校所必需的技术数据，是修车时的参考文本。

（5）其他文件或附件

有些车辆发动机有单独的使用说明书，有些车辆的某些选装设备有专门的要求或规定，这时消费者都要向经销商索要有关凭证。

6．购买进口新车时的注意事项

进入 2004 年以后，国内的进口汽车市场的竞争越来越激烈，由于中国汽车市场最近几年发展非常迅速，各种进口高档轿车纷纷在国内市场上亮相。但随着国内进口汽车的数量和品种大幅度上升，有关进口汽车质量的纠纷也在不断增多。在购买进口轿车时，应特别注意以下三点。

（1）购买符合中国规格的进口车

每个国家的气候、道路、燃油等都有各自不同的特点。外国汽车厂商在生产车辆销往不同的国家和地区时，均会针对不同国家和地区的情况作些相应改进，以适合当地的使用状况。因此国内的消费者在购买进口车时一定要买符合中国规格的进口车，只有这些车才符合中国的使用条件和符合厂商的保修条件，并且不会出现因不是中国规格车辆而买不到零配件的情形。

（2）查看新车手续

现在买车多是享受一条龙服务，尽管如此，车主仍要尽可能亲自参与买车程序，做到心中有数，不要为图省事，把一切都交给经销商去办。例如，检查轿车与其品牌是否相符；检查发动机号、车架号、产品合格证及出厂日期——这些都是证明一辆车“合法身份”的特征；查验进口单据，在购买进口车时，应仔细查验进口货物证明，以及关税、增值税等各项应缴的税单，否则，买到了手续不全的进口车，一是质量无法保证，二是办理牌照时会因进口手续不全而无法上牌。

（3）购买有完善维修网点的进口车

现代轿车电子化程度高，并非所有汽车维修厂都能进行维修保养。国外汽车厂商对售出的车辆都有保修承诺，但是只有在厂商的特约维修站才能进行维修保养和索赔服务。因此消费者在选车型时，还要考虑其售后服务。只有这样才能无后顾之忧。

2.3.5 二手车的选购

二手车又称旧车，在国外交易率很高，事实上，每年欧美市场的二手车交易量大大高出新车市场，大多数年轻消费者更倾向于购买经济合算的二手车。但是以前我国对于家用轿车的定义基本上局限在了新出厂的车型这一个方面，随着消费者消费目的和消费价值观的不断发展，近几年我国的二手车市场也开始逐渐升温。很多消费者受车价因素的影响，愿意购买二手车，这首先是因为新车价钱昂贵，而二手车比较便宜，尤其是企业淘汰下来的七八成新的二手车其价格一般只是新车价格的 30%～50%；其次对于一些驾驶技术不成熟或用车率较高的车主来说，开二手车不必担心磕碰，照料起来也比较省心；再次，由于新车型的不断推出及价位的不稳定性，一些急于用车而短时间又不能选中满意车型的消费者，常会选择购买二手车。这样不但可以尽早享受到驾车之便，又可不必等待选择满意车型。

然而许多消费者由于缺乏经验，对车辆技术状况不甚了解，盲目购买二手车，结果上当受骗，由此引发的经济纠纷屡见不鲜。另外，二手车具有许多不确定因素，因此在选购二手车时不能操之过急，而应慎之又慎。

1. 如何对二手车进行检查

1）车辆手续的检查

按照有关规定，机动车辆自购回之日起1个月内，应到机动车辆管理机关办理、申领牌证手续方可上路行驶。若所购的车辆证照不全，则有可能是私自改装、组装拼凑的车辆，另外转向盘右置或走私的车辆是办不了证照的。如若是证照遗失、多年未年检等原因导致证照不全，买了以后也要花一大笔费用来办证。

根据《中华人民共和国道路交通安全法》等法规规定，机动车辆必须参加年度检验，经检验合格后方可继续使用，否则不许使用。另外，未经安全检测和质量检测的各类机动车，质量无保证，按规定不予入户。

在道路上从事运输或兼营运输的机动车辆，必须按规定向国家缴纳养路费、工商行政管理费、营业税等税费。如果买下拖欠税费的车辆，那么这些拖欠的税费随车辆转移给新车主。

所以在买二手车前，首先要看清车辆出厂投入运营时间，应该何时报废，必要时可请有经验的维修人员路试和检验。要查验车主的身份证、车辆原始发票、车辆购置附加费（税）缴费证明、机动车行驶证、养路费缴费证明、年检证明及保险单等，必要时可与车主到车管部门逐一核实。

2）外观检查

（1）车漆部分。

① 漆色。新补的油漆，往往色彩不同于原车漆色，如果车开得年头比较长，补漆往往比较多，因而整个车身各个部位颜色都有差异，有时甚至找不出原车的漆色。

② 车身平整度。特别是有大面积撞伤的部位，补腻子的面积比较大，在工人打磨腻子时往往磨不平，因而补过漆后，车身表面看上去如同波浪一样凹凸不平。

③ 油漆质量。补过的漆往往有如下质量问题：丰满度不如原车的油漆；油漆表面有流痕；表面有不规则的小麻坑；表面有小麻点。

车辆成色越好，上述质量问题越少。

（2）车门部分。

从车门框B柱来观察是否呈现为一直线，若无波浪形，表示此车无大问题；再从车门查看，在未打开车门时，可先看车门接缝处是否平整，如果接合的密合度自然平整，表示此车无大毛病，但不能就此断定此车没问题，可以再打开车门来详细查看A、B、C柱，也就是观察车门框是否呈一线，如果不平整，有类似波浪的形状，表示此车经过钣金修理。也可将黑色的水胶条揭开来看是否平整，车门附近是否留有原车接合时的铆钉痕迹，如果留有痕迹，表示此车为原厂车，否则表示此车烤过漆。最后可来回开关车门检查车门开启的顺畅度，无异响或开启时极为顺手，表示此车无大问题。

（3）引擎盖和行李厢部分。

前后盖更换则更要小心检查，通常引擎盖更换代表撞击后引擎盖产生卷曲，金属产生卷曲要用钣金技术整平极为困难，所以才会更换引擎盖，若发现更换引擎盖则下一步必须更仔细地检查散热器架是否有切焊或换新，是否因为撞击力道过强导致车头溃缩，同理，后厢盖更换也有可能是因为来自后方撞击力道过大产生溃缩。这种原因流入二手车市的车辆，通常维修会采用包修的做法将车辆修到尽量恢复原状即脱手，所以别期望修好的车没问题，安全性没办法保证。查看行李厢开口处左右两边的钣金件或与后保险杠接合处时，可先翻开行李厢下的地毯，检查该处有无烧焊痕迹，虽然现在的钣金技术已经非常先进，但只要细心观察还是能够分辨出是否进行过钣金维修，这一点非常重要，如果车辆维修得比较粗糙，可能存在下雨天行李厢漏水的问题。

（4）底盘部分。

检查轮胎磨损程度，可能的话实际试车，感觉行驶时打方向的感觉，从而判断该车车轮定位及转向系统和悬架部分中各球头的好坏。另外通过简单的驾驶还能判断该车离合器及变速器或自动变速器的性能。通过目视检查减振器是否漏油，用手由上向下按压车身，体会减振器阻尼作用的好坏。

3）内饰检查

① 坐椅及地毯。坐椅松动和严重磨损、凹陷，此时应该进行维修。从地毯磨痕可推断出汽车使用频繁程度，新地毯更要注意检查真实车况。

② 打开空调，观察冷气和暖气是否良好，同时注意体会在压缩机运转时是否伴随异常噪声和车身的严重抖动。

③ 一般来说，汽车每年行驶 2 万～3 万公里左右，累积里程表过低不一定是好现象，里程表有可能被更改过。

④ 检查仪表板和汽车外部所有灯光及控制系统是否完好。

⑤ 现代轿车配备多种电子设备，注意观察发动机故障灯、气囊灯、ABS 灯及其他报警灯是否在车辆着车后长时间不熄灭，或在打开点火开关后根本不亮，这些都表明存在故障。

⑥ 检查驻车制动是否好用。

4）发动机罩检查

① 外观。仔细查看与翼子板的密合度或发动机留有的缝隙是否一致，不要有大小不一的情形，发动机与风窗玻璃之间的间隙是否一致或留有原车的胶漆，这些都是检查的重点。

② 内部。发动机罩内的检查更是重点中的重点，打开发动机罩后，先检查其内侧，如果有烤过漆的痕迹，表示这片盖板碰撞过，因为一般人不会在这个地方乱烤漆，原因是它不具有美观的价值。然后检查发动机前部的端框，该部件往往是用来固定散热器和冷凝器的，同时它还是前照灯定位和调整的基准，所以非常重要。

5）试驾操作

① 灯光。转动钥匙至 2 挡开关，检视仪表板指示灯是否正常（带 ABS 的车应有显示）。

② 离合器。发动机启动时，油压灯和蓄电池灯应熄灭。踩动离合器注意噪声，以确定离合器分离轴承是否破损；转入 4 挡及拉紧驻车制动，慢慢放松离合器，如离合器状况良好，发动机应立刻停止工作。

③ 转向。检查转向器时，可以在原地把转向盘从左到右打满，待回位后再从右至左打满，看两次的圈数是否一致。还可以将车启动后检查，方法是确定一个参照物，把方向打满，从左至右转一圈，再反回来，看是否回到参照物处，如未回到原处，则证明转向盘有问题，或是受撞击后变形了。启动车后还可以看看转向盘回位是否良好，也就是说方向打到头，不用手动转向盘看车子是否能自动回到直线行驶。

④ 发动机。发动机的好坏只能凭感觉鉴定。一般来讲，声音清脆而且节奏感强的就是好机器，但也有的车在设计时发动机的响声就闷。发动机的声音不能乱。另外，还应看看发

动机机舱内的走线是否整齐。在蓄电池上应该只有两条总线走出。

⑤ 倒车。倒车时变速器应无异响，发动机发出的声音应具有连续性。有的车在倒车时会有“咯噔咯噔”的声音，且车子也随之一震一震的，这可能是球头松动的缘故。

⑥ 制动。试制动的时候最好能找一处行人和车辆较少的地方。在车速提起来后再踩制动，看车轮是否被抱死，一脚制动是否有效等。在试完制动后，还应检查驻车制动，方法是在路上找一个小坡道，在踩住制动的同时，拉起驻车制动。驻车制动应该很有弹性地拉起三四个齿时就能使车停住，但还得有两个齿的余量可以再拉紧，并在松驻车制动时不用费力。另外在试制动时，观察其停车距离和是否有侧滑、跑偏等现象。

⑦ 异常抖动。正常的车辆在启动发动机后，无论是暂停时，还是行车中，车身都应保持平稳状态。如果消费者发现要买的车辆有不正常的抖动发生，则表示该车的某部分可能出现了问题。例如，怠速时车身抖动，则表示发动机部位有问题；行驶时发现转向盘有抖动现象，则为轮胎部分有问题，可能要做前轮定位。这些异常抖动的情况，如果问题不大，则较易解决，但如果情况严重，则极易威胁到车辆本身的安全。

⑧ 减震系统。车辆减震系统的好坏，对该车在行驶中的舒适性有很大影响，因此在试车时，可特意将车辆开到不平的路段，以测试其减震系统。如果减震不佳，坐在车内便会有强烈的颠簸感，车辆的舒适性自然大打折扣。还要注意行驶在这种路面时，车身是否有杂音及异音产生，并注意确定是从何处发出来的，以此来判断该车各部位可能出现的问题。

⑨ 试行各种路面。只在一般的道路上行驶，无法判断车辆的真正状态如何。因此在试车时，最好能在各种路况上行驶，如颠簸的路、多弯道的路、上坡、下坡等，以实际的驾车感受，体验该车的各种性能，并体会这部车开起来是否顺手，是否易操控。一旦发现该车有不正常的地方或驾驶困难，则最好考虑更换其他车辆，否则，购买后开起来也会遇到同样的麻烦。

⑩ 异常气味。车辆行驶时，该车的各个机件也会跟着运转，如果此时闻到车内或车外有异常的气味，且能确定是该车本身的问题时，则表示此车某个部位有问题。例如，闻到焦味，可能是发动机室内的电线有烧焦的现象，或传动带、制动蹄片因严重磨损而产生焦味；如果闻到汽油味，则可能是发动机油底壳破损漏油，或是输油管、油箱部分有漏油的现象，因此在车内就会闻到浓浓的汽油味，无论是哪一种因素导致的，其对车辆本身都具有潜在的危险性，因此车主在购买前要多加考虑。

2．旧车过户相关规定

车辆所有权变更须按以下规定办理过户手续。过户后使用不足半年，不准再次出售过户。

① 所有旧机动车，须由原车主到指定的机动车检测场经车辆检验合格，在其行车执照上加盖“售前检验合格章”后方准出售。

② 公车须持旧机动车交易市场发票和该车行车执照，由新车主填写过户审批申请表，盖单位公章办理过户手续。单位出售或购买控购车辆，须持有批准手续，新车主单位按规定交纳专项控制商品附加费后方准办理过户手续。

③ 私人机动车，须持旧机动车交易市场发票，新车主填写过户审批申请表并签名盖章，持新车主身份证（户口簿）及其复印件和一寸免冠照片办理过户手续。

④ 直系亲属之间过户，凭双方户口簿或双方单位证明信，证实确属直系亲属的可不经交易市场。填写过户审批申请表，经审查无误即可直接办理过户手续。

2.3.6 个人选购汽车时应注意的问题

1．明确购车的动机

购车的动机是决定汽车型号选择的主要因素。城市家庭用车一般以代步为主，则以方便和舒适为主要考虑要素，所以轿车是首选目标。若是从事营业性运输，如出租、客运、货运等，即以赢利为目的则应以较高可靠性和合理价格的汽车为首选目标。若经常在山区复杂道路上（如野外旅游、探险等）行驶，则全轮驱动的越野汽车或运动性多用途汽车较为适当。

2．考虑经济承受能力

经济承受能力是选择汽车档次的决定因素。如果是贷款买车，则还要考虑还款能力。应该认识到汽车从购置到使用过程中，既要缴纳购置费、车辆购置税费、检测费、车船使用费、保险费等，还要支付燃料费、维修费、停车费、过路费、过桥（隧道）费、洗车费等使用费用。

3．汽车种类及型号的确定

在选择车种和型号之前应首先做好深入细致的调查研究，尽可能了解产品的技术性能指标；其次应与当地汽车管理部门或生产厂家取得联系，并参考有经验的汽车驾驶人及维修人员的建议，了解所购车型的具体情况。在选择汽车种类及型号时应注意以下问题。

（1）品牌

品牌车质量一般相对较好，售后服务网络完善，维修服务站点多，维护修理比较方便。汽车品牌分为国外品牌、合资品牌和国内自主品牌。相对而言，国内自主品牌车主要是在中低档车系中，销售量较多的还是合资品牌车。

（2）性能指标

选购汽车时，应考虑汽车的性能指标。汽车的性能应与使用条件相适应，以充分发挥它的性能。

（3）汽车质量

汽车的车身长、质量大，行驶稳定性一般较好，而且稳重大方，豪华气派。但大质量汽车的燃油经济性较小型汽车差。据测定，小型车质量每增加 40kg，燃料消耗增加 1%左右。所以，结合自己的实际情况，应选择车长适中、质量较轻的汽车。

（4）发动机类型和排量

常用汽车发动机有柴油机和汽油机两类。在其他条件相同的情况下，柴油机的燃料经济性要比汽油机好。有些发动机采用了新技术；而有些发动机则经过了长期的实践检验，证明其具有较好的适应性等。装备新技术的发动机一般来说排放指标优良、燃料经济性好，但其购车价格也会高于技术相对陈旧的发动机。

汽车的性能与发动机排量的关系密切。在同类型发动机中，排量大的发动机功率大、动力性好，其车辆的整体性能也越高。但排量小的发动机燃料经济性较好。

选购汽车时，应重点考虑采用成熟技术的车型，以降低新技术带来的不确定风险。要根据车辆的用途，使用者的经济状况，当地对汽车排放标准的要求来确定发动机类型。

（5）驱动方式

轿车的驱动方式有三种：前置前驱（FF）、前置后驱（FR）和四轮驱动（4WD）。

前置前驱指发动机前置前轮驱动的驱动形式。前置前驱的变速器和驱动桥为一体，固定在发动机旁将动力直接输送到前轮，驱动车辆前进。前驱动汽车的发动机和驱动轴中心在车辆前部，驱动轮也是两个前轮，所以在转弯时重心因惯性而前移，容易发生转向不足的情况。

前置后驱指发动机前置后轮驱动的驱动形式。这是一种传统的驱动形式。后驱车在车辆重力分配上比前驱车平均。但转弯时，由于汽车前轮直接受转向系统支配已经改变了行驶方向，而后面的驱动轮仍有往前的惯性，所以容易出现转向过度的情况。

四轮驱动方式主要用于越野车。四轮驱动又分为全时四驱、兼时四驱、适时四驱和兼时/适时混合四驱。兼时四驱可以根据路面状况，通过操纵杆或按钮在两驱和四驱之间切换；适时四驱则由计算机控制，在正常路面时为两驱，异常路面或驱动轮打滑时变为四驱；兼时/适时四驱则可以根据驾驶者的喜好自由选择。四轮驱动是更平衡的驱动方式，能有效避免转向不足和转向过度等状况，但由于发动机转矩被分配到前后轮，所以传动系统损失功率较大而且比较费油。

（6）变速器类型

自动变速器装备有自动控制装置，行车中可根据车速自动调整挡位，不需人工操作，省去了许多换挡及踏踩离合的操作。其不足之处在于价格昂贵、维修费用高，而且比手动变速器汽车费油，尤其是低速行驶或复杂交通环境下工况不稳定时会增大油耗。

（7）轮胎和轮圈

与装有斜交轮胎的汽车相比，子午线轮胎耐磨性可以提高 50%～100%，滚动阻力降低20%～30%，而且可以节油 6%～8%。

铝制轮圈有质量轻、散热性能好、圆度高、弹性好、可回收等许多优点，但铝制轮圈的价格比钢制轮圈贵。

（8）制动系统

轿车常用的制动器有两种，即鼓式制动器和盘式制动器。其结构、散热性能和工作的稳定性不同。盘式制动器主要有以下优点。

① 散热性好，可提高制动效能的恒定性。

② 结构比较简单。

③ 涉水时不容易积水。

不同车型采用制动方式也不同，轿车或小型车较多采用盘式制动，货车和大型的客车较多采用鼓式制动。

目前，很多轿车采用“前盘后鼓”的制动系统，这是因为制动时，汽车的重量会向前轴转移，制动力的 70%～80%都作用到前轴上，于是前轴全都使用散热和热稳定性更好的盘式制动器。而高档汽车、运动型汽车则使用前后均为盘式制动器的制动系统。

（9）汽车配置

汽车配置可以划分为三大类别，即标准配置、置换配置、选装配置。

标准配置是预先安装在汽车之上，包括在售价内的汽车上的配备，如发动机、车架、车轮、转向盘、驾驶室、行李厢等。这类配置一般不可或缺、无法替代，能够实现汽车的基本功能。

置换配置一般是指从汽车的功能实现来说属于不可或缺的，但汽车生产商从满足消费者多样化需求的考虑出发，生产出了可以实现相同功能的两种以上的装置或配备，供消费者选择。

选装配置对汽车性能影响不大，属于根据消费者意愿额外追加费用而加装的装置，如天窗、卫星导航系统等。

选装什么样的配置，应根据自己的喜好、使用需要以及经济承受能力来确定高品质但适用的配置。

（10）价格

选购汽车时，应选择价格低、性能好（即性价比高）的汽车。但在汽车产品销售的不同阶段，其价格不同。通常，新开发的技术含量较高的汽车，由于新技术的开发需要大量人力、物力投入，因而价格稍高；而当新技术得到市场检验，市场销售量增大到成为市场的主流产品后，其价格就会逐渐下降。因此，选购汽车时，应尽量选择采用新技术且技术成熟，市场反映良好的车型。

（11）安全

无论出于何种购车目的，汽车的使用安全性都应当重点考虑。汽车安全分为主动安全和被动安全。主动安全指汽车避免事故发生的能力，常用的汽车主动安全性技术有安全车身、汽车制动防抱死系统等；被动安全指在发生意外后的保护措施，常用的被动安全性设施有安全带、安全气囊等。

（12）舒适

整车的舒适取决于车辆轴距的长短、悬架软硬、发动机的噪声、路噪的阻隔、音响的效果及座椅的人机工程设计等。长轴距的车可以使设计师有足够的空间解决头部、腿部空间和座椅的布置。

（13）外观

车辆外观尤其颜色因人而异，金属漆和非金属漆在成本、漆面上都有差别，选择时应以使用者的爱好为主。

（14）售后服务

售后服务包括汽车的维护、零配件供应及技术资讯三个方面。选购汽车时，应选择售后维修服务网络齐全、信誉好、有保障的品牌型号。汽车的维修应考虑专业化、快捷、费用三个方面。通常，国产车比进口车维修要方便、费用低，主流品牌车型比非主流品牌车型维修方便且费用低。

2.3.7 社会车辆政府采购的法律、法规和招、投标程序

1．机关、事业单位车辆的政府采购

为了加大廉政建设力度，国家出台了许多反腐倡廉的措施。国家机关和政府各部门的汽车购置均由政府采购中心采取集中招、投标的采购方式，严格地按国家政府采购法规定的程序进行采购。

政府采购，也称公共采购，是指各级国家机关、各级政府及其所属机构，实行预算管理的事业单位和社会团体（简称采购机关），为了开展日常政务活动或者为公众提供公共服务的需要，使用财政性资金，以法定方式、方法和程序，对货物、服务或工程，进行购买、租赁、委托或雇用，建设维护等费用由政府公共支出的一种基本手段。

对汽车进行政府采购时，应严格地按照《中华人民共和国招标投标法》、《中华人民共和国合同法》、《政府采购管理暂行办法》、《政府采购品目分类表》、《政府采购信息公告管理办法》、《政府采购运行规程暂行规定》等有关法律、规章规定的程序及要求，编制标书，刊登公告或发投标邀请，接收投标，组织开标、评标和定标，并按规定向同级财政部门提交采购合同等有关备案文件。

2．政府采购招、投标程序

（1）发布招标公告。采用公开招标采购方式的，政府采购机构应在财政部及省级人民政

府指定的报刊、信息网络或其他媒介于投标截止日20个工作日以前发布招标公告。采用邀请招标采购方式的，政府采购机构应向5个以上特定供应商发出投标邀请书。

招标公告和投标邀请书包括以下主要内容。

① 采购人的名称或地址；

② 招标项目的名称、数量、质量等；

③ 交货、竣工或提供服务的时间；

④ 供应人的资质；

⑤ 获取招标文件办法和地点；

⑥ 提交投标书地点和截止日期；

⑦ 开标地点和时间；

⑧ 政府采购管理机关规定的其他内容。

（2）编制招标文件。招标人应当根据招标项目的特点和需要编制招标文件。招标文件应当包括招标项目所有实质性要求和条件及拟订合同的主要条款。

招标文件不得要求或标明特定的供应商，以及含有倾向或排斥潜在投标人的内容。招标文件应当经采购机关确认，采购机关应当对招标文件的真实性负责。

（3）编制标底。政府采购可以在征询专家意见的基础上编制标底，并密封保存，在评选定标前任何人不得泄露。

（4）供应人资格预审。参加投标的供应人在索要招标文件时，应当提供其投标资格的有关文件。采购人必须对投标供应人进行资格预审。

资格预审的主要内容有以下三个方面。

① 营业执照副本及法人资格证书；

② 资信、资质证明；

③ 供应能力的证明。

（5）招标文件的澄清和修改。索取了招标文件的供应人，在投标截止日3个工作日前有权要求采购人就招标文件的有关问题进行澄清；采购人在投标截止日之前，应主动地或根据供应人的澄清要求，增印修正招标文件，并以适当形式迅速告知已索取了招标文件的供应人，并对其具有约束力。

（6）投标书的提交。参加投标的供应人按照招标文件的要求编制好投标书并附规定样式的投标价格清单。在加盖供应人的印章及其法定代表人签名后密封送达指定提交地点。供应人可在截止时间之前，对已提交的投标书进行修改、补充或更正，也可以撤回投标书。

（7）投标担保。根据投标文件规定的担保要求，由所有投标的供应人在投标截止日的3日前，交纳投标保证金，不按时交纳投标保证金的视为放弃投标。

（8）开标。按招标文件规定时间和地点以公开方式开标。

（9）评标和定标。由评标委员会确定采购中标人。

（10）签订采购合同。中标人确定后，招标人应当向中标人发出中标通知书，并同时将中标结果通知所有未中标的投标人。中标通知书对招标人和中标人具有法律效力。招标人和中标人应当自中标通知书发出之日起30日内，按照招标文件和中标人的投标文件订立书面合同，并报送财政部门备案。

3．政府采购招、投标文件

（1）招标文件。招标机构应当根据采购项目要求编制招标文件。招标文件分为两个部分，即“招标书”和“投标须知”。

① 招标书主要包括以下内容：

● 招标文件说明；
● 招标项目的性质、名称、数量、质量、技术规格；
● 交货、竣工或提供服务的时间和其他要求。

② 投标须知主要包括以下内容：

● 投标文件的编制要求；
● 投标价格的要求；
● 供应人提供的有关资格和资信证明文件；
● 投标保证金的数额和投标保证书的格式（投标保证金数额不得高于投标金额的2%）；
● 提交投标文件的方式、地点和截止日期；
● 开标/评标的时间、标准和方法；
● 采购合同格式及签订、履行；
● 附件。

（2）投标文件。供应人根据招标文件的要求编制投标文件。投标文件包括以下内容：

① 投标书；

② 投标项目方案及说明；

③ 投标价格表；

④ 技术和服务响应书；

⑤ 投标资格和资信证明文件；

⑥ 投标保证书；

⑦ 投标文件规定应提交的资料、文件及供应人认为需要说明的其他内容。

投标文件应当加盖供应人单位印章并由其法定代表人或其授权的代理人签署后密封，并注明密封标记；在投标截止时间前，送到招标文件规定的投标地点，并于投标截止日前3日内将投标保证金汇到采购机构指定的银行账户上。投标保证金应以在中国注册的银行出具的保函、汇票、支票或现金形式提交。

2.3.8 汽车购买手续及汽车质量问题的解决

1．新车购买手续

购买新车的一般流程如下：

① 初步确定汽车车型，了解汽车行情。

② 进行买卖交易。

③ 办理车辆保险。车辆保险在保险公司办理，可以由经销商代办，同时缴纳车船使用费。

④ 办理移动证。在辖区的交警支队、车管所办理。

⑤ 缴纳车辆购置附加费，在交通运输局购置费征稽管理处办理，可以由经销商代办。

⑥ 验车。在车管所指定的汽车安全检测站检测，可以由经销商代办。

⑦ 领取牌照。到车管所领取牌照时，所需材料有：购车发票、车主身份证、车辆合格证、汽车照片3张。领取牌照之后，挂上牌照进行车辆拍照，领取行驶证待办凭证。

⑧ 办理车辆行驶证。在有效期内，持行驶证待办凭证到同一车管所办理。

2．质量问题的解决

用户购买新车后，若出现质量问题，可以分不同情况按以下途径解决。

① 在规定时间内发现质量问题，可到经营单位的技术服务部门反映，经检查可修理或更换配件。对于国产车，也可以到生产厂家设在当地的维修服务站按规定办理。

② 若因用户使用不当而损坏，可以到经营单位指定的维修站或生产厂售后服务部修理，费用自理。

③ 购买进口车的用户在使用后发现质量问题，如在索赔期内并属于自然损坏，可持发票和进口车商检证向经营单位的技术服务部申报，然后送当地商检局验车，根据验车结果向生产厂家驻我国商务代办机构提出索赔。

思考与练习

1．购置汽车时的费税有哪些？
2．汽车合理配置的标志有哪些？
3．简述汽车选购的基本步骤。
4．购置汽车时应考虑哪些因素？
5．购买汽车应办理哪些手续？
6．个人选购汽车时应注意哪些问题？
7．购买新车后，若出现质量问题，如何解决？
8．简述购买新车的一般流程。

第3章　汽车的合理使用

3.1　汽车常用运行材料

据统计，在全国营运汽车的平均运输成本中，汽车运行消耗费用占汽车运输成本的40%左右，其中燃料的消耗费用占运输成本的25%～30%，润滑材料的消耗费用占运输成本的1%～3%，轮胎的消耗费用占运输成本的10%～15%。因此，降低汽车运行消耗，对提高汽车使用经济性具有重要作用。提高运输生产率、降低运输成本是汽车运输企业或部门所面临的基本任务。同时，汽车常用运行材料的正确合理使用，也对保证汽车安全运行、发挥汽车性能具有重要的作用。

3.1.1　汽车燃料

汽车运行所用的燃料几乎都是由石油经现代提炼技术加工而成的，其主要成分是碳氢化合物C_mH_n，通常称为烃。通过对石油逐步加温，在不同的温度范围可得到不同的馏分，其主要成分依次为轻馏分（汽油）、中馏分（轻柴油）、重馏分（润滑油的原料）和沥青等石油产品。随着燃料中C含量的减少，H含量的增加，燃料的质量变轻，并呈气态。当C含量增加，H含量减少时，则成为重质燃料，当H近似为零时，便成为煤炭。燃料中H的质量分数大，燃烧污染低；H的质量分数小，燃烧污染高。不同的燃料分子组合，确定了燃料的不同特性。

汽车运行所用燃料的种类有很多，目前使用最多的主要有车用汽油和柴油两类。

1．影响汽车燃料消耗量的因素

汽车运行燃料的质量对汽车运行的经济性有很大影响，如果燃料质量不符合汽车的要求，发动机就不能正常工作，将会导致汽车动力性下降、油耗增加；反之，若对燃料的要求过高，就会提高运行成本，导致经济性降低。因此，在选用燃料时既要保证发动机的正常工作，又要考虑燃料的成本，这样才能提高汽车的燃料经济性。

影响汽车运行燃料消耗的因素很多，概括起来有汽车本身的性能和汽车的使用因素两大方面。

1）汽车本身的性能对运行燃料消耗的影响

汽车的技术状况是节油的技术基础，只有在良好的技术状况下，才能充分发挥汽车的燃料经济性。因此，在使用中应特别重视汽车技术状况的检查与调整，使其处于最佳状态。

（1）发动机技术状况对运行燃料消耗的影响

发动机的汽缸压缩压力、配气相位、供油系统和点火系统的技术状况及发动机的工作温度都直接影响发动机的动力性和经济性。

① 汽缸压缩压力——汽缸压缩压力越大，可燃混合气点燃后的燃烧速度越快，产生的有效压力越大，发动机的动力性和经济性就越好。若汽缸漏气，汽缸压缩压力降低，发动机工作性能变坏，油耗就会增加。

② 配气相位——汽车经过较长时间的使用后，由于配气机构机件的磨损等原因会导致配气相位失准、充气系数下降、发动机功率下降、油耗增加。

③ 供油系统的技术状况——供油系统的技术状况好坏对发动机的动力性和经济性有着重要的影响。

对于化油器式发动机，当化油器的各装置技术状况不良、调整不当时，发动机的油耗将增加 20%～30%；如果化油器的量孔磨损，使主量孔的流量发生变化，当主量孔流量比额定值增大 16.8%时，发动机外特性比油耗将增加 19.2%，中小负荷时的比油耗将增加 11.6%。化油器浮子室油面的高低，对发动机润滑油耗也有较大影响，如提高浮子室的油面高度，油耗将明显增加。化油器中的省油器工作不正常（如阀门不密封、驱动不灵活等），会使发动机各工况的混合气浓度发生变化，从而使油耗增加。因此，精确调整化油器，保持化油器良好的技术状况，可得到较好的节油效果。

对于电子控制燃油喷射的发动机，当空气流量计（或进气压力传感器）、氧传感器、温度传感器和节气门位置传感器不能准确进行检测时，它们将会向电脑传递一个错误的电信号，使电脑不能正确地发出喷油脉冲信号，引起喷油量失准，导致油耗增加。

供油系统中滤清器的技术状况，对发动机的动力性和经济性也有较大影响。如果空气滤清器工作不良，进气阻力增加，充气量减少，混合气变浓，燃料消耗将明显增加；如果燃油滤清器工作不良，会使燃油中的机械杂质堵塞油道、量孔等，缩小燃油的通过截面，若杂质进入燃烧室会使积炭增多。这些都将影响燃烧过程，导致油耗增大。

④ 点火系统的技术状况——点火系统技术状况不良不仅影响发动机的启动性能和动力性能，同时也增加了运行燃料的消耗。

⑤ 冷却系统的技术状况——发动机的工作温度是否正常，对燃料的消耗也有很大的影响。一般水冷发动机的正常工作温度为 80～90℃，温度过高或过低都会使油耗增加。水温在 40～50℃时，油耗比正常温度增加 8%～10%；发动机温度高则易产生早燃和爆燃，充气效率降低，动力性和经济性下降。如果在冷却水沸腾的状态下勉强行驶，会使油耗急剧增加。因此，必须使冷却系统的技术状况良好，以保持发动机正常的工作温度，降低油耗。

2）底盘技术状况对运行燃料消耗的影响

底盘的技术状况直接影响燃料消耗的多少，主要是影响传动效率和行驶阻力。

① 传动系统的技术状况——传动系统的功率消耗约为传递功率的 10%～15%；其中变速器和主减速器的功率损失占绝大部分。底盘中任何部位发响和发热，都意味着在发动机动力的传递过程中出现能量传递损失。例如，离合器打滑而引起离合器总成发热，将使传动效率降低，这种发热就意味着燃油的损失。变速器、万向传动装置和主减速器等，任何一处发响，都表明齿轮或轴等在运转中遇到了不应有的阻力。

改善底盘总成的润滑状况对于减少摩擦损失，提高传动效率有明显的效果。如果使用黏度、抗磨性及黏温性能不符合要求的齿轮油，将使耗油量增加。

② 行驶系统的技术状况——行驶系统中轮毂轴承的松紧度对油耗有较大的影响，如轮毂轴承调整过紧，将增加车轮旋转阻力和摩擦损失，使燃料消耗增加；如调整过松，车轮行驶时就会出现摇摆，使车轮滚动阻力增加，同时也使制动鼓歪斜，易与制动蹄片相碰擦，增大了旋转阻力，降低了汽车的滑行性能，燃料消耗同样将增加。

车轮定位的正确与否，对燃料消耗也有显著影响。如车轮定位不当，车轮在行驶中就会发生摇摆或在滚动中还带有滑移现象。这不仅会加剧轮胎的磨损，而且也会使车轮的行驶阻力增加，油耗也会增加。

轮胎气压的高低，将影响汽车的滚动阻力，直接影响燃料消耗。当轮胎气压低于标准时，轮胎的变形量增大，滚动阻力增大，油耗也增加，所以一定要保持标准的气压。

③ 制动系统的技术状况——制动器的调整应该既能保证可靠的制动，又要使放松制动踏板后没有制动拖滞现象。如果制动不灵，安全得不到保证，这样就会影响到汽车速度性能的发挥，油耗将会增大。如果有制动拖滞现象，将导致行驶阻力增大而使油耗增加。

总之，汽车底盘技术状况的好坏，可用汽车的滑行性能作为综合评定的标志。在其他性能和条件都相同时，汽车的滑行性能越好，功率消耗越小，耗油量越少。试验表明，当汽车的滑行距离由173m增加到254m时，燃料消耗可减少21%。

另外，在汽车上增加附加设施，如加装油箱、工具杂物箱等会造成汽车整车整备质量的增加；在车上加设遮阳板、凉篷，任意加高栏板高度等将导致空气阻力的增加，这将会增加汽车燃料的消耗。如果汽车整车整备质量增加1%，油耗将增加0.3%～0.4%；空气阻力下降10%，则油耗降低3%左右。

综上所述，汽车的技术状况对运行燃料的影响很大，只有经常保持汽车技术状况完好和最佳调整状态，才能有效地节油。

2）汽车的使用因素对运行燃料消耗的影响

（1）驾驶技术对运行燃料消耗的影响

驾驶员的驾驶技术水平的高低，对运行燃料的消耗有着关键性的影响。正确的操作方法可以大大降低汽车的燃料消耗量。据资料证明，不同技术水平的驾驶员，在相同条件下驾驶相同的汽车，其油耗的差异可达20%～40%。驾驶技术主要包括掌握汽车的工作温度、合理使用挡位、控制车速、正确滑行等。

① 掌握温度——汽车行驶中要保持发动机的正常工作温度，一般指水温、机油温度和发动机罩下空气的温度。温度过高或过低都将导致燃料消耗增加。

在低温条件下启动发动机时，由于温度低，燃料蒸发和雾化不良，润滑油黏度增加，启动阻力大，导致启动困难，启动时的油耗增大。因此，在冬季应将车停在暖库内，必要时可对发动机进行预热启动，发动机启动后，应低速运转升温，待水温达到50～60℃后再挂挡起步，起步温度太低，也将使油耗增加。汽车行驶过程中，应使发动机的水温保持在正常工作范围内80～90℃（轿车一般在90～105℃），并注意经常检查冷却液的容量及泄漏情况，保温罩和百叶窗的状况及冷却系统的工作情况，避免水温过高或过低。

② 合理使用挡位——汽车在起步时，驾驶员应根据载重情况和道路情况正确选用挡位。在起步时，挡位越高，油门就越大，发动机转速高，离合器接合时间变长，摩擦损失也就变大，导致油耗增大；另外，用高挡起步，起步扭矩小，而起步阻力特别大，发动机易熄火，造成无法起步，使得发动机启动次数和汽车起步次数增加，引起油耗消耗过大。而采用较低挡位起步，由于起步扭矩大，起步阻力小，油门就较小，离合器接合时间短，摩擦损失小，起步油耗就少。

汽车上坡行驶时，应根据坡道的具体情况采用正确的挡位。如果坡度不大或短而较陡，可不换挡而采用高挡加速冲坡的方法，利用汽车的惯性直冲坡顶。如果坡度较大，单靠惯性不能冲上坡顶时，要及时换入较低挡位，切忌高挡“硬冲”、“硬撑”，造成汽车发抖，发动机爆燃等不正常现象，甚至造成熄火、倒溜、重新起步等现象，而导致油耗增加。

在一般道路上行驶时，应根据载重情况和道路情况尽可能使用高挡行驶，尽量避免低速挡高速行驶。在同一道路条件与车速下，虽然发动机发出的功率相同，但挡位越低，后备功率越大，发动机负荷率越低，有效油耗率也就越高。

在换挡时要脚轻手快。“脚轻”是指换挡时不要猛踏加速踏板（俗称轰油门）。“手快”是指换挡动作要准确、迅速、及时、干脆利索，不要“拖泥带水”。因为换挡动作快，能缩短加速和换挡操作时间，从而避免了发动机功率的无谓损失，降低了燃油消耗量。

③ 控制车速——汽车在相同的道路上行驶，车速不同，油耗也不同，这是因为汽车行驶时油耗不仅取决于发动机的单位功率的燃料消耗量，也取决于汽车克服行驶阻力所需要的功率。当车速低时，由于空气阻力小，克服行驶阻力所需要的功率较小，但由于发动机的负荷小，有效油耗率上升，故汽车百公里油耗较高；而在高速行驶时，尽管发动机负荷率较高，有效油耗率降低，但由于空气阻力的增大，使汽车克服行驶阻力所需的功率增加较多，从而导致汽车百公里油耗增加。因此，只有在某一车速行驶时，油耗才最低。当汽车以直接挡（或超速挡）行驶时，燃油消耗最低的车速称为经济车速。汽车的经济车速不是固定不变的，它随道路和载荷等因素的变化而变化。当道路条件好、载荷小时，经济车速较高；反之，经济车速较低。不同的车型，其经济车速也不一样。对于用限制车速来节油的做法要根据情况灵活掌握。因为经济车速的速度相对较低，影响了运输的效率。所以，在实际运行中汽车多用略高于经济车速的中速行驶，照顾到了运行的安全、效率和油耗等各方面的要求。

④ 正确滑行——汽车在行驶中，解除发动机的驱动（输出功率），利用汽车的惯性继续行驶，称为滑行。在确保安全的前提下，滑行是节油的有效方法之一。行车中，滑行的方式主要有加速滑行、减速滑行和坡道滑行三种方法。

加速滑行——是一种人为的滑行，其滑行条件是车流密度小、坡度较小的平直路面；其操作方法是先挂上高速挡加速，达到一定速度后，再脱挡滑行，当降到一定车速时，再挂挡加速，即由加速和滑行两个过程交替进行。采用这种方法，与采用平均速度相同的匀速行驶相比，可以提高发动机工作的负荷率，使单位功率的有效油耗降低，而克服阻力所需的平均功率基本相同。所以，只要正确运用加速滑行的方法，就可降低汽车的油耗。

加速滑行的关键是滑行初速度和末速度的选择。加速时速度过高，将导致空气阻力明显增加，而使消耗的功率增加，同时也不安全；滑行末速度过低，将导致加速困难，甚至要挂入低速挡加速，油耗就会增大。通常将这两个速度控制在经济车速的附近，即滑行初速度接近经济车速的上限，而末速度接近经济车速的下限，这样节油效果最好。

采用加速滑行法会降低平均车速，导致运输生产率降低；也会使汽车总成的磨损增加，而且会对其他车辆的行驶产生干扰。因此，对加速滑行法应根据情况正确地运用。

减速滑行——是汽车在行驶中，前面遇有障碍物、弯道、桥梁、坑洼或停车场等必须降低车速时可以提前减速放松加速踏板，挂入空挡，以滑行来代替制动，充分利用汽车的惯性，减少能量浪费。减速滑行既能节约燃油，又可以减小机件磨损，同时也是避免交通事故发生的一项技术措施。

坡道滑行——在丘陵山区，利用坡道滑行是节油的有效方法。但利用坡道滑行时，必须保证行车安全。在傍山险路和坡陡而长的路段禁止滑行。下坡滑行不得熄火，并控制好车速，不能越滑越快，失去控制。

（2）维修质量对运行燃料消耗的影响

在汽车技术状况发生变化以后，通过对车辆的维修，尽可能地恢复其原有的技术状况是使汽车处于良好技术状况的重要措施，也是节油工作的基础。在维修中，要严格执行维修标准，把好检验质量关，提高汽车的维修质量；同时，要不断地提高维修人员的技术水平。维修质量好，车辆的技术状况就好，这样不仅可以降低燃料的消耗，还可以减少汽车在使用过程中的维修时间，减少维修费用。

（3）汽车管理对运行燃料消耗的影响

加强管理，提高管理水平是节约燃料的根本。无论是节能方针、政策的贯彻，还是节油技术、设备的改进和节油方法的落实，最终都要通过驾驶和改善管理工作来实现。

汽车管理者应采取有效的管理方法，加强对节油的管理，收集和记录汽车燃料消耗的原始数据，进行统计分析，制定出切实可行的节油管理制度，并组织实施。

2．车用汽油及其使用

1）车用汽油的主要性能

车用汽油的主要性能一般是指其抗爆性、蒸发性、氧化安定性、无腐蚀性及清洁性等，是用来评价汽油品质的重要指标。

汽油的抗爆性是指汽油燃烧时防止产生爆燃的能力。评定汽油的抗爆性的指标是辛烷值，汽油的辛烷值越高，其抗爆性越好。

汽油由液态转化为气态的性能，称为汽油的蒸发性。汽油的蒸发性越好就越易汽化。它可保证发动机在各种使用条件下（特别是寒冷的冬季）易于启动、加速及正常运转。若蒸发性差，则汽油难以完全汽化，不能形成足够浓度的均匀混合气，不但启动、加速性能变差，油耗增加，而且液态油滴对汽缸壁润滑油膜冲刷及渗入曲轴箱后对润滑油的稀释，会加剧发动机的磨损。但蒸发性过强，会使汽油在储运过程中的蒸发损失增多，还会在温度较高的条件下使用时，在供油管路中产生气泡而发生气阻。蒸发性通常用汽油的馏出（10%、50%、90%）温度（也称蒸发温度）、终馏点和残留量来评价。

汽油的氧化安定性是指在储存和使用条件下，保持其性质不发生永久性变化的能力。安定性差的汽油，当受到温度和日光的作用时，汽油中所含的不安定烃和非烃组分容易氧化，生成胶状物质和酸性物质，导致汽油酸度增加、颜色变深，甚至辛烷值下降。

汽油中的腐蚀物质主要有硫及硫化物、有机酸、水溶性酸或碱等。这些物质或其氧化物能与金属直接发生化学反应，强烈地腐蚀金属，会对发动机零件和储存容器产生腐蚀。

汽油中的防腐性指标一般有硫含量、铜片腐蚀试验、水溶性酸或碱含量等。

汽油清洁性指汽油中是否含有机械杂质及水分。汽油中的机械杂质可堵塞化油器量孔和汽油滤清器，加剧量孔、汽缸活塞组件的磨损；汽油中的水分在寒冷季节可能冻结，严重时会堵塞滤清器或油路，甚至会造成供油中断。

2）车用汽油的规格

汽油的质量水平主要体现在辛烷值、铅含量、硫含量、苯含量、蒸气压、烯烃含量、芳烃含量等各种指标上，其中铅、硫及烯烃含量是最重要的指标。车用汽油牌号中的数字表示辛烷值的含量的高低，牌号的数字越大，其辛烷值越高。

（1）我国车用无铅汽油标准。目前我国车用无铅汽油标准是国家质量技术监督局于1999年12月28日发布的GB17930—1999《车用无铅汽油》，这是我国车用无铅汽油第一个强制性国家标准，对含铅量、含硫量及烯烃含量提出了严格的要求，规定每升汽油铅含量不大于0.005g、硫含量不大于0.08%（质量比m/m）、烯烃含量不大于35%（容积比V/V）。我国车用无铅汽油按研究法辛烷值（RON）划分为90号、93号和95号三个牌号，见表3.1-1。

（2）我国车用乙醇汽油标准。乙醇汽油是指在不添加含氧化合物的液体烃类中加入一定量变性燃料乙醇后作为点燃式内燃机的燃料，加入量为10%。变性燃料乙醇是指加入变性剂后不能饮用，只能作为燃料用的乙醇。

我国的车用乙醇汽油标准是国家质量技术监督局于2004年4月30日发布的GB18351—2004《车用乙醇汽油》，车用乙醇汽油按研究法辛烷值（RON）划分为90号、93号、95号和97号，与无铅汽油的主要差别是乙醇含量要求是10.0%±2.0%（容积比V/V），水分不大于0.20%（质量比m/m）。

表3.1-1　车用无铅汽油技术规格

项　目	质量指标			试验方法
	90号	93号	95号	
抗爆性				
研究法辛烷值（RON）　不小于	90	93	95	GB/T5487
抗爆指数（RON+MON）/2	85	88	90	GB/T5487 GB/T503
铅质量分数/%　不大于	0.005			GB/T8020
馏程				GB/T6536
10%蒸发温度/℃　不高于	70			
50%蒸发温度/℃　不高于	120			
90%蒸发温度/℃　不高于	190			
终馏点/℃　不高于	205			
残留量/%　不高于	2			
蒸气压/kPa				GB/T8017
从9月16日至3月15日　不大于	88			
从3月16日至9月15日　不大于	74			
实际胶质/［mg·(100mL)$^{-1}$］　不大于	5			GB/T8019
诱导期/min　不小于	480			GB/T8018
硫质量分数/%　不大于	0.10			GB/T380
硫醇（需满足下列要求之一）				
博世试验	通过			SH/T0174
硫醇中硫的质量分数/%　不大于	0.001			GB/T1792
铜片腐蚀（50℃，3h）（级）　不大于	1			GB/T5096
水溶性酸或碱	无			GB/T259
机械杂质及水分	无			目测
苯质量分数/%　不大于	2.5			
芳烃质量分数/%　不大于	40			GB/T1132
烯烃质量分数/%　不大于	35			GB/T1132

3）汽油的使用事项

（1）汽油火灾及预防。汽油是一种易挥发、易燃烧的液体，当汽油大量蒸发，在空间积聚的油气浓度达到爆炸极限范围时，遇火就会发生爆炸。此外，汽油的导电率很低，当汽油与容器壁发生摩擦，尤其在管道内高速流动时会产生静电。当静电荷积聚、电位升高到一定程度时，就会击穿介质而产生电火花，引起汽油着火甚至爆炸。因此，汽油加油站或汽油库应特别注意防火、防爆。汽油火灾预防主要措施包括严禁火种接近；汽车进入汽油库停车后必须立即熄火；应采用防爆型电气设备，并有良好的接地导线；禁止在汽油罐附近以铁制工具敲击金属，避免敲击产生火星引起火灾；向储油容器灌装汽油时，不应装满，根据不同季节留出5%～7%的空间；严禁汽油容器敞开，务必盖严；收发汽油的场所要通风良好，避免油气积聚；为防止静电产生，输油时应将流速控制在3m/s以下；禁用汽油擦洗汽车，以防止静电起火。

（2）汽油的毒性及预防。汽油中含有芳香烃和不饱和烃等对人有害的成分，如果吸入较多会感到头晕或神经痛，大量吸入就会导致中毒。

4）汽油的选用

车用汽油选用原则是以不发生爆燃为前提，按制造厂的要求选用。

（1）根据汽车使用说明书的要求，按汽车的压缩比选用汽油牌号，以汽油机在正常条件下运行不发生爆燃为原则。根据发动机压缩比进行抗爆性的选择，压缩比高的发动机应选择高标号的汽油；压缩比低的发动机应选择低标号的汽油。

（2）注意汽油质量是影响汽车技术状况和汽车排放的重要因素，推广使用加入有效的汽油清净剂的无铅汽油。

（3）在汽油的供应上，若一时不能满足需要，可以用牌号相近的汽油暂时代用，但必须对汽油机进行适当的调整。当用辛烷值较低的汽油代替辛烷值较高的汽油时，应适当推迟点火提前角，相反，当用辛烷值较高的汽油代替辛烷值较低的汽油时，则应适当提前点火提前角。

（4）经常在大负荷、低转速下工作的汽油机，应选择较高辛烷值汽油。

（5）区分季节选择汽油的蒸发性，冬季应选择蒸气压较大的汽油，夏季应选择蒸气压较小的汽油。

（6）长期使用发动机，会因燃烧室积炭、水套积垢等而使发动机缸压升高、导致爆震。因此，这类汽车在维护后应该燃用高一级牌号的汽油。

（7）在高原山区条件下使用汽油时，由于大气压力小，空气稀薄，汽油机工作时爆震倾向减小，可以适当降低汽油的辛烷值。一般海拔每上升100m，汽油辛烷值可降低约0.1个单位。

3．车用柴油及其使用

柴油是柴油机的燃料，车用柴油属于轻柴油。此外，还有专供柴油机鉴定用的标准柴油和校验柴油机喷油嘴用的柴油。

1）车用柴油主要性能

柴油的主要性能包括燃烧性能、低温流动性能、蒸发性、黏度、安定性、无腐蚀性及清洁性等，表3.1-2为柴油性质与发动机性能的关系。

柴油的着火性是评价其燃烧性能的重要指标。柴油的着火性是指柴油的自燃能力。着火性好的柴油，着火延迟期短，着火燃烧后汽缸内的压力上升平缓，柴油机工作柔和。着火性用十六烷值作为评价指标。柴油的十六烷值是表示压燃式发动机燃料燃烧性的一个约定值。在规定条件下的标准发动机试验中，通过和标准燃料进行比较来测定，采用和被测定燃料具有相同着火延迟期的标准燃料中正十六烷的体积百分数表示。柴油的十六烷值高，则燃烧均匀，燃烧性能就好，适宜于在高速发动机上使用，在较低气温条件下易于启动。但十六烷值过高也不恰当，高于65，将使排气冒黑烟，油耗反而增加。

柴油的低温流动性是指柴油在低温下储存、运输，以及在柴油机使用时供油是否顺畅。评价柴油的低温流动性的指标有凝点、浊点和冷滤点。

柴油的黏度是一项流动性指标，它与柴油的雾化性能、燃烧性能和润滑性能均有密切的关系。

柴油的蒸发性决定混合气形成的速度和质量。柴油馏程和闪点是柴油蒸发性的评价指标。柴油馏程测定项目有50%、90%、95%馏出温度。闪点指柴油在一定试验条件下加热时，当柴油蒸气与空气形成的混合气接近火焰时，开始发出闪火时的温度。闪点低的柴油蒸发性好，但闪点太低时，会使柴油机工作粗暴，也使储运及使用中的安全性下降。

柴油的腐蚀性是指对发动机机件的腐蚀程度。轻柴油的标准规定不准含有水溶性酸或碱，限制硫含量和酸度，主要是为了防止对供油系统的腐蚀，减小摩擦副的磨损。

柴油的安定性是指化学安定性，是保持油品品质不变的性能。安定性差的柴油在储存过程中最明显的表现是颜色变深，胶质增加，使用时容易造成喷油器堵塞。热安定性（或称热氧化安定性）是反映柴油在发动机高温的条件下发生变质的倾向。

机械杂质和水分是柴油清洁性的主要指标。轻柴油要求不含机械杂质，水分含量应不大于痕迹。

表3.1-2　柴油性质与发动机性能的关系

发动机性能	轻柴油的性质	要　求
着火性	十六烷值	高
低温启动性	50%馏出温度	低
	十六烷值	高
运转性	低温流动性	好
可靠性	黏度、润滑性	适当
	含硫量	低
	残炭	低
排放	十六烷值	高
	芳烃含量	低
	含硫量	低

2）车用柴油的规格与牌号

我国目前关于车用柴油的标准有GB/T19147—2003《车用柴油》和GB252—2000《轻柴油》，标准中将车用柴油按凝点分为10号、5号、0号、-10号、-20号、-35号和-50号七个牌号，并规定每个牌号的柴油的适用气温和地区。与GB252—2000《轻柴油》相比，在GB/T19147—2003《车用柴油》标准中，对硫含量的限制更加严格，要求硫含量不大于0.05%；增加了“润滑性”要求；对着火性增加了“十六烷值指数”要求，并且对不同牌号提出了不同的要求；对密度规定了具体限值。GB/T19147—2003《车用柴油》比GB252—2000《轻柴油》更体现了油品质量的发展方向，表3.1-3所示为GB/T19147—2003《车用柴油》规定的车用柴油部分技术要求。

3）车用柴油的使用事项

（1）为了保证柴油的使用性能不变坏，在柴油运送、储存、使用过程中应注意严防混入机械杂质和水分，以免磨损、堵塞和锈蚀柴油机供油系统的精密机件。储运容器、加注工具、汽车油箱和燃料系统要定期清洗，不允许存有水、铁锈及其他杂物。柴油加入汽车油箱前，要充分沉淀（不少于48h），然后用绸布或细布过滤，以除去杂质和柴油氧化生成的沉淀物。

（2）各种牌号的柴油应分别储存，不宜露天存放，禁止曝晒。不要与明火接触，以防火灾。

（3）在低温条件下，缺少低凝点柴油时，可以往高凝点柴油中掺入20%～40%的灯用煤油，混合均匀，以降低其凝点，但绝不可混入汽油。也可采用循环热水预热汽车油箱和输油管的办法，降低高凝点柴油的凝点，但必须在停车前10～20min换用低凝点柴油，以便将残留在供油系统内的高凝点柴油冲净，避免停车后遇冷凝固堵塞油路。

表3.1-3　车用柴油部分技术要求

项　目	10号	5号	0号	-10号	-20号	-35号	-50号	试验方法
硫含量（m/m）%不大于	0.05							GB/T380
润滑性 磨痕直径（60℃）/μm不大于	460							ISO12156-1
凝点/℃ 不高于	10	5	0	-10	-20	-35	-50	GB/T510
冷凝点/℃ 不高于	12	8	4	-5	-14	-29	-44	SH/T0248
闪点（闭口）/℃不低于	55				50	45		GB/T261 GB/T386
着火性（满足下列要求之一）：								
十六烷值不小于	49				46	45		GB/T11139
或十六烷值指数不小于	46				46	43		SH/T0694
密度（20℃）/（kg・m^{-3}）	820～860					800～840		GB/T1884 GB/T1885

4）车用柴油的选用

（1）车用柴油牌号的选择一般应使最低使用温度等于或略高于车用柴油的冷滤点。

一般应按风险率为10%的最低气温进行牌号的选择。即某月风险率为10%最低气温值，表示该月中最低气温低于该值的概率为0.1，或者说该月中最低气温高于该值的概率为0.9。各地区风险率为10%的最低气温不仅是选择车用柴油牌号的依据，也是选择发动机润滑油、车辆齿轮油和制动液等的依据。车用柴油牌号及其适用地区见表3.1-4。

表3.1-4　车用柴油牌号及其适用地区

柴油牌号	适用地区
10号	有预热设备的柴油机
5号	风险率为10%的最低气温在8℃以上的地区
0号	风险率为10%的最低气温在4℃以上的地区
-10号	风险率为10%的最低气温在-5℃以上的地区
-20号	风险率为10%的最低气温在-14℃以上的地区
-35号	风险率为10%的最低气温在-29℃以上的地区
-50号	风险率为10%的最低气温在-44℃以上的地区

（2）车用柴油使用前要进行沉淀和滤清，沉淀时间不少于48h。

4．汽车使用节油措施

随着汽车工业的迅速发展，汽车保有量的迅速增加，石油能源短缺现象越来越突出，越来越成为一个急需解决的重大问题。节约汽车运行燃料对延长石油能源的使用寿命，解决能源短缺问题具有非常重要的意义，并且节约汽车运行燃料对降低汽车运输成本也具有很重要的意义。汽车使用节油的基本途径是：合理组织汽车运输；保持汽车技术状况完好，采用节油装置和技术；推广节油驾驶技术等。

1）合理组织汽车运输

做好货运调查，安排好调运方案，提高车辆实载率；通过合理组织拖挂运输，提高发动机的负荷率，从而使发动机油耗率下降。

2）保持汽车技术状况完好

合理安排和确定车辆的维护周期、作业项目和技术要求，及时进行清洁、润滑、紧固、检验、调整和故障排除，以减小零件的磨损，保证各总成或装置正常工作，从而降低汽车燃料消耗。

3）采用节油装置和技术

到目前为止，已出现的汽车节油技术种类比较多，从节油装置的安装部位及节油的原理上来看，节油装置可以分为发动机节油装置和底盘节油装置两大类。发动机节油装置的节油原理主要是：提高燃料的雾化质量；提高汽缸的压缩能力；提高充气量；切断燃油的供应等。底盘及附件的节油装置的节油原理主要是：降低汽车行驶的空气阻力；降低汽车的传动阻力和滚动阻力。

（1）采用电控汽油喷射系统对空燃比进行精确控制，使发动机在任何工况下都处于最佳工作状态。

（2）采用高能电子点火系统，克服传统点火装置存在的高速缺火、触点易烧蚀和火花能量提高受限等缺点。

（3）采用风扇离合器，可实现根据气温条件和发动机工况控制风扇运转，达到减少发动机功率消耗的目的。

（4）提高压缩比。当压缩比提高时，热效率增加，使发动机的动力性、经济性得以改善，发动机油耗率有所降低。汽油机的压缩比的提高主要受爆震的限制，同时提高到一定程度后，不仅对提高发动机的功率和效率并无明显效果，而且会增加排气中的污染物。目前，提高发动机的压缩比的主要措施有以下几种：

① 改进燃烧室和进气系统，提高发动机结构的爆震极限；

② 使用爆震传感器，自动延迟产生爆震时的点火提前角；

③ 喷水抗爆技术；

④ 开发高辛烷值的汽油。

（5）改进进、排气系统。

改进进、排气系统的主要目的是：减小进气管气流阻力，减小排气管排气干扰。进气管的结构和尺寸要保证有足够的流通截面，并保证管道的表面光洁，连接处平整，要减少气流转折及流通截面突变，以减小气流的局部阻力。进气门处是整个进气管道中产生进气阻力最大的地方，不可忽视。

需要指出的是，进气管断面过大，气流速度低，燃油液态颗粒易沉积于管壁，而且液态燃油的蒸发速率比较慢，结果使各缸混合气的分配不均匀，发动机油耗增加。

（6）选择合理的配气相位。配气相位选择是与发动机的工作情况相关联的，就一般的发动机而言，气门开关的时间和行程是固定不变的，这就不能最大限度地发挥发动机的潜力。发动机在低速时，由于气门叠开角比理想值大，新鲜混合气就可能被废气带走，造成油耗增加；而在高速时，由于气门叠开角和进气门行程比理想值小，从而限制了发动机所能达到的最大功率。

为了解决上述问题，可采用可变气门正时系统，这一系统能使发动机在低速运转时气门的叠开角和进气门行程都变小；而在发动机高速运转时气门的叠开角和进气门行程都变大。

（7）采用稀薄燃烧技术。稀薄燃烧是指空燃比为 17.1/1～20/1 混合气的燃烧过程。稀薄燃烧按供给方式可分为均质和非均质两种。目前，分层进气（分层燃烧）发动机作为稀薄燃烧中的非均质燃烧是实现稀薄燃烧的主要方式，稀混合气可以提高发动机的燃料经济性。

采用非均质稀薄燃烧的发动机按燃烧室的结构可分为统一式燃烧室和分隔式燃烧室两种。统一式燃烧室主要利用与燃烧室形状相匹配的强涡流、适当的喷油方向与锥角来实现分层燃烧。其特点是：无节流损失、燃烧室壁面造成的热损失较小，经济性好。分隔式燃烧室则主要是进气分层，副室供应浓混合气，主室供应稀混合气，通过燃气运动来控制稀混合气燃烧。其特点是：可形成较强的涡流，易于形成层状化的混合气。

（8）使用混合动力模式。混合动力模式是指在一辆车上同时布置了两种动力源——主动力源（汽油发动机）和辅助动力源（电动机）。

在汽车运行过程中，根据运行情况辅助动力源协助主动力源工作或辅助动力源单独工作。所以这一系统是通过辅助动力源参与工作来降低燃料消耗的。

（9）闭缸节油技术。为了保证汽车具有良好的动力性，要求选用功率较大的发动机，以便克服各种行驶阻力，但在一般行驶条件下，发动机功率仅有部分被利用。因此，在汽车行驶过程中，大部分时间处于不经济的部分负荷状况，结果使耗油量增多。闭缸节油技术根据汽车运行工况，采取改变发动机有效工作排量的方法，同步地调节发动机功率，使发动机始终保持在有利的负荷状况，来达到节油的目的。目前改变发动机工作排量有变行程法和变缸法两种方法。

（10）采取措施减小车辆行驶阻力。通过使用子午线轮胎减小滚动阻力；通过安装导流装置减小空气阻力，例如，在驾驶室顶上安装导流板，在驾驶室与车厢之间安装间隙密封罩，在车厢下部安装防护罩等。

（11）通过改善润滑减小机械摩擦损失。在保证润滑减磨的前提下尽量选用低黏度级润滑油。

4）推广节油驾驶技术

提高驾驶员的驾驶技术水平是节油的最有效的途径之一。驾驶技术水平好的驾驶员其驾驶操作和情况处理得比较好，汽车的平均技术速度比较高，汽车运行中的能量损失比较小，车况保持得比较好。因此，依靠提高驾驶员的驾驶技术水平来降低燃料消耗的潜力较大。通过汽车驾驶实践，总结了一些有效的汽车节油驾驶技术，可概括为预热保温、中速行驶、脚轻手快、合理滑行、正确制动等。

（1）预热保温。发动机冷机启动时要采取预热措施，启动后要暖车，当冷却液温度达到50℃时汽车方可起步。汽车行驶中要使冷却液处于规定的温度范围内。

（2）中速行驶。尽量使车辆以略高于经济车速的中速行驶，降低车辆运行油耗率和提高运输效率。

（3）脚轻手快。轻踏油门踏板，缓缓加油；要使汽车在合适的变速器挡位下行驶，因此要及时换挡，且动作要快。

（4）合理滑行。在保证安全前提下，合理利用滑行以达到节油目的，如下缓坡或停车前的滑行。

（5）正确制动。在保证安全前提下，尽量少用制动，特别是少用紧急制动。

5．汽车燃料新能源

为解决石油资源危机和环境保护问题，应重视汽车能源结构的调整。开发和利用低排放的新型能源汽车，已成为世界许多国家减小汽车对石油资源的过度依赖，保证本国能源安全和实现汽车工业可持续发展的基本战略之一。汽车新能源包括天然气、液化石油气、甲醇、乙醇、二甲醚、电能、氢能等。

1）天然气

天然气是开采的以甲烷为主要成分的天然气体。按其存在形式分为压缩天然气和液化天然气两种。压缩天然气是经压缩，压力在 14.7～24.5MPa 范围内的天然气。液化天然气是经净化处理、深度冷却后成液态的天然气。

天然气的特性有以下四个方面。

① 低热值高。

② 抗爆性好，研究法辛烷值为 130。

③ 天然气与空气混合后具有很宽的着火极限，有利于发动机的稀燃技术。

④ 天然气汽车经过认真匹配后，可比不带后处理的汽油车排放的 CO 和 HC 低许多。

2）液化石油气

液化石油气是以丙烷为主要成分的气体，使用时又经压缩成液态。液化石油气分为油田液化石油气和炼厂液化石油气两大类。

液化石油气的特性有以下四个方面。

① 低热值高。

② 抗爆性好，研究法辛烷值在 94～110。

③ 燃烧完全，积炭少。

④ 液化石油气汽车经过认真匹配后，可比不带后处理汽油车排放的 CO 低得多，HC 和 NO_x 的排放量比天然气汽车高。

3）甲醇

甲醇由天然气、煤等天然燃料制成，或由来自化工副产品的液态燃料制成。

甲醇的特性有以下八个方面。

① 抗爆性好，研究法辛烷值达 112。

② 甲醇的着火极限范围宽，且能在较稀的混合气状态下工作，可以实现稀燃技术。

③ 甲醇燃烧时微粒物排放极少，HC 排放量较少，NO_x 的排放量约为轻柴油的 1/2。

④ 甲醇的汽化潜热大，使低温启动和低温运行性能恶化。

⑤ 甲醇的热值为汽油或柴油的 1/2。

⑥ 甲醇汽油对金属具有较强的电化学腐蚀能力。

⑦ 各种比例的甲醇汽油对发动机燃料系统的橡胶材料都有不同程度的腐蚀和溶胀作用。因此，如要推广甲醇汽油，发动机燃料系统的橡胶材料必须选择与汽油和甲醇汽油都有良好相容性的橡胶材料。

⑧ 沸点低，蒸气压高，容易产生气阻等。

4）乙醇

乙醇是由有机物（一般利用农作物，如玉米、甘蔗等）制成的液态燃料。乙醇的特性与甲醇类似，主要是燃料自身含氧、自燃温度和辛烷值高、着火极限范围宽、汽化潜热大、沸点低等。

加入变性剂后不适于饮用的燃料乙醇称为变性燃料乙醇。2001 年 4 月 2 日我国发布了GB18350—2001《变性燃料乙醇》标准。乙醇汽油是在不添加含氧化合物液体烃类中加入一定量变性燃料乙醇后作为点燃式内燃机的燃料，加入量为10%，称为E10（E是乙醇英文名称Ethanol的第一个字母）。2001年4月2日我国发布了GB18351—2001《车用乙醇汽油》标准。

5）二甲醚

二甲醚是一种由煤、煤层气、天然气和生物原料生产出来的燃料，它在常温下为惰性气体，无致癌作用、无腐蚀、无毒，长期暴露在空气中也不会形成过氧化物。由于二甲醚十六烷值高，燃料中含氧较高，柴油机燃用二甲醚所产生的排放气体、噪声可大幅度降低。

二甲醚具有以下6个特性。

① 二甲醚化学分子中无C–C键的分子结构，氧的质量百分比高达34.8%，这为发动机实现无烟排放提供了基础。

② 二甲醚十六烷值高于柴油，具有良好的自燃性能，非常适合作为柴油机的代用燃料。

③ 二甲醚沸点较低（-24.9℃），能够迅速形成良好的混合气，从而缩短了滞燃期，使柴油机具有良好的冷启动性能。但二甲醚在常温、常压下为气态，因此燃料供给系统需要改动。

④ 二甲醚热值仅为柴油热值的66.8%，二甲醚密度只有柴油密度的78.5%，为了达到原柴油机的动力性，以体积计二甲醚供给量是柴油的1.9倍。

⑤ 二甲醚黏度低（为柴油的0.037～0.075倍），使高压供油系统中二甲醚容易泄漏，也使偶件容易发生早期磨损。

⑥ 对金属无腐蚀，对普通橡胶、塑料有腐蚀作用。

6）生物柴油

生物柴油是由动、植物油脂与醇（如甲醇或乙醇）经酯交换反应制得的脂肪酸单烷基酯。生物柴油的原料来源主要有油料作物、油料林木果实、油料水生植物及动物油脂、废餐饮油等。常用的油料作物主要有大豆和油菜籽，油料林木果实主要是油棕和黄连木，油料水生植物主要指工程微藻等。这些动物和植物油脂与甲醇或乙醇等低碳醇在酸或碱性催化剂作用下，在230～250℃的高温下进行转酯化反应，生成脂肪酸甲酯或乙酯，再经洗涤干燥即可形成生物柴油。生物柴油是一种用油菜籽等可再生植物油加工制取的新型燃料。

与柴油相比，生物柴油具有以下4个性能。

① 具有优良的环保特性。生物柴油中硫含量低，因而，氧化硫和硫化物的排放低；生物柴油中不含芳香族烷烃，因而，废气对人体的损害低于柴油；生物柴油含氧量高，与普通柴油相比，燃烧时排烟少，CO的排放减少约10%；生物柴油的生物降解性高。

② 具有较好的发动机低温启动性能。

③ 具有较好的润滑性能，可延长喷油泵柱塞套筒的寿命。

④ 具有较好的安全性能。由于闪点高，生物柴油不属于危险品，便于运输、储存、使用等。

（1）生物柴油的标准

GB/T20828—2007《柴油机燃料调合用生物柴油（BD100）》规定了生物柴油（BD100）的术语、定义、分类、技术要求、试验方法、检验规则，以及标志、包装、运输和储存等。

生物柴油的生产标准评定项目包括相对密度、动态黏度、闪火点、硫含量、残留量、十六烷值、灰分、水分、总杂质、三酸甘油酯、游离甘油等。生物柴油标准的规范，推动了生物柴油在汽车工业中的正式应用。

（2）生物柴油的应用

美国是最早研究生物柴油的国家，行车试验表明，生物柴油在使用中没有结胶现象，有害污染物排放量可降低 80%以上，被列为重点发展的清洁能源之一。我国在生物柴油应用方面也取得了很大的进展，交通运输部西部交通建设科技项目“道路运输新能源生物柴油应用技术研究”通过了项目的验收。“道路运输新能源生物柴油应用技术研究”项目历经实验室研究和道路运行试验研究，优选出了 BDG25 生物柴油/柴油改性混合燃料配方，并完成了道路运输车辆燃用 BDG25 生物柴油/柴油改性混合燃料的经济性和使用可靠性研究；提出了 BDG25 生物柴油/柴油改性混合燃料的混配技术方案，和营运车辆燃用 BDG25 生物柴油/柴油改性混合燃料的应用技术方案等相关政策建议。

在实车道路运行试验中，公交客车燃用 BDG25 生物柴油/柴油改性混合燃料，每年可替代 25%的石化柴油，烟度排放大幅度降低，燃料费用可节约 5%以上。

7）电能

以电能为动力的汽车称为电动汽车。电动汽车基本形式有蓄电池式和燃料电池式两种。混合动力汽车的应用日趋广泛。

将其他能源转变为电能并储存于蓄电池作为动力源的汽车称为纯电动汽车。目前纯电动汽车的研究开发主要集中在高性能车用动力电池方面，以锂电池为重点。

燃料电池是一种将化学能直接转变为电能的电化学反应装置，通常由多孔渗透的阳极和阴极及连接它们的电解质组成。燃料电池中，将汽化的燃料持续输入阳极，将氧化剂输入阴极，在各电极发生电化学反应后，电子和质子迁徙就使电极间产生了电流。

燃料电池电动汽车与普通蓄电池电动汽车相比有续驶里程长、加燃料方便的特点。燃料电池与内燃机比较其优点如下。

① 效率高，燃料电池的化学反应不受卡诺循环的限制；理论上能量效率可达到 80%以上，实际效率可达 50%～70%。

② 清洁无污染，氢/氧燃料电池的反应产物是水，属于零排放。

③ 能源资源广，燃料电池的主要燃料氢可广泛从天然气、煤等制取，也可通过水电解或其他过程的副产品得到。

混合动力汽车是一种以内燃机和蓄电池为动力的汽车。混合动力汽车虽然不能实现零排放，但它所能达到的动力性、经济性和排放指标可以缓解汽车发展与环境污染和石油短缺日益尖锐的矛盾。

3.1.2 汽车润滑材料

汽车润滑材料以石油或合成油为原料，经加工精制并掺用各种添加剂调制而成，主要用做汽车各种相对运动零件的润滑介质，以减小摩擦功，减轻零件磨损；此外，根据不同使用条件，还有密封、清洗、冷却防尘、防腐、防锈、防水等作用。汽车润滑材料主要有发动机润滑油、车辆齿轮油及润滑脂三类。

1．发动机润滑油及其使用

1）发动机润滑油的使用性能

发动机润滑油具有良好的润滑性、良好的低温操作性、良好的黏温性、良好的清净分散性、良好的抗氧性、良好的抗腐性、良好的抗泡沫性等。

在各种条件下，发动机润滑油的降低摩擦、减缓磨损和防止金属烧结的能力，称为发动机润滑油的润滑性。发动机润滑油黏度是评定润滑性的重要指标。

从发动机润滑油方面保证发动机在低温条件下容易启动和可靠供油的性能，称为发动机润滑油的低温操作性。发动机润滑油低温操作性的评价指标有低温动力黏度、边界泵送温度、倾点。

黏温性指的是润滑油的黏度由于温度的升降而改变的性质。润滑油的黏度随温度的升高而变小，随温度降低而变大。良好的黏温性是指油品的黏度随温度的变化程度小。发动机润滑油黏温性的评定指标是黏度指数。能同时满足高、低温使用要求的发动机润滑油称为多黏度级发动机润滑油，俗称稠化机油。

发动机润滑油能抑制积炭、漆膜和油泥生成或将这些沉积物清除，这种性能称为发动机润滑油的清净分散性。发动机润滑油的清净分散性是通过添加清净剂和分散剂而获得的。发动机润滑油清净分散性的评定指标是硫酸盐灰分和残炭。

发动机润滑油抵抗氧化的能力称为发动机润滑油抗氧性。发动机润滑油的抗氧性通过相应的发动机试验来评定。

发动机润滑油抵抗腐蚀性物质对金属腐蚀的能力称为发动机润滑油的抗腐性。发动机润滑油抗腐性的评定指标是中和值，也可通过相应的发动机试验来评定。

发动机润滑油消除泡沫的性质称为发动机润滑油的抗泡沫性。发动机润滑油抗泡沫性的评定指标是泡沫性。

2）发动机润滑油的分类和规格

（1）发动机润滑油的分类

汽车发动机润滑油按用途不同分为两种，用于汽油机的称为汽油机润滑油，用于柴油机的称为柴油机润滑油，并按润滑油品质和黏度分为若干等级。

汽车发动机润滑油的等级及规格广泛采用美国汽车工程师学会（SAE）黏度分类法和美国石油学会（API）的使用性能分类法。

① 发动机润滑油的黏度分类。

根据发动机润滑油的黏度，SAE 黏度等级分为含字母 W 和不含字母 W 两组黏度系列，其中字母 W 代表冬季润滑油品种。此外，还有一种多级油，用 SAE 等级的双重号码表示，如 5W/30，这种润滑油在高温时具有与 SAE 30 相同的黏度值，而在低温时相当于 SAE 5W 的黏度。

目前，我国的发动机润滑油黏度等级分类采用了美国 SAE J300 标准，黏度等级号分含字母 W 和不含字母 W 的两组黏度等级系列，对前者规定了最大低温黏度、最高边界泵送温度及 100℃时最小黏度，对后者规定了 100℃时的运动黏度。黏度等级以 6 个含 W 的低温黏度级号（0W、5W、10W、15W、20W、25W）和 5 个不含 W 的 100℃运动黏度级号（20、30、40、50、60）表示。

② 发动机润滑油的使用性能分类。

发动机润滑油的使用性能分类，是根据发动机润滑油在发动机台架试验中所得到的润滑性、清净分散性、抗氧性、抗腐性等确定其等级的。目前，世界上许多国家采用美国石油学会 API 的使用性能分类法。近年来也出现了国际润滑油标准化和认可委员会（ILSAC）、欧共体市场车辆制造委员会（CCMC）、欧洲汽车制造商协会（ACEA）、日本汽车标准组织（JASO）

的发动机使用性能分类法。

当润滑油生产厂商要获得上述机构的某级别的油品认证，必须按规定把该级别的油样品送往该机构，由该机构按严格的标准进行油品试验，符合该标准的，该机构就颁发认证许可，油品厂家方可在产品的包装上标明获得该机构的认证级别代号，即可在产品包装上打上“符合 API××级别”或“等效于 API××级别”。个别汽车制造厂也有自己的油品使用性能标准，如德国大众公司的发动机润滑油标准 VW505.00、VW505.01、VW506.01、VW507.01 等，是该公司针对不同的发动机所制定的使用性能标准。

API 使用性能分类法把汽油机润滑油定为 S 系列，把柴油机润滑油定为 C 系列，再按照发动机性能强化程度和工作条件的苛刻程度划分使用性能级别。我国现行的发动机润滑油性能级别标准是参照美国 API 分类而制定的，见表 3.1-5 和表 3.1-6，该标准给出了各级别的产品特性、使用场合及使用对象，与美国 API 分类一样，级别代号一般由两个英文字母组成，汽油机润滑油级别代号的第一个字母用 S 表示，柴油机润滑油级别代号的第一个字母用 C 表示，级别代号的第二个字母用于区分性能等级。

表 3.1-5　我国汽油机油 API 分级

API 等级代号	质量水平
SA（已废除）	用于运行条件非常缓和的老式汽油机。不含添加剂，对使用性能无特殊要求
SB（已废除）	用于中等运行条件下的老式汽油机。加有少量的抗氧化剂，具有轻微的抗氧性和抗磨性
SC	用于 1964～1967 年生产的汽油机。具有清净性和防蚀性
SD	用于 1968～1971 年生产的汽油机。具有比 SC 级更好的清净性和防蚀性
SE	用于 1972～1979 年生产的汽油机。具有比 SD 级更好的清净性和防蚀性，并具有高温抗氧性
SF	用于 1980～1988 年生产的汽油机。具有比 SE 级更好的抗磨性、防蚀性、清净性和高温抗氧性
SG	用于 1989～1993 年生产的汽油机。具有比 SF 级更好的抗磨性、防蚀性和清净性
SH	用于 1994 年后生产的汽油机。具有比 SG 级更好的抗磨性、清净性和高温抗氧性
SJ	用于 1997 年后生产的汽油机。具有比 SH 级更好的清净性和高温抗氧性，并具有更长的使用寿命
SL	用于 2000 年后生产的汽油机。使用性能优于 SJ 级

现行的 API 汽油机润滑油划分为 SC、SD、SE、SF、SG、SH、SJ 和 SL 等油品等级，柴油机润滑油分为 CC、CD、CD-Ⅱ、CE、CF-4、CG-4、CH-4 和 CI-4 等油品等级。为了保证发动机润滑油的使用性能，以上两个系列的各级油品，其质量除应符合各自规定的理化性能要求外，还必须通过规定的发动机试验。API 使用性能分类法是一种开端分类法，随着发动机和发动机润滑油生产技术的发展，将不断增加发动机润滑油的新级别。

此外，还有汽油机和柴油机通用型润滑油，其牌号同时用汽油机润滑油和柴油机润滑油中的牌号表示，如 SG/CF。

（2）发动机润滑油的规格

GB11121—1995《汽油机油》规定了 SC、SD、SE、SF 四个级别的汽油机油规格；GB11122—1997《柴油机油》规定了 CC、CD 两个级别的柴油机油规格；GB11121—1995《汽油机油》规定了 SD/CC、SE/CC、SF/CD 三个级别的汽油机油/柴油机油规格。近年来，我国还制定了 SG、SH、SJ、SL 级汽油机油和 CE、CF-4、CH-4、CI-4 级柴油机油的企业标准。

目前我国生产的轿车、微型车和部分轻型货车，新车出厂要求使用 SG、SH、SJ、SL 级别规格的汽油机油。我国引进的高速客车、矿山用车、集装箱车和引进国外技术生产的柴油机使用 CE、CF-4、CH-4 和 CI-4 级别规格的柴油机油。

表 3.1-6　我国柴油机油 API 分级

API 等级代号	质 量 水 平
CA（已废除）	用于燃料含硫量低的轻负荷柴油机。具有防止轴承腐蚀和高温沉积物的性能
CB（已废除）	用于燃料含硫量高的中等负荷、非增压的柴油机。具有防止轴承腐蚀和高温沉积物的性能
CC	用于 1961 年后生产的中、高负荷的增压柴油机和高负荷汽油机。对柴油机具有防止高温沉积物的性能，对汽油机具有防锈、抗腐和防止低温沉积物的性能，并可代替 CA、CB 级机油
CD	用于高速、高功率的增压柴油机。具有优良的防止高温沉积物和抗腐性，且具有防止轴承腐蚀的性能，并可代替 CC 级机油
CD-II	用于 1985 年后生产的重负荷二冲程柴油机。具有高效控制磨损和沉积物的性能，同时也满足 CD 级机油性能要求
CE	用于增压重负荷柴油机。具有优良的防止高、低温沉积物，抗磨和防蚀性，同时也满足 CD 级机油性能要求
CF-4	用于 1991 年后生产的重负荷增压柴油机，符合 1991 年的美国排放法规，具有优良的防止高温沉积物、抗磨和防轴承腐蚀性，在油耗和活塞沉积物控制方面性能优于 CE，并可代替 CE，此种油品特别适用于高速公路行驶的重负荷卡车
CG-4	用于 1995 年后生产的使用低硫燃料的增压柴油机，符合 1994 年的美国排放法规，具有更好的防止高温沉积物和控制磨损的性能
CH-4	用于 1998 年后生产的使用低硫燃料的增压柴油机，符合 1998 年的美国排放法规，具有更好的防止高温沉积物和控制磨损的性能
CI-4	用于 2002 年后生产的使用低硫燃料的增压柴油机，符合 2002 年的美国排放法规，具有更好的防止高温沉积物和控制磨损的性能

3）发动机润滑油的正确使用

正确使用发动机润滑油，包括正确选择所需的发动机润滑油和定期更换发动机润滑油。

（1）发动机润滑油的选择

发动机机油的品种繁多，选择合适的机油不仅可延长发动机的使用寿命，而且也影响使用成本。选择的机油品种过高或过低都是不利的，应该按照一般的选用原则：按出厂说明书所规定的要求用油；根据使用环境的温度范围用油；根据发动机生产年代、工作条件苛刻程度选油；优先选用供货可靠的知名的大品牌润滑油。

发动机润滑油的选择应兼顾使用性能级别和黏度级别两个方面。

① 使用性能级别的选择。汽油机润滑油使用性能级别的选择主要考虑压缩比、排量、最大功率、最大扭矩、发动机功率与曲轴箱润滑油容量之比、曲轴箱强制通风、废气再循环等排气净化装置的采用对发动机润滑油的影响、城市汽车时开时停等运行工况对生成沉积物和润滑油氧化的影响等因素。一般由汽车制造厂家在车辆出厂时确定，因此，发动机润滑油使用性能级别的选择要严格按照汽车制造厂家的规定。

柴油机润滑油使用性能级别的选择主要考虑发动机的平均有效压力、活塞平均速度、发动机负荷、使用条件和轻柴油的硫含量。柴油机的强化系数可反映发动机的平均有效压力、活塞平均速度等，强化系数越大，所选择的柴油机润滑油使用性能级别越高。当使用硫含量高的轻柴油或运行条件苛刻时，选用的柴油机润滑油的使用性能级别要相应提高。

② 黏度级别的选择。发动机润滑油黏度级别的选择主要考虑环境温度、发动机工况和技术状况等因素。重载低速和高温下应选择黏度较大的发动机润滑油；轻载高速应选择黏度较小的发动机润滑油。新发动机应选择黏度较小的发动机润滑油；磨损严重的发动机应选择黏度较大的发动机润滑油。表 3.1-7 所示为发动机润滑油黏度等级与使用环境温度范围。

表 3.1-7　发动机润滑油黏度等级与使用环境温度范围

黏 度 等 级	使用温度（℃）	黏 度 等 级	使用温度（℃）
0W	-55～-10	40	10～50
5W	-30～-25	5W/20 或 5W/30	-30～30
10W	-25～-20	10W/30	-25～30
15W	-20～20	15W/20	-20～20
20W	-15～-5	15W/30	-20～30
20	-10～30	15W/40	-20～40
30	0～30	20W/30	-20～30

（2）在用发动机润滑油的更换

发动机润滑油在使用过程中，由于添加剂的消耗，发动机润滑油本身在高温下的氧化，燃烧产物的影响，外部尘埃、水分等的混入，使发动机润滑油劣化变质。

发动机润滑油劣化变质后，沉积物增多，润滑性能下降，使零件增加腐蚀和磨损，因此，对在用发动机润滑油应适时更换。发动机润滑油使用时间长短，不仅与发动机润滑油使用性能有关，还与发动机的技术状况、维修质量有关。为减缓发动机润滑油变质，延长换油期，必需的技术措施有正确选择发动机润滑油、认真执行维护作业、维持汽车良好的技术状况。

发动机的换油标准有两类，一类是以油品质量变化为依据，即换油指标；另一类是汽车生产厂家推荐的换油标准，即换油周期。

发动机润滑油的更换要根据车辆的行驶里程（或发动机的工作时间）来定，称为定期换油；也可以根据发动机润滑油的使用性能来定，称为按质换油；还可以采用在发动机润滑油油质监测下的定期换油，实施按质换油能保证润滑油得到充分有效的使用。表 3.1-8 和表 3.1-9 所示为发动机机油换油标准。

（3）发动机润滑油的使用事项

选择了合适的润滑油质量等级和黏度级别后，还要注意正确的使用方法，如果使用不恰当，则会使发动机磨损加剧，甚至出现拉缸、烧轴瓦的故障。发动机润滑油使用应注意以下几点。

① 同一级别的国内外润滑油使用效果一致。

② 级别低的润滑油不能用于高性能的发动机，以防润滑不足，造成磨损加剧；级别高的润滑油可以用于性能稍低的发动机，但不可降档太多。

③ 在保证润滑条件下，优选黏度低的润滑油，可以减小机件的摩擦损失、提高功率、降低燃料消耗。若发现所用润滑油黏度太高，切不可进行自行稀释，正确的方法是放掉发动机内所有润滑油（包括滤清器内的润滑油），换用黏度适当的润滑油。

④ 保持正常油位，常检查，勤加油。正常油位应位于油尺的满刻度标志和 1/2 刻度标志

表 3.1-8　汽油机油换油标准

项　目	换 油 指 标
100℃运动黏度变化率/%	超过±25
水分/%	大于 0.2
闪点（开口）/℃	低于 165（单级），150（双级）
酸值，mgKOH/g 增加值	大于 2.0
铁含量/（mg・kg^{-1}）	大于 250（SC），200（SD），150（SE）
正戊烷不溶物/%	大于 1.5（SC，SD），2.0（SE）

表 3.1-9　柴油机油换油标准

项　目	换 油 指 标
100℃运动黏度变化率/%	超过±25
水分/%	大于 0.2
闪点（开口）/℃	低于 180（单级），160（双级）
碱值，mgKOH/g 增加值	低于新油的 59%
铁含量/（mg・kg^{-1}）	大于 200（CC），150（CD）
正戊烷不溶物/%	大于 3
酸值，mgKOH/g 增加值	大于 2.0

之间，不可过多或过少。

⑤ 不同牌号的润滑油不可混用，同一牌号不同生产厂家的润滑油也尽量不混用。

⑥ 注意识别伪劣润滑油，不要迷信国外品牌润滑油，选择润滑油时，切勿一味相信广告和维修人员的推荐。应检查是否经权威检测单位检测，并问清检测结果。买油时到信誉好的大中型汽配商店选购。

⑦ 定期更换润滑油并及时更换润滑油滤芯，换油时，一定要在热车时进行。油温高不仅容易使油从放油孔流出而且油中的杂质可随旧油一起排出，加入新油后应着车数分钟，停机 30min 后，再检查油面。

2．车辆齿轮油及其使用

车辆齿轮油用于汽车等车辆机械式变速器、驱动桥和转向器的润滑。车辆齿轮油的作用与发动机润滑油的作用基本相同，起润滑、冷却、防蚀和缓冲作用。

1）车辆齿轮油的使用性能

车辆齿轮油除应具有良好的润滑性、极压抗磨性、良好的低温操作性、黏温性、良好的热氧化安定性、良好的抗腐性和防锈性等使用性能外，还应具有一些与发动机润滑油相同的使用性能，如抗泡沫性、清洁性等。

车辆齿轮油应具有适宜的运动黏度，以保证形成良好的润滑状态。运动黏度是车辆齿轮油的润滑性和极压抗磨性的评定指标，此外还要通过四球极压试验机或台架试验来评定。极压性指油中的极压抗磨剂在高压、高速、高温的苛刻工作条件下，能在齿轮轮齿齿面上与金属发生化学反应生成反应膜，防止齿面擦伤或烧结的性质。

为保证齿轮等零件的润滑使车辆顺利启动，要求车辆齿轮油在低温下保持一定的流动性。因为车辆齿轮油的工作温度范围比较宽，所以要求具有良好的黏温性。车辆齿轮油的低温操作性和黏温性的评价指标有倾点、成沟点、黏度指数、黏度达到150Pa·s时的最高温度。

热氧化安定性是指车辆齿轮油抵抗高温条件下氧化的能力，通过齿轮箱模型试验来评定。抗腐性和防锈性是指齿轮油防止齿轮、轴承腐蚀和生锈的能力，通过钢片腐蚀试验和防锈性试验来评定。齿轮传动装置内可能从外界渗透入水分，工况变化、冷热交替也可能出现冷凝水分，油内的水分和氧化生成的酸性产物，是齿轮和轴承生锈、腐蚀的主要原因。

2）车辆齿轮油的分类和规格

（1）车辆齿轮油的分类

车辆齿轮油一般按使用性能和黏度进行分类。

① 车辆齿轮油的使用性能分类。

我国车辆齿轮油 API 使用性能分类有三个级别，即普通车辆齿轮油 L-CLC（相当于GL-3）、中负荷车辆齿轮油 L-CLD（相当于 GL-4）、重负荷车辆齿轮油 L-CLE（相当于 GL-5），通常后两种又称为双曲线齿轮油，表 3.1-10 为我国齿轮油的使用性能分类。

表 3.1-10　我国车辆齿轮油的使用性能分类

级别代号	齿轮油名称	组成、特性	使用场合	API 代号
L-CLC	普通车辆齿轮油（SH/T0350—1992）	精制矿物油加抗氧剂、防锈剂、抗泡剂和少量极压剂组成	手动变速器、螺旋锥齿轮驱动桥	GL-3
L-CLD	中负荷车辆齿轮油（GL-4）	精制矿物油加抗氧剂、防锈剂、抗泡剂和极压剂组成	手动变速器、螺旋锥齿轮和使用条件不太苛刻的准双曲线齿轮驱动桥	GL-4
L-CLE	重负荷车辆齿轮油（GL-5）（GB13895—1992）	精制矿物油加抗氧剂、防锈剂、抗泡剂和极压剂组成，主剂添加量比 GL-4 增大 1 倍	双曲线齿轮及其他各种齿轮的驱动桥，也可用于手动变速器	GL-5

世界上广泛采用美国石油学会（API）的车辆齿轮油使用性能分类法，根据其特性和使用要求等划分为 GL-1、GL-2、GL-3、GL-4、GL-5 和 GL-6 六级，见表 3.1-11。

② 车辆齿轮油的黏度分类。

我国的车辆齿轮油黏度级别标准 GB/17477—1998 等效于采用世界上广泛使用的美国汽车工程师学会（SAE）的 SAE J 306—1991《驱动桥和手动变速器润滑油黏度分类》。该标准采用含字母 W 和不含字母 W 的两组黏度等级系列。黏度等级代号由一组数字和字母W（70W、75W、80W、85W 四种）或一组数字（90、140、250 三种）组成，共七种。含字母 W 的是冬用齿轮油，以低温黏度达到 150 Pa·s 时的最高温度和 100℃时的最低运动黏度划分。不含字母 W 的是夏用齿轮油，以 100℃运动黏度划分。

与发动机润滑油的黏度级别类似，车辆齿轮油黏度等级也有单黏度等级和多黏度等级之分，一个多黏度等级的车辆齿轮油，其低温黏度满足一个含 W 级的要求，并且 100℃运动黏度在一个不含 W 级规定的黏度范围之内。例如 80W/90，它满足 80W 的低温性能，并且在90℃的高温性能规定范围之内。

表3.1-11　车辆齿轮油API使用性能分类

分　类	使用说明	用　途
GL-1	在低齿面压力、低滑动速度下的汽车螺旋锥齿轮，涡轮式驱动桥，以及各种手动变速器规定用GL-1级齿轮油。直馏矿油能满足这类情况的要求，可以加入抗氧剂、防锈剂和消泡剂改善其性能，但不加摩擦改进剂和极压剂	汽车手动变速器，包括拖拉机和载货汽车手动变速器
GL-2	汽车涡轮式驱动桥，由于其负荷、温度和滑动速度的状况，用GL-1级齿轮油不能满足要求，规定用GL-2级齿轮油，通常都加有脂肪类物质	苛刻条件的手动变速器和螺旋锥齿轮的驱动桥
GL-3	滑动速度和负荷比较苛刻的汽车手动变速器和螺旋锥齿轮的驱动桥规定用GL-3级油。这种使用条件要求润滑油的负荷能力比GL-1和GL-2齿轮级油高，但比GL-4级油要低	苛刻条件的手动变速器和螺旋锥齿轮的驱动桥
GL-4	在低速高扭矩、高速低扭矩下操作的各种齿轮，特别是客车和其他各种车用的双曲线齿轮，规定用GL-4级齿轮油。其抗摩擦性能等于或优于CRC RGO-105参考油。该级油已做过各种试验，证明具有1972年4月ASYM STP说明的性能水平	手动变速器、螺旋锥齿轮和使用条件不太苛刻的双曲线齿轮
GL-5	在高速冲击负荷、高速低扭矩、低速条件下操作的各种齿轮，特别是客车和其他车用的双曲线齿轮，规定用GL-5级齿轮油。其抗摩擦性能等于或优于CRC RGO-110参考油。该级油已做过各种试验，证明具有1972年4月ASYM STP说明的性能水平	适用于操作条件缓和或苛刻的双曲线齿轮及其他各种齿轮，也可用于手动变速器
GL-6	在高速冲击条件下运转的轿车和其他车辆的各种齿轮，特别是大偏移距的双曲线齿轮，偏移距大于50mm或接近大齿轮直径的25%，规定用GL-6级齿轮油。其抗摩擦性应等于或优于参考油L-1000，该级油已做过各种试验，证明具有1972年4月ASTM STP说明的性能水平	适用于指定GL-6型润滑油的客车和卡车的变速装置及传动系统。满足所有车辆和工程机械轮边减速器和驱动桥等重负荷部位的润滑

（2）车辆齿轮油的规格

我国现行的车辆齿轮油规格或技术条件有SH/T 0350—1992《普通车辆齿轮油》、JT 224—1996《中负荷车辆齿轮油安全使用技术条件》和GB13895—1992《重负荷车辆齿轮油（GL-5）》。

3）车辆齿轮油的正确使用

（1）车辆齿轮油的选择

与发动机润滑油一样，车辆齿轮油的选择也包括使用性能级别的选择和黏度级别的选择两个方面。

① 使用性能级别的选择。

车辆齿轮油使用性能级别的选择，主要根据齿面压力、滑移速度和油温等工作条件，而这些工作条件又取决于传动装置的齿轮类型，所以一般可按齿轮类型和传动装置的功能来选择车辆齿轮油的使用性能级别。

一般来说，驱动桥工作条件苛刻，而双曲线齿轮式主减速器更为苛刻，对齿轮油使用性能要求更高，双曲线主减速器的汽车必须选用双曲线车辆齿轮油。

为减小用油级别，在汽车各传动装置对齿轮油使用性能级别要求相差不太大的情况下，可选用同级别使用性能的齿轮油。

② 黏度级别选择。

车辆齿轮油黏度级别的选择，主要根据最低气温和最高油温，并考虑车辆齿轮油换油周期较长的因素。车辆齿轮油的黏度应既能保证低温下的车辆起步，又能满足油温升高后的润滑要求，推荐参数见表3.1-12。

表3.1-12 车辆齿轮油黏度级别选用表

车辆齿轮油黏度级别	75W	80W/90	85W/90	90	140
环境温度（℃）	-57～10	-25～49	-15～49	-12～49	-7～49

表观黏度为150Pa·s时的最高温度，就是保证低温操作性能的最低温度。黏度级别代号为75W、80W和85W的双曲线齿轮油最低使用温度分别是-40℃、-26℃、-12℃。也就是说，车辆使用地区的最低气温不应低于所选齿轮油上述各温度。当传动装置不是双曲线齿轮时，使用最低气温可比上述相应温度低一些。黏度级别选择应同时考虑高温时的润滑要求。

（2）车辆齿轮油的使用事项

① 性能级别低的齿轮油不可以代替高级别的齿轮油使用。若将普通齿轮油加在双曲面齿轮驱动桥中，将使齿轮很快地磨损和损坏。性能级别较高的齿轮油可以用在要求较低的车辆上，但过多降级使用，经济上不合算。

② 使用黏度牌号较高的齿轮油，将使燃料消耗显著增加，特别是对高速轿车影响更大，应尽可能使用合适的多级齿轮油。

③ 考虑齿轮油的使用寿命，如使用单级油，在换季维护时放出的旧油不到换油指标时可在再次换油时加入使用，按换油周期更换新油时，应趁热将旧油放净，并清洗齿轮箱。

3．汽车润滑脂及其使用

润滑脂俗称黄油，是一种稠化了的润滑油，是用一种（或多种）稠化剂稠化一种（或多种）润滑液体制成的，并根据需要加入各种添加剂。润滑脂由基础油（润滑液体）、稠化剂和添加物（添加剂和填料）三部分组成。润滑脂的主要作用是润滑、保护和密封，绝大多数润滑脂用于润滑，故称为减磨润滑脂。由于对分散或简单的摩擦副利用润滑脂润滑具有简单方便等优点，所以汽车上有许多部件应用润滑脂润滑。例如，轮毂轴承、各拉杆球节、发电机轴承、水泵轴承、离合器分离轴承和传动轴花键等。

1）润滑脂的使用性能

考虑润滑脂的结构特性和用脂部位的工作条件，汽车润滑脂应具有适当的稠度、良好的低温性、良好的高温性、良好的抗水性、良好的防蚀性、良好的机械安定性、适当的胶体安定性、良好的氧化安定性等使用性能。

稠度指润滑脂的稀稠程度。稠度级号是润滑脂代号的组成部分，是润滑脂选择时的主要参考依据。评定润滑脂稠度的指标是锥入度。润滑脂的稠度级号即以锥入度划分。

良好的低温性指的是润滑脂在寒冷地区使用时，仍能保持良好的润滑性能。评定润滑脂低温性的指标是相似黏度。

良好的高温性指的是润滑脂在较高使用温度下仍能保持其在工作表面的附着性，且不易变质失效。评定润滑脂高温性的指标有滴点、蒸发量、漏失量和分油量。一般用“滴点”判定润滑脂的最高使用温度，通常要求润滑脂的最高使用温度比其滴点低30℃以上。

润滑脂的抗水性指的是润滑脂遇水后抵抗结构和稠度改变的性能。评定润滑脂抗水性的指标是水淋流失量。

氧化安定性是指润滑脂在储存和使用中抵抗氧化的能力。润滑脂氧化后，外观、理化指标和结构都发生不同程度的改变。表现为游离酸增加，滴点、锥入度、相似黏度降低，颜色变深，油脂分离。

2）汽车润滑脂的分类和规格

汽车用润滑脂是根据润滑脂的操作条件（温度、水污染和负荷等）进行分类的。（详见GB/T7631.8—1990《润滑剂和有关产品（L 类）的分类》第 8 部分：X 组（润滑脂））

汽车用润滑脂的规格标准有 GB/T5671—1995《汽车通用锂基润滑脂》、SH/T0369—1992《石墨钙基润滑脂》、GB7324—1987《通用锂基润滑脂》、SH 0039 —1990《工业凡士林》。

3）汽车润滑脂的正确使用

（1）汽车润滑脂的选用

润滑脂的选择包括润滑脂品种（即使用性能）和稠度级号的选择。考虑的主要因素有工作温度、转速、负荷、工作环境和供脂方式等。

润滑脂的品种选择就是根据工作温度、工作环境、负荷和转速进行操作温度范围、水污染和极压性的选择。汽车的减磨部位多选用锂基润滑脂；对钢板弹簧处于极压条件的应选用石墨钙基润滑脂；对工作温度过高或过低的应选用特殊润滑脂，为保护蓄电池接线柱，应涂工业凡士林。

（2）汽车润滑脂的使用事项

润滑脂的品种、牌号不同，则性能、特点不同，适用的场合也不相同。合理地选择和使用是使汽车得到可靠润滑的前提，选择和使用汽车润滑脂时应注意以下几点。

① 要根据不同部位的要求，使用合适的润滑脂。一般按汽车使用说明书上的规定使用润滑脂的种类、牌号是不会发生错误的。

② 一般汽车用润滑脂普遍推荐使用汽车通用锂基润滑脂，该润滑脂适于在一般汽车各摩擦点使用。汽车通用锂基润滑脂与以前使用钙基润滑脂相比，注脂期至少可延长 3～5 倍。

③ 轮毂轴承是主要用脂部位，宜全年使用 2 号脂（南方）或冬用 1 号脂、夏用 2 号脂（北方）；不少用户习惯常年使用 3 号脂，该脂稠度太大，会增加轮毂轴承转动阻力，3 号脂只宜在热带重负荷车辆上使用。

④ 不同润滑脂是不能随意相互混合的，因为脂的化学组成和性质不同，混合后会影响脂的稳定性和使用性能，通常要通过混合试验来判定是否可以混合。为避免发生问题，当换用不同的新润滑脂时，应尽可能地把旧润滑脂清除干净，即使更换同一种脂时也要清除干净，否则一定要做混合试验。

⑤ 轮毂轴承润滑脂使用到严重断油、分层或软化流失前必须更换，普遍做法是在二级维护时换脂。

⑥ 轮毂轴承换脂时要合理充填，要求在轴承内填满润滑脂，轮毂内腔仅薄薄地涂一层防锈即可，不宜在该内腔也装满润滑脂。堆积在轮毂内腔的润滑脂，通常不能补充到轴承滚道里，而只能使轴承散热困难，甚至可能因润滑脂流到制动蹄片上，造成制动失灵，合理充填还可显著节约润滑脂用量。

⑦ 润滑脂的填充量对机械润滑与脂的消耗量有密切关系，轴承中填充过量的脂会使轴承摩擦扭矩增大，引起轴承温升过高，并导致润滑脂的流失；若填充量不足或过少又可能发生干摩擦而损坏轴承。一般密封轴承，脂的填充量以轴承内腔 1/3～2/3 为宜；滚动轴承上端应填充轴承空腔的 1/2，下端应填充空腔的 1/3～3/4；在污染环境下工作的轴承及低、中速运转的轴承，要填满全部空腔。

⑧ 石墨钙基润滑脂因其中有鳞片状石墨（固体），不能用于高速轴承上，否则会导致轴承损坏；而汽车钢板弹簧等负荷大、滑动速度低的部位，则必须使用石墨钙基润滑脂，石墨

作为固体润滑剂不易从摩擦面挤出，可起到持久的润滑作用。

⑨ 按使用说明书规定及时向各润滑点注脂。

⑩ 加注润滑脂前要严格注意容器和工具的清洁，加注润滑脂的嘴口也要事先擦拭干净，严防混入机械杂质，加注润滑脂时还要严防尘土沙粒混入。

4）汽车常用润滑脂

汽车常用润滑脂品种有钙基润滑脂、钠基润滑脂、汽车通用锂基润滑脂、极压复合锂基润滑脂和石墨钙基润滑脂等。

（1）钙基润滑脂

钙基润滑脂是由动植物脂肪与石灰制成的钙皂稠化矿物润滑油，并以水作为胶溶剂制成的，有1、2、3、4四个稠度牌号，滴点在75～100℃，使用温度范围为-10～60℃，它的抗水性好，遇水不易乳化，容易黏附于金属表面，胶体安定性好，但使用寿命短。它主要用于润滑汽车轮毂轴承、底盘拉杆球节、水泵轴承、分电器轴承和分电器凸轮等。

（2）钠基润滑脂

钠基润滑脂是以动植物脂肪酸钠与皂稠化矿物润滑油制得的耐高温但不耐水的普通润滑脂。有2号和3号两个稠度牌号，滴点可达160℃，可在120℃下长时间工作，并有较好的承压抗磨性能，可适应较大的负荷，但抗水性差。不能用于潮湿环境或与水接触的部件，可用于汽车、拖拉机轮毂轴承润滑等。

（3）汽车通用锂基润滑脂

汽车通用锂基润滑脂是用天然脂肪酸锂皂稠化低凝点润滑油，并加抗氧剂、防锈剂制成的。稠度牌号为2号，滴点可达180℃，它具有良好的机械安定性、胶体安定性、防锈性、氧化安定性和抗水性。适用于-20～120℃，汽车轮毂轴承、底盘、水泵和发电机等各摩擦部位润滑，进口汽车和国产新车普遍推荐使用这种润滑脂。

（4）极压复合锂基润滑脂

极压复合锂基润滑脂与汽车通用锂基润滑脂的区别是具有更高的极压抗磨性，可适用于-20～160℃，高负荷机械设备的齿轮和轴承润滑，有1、2、3号三个稠度牌号，部分高性能进口汽车推荐使用极压复合锂基润滑脂。

（5）石墨钙基润滑脂

石墨钙基润滑脂由动植物油钙皂稠化68号机械油，加10%的鳞片石墨制成。具有良好的抗水性和抗碾压性能，滴点为80℃，适合于重负荷、低转速和粗糙机械的润滑。汽车钢板弹簧、起重机齿轮转盘及半拖货车的转盘等承压部位使用石墨钙基润滑脂。

3.1.3 汽车特种工作液

1．汽车制动液及其使用

1）汽车制动液的使用性能

汽车制动液又称为刹车油或刹车液，是用于汽车液压制动系统中传递压力、使车轮制动器实现制动作用的一种功能性液体。为保证汽车安全行驶的必要条件，要求其安全可靠、质量高、性能好、四季通用，应具备以下使用性能。

（1）汽车制动液具有良好的高温抗气阻性，要求制动液具有高沸点、低挥发性。汽车制动液高温抗气阻性的评定指标是平衡回流沸点、湿平衡回流沸点和蒸发性。

（2）汽车制动液应在使用温度范围内有很好的流动性。在制动液规格中规定了-40℃最大运动黏度和100℃最小运动黏度。

（3）汽车制动液应具有良好的与橡胶配伍性。汽车液压传动制动系统有橡胶皮碗等橡胶件，要求制动液对橡胶件不会造成显著的溶胀、软化或硬化等不良影响。制动液与橡胶配伍性通过橡胶皮碗试验评定。

（4）此外，还要求汽车制动液具备良好的抗腐蚀性、良好的稳定性、良好的耐寒性、良好的溶水性、良好的抗氧性、良好的润滑性和材料适应性。

2）汽车制动液的规格

国内外汽车制动液的规格是根据平衡回流沸点和低温运动黏度划分的。

（1）国外典型的汽车制动液标准

① 美国联邦政府运输安全部（DOT）制定的联邦机动车辆安全标准（FMVSS），具体是FMVSS No.116 DOT3、DOT4、DOT5 和 DOT5.1。

② 美国汽车工程师学会（SAE）标准，具体是 SAE J1703—1995《机动车辆制动液》、SAE J1704—1997《硼酸酯制动液》、SAE J1705—1995《低容水型制动液》，分别对应于DOT3、DOT4 和 DOT5。

③ 国际标准化组织（ISO）标准 ISO 4925《道路车辆——非石油基制动液》，它是参照FMVSS No.116 DOT3 制定的。

（2）国内汽车制动液现行标准

国内汽车制动液现行标准是 GB12981—2003《机动车辆制动液》。标准按机动车辆安全使用要求分为 HZY3、HZY4、HZY5 三种产品，分别对应于国际通用产品 DOT3、DOT4、DOT5 或 DOT5.1。本标准的系列代号由符号（HZY）和标记（阿拉伯数字）两部分组成，其中 H、Z、Y 分别为合成、制动和液体第一个汉字的汉语拼音首字母，阿拉伯数字作为区别本系列各标准的标记。

3）汽车制动液的使用

（1）选择使用合成型制动液，质量等级以 FMVSS No.116 DOT 规格为准。

（2）汽车制动液的更换期根据车辆制造厂家的规定执行，一般在 12～24 个月或 2.4 万～6 万公里之间。

（3）不同规格、不同制造厂家的制动液不能混用。

（4）防止水分或矿物油混入。

（5）制动缸橡胶皮碗不可敞开放置。

（6）汽车制动液多以有机溶剂制成，易挥发、易燃，因此管理和使用中要注意防火。

2. 发动机冷却液及其使用

1）发动机冷却液的使用性能

汽车发动机广泛采用强制循环水冷却系统，冷却液即为发动机水冷却系统中带走高温零件热量的一种工作介质。为保证汽车发动机正常工作和延长发动机的使用寿命，发动机冷却液应具有以下使用性能。

（1）发动机冷却液要具有冰点低、沸点高的性能。冷却液的冰点应低于汽车工作或停放的环境温度。同时，为保证汽车在满载、高负荷、高速条件下或在山区、热带、夏季正常行车，要求冷却液具有较高的沸点。

（2）发动机冷却液要具有防腐蚀性、不损坏汽车有机涂料的性能。冷却液要保持碱性状态，pH 值在 7.5～11.0。

（3）发动机冷却液要具有不易产生水垢、抗泡沫性好的性能。

2）发动机冷却液的规格

冷却液是发动机冷却系统中的传热介质，目前，汽车广泛使用的冷却液是用防冻剂（乙二醇或丙二醇等化学物质）与水按一定比例混合而成的混合液，还要加入腐蚀剂、清洗剂、阻垢剂和着色剂等添加剂。

国外典型的发动机冷却液规格是美国材料与试验协会（ASTM）制定的。ASTM D3306要求发动机冷却液适合于轻负荷发动机使用，ASTM D4985、D6210和D6211要求发动机冷却液适合于重负荷发动机使用。

我国汽车发动机冷却液现行标准是 SH0521—1999《汽车及轻负荷发动机用乙二醇型冷却液》。冷却液按冰点分为-25号、-30号、-35号、-40号、-45号和-50号六个牌号。

3）发动机冷却液的使用

（1）所选用的发动机冷却液的冰点要低于环境最低气温10℃左右。

（2）按发动机的负荷性质选择汽车制造厂要求的发动机冷却液。

（3）经常检查发动机冷却液的液面高度和冷却系统的密封性。

（4）更换周期遵从制造厂的规定，并经常观察冷却液的颜色、气味等是否有变化。

（5）不同厂家、不同牌号的发动机冷却液不能混用。

（6）冷却液沸点较高且具有良好的抗金属腐蚀性，即冷却液的性能既防冻又防沸，因此最好在夏季也使用。

3. 车用添加剂及其使用

汽车添加剂作为汽车养护用品得到不断发展，利用汽车添加剂对车辆进行养护，已成为一种新的选择。

目前市场上所见到的润滑油添加剂按使用功能可分为多效养护型及广谱修复型两大类；按作用机理可分为镀膜产品（镀金属或非金属膜）与非镀膜产品两大类；按是否含有固体颗粒（金属或非金属）或与油相溶，可分为固体悬浮型与油溶型两类；若按其与金属的作用机理还可分为物理反应型与化学反应型两类。

目前汽车用各类添加剂种类品牌繁多，在选用添加剂产品时，要针对车况，根据需要和功效，选用不同类型的添加剂。

1）润滑油添加剂

润滑油添加剂有五代产品。

（1）第一代添加剂为油性剂，它在发动机负荷较低、转速不高时具有极好的减磨效果。但是，当负荷增大、转速升高、温度上升时，就失去了减磨作用。因此，此类添加剂不能在高速、高负荷的情况下起减磨作用。

（2）第二代添加剂是石墨二硫化钼类固体悬浮型添加剂。它们利用其晶体的特殊结构来减磨抗磨。例如，石墨为片状晶体，它的特殊结构使其有极强的抗磨功效。石墨颗粒其直径大小分为I号、II号、III号三种牌号。I号用于润滑油中；II号用于润滑脂；III号用于粉末冶金轴承等，作为固体润滑剂使用。I 号用于润滑添加剂时，对机油管路狭窄、摩擦副配合间隙小的发动机不适用（易造成管路堵塞）。

20世纪70年代出现的PTEE（聚四氟乙烯）镀膜类产品，在我国曾被称为“塑料机油”。PTEE 这种材料是美国杜邦公司发明的，并赋予它特富龙的商业名称。它是一种具有极小摩擦系数的材料，在温度低于 300℃的使用条件下，能起到极佳的减磨效果。这种材料用途十分广泛。PTEE 的耐温最高为 327℃，超过此温度就会完全损坏，因此，使用此类产品除了受到油路孔径及摩擦表面的配合间隙限制外，还要注意发动机冷却系统的工作状态，绝不能出现发动机水箱“开锅”的过热现象。此类添加剂仅适用于已磨损、间隙变大的旧车上，新车绝不能使用，否则就可能造成润滑系统的故障。

（3）第三代添加剂是硫化物、磷化物、氯化物类添加剂。它们的抗极压效果好，能够在润滑油膜被破坏的情况下起到润滑作用。这类添加剂在油品中会发生分解，它们的分解速度受温度及压力的影响，温度越高，分解得越快。发动机的负荷越高，其分解速度也越快。当摩擦表面在临界摩擦状态下（润滑油膜已被破坏），两摩擦表面的局部温度可高达 600℃以上，在这个局部里，添加剂会立即分解，与金属生成金属硫化物反应膜（磷化物、氯化物反应膜）。这类膜的硬度、熔点及摩擦系数比金属低，具有一定的塑性，使金属表面的凸起部位流向低凹部位，经过一段时间后，金属表面就被磨得更加平滑（此现象被称为磨合抛光作用），从而起到减磨作用。装了三元催化转换器的电喷车，就不要使用硫、磷型的添加剂，以免转化器“中毒”失效。

（4）第四代添加剂是金属镀膜类产品。它们含有一种或多种金属微粒，以润滑油为载体，输送到各个摩擦表面，在摩擦表面形成一层金属膜。此类产品一般需要特制的机油滤清器，滤芯要比普通的滤芯孔径大一些，否则就有可能出现糊机滤的现象，失去滤清作用。因此，此类产品只能在旧发动机上使用，新车及制造精度高的发动机应避免使用。

（5）第五代添加剂是油精类产品。它们是随 20 世纪 80 年代精细化工技术发展而出现的新一代添加剂，属多效养护型。主要有以下几种类型。

① 单分子高渗透型油精。由于现代精细化工水平的提高，人们可以将润滑油精炼成单分子的高渗透型油精渗入金属摩擦表面的微孔，使摩擦金属表面成了含油的光滑表面，将摩擦系数降低，减小摩擦。

② 共晶球型油精。金属摩擦时被磨下来的金属碎屑（金属微粒）会与油精作用形成共晶球体。这些小球就像非常光滑的滚珠，在摩擦表面之间滚动，变滑动摩擦为滚动摩擦，降低摩擦阻力，提高润滑效果。

③ 磁性油精。它是在金属发生摩擦时，油精（添加剂）中所含的活性物质在一定的温度及压力下被激活，与金属摩擦表面产生作用，将金属表面的电荷由无序分布变为有序排列，且正电荷分布在金属表面，使之呈阳极性。这种添加剂的基础配方中，一般也含有单分子、高渗透型的油精成分，可以渗入金属表面的微孔，使表面光滑平整。并将金属表面由电荷封闭，利用法拉第同性相斥的原理减小摩擦表面接触时的摩擦阻力。这种油精与金属表面产生的结合力是范德瓦尔斯力（存在于中性分子或原子之间的一种弱的电性吸引力），它的作用期较长，一般可达到 2 万公里以上。

第五代添加剂系列在解决发动机冷启动磨损大的问题上，达到了标本兼治的效果，能有效提高动力、降低油耗，减少尾气排放，延长发动机寿命。它不仅不含铅、硫、磷等对三元催化转换器有害的成分。而且还可以降低尾气中有害物质的排放，减小了三元催化转换器的工作负荷，延长了其使用寿命。

2）燃油添加剂

燃料添加剂是发展较为迅速的产品，其主要特点是能较大幅度改善原有车用油料的使用性能，有利于车辆维护和降低使用费用。汽车以汽油、柴油为主要燃料，因此燃油用的各类添加剂也是针对汽油与柴油的。燃油添加剂的作用如下。

（1）清洗作用。将燃料添加剂按一定比例加入燃油箱中与燃油一起在汽缸中燃烧，能迅速清除发动机内各种有害沉积物（如积炭和胶质），清洁整个燃料供给系统，包括供油管路、喷油器、化油器、燃烧室的进/排气门、活塞顶等部位，解决因沉积物引起的各种故障，减轻摩擦损失，延长发动机的使用寿命。

（2）改善燃油的汽化、雾化状态。按一定比例加入合适的添加剂，能有效地改变柴油品质，改善低温启动性能，净化整个燃烧系统。减少沉积物产生，减轻废气排放污染并显著提高燃油经济性。

3）其他类型添加剂

（1）冷却液用添加剂。发动机冷却系统添加剂可起到防锈、防漏、防结冰、清洗的作用。按一定的比例将冷却液添加剂加入水箱中，能迅速清除冷却系统中的油污和锈迹，增强导热性能，封堵渗漏，防止酸化，提高防冻作用，减少水垢产生，更有甚者，它还可润滑水泵或使废液再生利用。

（2）动力系统液压油用添加剂。动力转向系统、制动系统及离合器系统液压油用添加剂，能降低动力传递噪声，清洁活塞，保护橡胶、塑料制品，防止油液渗漏，减轻磨损，可使操纵系统轻便灵活，并延长油的使用寿命。

（3）空调系统用添加剂。空调系统用添加剂能降低空调的能量消耗，减轻摩擦与器械声，清除异味，保持空调系统空气清新，延长压缩机及各零部件的使用寿命，起到润滑、清洁的作用。

（4）金属防锈、防腐蚀剂。金属防锈剂可有效地消除顽固性锈迹，并在清除完锈后的表面形成长期的保护层，防止酸、碱等化学腐蚀，防止潮湿气体、烟雾、沙子的损害，保持金属表面清洁，延长其使用寿命。

（5）蓄电池和点火系统用密封剂。蓄电池和点火系统用密封剂用于蓄电池、点火系统的密封。

（6）去污、上光剂。若油漆表面定期用去污光亮剂擦拭，能消除漆表面的微小擦痕，光洁如新。

4．汽车其他工作液及其使用

1）汽车自动变速器油

由于汽车自动变速器的工作原理以液力和液压为基础，因此汽车自动变速器油是一种多功能（传递和改变扭矩，实现控制、润滑及冷却等作用）的工作液，它对自动变速器的正常工作和使用寿命影响很大。

（1）汽车自动变速器油的使用性能

① 汽车自动变速器油要具有适当的黏度和良好的黏温性。黏度过小，不易形成油膜。在低温下黏度如果过大，供油延迟。因此，要求自动变速器油具有适宜的黏度和良好的黏温性。

② 汽车自动变速器油要具有良好的摩擦特性。自动变速器油的良好摩擦特性要求动摩擦系数尽可能大，并且在工作温度范围内摩擦特性保持不变。

③ 汽车自动变速器油要具有良好的抗热氧化性。

④ 为保证汽车自动变速器的工作和性能，自动变速器油还应具备良好的抗磨性、防锈蚀性、密封材料适应性和抗泡沫性。

（2）汽车自动变速器油的分类和规格

国外液力传动油多采用由美国材料与试验协会（ASTM）和美国石油学会（API）共同提

出的 PTF 使用分类，将液力传动油分为 PTF-1、PTF-2 和 PTF-3 三类，其中 PTF-1 和 PTF-2 属于汽车自动变速器油。表 3.1-13 为汽车自动变速器油的使用分类。

表 3.1-13　汽车自动变速器油的使用分类

分　类	适 用 范 围	相 应 规 格
PTF-1	轿车、轻型卡车的自动传动装置	通用汽车公司 DEXRONⅡD、ⅡE、Ⅲ，福特汽车公司 MERCON 、New MERCON、MERCONV
PTF-2	重负荷功率转换器，卡车、负荷较大的汽车自动传动装置、多级变矩器和液力耦合器	艾里逊公司 Allison C-3、Allison C-4、SAE J 1285-1980
PTF-3	农业及建筑机械用液力传动及液压传动齿轮及制动系统	约翰迪尔公司 J-20B、J-14B、JDT-303，福特汽车公司 $W_2C_{41}A$

目前世界具有代表性的自动变速器油规格为通用汽车公司的 DEXRON 系列自动变速器油（PTF−1）。美国通用汽车公司于 1967 年推出了 DEXRON 自动变速器油，后又相继推出了 DEXRONⅡ、DEXRONⅡE、DEXRONⅢ、DEXRONⅣ规格的自动变速器油。

1998 年起，美国福特汽车公司开发了 MERCON 自动变速器油，这是一种新的含有摩擦改进剂的自动变速器油。

我国生产的液力传动油，按 100℃运动黏度分为 6 号、8 号两种。6 号相当于国外的 PTF-2 类油，主要用于内燃机车、载货汽车及工程机械的液力传动系统；8 号与通用公司的 DEXRON 型液力传动油相当，主要用于轿车的自动变速器。我国汽车自动变速器油目前只有企业标准，将汽车自动变速器油分为 ATF-Ⅱ（DEXRONⅡ）、ATF-ⅡE（DEXRONⅡE）和 ATF-Ⅲ（DEXRONⅢ）。

（3）汽车自动变速器油的使用

液力传动油选用品种时可按照以下方法。

① 按照车辆使用说明书的规定来选择。

② 按照液力传动油的使用分类中各类油的适用范围来选择。

③ 一般轿车和轻型货车自动变速器都选用符合通用公司 DEXRON 规格的液力传动油，常用的是 DEXRONⅡE，电控自动变速器可选低温性能优良的 DEXRONⅡE 或选用最新规格 DEXRONⅢ。

④ 国产 8 号液力传动油可用于轿车和轻型货车的自动变速器。国产 6 号液力传动油可用于重型货车、工程机械的液力传动系统。

2）汽车空调用制冷剂

在制冷设备中完成制冷循环的工作介质，称为制冷剂。根据汽车空调制冷系统的特点，对使用的制冷剂提出以下性能要求：蒸发潜热大，且易于液化；化学安定性好，不易变质；工作温度和压力适中；对金属物件无腐蚀；无毒性、无污染。

目前，汽车使用的空调制冷剂主要有三种：氯氟烃类制冷剂 CFC-12（R12）、含氢氟代烃 HFC-134a（R134a）及自然工质碳氢化合物制冷剂。

CFC-12 在各种可用的制冷剂中，它具有抗高压和抗高温能力，不会变质和分解，对人体的安全系数最高。但从环保的角度来看，CFC-12 不适宜作为汽车空调制冷剂，已逐渐被 HFC-134a 所代替。HFC-134a 与 CFC-12 有许多相同的特性，却不对臭氧造成破坏。自然工质碳氢化合物是较理想的制冷工质，既不破坏臭氧层又无温室效应，是世界公认的绿色环保制冷剂，但由于其易燃性，目前只有欧洲等少数国家使用。所以 HFC-134a 是普遍采用的汽车空调制冷剂。

在制冷剂使用过程中应注意以下事项。

（1）由于 HFC-134a 与矿物油几乎完全不相溶，不能采用传统的矿物油作为冷冻机油，必须使用含极性基的合成油，可采用与之相溶性较好的脂类或聚乙醇（YAG）油。

（2）HFC-134a 系统应配用吸水性较强、体积稍大、分子直径介于 HFC-134a 和水之间的干燥过滤器。

（3）制冷剂只能由受过训练的制冷维修技术人员进行处理。所有制冷剂都应适当储存和使用，因为液态制冷剂若溅入眼中会引起失明，与皮肤接触会产生冻伤。

（4）CFC-12 与 HFC-134a 互不相溶。这两种制冷剂在任何情况下都绝不能混合，也不能以任何方式相互替代。否则即使在少量的情况下，也会对空调系统产生严重损害。

（5）HFC-134a 制冷剂不含氯原子，检漏不能采用卤素检漏仪，应用电子检漏仪或 HFC-134a 检漏仪等。

3）风窗玻璃洗涤液

风窗玻璃洗涤液实际上就是车用玻璃清洗剂，由风窗玻璃洗涤器喷射到风窗玻璃上，在刮水器的配合下，由雨刮片清除风窗玻璃上的灰尘和污垢，以消除风窗玻璃上妨碍视野的物质。

汽车在行驶过程中，其他车辆溅起的泥土、灰尘、废气中含有的未完全燃烧的油气和道路沥青与雨水的混合物、抛光剂的蜡与雨水的混合物等，它们会附着在汽车风窗玻璃上，严重影响驾驶员的视线和安全性。这就要求风窗玻璃洗涤液对以上各种物质具有浸透、乳化分散、可溶性，以便将其清洗干净。

风窗玻璃洗涤液主要由表面活性剂、防雾剂、阻凝剂、无机助洗剂、有机助洗剂和水分等组成。根据不同季节的需要，按 5%～10%稀释可获得不同凝点的风窗玻璃洗涤液。该洗涤液去污性好，不损坏金属、非金属表面。

4）汽车减振器油

汽车在行驶中常受到冲击力，车架和车身产生振动，而且这种振动会持续一段时间，直到冲击能量完全被耗尽为止。为了加速振动的衰减，现代汽车的悬架系统广泛采用筒式和摆臂式液力减振器，利用油液的阻尼作用来减缓车辆的振动。

减振器油也称防振液，为专用液压油，主要用于汽车的减振器。减振器油是汽车减振器的工作介质，它在汽车减振器内用于吸收汽车振动能量，在与汽车悬架弹簧共同作用下，使汽车振动迅速减弱，以提高汽车行驶平顺性。减振器油必须具有良好的低温流动性、抗磨性、抗氧性和防锈性等性能。目前国内外的减振器油有矿油型和硅油型两种。

减振器油按基础油成分分类，可分为矿油型和硅油型，质量指标相似。矿油型减振器油是用低凝点的深度精制轻质润滑油加增黏剂和抗氧、抗磨、防锈、抗泡沫等多种添加剂调和而成。

目前，减振器油的品种不多，选用时应选具有优良性能的减振器油和选用符合质量要求的减振器油。如缺乏减振器油，可用 25 号变压器油和 22 号汽轮机油各 50%混合使用。这两种油都是深度精制的油品，具有良好的抗氧性。一般炎热季节和地区的减振器油可用 10 号变压器油和 22 号汽轮机油配制；寒冷季节和地区的减振器油可用 45 号变压器油与 22 号汽轮机油配制。硅油黏温性和热氧化稳定性很好，具有优异的吸振作用，但价格昂贵，多用做火车和坦克车的减振器油。

5）汽车铅酸蓄电池用电解液

汽车铅酸蓄电池是一种把电能转变成化学能储存起来，再把化学能转变为电能供用电器使用的电源。汽车蓄电池能反复多次进行充电和放电，因此它属于再生式电池。而蓄电池中所用的电解液就是蓄电池充电、放电过程中的介质。

蓄电池用的电解液是由纯硫酸与蒸馏水按一定比例配制而成的。电解液是影响蓄电池电气性能和使用寿命的重要因素之一。电解液的配制必须严格选用 GB4554—1984 标准的二级专用硫酸和蒸馏水。工业用硫酸和一般用水，因其中含有铁、氯、锰、钾、氮、铜等有害杂质，会造成蓄电池自放电严重和电极腐蚀而导致极板损坏，从而缩短蓄电池的使用寿命。

电解液不纯的蓄电池在使用中主要表现为：充足电的蓄电池，经较短的时间后会出现蓄电池电量不足，启动无力。使用蓄电池时，必须加注纯度合格的电解液，在使用中应注意以下事项。

（1）日常要保持电池外表干净，加注电解液前要擦净电池盖周围的灰尘和污物，谨防杂质从加液孔落入电池内电解液中；出现电解液液面过低时，应加注蒸馏水或蓄电池补充液，绝不能加注一般用水。

（2）要重视电解液液面的检查。蓄电池在正常使用的情况下，电解液中的水分会蒸发使其液面降低，当电解液液面下降时，蓄电池的极板就会露出液面，极板露出液面的部分就会加速其硫化，降低蓄电池的电荷容量，缩短其使用寿命。

（3）电解液密度的调整。当蓄电池壳体破损出现缝隙或加液盖扣不严使电解液泄漏时，也会造成电解液减少，电解液液面降低。在这样的情况下，还要注意和正常情况的区别，不要发现液面降低，就加蒸馏水，否则会造成电解液密度明显降低，使蓄电池不能正常工作。要及时检查和调整电解液的密度，蓄电池电解液密度不适当，或各单格电解液密度不一致时，对蓄电池的正常使用都是有危害的，因此，应定期检查蓄电池电解液密度，必要时予以调整。测量电解液密度，一般使用电解液密度计吸入蓄电池电解液，从密度计刻度上读出电解液密度值。蓄电池电解液正常时密度明显下降，说明蓄电池中有短路故障，应对其进行修复或更换。调整蓄电池电解液密度时，不能添加未经稀释的浓硫酸，也不能在蓄电池存电不足时随意添加稀硫酸，否则将损坏蓄电池。正确的调整方法是：首先将蓄电池充足电，然后吸出适量的电解液测量电解液的密度，若需调低电解液密度，应添加蒸馏水；若需调高电解液密度，则应添加密度为 $1.40g/cm^3$ 的电解液，以小电流充电 1～2h，使电解液混合均匀。按上述方法反复调整，直至密度合适为止。

（4）配制时，一定要注意，应将硫酸缓慢倒入盛有水的容器，边倒边搅拌。切不可将水倒入硫酸容器内，以防硫酸飞溅伤人。

3.1.4 汽车轮胎

1. 汽车轮胎概述

1）汽车轮胎的功用

汽车轮胎是汽车上一个十分重要的部件，它的性能对汽车使用有着直接的影响。随着高速公路的快速发展，汽车高速行驶的安全性得到了人们的普遍重视。良好的制动效能和操纵稳定性是车辆安全行驶的必要条件，如果在轮胎选型、使用和维护等方面缺乏必要的专业知识或没有引起足够的重视，则会造成轮胎的非正常损坏和寿命缩短，甚至使汽车在高速行驶中经常出现“爆胎”、“侧滑”而引发安全事故，这种情况成为当今交通安全最主要的隐患之一。

具体来说，汽车轮胎的作用如下。

（1）具有一定的强度、刚度、弹性和承载能力，支撑汽车总质量产生的重力，并传递其他方向的力和力矩。

（2）与汽车悬架系统一起吸收、缓和路面的冲击，以保证汽车具有良好的乘坐舒适性和行驶平顺性。

（3）保证车轮与路面有良好的附着能力，以提高汽车的动力性、制动性和通过性。

为实现轮胎的上述作用，轮胎应该具有良好的基本性能，主要包括承载负荷性、操纵稳定性、附着性（牵引性和制动性）、行驶安全性（耐湿滑性、排水性及抗侧滑性）、耐久性（耐疲劳破坏和磨耗）、节能经济性、高速性、乘坐舒适性和低噪声性等。现代汽车轮胎多为充气轮胎，弹性好，缓冲性能好，能有效地传递发动机功率，使汽车正常运动、转向或制动停止，能承载自重的 50 倍以上的负荷。其中充入胎内的压缩空气或填充物承担负荷的 90%左右，胎体承担 10%左右。轮胎需具有负荷能力、附着能力、缓冲性能和耐磨性等来满足汽车的使用要求，而这些性能由轮胎的结构、规格、胎面花纹、原材料和工艺条件等因素决定，并有一定的使用规定限制；轮胎在使用过程中某些性能会发生变化，不同的汽车要配用不同规格的轮胎，且当运行条件发生变化时，对轮胎的要求也随之变化。此外，汽车的技术状况同轮胎的磨损息息相关，因此，必须合理使用轮胎，并根据汽车的要求，结合轮胎性能的变化及时调整两者间的关系；及时校正汽车技术参数以确保正常磨损；按轮胎使用规定行车、维护和存放，减轻轮胎磨损。轮胎的使用寿命和行驶里程直接关系到运输成本，延长或提高其使用寿命和行驶里程，可以获得良好的经济效益。

2）汽车轮胎的类型和结构

按不同的用途，轮胎分为轻型乘用车轮胎、载重车轮胎、农业机械轮胎、工程机械轮胎、特种车辆轮胎。按胎体结构不同，轮胎可分为实心轮胎、充气轮胎和特种轮胎，现代汽车广泛采用充气轮胎，充气轮胎又有很多分类方法。

按照其不同的结构，又可分为有内胎轮胎和无内胎轮胎。

按充气压力的大小，又可分为高压胎（气压为 0.5～0.7MPa）、低压胎（气压为 0.2～0.5MPa）和超低压胎（气压为 0.2MPa 以下）。目前，轿车、载货汽车多采用低压胎，因为低压胎弹性好、断面宽，与道路接触面大，壁薄而散热性良好。这些特点可提高汽车的行驶平顺性和操纵稳定性。此外，还可以延长轮胎和道路的使用寿命。超低压胎适用于在坏路条件下行驶的越野汽车，能提高汽车的通过性。

按照胎面花纹，可分为普通花纹轮胎、混合花纹轮胎和越野花纹轮胎。

按照胎体中帘线排列方向，可分为普通斜交轮胎和子午线轮胎。

（1）有内胎轮胎的结构

有内胎轮胎由外胎、内胎和垫带组成，如图 3.1-1 所示。

① 外胎。

外胎主要由胎面橡胶层、缓冲层或带束层、帘布层和胎圈四部分组成。如果再细一些，则有胎面花纹、防擦线、胎踵、胎圈底面、胎趾等。外胎结构材料的名称有胎面、胎侧胶、帘布层、气密层、钢丝圈、胎圈包布、带束层或缓冲层等。外胎的结构如图 3.1-2 所示。

胎面橡胶层是指保护轮胎外部的橡胶层，具体分为胎面部（胎冠）、胎肩部、胎侧部等。胎面部（胎冠）是与路面直接接触的部分；胎肩部是胎冠到胎侧的部分；胎侧部是胎肩到胎圈的部分。

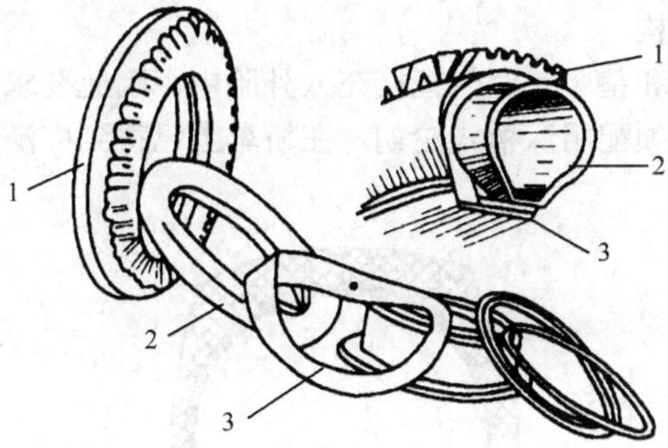

1—外胎；2—内胎；3—垫带

图 3.1-1　有内胎轮胎的结构

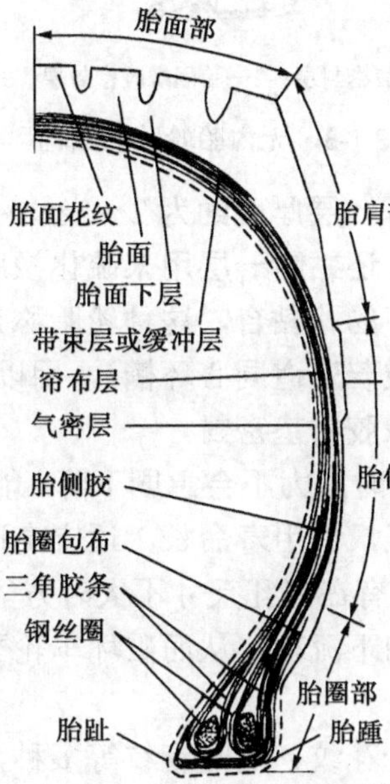

图 3.1-2　外胎的结构

普通斜交轮胎胎冠到帘布层的部分为缓冲层。其作用为：一是由于帘布层较软，胎冠面较硬，设置缓冲层可防止轮胎工作时胎肩、帘布层变形相差过大而剥离；二是能缓和路面冲击。子午线轮胎和带束斜交轮胎胎冠到帘布层的部分为带束层，与胎面中心线交角较小，一般起缓冲作用。子午线轮胎还对帘布层起箍紧约束作用。

帘布层是由若干层帘线叠合而成的，其作用是承受轮胎内部气压。帘布层帘线的排列方式对轮胎的性能影响很大。

胎圈是轮胎与轮辋直接配合的部分，胎圈的心部包裹着经过防锈处理的电镀钢丝卷制而成的钢丝圈。为防止外胎拆卸时被擦伤，在胎圈外层贴有胎圈包布。

② 内胎。

内胎是装在外胎里面的带有气门嘴的弹性橡胶管，作用是对压缩空气保持气密性。

③ 垫带。

垫带是一个环形橡胶带，安装在内胎与轮辋之间，以防止内胎被轮辋和外胎的胎圈擦伤。

（2）无内胎轮胎的结构

无内胎轮胎没有内胎和垫带，空气直接充入外胎中，因此要求外胎和轮辋之间要有很好的气密性。无内胎轮胎必须配用深槽式轮辋，在轿车上已得到广泛应用。无内胎轮胎的结构如图 3.1-3 所示。

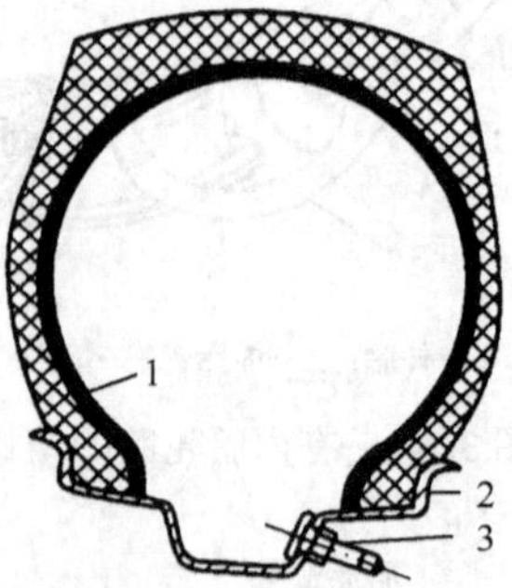

1—轮胎内壁橡胶密封层；2—胎圈橡胶密封层；3—气门嘴

图 3.1-3　无内胎轮胎的结构

无内胎轮胎的外胎内壁上附加了一层厚度约为 2～3 mm 的专门用来封气的橡胶密封层，有的在密封层正对着胎面的内壁上，还黏附一层用未硫化橡胶的特殊混合物制成的自黏层。当轮胎穿孔时，自黏层能自行将刺穿的孔黏合，这种轮胎称为有自黏层的无内胎轮胎。在胎圈外侧有一层橡胶密封层（有的制成若干道同心环槽），用以增加胎圈与轮辋贴合的密封性。气门嘴直接固定在轮辋上，其间用橡胶衬垫密封。

无内胎轮胎的优点是：轮胎穿孔时压力不会急剧下降，能继续安全行驶；由于没有内胎，故摩擦生热少，散热快，工作温度低，使用寿命长，适宜高速行驶；结构简单，质量较小。

无内胎轮胎的缺点是：自黏层只有在穿孔尺寸不大时方能黏合；有自黏层的无内胎轮胎，当天气炎热时，自黏层可能软化而向下流动，从而破坏车轮平衡。

（3）不同胎面花纹轮胎的特点

轮胎胎面花纹有普通花纹、混合花纹、越野花纹等多种，如图 3.1-4 所示。

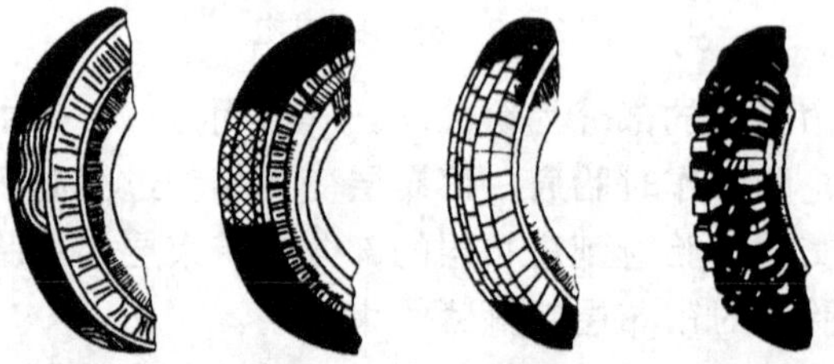

（a）普通花纹　（b）普通花纹（c）混合花纹　（d）混合花纹

（e）越野花纹　（f）越野花纹（g）越野花纹（h）越野花纹

图 3.1-4　轮胎花纹

普通花纹有纵向花纹和横向花纹两种，其特点是花纹细而浅，花纹块接地面积大，适用于较好路面。纵向花纹轮胎的滚动阻力小，防侧滑和散热性好，噪声低，高速性能好，轿车和载货汽车均可使用。横向花纹轮胎的耐磨性能好，仅用于载货汽车。

混合花纹是介于普通花纹和越野花纹之间的胎面花纹，其花纹较普通花纹粗，通常在胎面中间为菱形花纹或纵向锯齿形花纹，两边为横向越野花纹。在良好沥青混凝土路面上行驶时，混合花纹的耐磨性比越野花纹的好；而在泥雪路面上行驶时，胎面两边的横向花纹沟有良好的排泥性能，可保证良好的附着性。因此，混合花纹轮胎对不同路面的适应性强。

越野花纹的沟槽深而宽，花纹接地面积小，防滑性好，越野能力强，花纹有无向的马牙形和有向的人字形等。越野花纹轮胎适用于在矿山、建筑工地及其他一些松软路面上使用的越野汽车。安装人字形花纹轮胎时，花纹“人”字尖端的指向要与汽车前进时车轮旋转方向一致，以提高排泥性能。越野花纹轮胎不宜在较好路面上使用，否则行驶阻力加大，油耗增加，而且加速花纹的磨损。

（4）不同胎体中帘线排列方向轮胎的特点

普通斜交轮胎的断面结构如图 3.1-5 所示，普通斜交轮胎由胎面、帘布层、带束层等组成。用制作工艺说明此种轮胎的结构，这种轮胎的成型过程是：用细的横线与粗的纵向轮胎帘线织成布，并在布的两面薄薄地涂上生胶，这就称为帘布；再把此帘布斜方向剪断（斜切），裁剪下来的布称为帘布层；将帘布层贴合于成型圆筒上，这样，轮胎的胎体部就形成了，称这种轮胎为斜帘布层轮胎，简称斜交轮胎，它的名称由此而来。

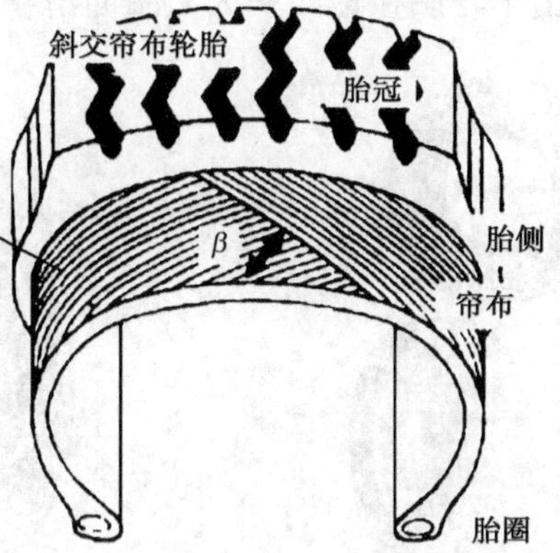

图 3.1-5　普通斜交轮胎的断面结构

帘布层是外胎的骨架，用于保持外胎的形状和尺寸，通常由成双数的多层挂胶布（帘布）用橡胶贴合而成。帘布层的帘线与子午断面（即垂直胎面中心线的断面）的交角，称为胎冠角。普通斜交轮胎的胎冠角为 52°～54°。普通斜交轮胎的胎体坚固，胎侧不易损坏，在低速行驶时乘坐舒适性好，价格较便宜，但其滚动阻力大，使用寿命短。

子午线轮胎的断面结构如图 3.1-6 所示，子午线轮胎由帘布层、带束层、胎冠、胎肩和胎圈组成，并以带束层箍紧胎体。胎体帘布层帘线相对胎面中心线呈垂直方向排列，即 90°角（或接近 90° 角）。它的结构特点是：胎冠角为 0°，这种帘线排列方向与受力方向一致，使帘线强度能得到充分利用，帘布层数比普通斜交轮胎减少 40%～50%；设有带束层，带束层的帘线与胎面中心线交角很小，一般在 20° 以内，对帘布起箍紧约束作用，并使胎面强度显著提高。

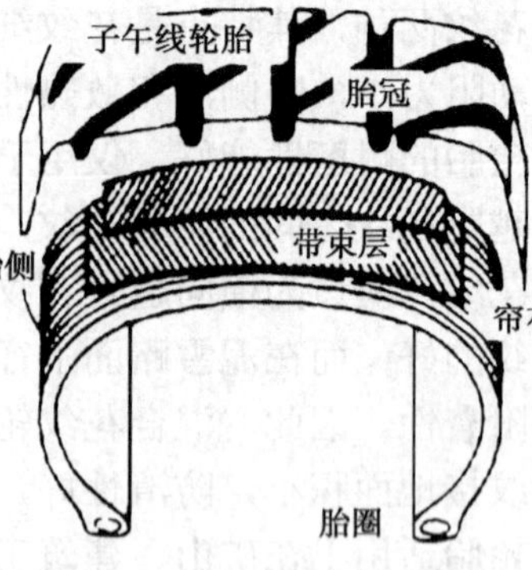

图 3.1-6　子午线轮胎的断面结构

子午线轮胎和普通斜交轮胎骨架的区别如图 3.1-7 所示。子午线轮胎与普通斜交轮胎相比，子午线轮胎的优点如下。

① 使用寿命长。子午线轮胎耐磨性好，比普通斜交轮胎使用寿命可延长 30%～50%。

② 滚动阻力小，节约燃料。由于胎冠具有强度较高的带束层，胎面的刚性大，轮胎滚动时弹性变形小，故波动阻力比普通斜交轮胎可减小 25%～30%，油耗可降低 8%左右。

③ 承载能力大。由于子午线轮胎的帘线强度能得到充分利用，故承载能力大，比普通斜交轮胎提高约 14%。

④ 缓冲能力强，附着性好。由于胎侧部分比较柔软，胎体弹性好，能吸收冲击能量，故缓冲能力强。附着性好是由于轮胎接地面积大、胎面滑移小的缘故。

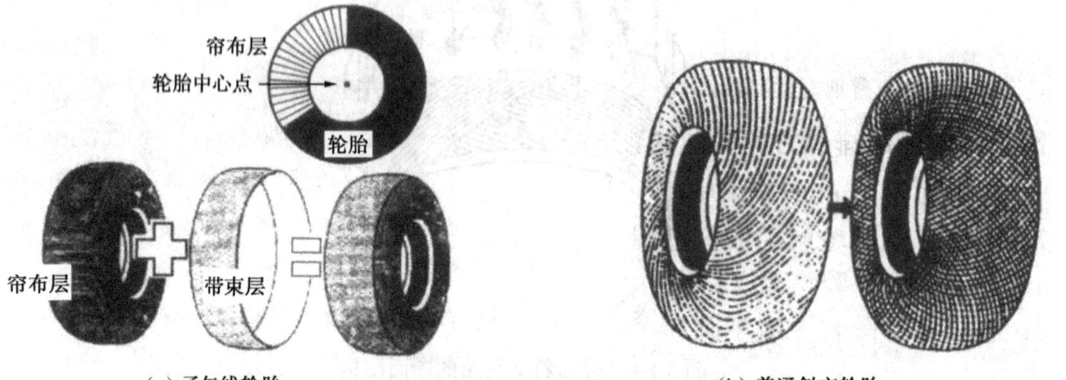

（a）子午线轮胎　　（b）普通斜交轮胎

图 3.1-7　子午线轮胎和普通斜交轮胎骨架（胎体帘线）的区别

子午线轮胎的缺点是：胎侧易裂口，制造技术要求高，成本高，翻新困难。

由于子午线轮胎的综合性能明显优越于普通斜交轮胎，因此，其应用前景将会越来越广阔。

2．汽车轮胎的标记

1）汽车轮胎的标记知识

正确使用轮胎首先要认识轮胎，认识轮胎首先要懂得轮胎上的标志，在轮胎的胎侧上模制了轮胎的各种标志，如图 3.1-8 所示。主要项目有规格、层级（层数）、负荷、气压、商标、帘布材料、滚动方向、生产序号、胎纹磨损标记、“三 T”指标和平衡点等。

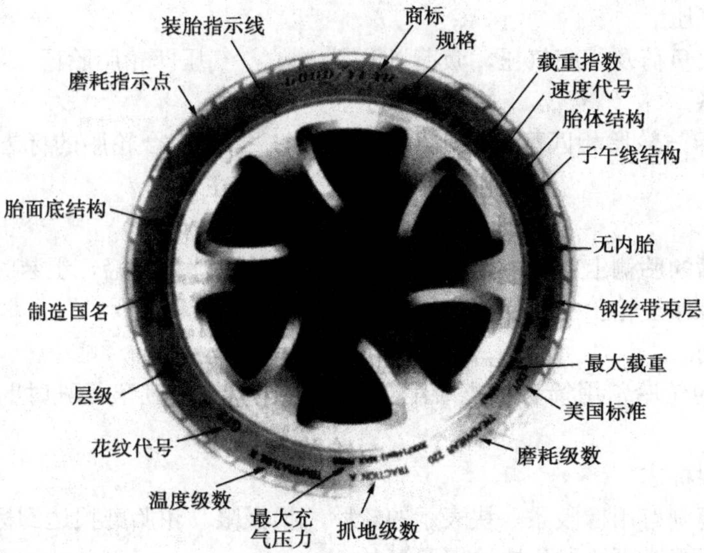

图 3.1-8　汽车轮胎的标记

（1）轮胎规格

轮胎规格是轮胎几何参数与物理性能的标志数据，常用一组数字表示，前一个数字表示轮胎断面宽度，后一个数字表示轮辋直径，单位为英寸（in 或 inch）。中间的字母或符号有特殊含义："X"表示高压胎；"R"、"Z"表示子午胎；"-"表示低压胎。

轮胎的主要尺寸包括轮胎断面宽度 B、轮辋名义直径 d、轮胎断面高度 H、轮胎外直径 D、负荷下静半径和滚动半径等，如图 3.1-9 所示。

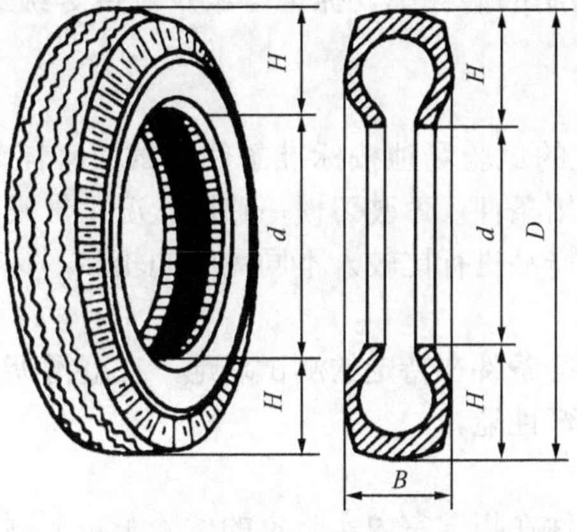

图 3.1-9　轮胎的主要尺寸

（2）层级

层级是指轮胎橡胶层内帘布的公称层数，与实际帘布层数不完全一致，是轮胎强度的重要指标。层级用中文标志，如"12 层级"；用英文标志，如"14P.R"，即 14 层级。

（3）帘线材料

帘线材料可单独标在层级之后，如"尼龙"（NYLON）；或在规格之后，用帘线材料的第一个汉语拼音字母表示，如 9.00-20N、7.50-20G 等，N 表示尼龙，G 表示钢丝，M 表示棉线，R 表示人造丝。

（4）负荷及气压

一般标示最大负荷及相应气压，负荷以 N 为单位，气压即轮胎胎压，单位为 kPa。

（5）轮辋规格

轮辋规格表示与轮胎相匹配的轮辋型号、尺寸，必须符合轮胎的标志要求，否则无法安装。

（6）平衡标志

在正对气门嘴的胎侧上印有彩色平衡标记，表示轮胎此处最轻，组装时将平衡组件按平衡标记安装，即可保证轮胎的整体平衡性。

（7）滚动方向

花纹不对称的轮胎常用箭头标志装配滚动方向，以保证汽车行驶时的附着力和防滑等性能。

（8）磨损极限标志

在轮胎一侧模制有用橡胶条、块表示的轮胎磨损极限。轮胎磨损达到标志位置时，应及时更换，否则会因强度不够发生中途爆胎事故。

（9）生产批号

生产批号用一组数字及字母标志，表示轮胎的制造年月及数量，用以识别轮胎的新旧程度及存放时间，如“98N08B5820”表示 1998 年 8 月 B 组生产的第 5820 只轮胎。

（10）商标

商标是轮胎生产厂家的标志，一般用简明文字及图案标示在醒目位置，易于识别。

（11）产品等级

依据美国交通部（U.S. Department Of Transportation，DOT）规定的安全标准，除雪地胎外，要求轮胎制造厂依据胎面磨耗率、抓地等级及温度等级三个性能指标对轮胎产品进行分级。

（12）胎面磨耗率

磨耗等级是根据在特定的试验场地按标准条件测试的磨耗率换算而得的。值得指出的是，轮胎的实际磨耗率与使用条件（驾驶习惯、路面状况、气候、车轮定位等）有关，且磨耗率只适用于同一制造商的产品进行比较，不同品牌的轮胎不具有可比性。

（13）抓地等级

抓地等级是指轮胎按标准条件在特定的测试场地，在湿滑沥青、水泥路面所具有的直线行驶和制动性能，不包括转弯性能。

（14）温度等级

温度等级是指按标准条件在指定室内实验室的试验车轮上测试轮胎抵抗生热能力。美国 DOT 标准规定：所有轮胎至少必须通过 C 级温度等级试验。

（15）速度级别

速度级别是指轮胎可行驶的最高时速，见表 3.1-14。

表 3.1-14 轮胎的速度级别与最高时速

速度代号	M	N	P	Q	R	S	T	U
最高时速（km/h）	130	140	150	160	170	180	190	200

续表

速度代号	H	V	Z	W	Y			
最高时速（km/h）	210	240	超过240	270	300			

（16）载重指数

载重指数表示轮胎的最大载重能力。

2）汽车轮胎规格的表示方法

充气轮胎一般习惯用英制表示，但欧洲国家则常用公制表示。有些国家用英制和公制混合表示。个别国家也有用字母做代号来表示轮胎规格尺寸的。我国轮胎规格标记主要采用英制，有些也用英制和公制混合表示。

我国的轮胎标准经过几次修订，现执行的标准为GB9743—1997《轿车轮胎》；GB/T2978—1997《轿车轮胎系列》；GB9744—1997《载荷汽车轮胎》；GB/T2977—1997《载荷汽车轮胎系列》。标准规定了轮胎规格、基本参数、主要尺寸、气压负荷对应关系等。

汽车轮胎的标记示例：P215/65 R15 89 H。

其中，P 表示轿车轮胎；215 表示轮胎断面的宽度为 215cm；65 表示胎的扁平比，即胎高/胎宽=0.65（65%），数值越小，越显扁平；R 表示子午线轮胎（B 表示斜交轮胎）；15 表示轮辋直径（15in）；89 表示载重指数为 89，最高载重为 5800N；H 表示速度级别为 H 级，最高时速为 210km/h。

3. 汽车轮胎的不正常损坏及预防

汽车轮胎的早期损坏是在低于轮胎规定的使用寿命期出现的过度磨损或损坏现象。轮胎损坏的主要形式有胎面磨损、帘线松散、折断和帘布脱层，以及胎体扎伤、刮伤和爆破等，如图 3.1-10 所示。

图 3.1-10　汽车轮胎的非正常磨损现象

轮胎的使用性能是以压缩空气的性质和内外胎的弹性为基础的。汽车车轮承受和传递汽车与路面的全部作用力，在各种外力作用下，产生复杂的变形。因变形产生摩擦，产生大量内热，使轮胎温度升高，强度降低。超常力和热对轮胎的综合作用，使轮胎过早磨损或损坏。

造成轮胎过早损坏的原因主要有：轮胎气压，轮胎负荷，汽车行驶速度和温度，道路条件，汽车技术状况，驾驶方法及轮胎维护质量。

汽车轮胎磨损主要是因轮胎与地面间滑动产生的摩擦力造成的。汽车起步、转弯及制动等行驶条件的不断变化，如转弯行驶速度过快、起步过急、制动过猛，这样轮胎的磨损就快。另外，轮胎的磨损还与汽车的行驶速度有关，行驶速度越快，轮胎磨损越严重，路面的质量也直接影响到轮胎与地面的摩擦力。路面较差时，轮胎与地面滑动加剧，轮胎的磨损就快。以上情况产生的轮胎磨损，基本上是均匀的，属正常磨损。若轮胎使用不当或前轮定位不准，将产生故障性不正常磨损，如轮胎胎冠的中央部分早期磨损的主要原因是充气量过大，而轮胎充气不足，且长期超负荷运行，则会导致轮胎两边胎肩磨损量过大。要预防此类磨损，就应当保持轮胎的正常充气量，避免长期超负荷运行。

对于轮胎的一边磨损量过大的情况，其主要原因是前轮定位失准。当前轮的外倾角过大时，轮胎的外边形成早期磨损；外倾角过小或没有时，轮胎的内边形成早期磨损，应及时校准前轮外倾角；而轮胎胎面出现锯齿状磨损的主要原因是前轮定位调整不当或前悬架系统位置失常、球头松旷等；个别轮胎磨损量大说明个别车轮的悬架系统失常、支撑件弯曲或个别车轮不平衡，这些都会造成个别轮胎早期磨损。出现这种情况后，应检查磨损严重的车轮的定位情况，独立悬架弹簧和减振器的工作情况，同时应缩短车轮换位周期。轮胎出现斑秃形磨损也属不正常磨损，这说明轮胎平衡性差。若在行驶中发现在某一个特定速度情况下有轻微抖动时，就应该对车轮进行平衡，以防出现斑秃形磨损。这里提醒驾驶员注意，应经常对轮胎的磨损状况进行检查，如发现上述情况，自身无条件进行调整的话，应及时与维修站点联系校正。

4．延长汽车轮胎使用寿命的措施

1）影响轮胎使用寿命的因素

轮胎气压、负荷、汽车行驶速度、气温、道路条件、汽车技术状况、驾驶方法、维修质量和管理水平等因素对轮胎使用寿命影响很大。

（1）轮胎气压的影响

“气压是轮胎的生命”，轮胎气压不同，所承受的负荷就不同。轮胎气压偏离标准是轮胎早期损坏的主要原因，尤以气压不足对轮胎的危害最大。轮胎气压越低，胎侧变形越大，使胎体帘线产生较大的交变应力。由于帘线能承受较大的伸张变形，而承受压缩变形的能力较差，故周期性的压缩变形会加速帘线的疲劳破坏。轮胎以低压状态滚动时，除增大胎体的应力外，还因摩擦加剧而使轮胎温度升高，降低了橡胶和帘线的抗拉强度。

当轮胎气压过高时，造成轮胎接地面积小，增大了单位面积上的负荷，同时轮胎弹性小，因胎体帘线过于伸张，应力增大，由此造成胎冠磨损增加。如汽车在不良路面上行驶时，由于车轮承受的动负荷大，故易使胎面剥离或爆胎。气压过高对轮胎的磨损强度虽比气压不足时要小，但爆破的可能性却增大了。

（2）轮胎负荷的影响

轮胎所承受的最大负荷，设计时已经限定。超载时，外胎损坏特点与气压低时类似，胎侧弯曲变形大。但轮胎超载时受力和变形状态比气压低时更恶化，轮胎的损坏就更加严重。

（3）汽车行驶速度和气温的影响

汽车行驶速度过高，轮胎使用寿命缩短。其原因是：高速行驶时轮胎面与路面摩擦频繁，滑移量大，使胎体温度升高，结果导致轮胎气压增高；汽车高速行驶时，动负荷大，会造成轮胎的损伤。

气温对轮胎使用寿命的影响也很大，尤其在气温和车速均高时，轮胎使用寿命会明显缩短，其根本原因都是轮胎气压急剧升高。

（4）道路条件的影响

影响轮胎使用寿命的道路因素主要是路面材料和平坦度。它们关系到摩擦力和动负荷的大小，由此影响轮胎的使用寿命。

（5）汽车技术状况的影响

汽车底盘（尤其是行驶系统）的技术状况不良，会造成轮胎的异常磨损。例如，轮辋变形、轮毂轴承松旷、车轮不平衡会造成轮胎磨损成多边形或波浪形，轮辋偏心、轮毂与转向节轴偏心或转向节轴弯曲会造成轮胎一侧局部磨损等。

（6）驾驶方法的影响

轮胎的使用寿命与汽车驾驶方法紧密相关，如起步过猛使驱动轮上的负荷骤然增加，轮胎与地面发生强烈的摩擦，易发生滑转现象，增加轮胎磨损。紧急制动时，轮胎由滚动变为滑移，局部胎面受到剧烈摩擦产生高温，使胎面胶软化而加剧磨损。同时在缓冲层和帘布层中产生较大的剪切应力，会使胎面花纹发生崩裂，胎面胶脱或胎体脱层。转弯过急，使车轮侧向滑移，增加胎面磨损，并使胎侧过度变形，在胎圈部位产生很大应力，可使胎圈破裂，胎体脱层，甚至爆破。行驶中轮胎碰撞障碍物，使轮胎受到强烈冲击，引起过度变形，损坏帘布层。

（7）轮胎维护质量的影响

不认真执行轮胎强制维护的原则，就不能保持轮胎的良好技术状况，也会影响轮胎的使用寿命。

（8）轮胎管理技术的影响

不执行轮胎装运技术要求，轮胎保管条件不良或方法不当，也将引起轮胎早期损坏。轮胎与矿物油、酸类物质和化学药品接触，会使橡胶、帘布层遭受腐蚀。保管期间受阳光照射，室温过高或空气过分干燥，会加速轮胎老化；空气中水分过多，轮胎受潮，会使帘布层霉烂变质。内胎折叠存放，会产生裂痕，外胎堆叠，将引起变形。

2）汽车轮胎的使用

（1）轮胎的选择

① 按汽车厂家要求选择轮胎规格。一般在汽车制造厂提供的随车手册中规定了使用的轮胎规格，用户应该严格按要求选用，不得低于要求的规格，也不要随意变更轮胎规格，因为轮胎的规格是制造厂按照设计要求选定的。在正常使用过程中，按汽车厂家要求选择的轮胎能完全满足汽车行驶时动力性、操纵性、制动性、安全性和舒适性等方面的要求。

② 负荷系数的选择。选择轮胎时必须保证轮胎不能超载。如果轮胎超载，不但轮胎会产生非正常磨损而引起寿命急剧缩短，而且有时还会因为轮胎超载而引发轮胎刚度不够和附着性能变坏，严重影响车辆行驶安全性和稳定性。应根据要求轮胎载荷选择轮胎规格中负荷系数的值，负荷系数所对应的轮胎负荷能力应大于额定载荷。

③ 速度等级的确定。同一规格的轮胎不但有不同的负荷能力，还会有不同的速度等级，有时车辆的轮胎负荷不超载，但有可能速度超载，也会引起轮胎过度发热、过度磨损和爆胎等问题。在选择轮胎时，一定要注意规格中的速度等级，选择的速度等级所对应的最高行驶速度越高，它的高速性能越好。对于经常行驶高速公路的车辆，应选择速度等级高的轮胎。

④ 轮胎花纹的选择。汽车行驶路面不同，对轮胎的花纹要求也不同。如果经常在恶劣道路行驶，应选择越野花纹轮胎；而经常在城市道路行驶的车辆则应选择普通花纹轮胎。

（2）汽车轮胎的正确使用

轮胎的正确使用是延长其使用寿命的根本途径，使用中应注意以下问题。

① 保持轮胎气压正常。轮胎气压是决定轮胎寿命的主要因素，轮胎的气压应按照车厂

的规定进行加气，平时应经常检查轮胎的气压，且保持左右轮胎气压一致。

② 防止轮胎超载。轮胎负荷是根据轮胎的结构、帘布层数与强度、使用气压和速度等，经过科学计算确定的。不遵守标准而超载使用的轮胎会影响其使用寿命。

③ 合理搭配轮胎。合理搭配轮胎的目的是使整个汽车上的几条轮胎尽量磨损一致，使其同等寿命。搭配轮胎的原则如下：装用新轮胎时，同一车轴上装配同一规格、结构、层级和花纹的轮胎；货车双胎并装的后轮，还需加上同一品牌。装用成色不同的轮胎时，前轮尽量使用最好的轮胎，备用轮胎使用较好的轮胎，直径较大的轮胎应该装在双胎并装的后轮外挡，翻新轮胎不得用于转向轮。

④ 提高驾驶车辆技术。驾驶操作要领是：起步平稳，避免轮胎滑转；均匀加速，中速行驶，避免急加速和急减速；选择路面，避免在不良路面上行驶；转弯减速，避免高速转弯引起的轮胎横向滑移；以滑代制，避免紧急制动造成的轮胎拖磨。

⑤ 保持良好的底盘技术状况。轮胎的异常磨损与底盘技术状况有关，如前轮定位中的前轮外倾与前轮前束配合不当、轮毂轴承松旷、转向传动机构间隙过大、车轮不平衡、轮辋变形、悬架与车架变形或制动技术状况不良等。

前轮外倾与前轮前束配合不当将产生侧向力，使轮胎横向滑移而引起磨损。

轮毂轴承松旷、转向传动机构间隙过大、车轮不平衡、轮辋变形等，会使汽车轮胎在行驶中发生纵向的跳动或横向的摆动，使车轮非正常磨损加剧。

悬架与车架变形，将使车轮定位发生变化，并使车轮着地位置发生变化或产生侧向力，引起轮胎的磨损。

车轮制动器调整不当，各轮制动力不均匀或制动力不易解除，会造成胎面磨损加剧。

⑥ 加强轮胎强制维护。对轮胎的维护应与整车维护一样，贯彻预防为主、强制维护的原则，维护周期按汽车规定的维护周期执行。

（3）汽车轮胎的维护

要认真执行 GB/T9768—2000《轮胎使用与保养规程》、JT/T303—1996《汽车轮胎使用与维修要求》和 JT/T242—1995《汽车运输业企业轮胎技术管理制度》等规定，切实做好汽车轮胎的维护工作。

汽车轮胎的维护包括日常维护、一级维护和二级维护。

① 日常维护。日常维护包括出车前、行车中和收车后的检视。日常维护主要是检视轮胎气压是否符合规定；检查轮胎螺母有无松动；清理轮胎夹石和检查有无不正常的磨损与损伤，并及时消除造成不正常磨损和损伤的因素。

② 一级维护。一级维护的内容有检查轮胎螺母是否紧闭、气门嘴是否漏气、气门帽是否齐全，如发现损坏，立即修理补齐；挖出夹石和花纹中的石子、杂物；检查轮胎气压，按标准补足；检查轮胎有无与其他机件刮碰现象，备胎架是否完好、紧固，如不符合要求应予以排除，完成上述操作后应填写维护记录。

③ 二级维护。二级维护是指除执行一级维护的各项作业外，还应拆卸轮胎，按轮胎标准测量胎面花纹磨耗、周长及断面宽的变比，作为换位和拆卸的依据；进行轮胎解体检查，即检查胎冠、胎肩、胎侧，以及轮胎内有无内伤、脱层、起鼓和变形等现象，检查内胎、垫带有无咬伤、褶皱现象，气门嘴、气门芯是否充好，检查轮辋、挡圈和锁圈有无变形、锈蚀，根据情况进行涂漆处理；检查轮辋螺栓孔有无过度磨损或损裂现象；排除解体检查所发现的故障后，进行装合和充气；高速车应进行轮胎的动平衡试验，并按规定进行轮胎换位；若发

现轮胎有不正常的磨损或损坏，应查明原因，予以排除，完成后填写相应的维护记录。

轮胎在汽车上的安装位置不同，轮胎行驶路线、磨耗部位及程度也不一样。为使轮胎能均匀磨损，延长其使用寿命，《汽车维护工艺规范》规定，在汽车二级维护时进行轮胎换位，轮胎换位方法有交叉换位法和循环换位法，如图 3.1-11 所示。

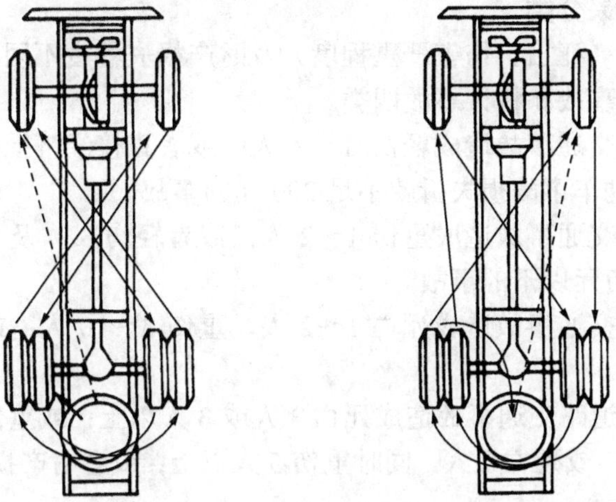

（a）交叉换位法　　（b）循环换位法

图 3.1-11　汽车轮胎换位示意图

轮胎换位应注意如下问题：

- 无论采用哪种方法，只能一用到底，不可改变，否则对轮胎磨损不利；
- 换位后轮胎应按新的位置规定重新调整气压；
- 做好标记或记录，以利于下次换位；
- 翻新胎、有损伤的轮胎或磨损严重的轮胎不得装做导向胎；
- 汽车前后车轮的轮胎帘线层数不同、承载负荷不同时不能随便换位；
- 有方向性花纹的轮胎，换位前后旋转方向应一致；
- 若轮胎有异常磨耗，可在排除后提前换位。

3.2　汽车的安全使用

交通运输是国家经济、国防建设的生命线。而汽车运输又以其特有的优越性而得到大力发展。汽车自诞生以来的一百多年间，对人类发展生产、改造环境、建设物质文明起到重要作用。但随着汽车的发展和普及，因交通事故及车祸造成的人员伤亡数越来越大。因此如何安全地使用车辆成为必须研究和重视的问题。

3.2.1　道路交通事故

道路交通事故是行人、车辆在道路上行进时，因违反交通法规或其他原因发生人身伤亡和车物损失的事件。凡车辆在道路上行驶或停放过程中发生碰撞、辗压、刮擦、翻车、失火、爆炸等情况，造成人员或牲畜伤亡、物资损失的事件都称为交通事故。

1．道路交通事故的分类

对道路交通事故进行分类，是为了更好地、全面细致地掌握交通事故情况，便于分析研究，找出交通事故发生的规律，制定预防措施。

道路交通事故分析研究的角度不同，划分的类别标准也不同。

（1）按事故损害后果分类

根据人身伤害程度（死亡、伤害严重程度）及财产损失程度不同，将交通事故分为轻微事故、一般事故、重大事故和特大事故四类。

轻微事故：指一次交通事故造成轻伤 1～2 人；或者直接经济损失或机动车事故损失折款 1000 元以下，非机动车事故损失折款不足 200 元的事故。

一般事故：指一次交通事故造成重伤 1～2 人；或者轻伤 3 人及 3 人以上；或者财产损失折款 1000 元以上 3 万元以下的事故。

重大事故：指一次交通事故造成死亡 1～2 人，重伤 3～10 人；或财产损失折款 3 万元以上 6 万元以下的事故。

特大事故：指一次道路交通事故造成死亡 3 人或 3 人以上；或重伤 11 人以上；或死亡 1 人，同时重伤 8 人以上；或死亡 2 人，同时重伤 5 人以上；或者财产损失 6 万元以上的事故。

（2）按事故原因分类

根据发生交通事故的原因，可将其分为主观原因、客观原因和意外事故。

主观原因：是指发生交通事故的原因是由于当事人主观过错造成的，主要包括违法行驶、疏忽大意、过于自信和操作不当。

客观原因：是指由于道路条件、车辆状况不符合技术标准及环境等因素诱发的交通事故。

意外事故：是指由意外原因，如地震、山洪、台风等不可抗拒的自然灾害或紧急避险等造成的交通事故。

（3）按事故的性质分类

非责任事故：责任属于他方。

有责任事故：责任由双方分担。

责任事故：全部责任由肇事者来负担。

（4）按交通方式分类

在交通事故中，根据交通方式的不同，可分为机动车事故、非机动车事故和行人事故。

机动车事故：指机动车单方事故、机动车与机动车、机动车与非机动车或行人发生的事故中，机动车方负同等以上责任的，视为机动车事故。

非机动车事故：指非机动车单方事故、非机动车与非机动车的事故及非机动车与行人发生的事故中，非机动车负同等以上责任的。非机动车与机动车发生事故，非机动车负主要以上责任的，在此也视为非机动车事故。

行人事故：是指行人在与车辆发生的事故中负主要（含）以上责任的。

2．道路交通事故构成的要素

道路交通事故的形成，必须具备以下六个要素。

（1）车辆

车辆（包括各种机动车和非机动车）是交通事故的前提条件，也就是指在当事方中，必有一方使用车辆，如无车辆则不认为是交通事故。例如，行人之间走路中发生的意外，受伤致死都不属于道路交通事故。

（2）在道路上

在道路上是交通事故的第二个特征，指事故发生的空间要在公路、城市街道和胡同（巷），以及公共广场、公共停车场等供车辆、行人通行的地方。厂矿、企业、机关、学校、住宅区内不具有公共使用性质的道路不在此列。

（3）在通行中

在通行中是指车辆在行驶或正在停放的过程中。如停车后装卸货物时发生的伤亡事故，不 属于交通事故，而停车后溜车发生事故在公路上属于交通事故，在货场里则不算交通事故；停在路边的车或坐在路边的人，被过往车辆碰撞，造成后果的，也是交通事故。

（4）发生事态

发生事态是指发生与道路交通有关的现象，如碰擦、碾压、刮擦、翻车、坠落、失火等；若没有交通事态，则不属于交通事故，如正常行驶的客车上乘车人因疾病突发而死亡等。

（5）造成事故的原因是人为的

这是指所造成的事故不是因为人力无法抗拒的自然原因，如地震、台风、洪水、泥石流、雪崩等。行人自杀也是人力无法抗拒的，这些均不属于道路交通事故。

（6）后果

后果是指有以上特定条件又要有人、畜伤亡或车辆、物资损失的后果，没有后果或这种后果未达到交通管理部门规定的标准则不能称为道路交通事故。

以上六种要素，可以作为鉴别道路交通事故的依据和必要条件。

3．道路交通事故的原因

“现代社会的第一公害”——交通事故是一种偶然发生的事件，似乎是不可避免的，然而一切事故都有其产生的原因。道路交通事故是在特定的交通环境影响下，由于人、车、路、环境诸要素配合失调发生的。因此，分析交通事故的原因最重要的是要分析人、车、路、环境对交通事故形成的影响。

1）人的原因

人既是交通事故的制造者，又是交通事故的受害者。同时，人是交通安全中的一个能动因素，所以人是交通安全的主体。人对交通事故形成的影响，主要表现在以下几个方面。

（1）自身的生理、心理状态不符合交通安全的要求；

（2）自身违章行走、违章操作、违章装载、违章行驶等；

（3）对他人的交通动态及道路变化、气候变化、车况变化观察疏忽或采取措施不当等。

人为责任事故的发生，原因是多方面的。其中有的是驾驶员思想麻痹，违章驾驶，操作失误等造成的；有的是因行人、非机动车驾驶者不遵守《道路交通管理条例》造成的。

从机动车驾驶方面来分析，驾驶员责任事故的发生主要是在行车过程中反应、分析和操作三个环节上出现了错误。

2）车辆的原因

由于车辆技术状况不良引起的交通事故比例并不大，但这类事故一旦发生，其后果一般都是比较严重的。这类事故的起因通常是由于制动失灵、机件失灵，以及车辆装载超高、超宽、超载或货物未拴牢固所致；另外，由于车辆在长时间运行过程中对各种机件的反复交变作用，当超过一定的限度时，车辆也会突然发生故障而酿成交通事故。除此之外，由于一些单位维修制度不完善、不落实、车辆检验方法落后，致使一些车辆常常因带“病”行驶而肇事，这也是车辆本身造成事故的原因。

3）道路与环境的原因

道路与环境作为构成道路交通的基本要素，它们对交通安全的影响不容忽视，在某些情况下，它们可能成为导致交通事故发生的主要原因。

（1）道路。道路线形几何要素的不合理及各种不良的线形组合，往往是导致交通事故发生的重要原因。路面状况不良（如潮湿、覆雪、结冰等）使车轮与路面之间的附着系数下降，因而会影响汽车行驶的稳定性和制动性能。此外，不同类型的道路，由于车道宽度、车道数、公路路肩、中央分隔带等设置的不同，对交通安全的影响也不同。

（2）环境。交通流量的大小直接影响着驾驶员的心理紧张程度，也影响着交通事故率的高低。在交通流量大时，由于车辆的相互干扰、互成障碍，常导致交通事故的发生。在交通流量小时，往往由于高速行驶而导致交通事故。

4．道路交通事故的危害和预防

近年来，由于汽车保有量的迅速增加，公路建设速度与汽车的发展又不相适应，交通设施不完善，交通拥挤，人车混行；在城市里交通拥挤情况更加严重，交通事故逐年上升。由于道路交通事故具有随机性、突发性、社会性和危害的涉及面广的特点，一旦发生交通事故，不仅在政治上给国家造成严重的影响，而且在经济上造成巨大损失；更重要的是给驾驶员和受害者及其家属在精神上造成巨大的痛苦，在生活中造成无法弥补的损失。道路交通事故是由人、车、路、环境诸多因素共同影响下的一个复杂交通事件，因此，解决交通安全问题，必须把“人、车、道路环境”三者作为一个有机整体来对待和处理。从谋求这一有机整体的平衡出发，来规划和协调解决其中各组成部分的结构、性能、行为等问题。

道路交通系统由人、车、道路环境三要素组成，该系统的工作实质是完成客/货安全、迅速地移动。因此，保障道路交通安全，务必以道路交通系统为前提，以交通法规为依据，以管理为手段。管理中包括了管理队伍素质、管理体制、机构，以及现代管理的方法和手段等。目前各国政府均根据本国情况采取了一系列整治措施，从主动和被动两个方面对汽车交通事故采取对策，其中汽车的安全使用是最重要的措施之一。因此，治理交通安全，预防交通事故应着重从交通立法、交通安全教育和工程措施三方面着手。

1）交通立法

管理的基础是以法规为依据的。道路交通系统的安全，既涉及静态交通的道路及有关环境设施，也涉及人和车辆的动态参与，还涉及社会政治、经济的结构。所以，道路交通安全保障体系是一个有机整体，其中每个要素或环节都与整个系统的安全密切相关，而整个系统的安全又依靠各个要素与环节的安全保证。

交通立法是对交通实行法制管理，这对保证交通安全，正确处理交通参与者之间的关系很重要。在国际上交通法规包括以交通安全系统为主的交通安全法；以道路管理为主的道路法：以停车场管理为主的停车法；以车辆检验与管理为主的车辆检验法；以交通运输为主的道路运输法。

交通法规是交通参与者的行动指南，是国家（地区）的交通政策。

2）交通安全教育

目前，我国道路交通普遍存在违章多、秩序乱、交通事故突出等问题。其中交通违章直接导致交通秩序混乱，具有导致事故发生的可能和趋势。保障道路交通安全，预防交通事故和减少或取缔交通违章的有效措施是加强交通安全的宣传教育工作，在现行经济基础条件下提高汽车安全使用技术和国民素质显得尤为重要。只有切实抓好交通安全的宣传教育工作，提高广大群众的交通安全意识，使得人人关心交通安全、了解和自觉遵守《中华人民共和国道路交通安全法》、自觉维护交通秩序、提高交通安全意识，才有可能从根本上保障道路交通安全。

交通安全宣传教育是以保障交通安全和畅通为目的的。以交通法、有关的规定和交通安全知识为主要内容，通过依靠行政手段和社会力量，以各种形式和方法，向交通参与者进行宣传教育，是改变人们传统的、落后的交通习惯，增强交通安全意识和社会主义法制观念，培养良好的社会公德和建设社会主义精神文明的一项长期的艰巨任务。

我国常采用交通安全宣传、交通安全月、驾驶员定期必须参加交通安全学习等方式进行交通安全教育。为收到良好效果，应注意针对性、科普性，并要有专门机构负责交通安全教育工作。

（1）对机动车驾驶员的安全教育。进一步提高驾驶员整体水平和汽车安全技术状况，对减少道路交通事故的发生具有重要的现实意义，也会收到事半功倍之效。

第一，安全技术知识教育。

① 车辆结构与性能知识。包括车辆一般结构知识，重点是车辆制动、转向性能与安全行车的关系。驾驶员应掌握在任何情况下正确制动车辆。

② 车辆安全行驶知识。包括超车、会车、通过交叉口、复杂道路条件下行车、装载、停车、防火等安全知识。

③ 车辆保养。包括日常保养、运行保养，特别是涉及安全机件的检查知识。

④ 交通事故的基础知识。

第二，职业道德教育。

职业道德是指一定职业的人，在本职工作中应遵守的行为规范。职业道德是社会道德的主要方面，它包括对职业的认识、职业感情、职业理想和职业习惯等具体内容。驾驶员职业道德表现为自觉遵守《中华人民共和国道路交通安全法》、礼貌相让、关心客货安全、爱护车辆和文明行车等方面。

第三，针对性教育。

针对性教育是指在对驾驶员进行普遍性教育之外，针对部分驾驶员的重点教育。

① 针对“多事故”或处于“多事故期”的驾驶员进行教育。交通事故与驾驶员的驾车年限有一定关系。统计数字表明，驾车经历在三年以下的驾驶员其事故率相对高于三年以上者。这里有技术经验方面的原因，也有心理因素的影响。新驾驶员在驾车开始的2～3年里发生事故的情况最多，所以称这一时期为驾驶员的“多事故期”。另外，研究发现，一段时期的事故，往往集中在少数驾驶员身上，这些少数驾驶员称为“多事故”驾驶员。

② 针对违章受处分驾驶员进行教育。驾驶员严重违章除给予适当处分外，还应及时对其进行安全教育，采取一定形式组织违章驾驶员学习有关的交通法规。

（2）对骑自行车者的安全教育。自行车拥有量大和自行车事故多是我国城镇交通的一大特点，预防自行车事故的宣传内容是交通安全宣传的重点（因为机动车与自行车碰撞事故比例最大）。对骑自行车者的教育，应强调违章骑车的危险性，提高公民道德和法制观念。

（3）对行人的安全教育。行人数量大，一般城市的人行道面积相对不足，且行人构成复杂，对行人的安全宣传教育亟待加强，应广泛深入地对社会成员进行《中华人民共和国道路交通安全法》的有关规定和交通安全常识教育。让行人了解横过道路的正确方法和规则及乘车和躲让机动车的安全常识等。

3）改善道路交通环境和汽车安全性能及结构方面的工程措施

工程措施是指增加道路密度，改进道路设计，提高道路等级和质量，科学地建全交通标志和道路交通标线，安装交通信号，改进车辆结构性能，加强车辆安全性能的检验与维护工作等措施。

5．道路交通事故的处理

1）道路交通事故处理权限

为了保护国家财产，保护公民的合法权益，我国规定所有交通事故必须由国家交通管理部门负责处理。具体处理权限规定如下。

（1）按行政区划处理。凡交通事故的处理，均由公安交通管理部门主管。县以上地方各级公安交通管理部门是同级人民政府处理本行政区交通事故的主管机关。

对特大交通事故，地（市）交通管理机关必须派人协助基层（县、区）处理，必要时省级人民政府公安机关交通管理部门应当派人到现场指导。

（2）军车事故的处理。对军车发生的交通事故，涉及军人行政处分或刑事处罚时，应将有关材料转交军人所属部队，由部队依据军纪军法处理，但部队应将处理结果通知原处理单位。

（3）涉外事故的处理。对于涉及外籍人员的交通事故，由当地公安交通管理部门会同外事部门共同处理。对享有外交豁免权的外籍人员，由公安交通管理机关提供材料，交外事部门依照国家有关法律规定处理。

（4）其他特殊情况。对于火车与车辆、行人在铁道与公路交叉道口发生的交通事故，依照国家有关法律规定进行处理。

2）道路交通事故处理程序

道路交通事故处理程序是指公安交通管理机关在处理交通事故中必须遵守的法定程序和制度，即处理交通事故的操作规程。交通事故处理程序包括从立案、事故调查到善后处理的各个主要环节，具体如下。

（1）立案。立案是进行交通事故处理的前提。立案的根据主要来自报案，但也有当事人私下和解不成又请求处理的，也可能是交通管理机关自行发现的。

（2）事故调查。立案之后的程序是事故调查，这是事故处理的重要过程之一。

（3）责任分析。责任分析必须建立在调查、取证之后，并在案件情节清楚、证据充分的基础上进行。同时，责任分析也必须以案情分析及事故原因分析为前提。根据责任分析，对当事人在交通事故中应承担的责任或是否要负法律责任做出认定。

事故责任分析时应将造成事故的直接原因与引起事故后果的原因分别考虑，还要考虑当事人违章行为与事故的因果关系及违章行为在事故中的作用。

（4）裁决处罚。对有违反交通规则的交通事故当事人，应根据其违章情节给予处罚。处罚裁决应在当事人责任认定之后进行，处罚应以裁决书形式通知本人。对交通事故当事人的肇事行为已触犯刑法的，经裁决程序后可向法院提起诉讼。

（5）赔偿调解。调解作为解决交通事故损害赔偿的形式，不同于法律上的经济赔偿判决。这项程序应当在查明交通事故原因、认定交通事故责任、确定交通事故造成损失的情况后，由事故处理机关召集当事人和有关人员协商解决。

经调解达成协议的或在调解期满后未达成协议的，由事故处理机关分别制作调解书或调解终结书。至此，交通管理机关处理事故的程序便告终结。

3）事故责任认定

交通事故责任认定的目的，一是为了追究肇事者的责任，做到以责论处；二是为了公平、客观地确定当事人事故损害的赔偿份额；三是能够对其他交通参与者起到教育、警戒的作用；四是研究交通事故的发生规律，制定安全有效的防范措施和管理对策。

4）事故损害赔偿

交通事故引起的人员伤亡和公私财产的损失，称为交通事故损害。事故损害赔偿是指事故责任者对事故损害后果应承担的赔偿责任。

损害赔偿的总数额除交通事故造成的直接财产损失折款外，还包括医疗费、误工费、住院伙食补助费、护理费、残疾者生活补助费、残疾用具费、丧葬费、死亡补偿费、被抚养人生活费、交通费及住宿费等。

5）调解和调解终结

调解和调解终结是公安交通管理机关在事故处理中采用的两种结案方式。

（1）调解。交通事故的调解可以通过会议形式进行，也可以个别协商，取得一致意见，对经济责任及有关事宜达成协议后，形成调解协议书，当事各方签字后生效。调解协议书的内容主要包括事故的简要经过、因果关系分析、违章行为、违反规定的具体条款、当事人责任的具体划分、造成的损害、经济赔偿的项目和金额、善后处理意见。

调解期限为30天，必要时可延长15天。调解从治疗终结、定残之日、规定的丧葬结束之日或确定财产损失之日起计算。

（2）调解终结。调解终结是在结案工作条件已经基本成熟，调解期满后，但一方、双方或多方持反对意见，拒绝接受处理意见，经过反复做工作后仍不接受时，事故处理机关不再调解而提出的一种结案方式，当事人可以向人民法院提起民事诉讼。

调解终结书的内容除应具有调解书的内容之外，还应写明意见的分歧、裁决的依据和处理结论。

6）交通事故处理规定

根据《道路交通安全法实施条例》，交通事故处理规定如下。

（1）机动车与机动车、机动车与非机动车在道路上发生未造成人身伤亡的交通事故，当事人对事实及成因无争议的，在记录交通事故的时间、地点、对方当事人的姓名和联系方式、机动车牌号、驾驶证号、保险凭证号、碰撞部位，并共同签名后，撤离现场，自行协商损害赔偿事宜。当事人对交通事故事实及成因有争议的，应当迅速报警。

（2）非机动车与非机动车或行人在道路上发生交通事故，未造成人身伤亡，且基本事实及成因清楚的，当事人应当先撤离现场，再自行协商处理损害赔偿事宜。当事人对交通事故事实及成因有争议的，应当迅速报警。

（3）机动车发生交通事故，造成道路、供电、通信等设施损毁的，驾驶人应当报警等候处理，不得驶离。机动车可以移动的，应当将机动车移至不妨碍交通的地点。公安机关交通管理部门应当将事故有关情况通知有关部门。

（4）公安机关交通管理部门或交通警察接到交通事故报警，应当及时赶赴现场，对未造成人身伤亡，事实清楚，并且机动车可以移动的，应当在记录事故情况后责令当事人撤离现场，恢复交通。对拒不撤离现场的，予以强制撤离。

对属于上述规定情况的交通事故，交通警察可以用简易程序处理，并当场出具事故认定书。当事人共同请求调解的，交通警察可以当场对损害赔偿争议进行调解。

对交通事故造成人员伤亡和财产损失需要勘验、检查现场的，公安机关交通管理部门应当按照勘察现场工作规范进行。现场勘察完毕，应当组织清理现场，恢复交通。

（5）投保机动车第三者责任强制保险的机动车发生交通事故，因抢救受伤人员需要保险公司支付抢救费用的，由公安机关交通管理部门通知保险公司。

抢救受伤人员需要交通事故救助基金垫付费用的，由公安机关交通管理部门通知交通事故社会救助基金管理机构。

（6）公安机关交通管理部门应当根据交通事故当事人的行为对发生交通事故所起的作用及过错的严重程度，确定当事人的责任。

（7）发生交通事故后当事人逃逸的，逃逸的当事人承担全部责任。但是，有证据证明对方当事人也有过错的，可以减轻责任。

当事人故意破坏、伪造现场，毁灭证据的，应承担全部责任。

（8）公安机关交通管理部门对经过勘验、检查现场的交通事故应当在勘察现场之日起 10 日内制作交通事故认定书。对需要进行检验、鉴定的，应当在检验、鉴定结果确定之日起 5 日内制作交通事故认定书。

（9）当事人对交通事故损害赔偿有争议，各方当事人一致请求公安机关交通管理部门调解的，应当在收到交通事故认定书之日起 10 日内提出书面调解申请。

对交通事故致死的，调解从办理丧葬事宜结束之日起开始；对交通事故致伤的，调解从治疗终结或定残之日起开始；对交通事故造成财产损失的，调解从确定损失之日起开始。

（10）公安机关交通管理部门调解交通事故损害赔偿争议的期限为 10 日。调解达成协议的，公安机关交通管理部门应当制作调解书送交各方当事人，调解书经各方当事人共同签字后生效；调解未达成协议的，公安机关交通管理部门应当制作调解终结书送交各方当事人。交通事故损害赔偿项目和标准依照有关法律的规定执行。

（11）对交通事故损害赔偿的争议，当事人向人民法院提起民事诉讼的，公安机关交通管理部门不再受理调解申请。公安机关交通管理部门调解期间，当事人向人民法院提起民事诉讼的，调解终止。

（12）车辆在道路以外发生交通事故，公安机关交通管理部门接到报案的，参照《道路交通安全法》和《道路交通安全法实施条例》的规定处理。

车辆、行人与火车发生的交通事故及在渡口发生的交通事故，依照国家有关规定处理。

3.2.2 我国道路通行原则及行驶规定

1. 我国道路通行原则

（1）右侧通行的原则

机动车、非机动车实行右侧通行的原则。

右侧通行是我国（港、澳、台地区除外）道路交通实行的一项最基本的原则或制度。在国际上，一些国家或地区实行的是右侧通行的制度，如美国、俄罗斯等；一些国家或地区实行的是左侧通行的制度，如英国、日本等。规定是右侧通行还是左侧通行是其他一切通行原则的前提。

（2）分道行驶的原则

分道行驶的原则也称各行其道原则或路权原则。机动车、非机动车、行人必须各行其道，才能确保道路通行秩序良好。

（3）优先权原则

优先权原则包括流向优先和交通物体优先。流向优先是指直行车辆优先于转弯车辆，干道上行驶的车辆优先于支路上行驶的车辆；车辆行至无管制交叉路口时，只有在右边无车辆驶入路口时才可通行。交通物体优先是指火车和有轨电车在行驶时，优先于其他一切交通物体；一切车辆在道内通行时，优先于行人；紧急车辆（如警车、护卫的车队、消防车、工程救险车）优先于其他车辆；在人行横道内行走的行人优先于车辆。

（4）确保安全、畅通的原则

车辆、行人应当按照交通信号通行；遇有交通警察现场指挥时，应当按照交通警察的指挥通行；在没有交通信号的道路上，应当在确保安全、畅通的原则下通行。

2．汽车行驶规定

1）行驶速度

汽车行驶速度与行车安全、油量消耗、机件磨损有直接关系。车速过高，不仅增加油量消耗，加速机件磨损，而且容易发生行车事故；但车速过低，会使油量消耗增加，运输效率降低，所以必须根据车型、道路、气候条件、交通流状况确定行车速度。在有限速标志的路段，不得超过限速标志标明的最高车速。在没有限速标志的路段，应当保持安全车速。

2）行驶间距

同车道行驶的机动车，后车应当与前车保持足以采取紧急制动措施的安全距离。不得尾追过紧，同时注意前车的行车信号（转向灯、制动灯）。

3）让车、会车、超车、停放

让车。机动车在行车中应严格遵守优先权原则。遇有流向优先和交通物体优先时须停车或减速瞭望，确认安全后方准通行。

会车。在没有中心隔离设施或中心线的道路上，机动车遇相对方向来车时应减速靠右行驶，并与其他车辆、行人保持必要的安全距离；在有障碍的路段，无障碍的一方先行；但有障碍的一方已驶入障碍路段而无障碍的一方未驶入时，有障碍的一方先行；在狭窄的坡路，上坡的一方先行；但下坡的一方已行至中途而上坡的一方未上坡时，下坡的一方先行；在狭窄的山路，不靠山体的一方先行；夜间会车应当在距相对方向来车 150m 以外改用近光灯，在窄路、窄桥与非机动车会车时应当使用近光灯。

超车。机动车超车时，应当提前开启左转向灯，变换使用远、近光灯或鸣喇叭。在没有道路中心线或同方向只有一条机动车道的道路上，前车遇后车发出超车信号时，在条件许可的情况下，应当降低速度、靠右让路。后车应当在确认有充足的安全距离后，从前车的左侧超越，在与被超车辆拉开必要的安全距离后，开启右转向灯，驶回原车道。

停放。机动车停放必须在停车场或准许停放车辆的地点，依次停放。不准在行车道、行人道或其他有妨碍交通的地点停放。机动车停放时，须关闭电路，拉紧驻车制动器，锁好车门。机动车在停车场以外的地点临时停车，须按顺行方向靠道右侧停留，驾驶人不准离开车辆，妨碍交通时必须迅速驶离；车辆未停稳前，不准开门和上下人，开门时不准妨碍其他车辆和行人通行。在有禁停标志路段不准停车。

4）掉头、倒车

掉头。机动车在有禁止掉头或禁止左转弯标志、标线的地点，以及在铁路道口、人行横道、桥梁、急弯、陡坡、隧道或容易发生危险的路段，不得掉头。

机动车在没有禁止掉头或没有禁止左转弯标志、标线的地点可以掉头，但不得妨碍正常行驶的其他车辆和行人的通行。

倒车。机动车倒车时，应当观察车后情况，确认安全后倒车。不得在铁路道口、交叉路口、单行路、桥梁、急弯、陡坡或隧道中倒车。

5）通过交叉路口

机动车通过有交通信号灯控制的交叉路口，遇放行信号时，依次通过；交通信号与交通警察指挥不一致时，按交通警察指挥决定行止；遇停止信号时，依次停在停止线以外，没有停止线的，停在路口以外。

机动车通过没有交通信号灯控制也没有交通警察指挥的交叉路口时，有交通标志、标线控制的，让优先通行的一方先行；没有交通标志、标线控制的，在进入路口前停车瞭望，让右方道路的来车先行；转弯的机动车让直行的车辆先行；相对方向行驶的右转弯的机动车让左转弯的车辆先行。

机动车遇有前方交叉路口交通阻塞时，应当依次停在路口以外等候，不得进入路口。

机动车在遇有前方机动车停车排队等候或缓慢行驶时，应当依次排队，不得从前方车辆两侧穿插或超越行驶，不得在人行横道、网状线区域内停车等候。

机动车在车道减少的路口、路段，遇有前方机动车停车排队等候或缓慢行驶的，应当每车道一辆依次交替驶入车道减少后的路口、路段。

6）机动车装载

（1）机动车载物。机动车载物应当符合核定的装载质量，严禁超载；载物的长、宽、高不得违反装载要求，不得遗洒、飘散载运物。

机动车运载超限的、不可解体的物品，影响交通安全的，应当按照公安机关交通管理部门指定的时间、路线、速度行驶，悬挂明显标志。在公路上运载超限的、不可解体的物品，还应当依照《公路法》的规定执行。

机动车载运爆炸物品、易燃易爆化学物品，以及剧毒、放射性等危险物品时，应当经公安机关批准后，按指定的时间、路线、速度行驶，悬挂警示标志并采取必要的安全措施。

（2）机动车载人。机动车载人不得超过核定的人数，客运机动车不得违反规定载货。禁止货运机动车载客；货运机动车需要附载作业人员的，应当设置保护作业人员的安全措施。

3.2.3 道路交通安全管理法规

1．汽车安全技术法规

面对汽车交通事故这一“社会公害”的日益严峻，许多国家都制定了汽车安全法规。但由于各国汽车技术的发展及汽车交通事故的状况存在差异，所以安全标准或法规的侧重点和发展不尽相同。随着国际交流的频繁，在世界范围内有要求简化和统一法规的倾向。

与工业发达国家相比，中国汽车法规体系还不够完整和完善。为了与国际接轨，使中国汽车工业能够顺应市场化、全球化的竞争需要，1998 年，我国政府主管部门吸收了国外先进的车型认证制度，签署了 ECE WP29 协议，即参加全球汽车技术法规协调活动，参照 ECE 法规体系建立了中国汽车技术法规体系 CMVDR（China Motor Vehicle Design Rule），作为中国汽车产品车型认证的技术依据。

在汽车产品从“目录管理”向“车型认证”的过渡阶段，我国汽车产品认证中的政府强制性检验项目依据有强制性标准、CMVDR 和政府行政发文三种。因此，汽车安全、排放检验项目在强制性标准、CMVDR 中都会存在，但其中相同的项目在技术上的要求是相同的。

中国现行的强制性标准，具有技术法规的某些性质，包含了法规的某些技术要求和规范，是政府部门管理汽车产品的准则，但不具备法规的全部属性，标准自身不带有管理规则。我国强制性汽车标准虽是法规性标准，但由于缺乏立法部门的批准及缺乏法规结构上的完整性，尚不能称其为真正的汽车法规。中国汽车强制性标准体系是以欧洲 ECE/EEC 汽车技术法规体系为主要参照体系，在具体项目内容上紧跟欧、美、日三大汽车法规体系的协调成果。因此，这些强制性标准从技术要求的角度看，其内容是与国际上先进的法规体系相同的。

我国自 1993 年开始发布第一批汽车强制性安全标准，现在有关汽车、摩托车安全方面的标准共有 66 项，其中主动安全 23 项（与汽车有关的 19 项），被动安全 24 项（与汽车有关的 23 项），一般安全 19 项（与汽车有关的 13 项）。

中国汽车技术法规体系 CMVDR 是参照 ECE 法规体系建立的，1999 年 10 月 28 日，原国家机械工业局颁布了中国第一项汽车技术法规 CMVDR294（关于正面碰撞乘员保护的设计规则），到目前为止已经发布了 40 项 CMVDR。其中，涉及安全部件的有 12 项，包括 CMVDR211、217、225、258、273、346、635，以及待颁布的 CMVDR22l、226、261、212，还缺少安全带的技术法规 CMVDR216；涉及整车碰撞的技术法规只颁布了正面碰撞乘员保护，即 CMVDR294，侧面碰撞、碰撞后燃油泄漏等还未颁布。CMVDR 现在还很不完善，紧跟国际形势，并针对中国道路交通的具体实际情况，全面制定和实施更加系统和完善的汽车安全技术法规，将是我国汽车行业应加紧进行的工作。

2．交通法规

交通法规是公路（道路）交通使用者在通行中所必须遵守的法律、法令、规则和条例的统称。交通法规属于法律的范畴，它属于国家行政法规，是中央和地方政府及职能部门颁布的，限制人的各种有碍于交通的行为；维护社会正常的交通秩序；保障道路畅通、交通安全；裁定交通违章与交通事故责任的一系列行政法规的总称。

交通立法的目的在于以法律的形式和法律的权威来保障交通安全、舒适与畅通，维护交通的合法使用者不受伤害或骚扰。交通法规按其有效性的范围，分为全国性法规、地方性法规和局部性管理措施三个层次，以适应交通环境和交通特点因地而宜的需要，使交通法规既在全局上具有统一性，又在局部上具有适应性。

交通法规的内容通常包括交通信号、标志、标线的规定，对车辆和道路的使用、车辆结构的安全性能、道路上的安全设施、车辆驾驶员、自行车交通及行人交通等各方面的规定，以及对交通违章、交通事故处理的规定等。

随着车辆、道路和交通管理科学的发展，交通法规的内容也应随之通过修改、增删，使其更加完善，以适应交通发展的需要。

交通法规的作用之所以能约束所有交通参与者或每个社会成员的交通行为，协调、统一各种交通矛盾，是因为交通法规的内容反映了道路交通的基本规律，反映了人、车、路、环境的内在联系，它能够实现对行人、车辆的统一指挥；能够合理地利用现有道路，减少行人、自行车、机动车之间的相互干扰，也就是能够实现对道路交通的科学管理。

1）《中华人民共和国道路交通安全法》

《中华人民共和国道路交通安全法》是在《中华人民共和国道路交通管理条例》的基础上进行修改，经 2003 年 10 月 28 日第十届全国人民代表大会常务委员会第五次会议通过，自 2004 年 5 月 1 日起施行的新的交通法规。《中华人民共和国道路交通安全法》的颁布和实施，是为了维护道路交通安全秩序，预防和减少交通事故，保护人身安全，保护公民、法人和其他组织的财产安全及其他合法权益，提高通行效率。

《中华人民共和国道路交通安全法》包括总则、车辆和驾驶人、道路通行条件、道路通行规定、交通事故处理、执法监督、法律责任、附则共 8 章 119 条内容。详细规定了车辆和驾驶人、机动车和非机动车、机动车驾驶人、道路通行条件、机动车通行规定、非机动车通行规定、行人和乘车人通行规定、高速公路的特别规定、交通事故处理、执法监督和法律责任等方面的具体实施规范。

（1）对人的管理。驾驶员和行人是道路交通的主要使用者，驾驶员的技能和人们的守法观念是维护交通秩序、保障交通安全和畅通的关键。

（2）对路的管理。路是交通使用者赖以通行的基础。道路状况的好坏，对使用者正确使用道路具有重大影响。

（3）对车的管理。加强车辆的管理，监督检查车辆的安全性能，是维护交通安全的重要保障。

（4）对环境的管理。道路周围的环境对驾驶员驾车有重大影响。

2）交通运输法规。我国的道路交通运输法规主要由三大类组成，一是关于道路管理的法律规定；二是关于驾驶员和车辆管理的法律规定；三是关于运输活动及其安全管理的法律规定。为了维护道路运输市场秩序，保障道路运输安全，保护道路运输有关各方当事人的合法权益，促进道路运输业的健康发展，制定了《中华人民共和国道路运输条例》等法规。

3）交通法规的执行

（1）交通法规的执行机构。《中华人民共和国道路交通安全法》规定，国务院公安部门负责全国道路交通安全管理工作。县级以上地方各级人民政府公安机关交通管理部门负责本行政区域内的道路交通安全管理工作。县级以上各级人民政府交通、建设管理部门依据各自职责，负责有关的道路交通工作。

（2）执法监督、交通事故处理和法律责任。《中华人民共和国道路交通安全法》对公安机关交通管理部门及其交通警察执行法律、法规和遵守纪律的情况做出了相应执法监督规定：公安机关交通管理部门及其交通警察的行政执法活动，应当接受行政检察机关依法实施的监督。公安机关督察部门应当对公安机关交通管理部门及其交通警察执行法律、法规和遵守纪律的情况依法进行监督。上级公安机关交通管理部门应当对下级公安机关交通管理部门的执法活动进行监督。公安机关交通管理部门及其交通警察执行职务，必须自觉接受社会和公民的监督。

该法专门列出“交通事故处理”一章及违反该法应承担的“法律责任”一章，详细规定了处理交通事故时的各种规范，以及违反该法应承担的各种法律责任。

3.2.4 汽车驾驶与安全行驶

汽车安全运行的关键所在是安全驾驶，一辆技术性能完好的车辆能否充分发挥其应有作用，平安顺利完成运输任务，驾驶员是重要因素。汽车驾驶是一项涉及人、车及行驶环境（道路、气候、交通条件）的系统控制问题，在现代化的交通系统中，驾驶员要在保证一定速度的前提下完全合理地使用车辆就必须具备一定的安全行车知识，如交通规则、交通心理学常识、车辆的行驶原理、安全性能、维护与检测诊断常识、事故原因及预防等。以保证在复杂的交通环境中能正确理解和自觉遵守各项交通法规，对不同的运行条件，及时正确地选择合理的驾驶方法，准确把握车辆动态，及时发现并排除各种行车故障，对车辆经常进行正确的维护作业，以保持其技术状况的良好，从而达到安全运行的目的。

汽车行驶过程中的运行条件和交通环境总是变化的，而安全行驶的核心内容就是使车辆去适应这些变化，并有效地发挥其速度性能而不发生任何事故，圆满完成运输任务。如果运行条件恶劣，交通环境复杂，这种适应的难度就大，驾驶操纵的动作也多。但不管运行条件如何变化，其驾驶过程主要是由起步、选择车速、保持安全间距、会车、超车、转向、掉头、倒车、滑行、制动、停车等环节组成的。从行车的外界条件来看，除一般运行条件下的行车外还有一些特殊环境下的行驶，如夜间行车，雨雾、雪天行车，坏路无路条件下的行车及拖挂等。

1．车辆起步

上车前先检查汽车前后和车下是否有人或障碍物，货物是否装好，并观察周围环境和将要行驶方向的交通状况。在此基础上启动发动机，听察发动机运转情况，观察各仪表指示状况。待发动机温度达40℃以上，确认各仪表指示也正常时，关好车门，系好安全带，挂上适当挡位，并通过后视镜察看后方有无来车等情况，然后鸣笛、放松驻车制动器操纵杆、缓抬离合器踏板、适当加油，徐徐起步。

如果是在上坡道上起步，应一手握转向盘，另一手握紧驻车制动器操纵杆，脚适当加油，另一脚缓抬离合器，待离合器大部分已经接合时，立即放松驻车制动器操纵杆，使车辆徐徐起步。如果在冰雪、泥泞的道路上起步，离合器要抬得更缓，若驱动轮打滑空转，应垫沙土等或清除轮下冰雪、泥泞。如果从慢车道上起步，要打开左转向灯，以引起后方车辆、行人注意。

2．合理选择车速

在运距确定以后，汽车行驶速度越快，运行时间就越短，运输效率就越高。但加快车辆行驶速度的前提是必须确保交通安全，所以应避免盲目开快车的现象，提倡安全行车。

车速的快慢是相对而言的，车速过快与安全行车的根本区别，不在于车速的快慢，而在于当时车速是否危及到行车安全。安全车速是根据不同的道路状况、交通环境，掌握适当的车速，在保证安全的前提下，该快就快，该慢就慢。

车速过快是指驾驶员不顾道路状况和交通环境，采用挤、抢、钻的方法，盲目开快车，一遇情况就紧急制动，猛转方向，当采取措施不及时时就会发生事故。车速过快对车辆制动性能有很大影响。因为车速越快，制动停车距离也就越长，发生事故的可能性也就越大。另外，车速越快，车辆转弯时产生的离心力也就越大，使车辆所受侧向力也就越大，极易造成车辆侧滑甚至翻车。在凹凸不平的路段上车速过快，会由于剧烈的颠簸振动而使车辆悬挂机构、行驶机构、车架、轮胎等损坏，或发生故障而导致行车事故。

车速过快还会导致驾驶员不能全面正确地感知车内外的情况，车速越快驾驶员的视点也越快，视野范围就越窄，对近处周围的情况就难以觉察，而万一有情况时，采取处理措施的时间也越短，再加上精神高度紧张带来的疲劳等，发生事故的可能性就越大。

车速过快时超车的机会相对增多，从而增加了道路上的交织点，扰乱了正常行驶的交通流，破坏了正常的交通秩序，也使行车安全受到影响。可见盲目车速过快既不能提高平均车速，又极易发生事故。而遵章守法、准确判断交通条件、掌握适当车速、适时制动停车，既能确保安全行车，又能平安顺利地完成运输任务。

3．车辆的安全间距

车辆在行驶过程中和同车道内同向行驶的前车应保持一个适当的距离，在会车或超车过程中也要留出一定的侧向间距，这段距离就是安全距离。如果这种距离过小就有可能导致碰撞、挤擦其他车辆或行人的事故发生。但安全距离也不宜过大，间距过大会使道路上的通车量下降，尤其是大中城市，车辆行人十分拥挤，车速本来不高，安全距离过大会引起其他车辆的超车，在没有交通管理人员把守的交叉路口，行人会找留出间距较大的车辆前横穿马路，而导致行驶中断或堵塞，甚至引发事故。所以安全间距必须留得合适。

同方向行驶的前后车之间的安全间距实际主要取决于制动停车距离，而制动距离又和行驶速度有关，同时也和后车驾驶员采取制动措施的时间和方法有关。当前车开始制动，一段时间后，后车才开始制动。这中间的相差时间就是后车驾驶员的反应时间。另外，前后两车制动减速度也有差异。所以，合适的安全间距基本上由后车速度、制动时的减速度和后车驾驶员的反应时间来确定。道路条件越滑（如下雨、冰雪、路面等），安全间距应越大。

4．会车和超车

车辆在行驶中随时都会和对方来车交会或超越同向行驶的车辆。在会车和超车时，首先应注意保持适当的侧向安全间距，同时应正确估计和选择会车、超车的地点、路段和距离。一般来说，车速越快，侧向安全间距应留得越大，如果拖带挂车，间距应该更大一些。通常情况下，时速 40km/h 以下时，侧向间距应保持 0.75m 以上；时速 40～70km/h 时，同向行驶的车辆侧向间距应保持 1～1.4m，异向行驶的车辆侧向间距应保持 1.2～1.4m；时速 70km/h 以上时，侧向间距应不小于 1.4m。

超车是在高速行驶情况进行的，而且超车过程中，超车一方要占中线或并向行驶。因此，极易发生事故。超车最要紧的是超车前驾驶员根据本车车速和加速性能及被超车辆的车速，正确判断超车所需要时间和超车距离，尤其要观察清楚将要超车的路段内的交通情况。前方数百米范围内是否有对方来车，被超车辆的路线内是否有障碍物等。必须做到：前方、后方情况不明时不超车，前方不让不超车，影响对方来车行驶时不超车。同时应注意：准备超车时不要与被超车辆跟随太近，以防万一。超车过程中保持一定的安全间距，超越停靠路边的机动车时应减速鸣喇叭，以防停放的车辆车门突然打开或起步驶向车道。如果是公共汽车停靠站，应警惕从车前突然跑出横穿道路的行人。

5．车辆掉头和倒车

因掉头、倒车不慎而发生碰撞、挤擦其他车辆、障碍或行人的事故时有发生。尤其是大车或重车，由于后箱板较高或后视窗被货物遮挡，难以观察到车后情况，更易发生事故。因此，在掉头、倒车时必须谨慎驾驶。在操作时应尽量选择道路宽阔，交通情况不繁杂的地段进行；事先观察好周围情况，选定进、退路线和目标；对后方情况看不清时，应有人在车下指挥；倒车时车速要慢，同时必须顾及前轮位置，应掌握“慢行车，快转向，多进少退”的方法。

6．安全滑行

滑行是车辆驾驶过程中常用的一种具有预见性的、提前减速的操作方式。当车辆快要到停车地点或快要进入交叉路口时，利用滑行来提前减速，避免了紧急制动，减轻了各机件的磨损。另外，由于滑行是利用车辆的惯性来维持车辆继续行驶的，发动机处于怠速运转状态，因而可节省燃料。

正确、合理的滑行是利用滑行时的自然减速代替使用制动器，从而达到预防交通事故、减少制动消耗、降低磨损和节油的目的。但若运用不合理，就会使磨损与油耗增加，甚至造成事故发生。滑行应在发动机未熄火和制动有效的条件下进行。在泥泞、积雪、结冰、陡坡、窄路、急转弯、傍山险路等道路上，以及在视线不好、装载危险品，或特许装载超高、超长、超宽物资时，严禁滑行，以防发生意外事故。

3.2.5 机动车运行安全技术条件

《机动车运行安全技术条件》（GB7258—2004）是车辆安全技术管理的最基本的技术性规定，是我国有关机动车辆运行安全方面的技术标准。标准适用于在我国道路上行驶的所有机动车（轨道上运行的车辆除外），是机动车辆管理部门新车注册检查、在用车检查、事故车检查的技术依据，是车辆安全技术管理的最基本的技术性法规，是国家强制性标准。该标准的实施对机动车辆的安全运行，减少道路交通事故，提高运输效益会起到重要作用。

《机动车运行安全技术条件》由范围、引用标准、术语和定义、整车、发动机、转向系统、制动系统、照明信号装置和其他电气设备、行驶系统、传动系统、车身、安全防护装置、特种车的附加要求、机动车环保要求十四个部分组成。

行驶的汽车必须具有良好的安全性，汽车在使用中，其技术状况变坏，汽车的行驶安全性下降，是导致交通事故的重要原因。在汽车技术状况中，以转向系统、制动系统的技术状况对运行安全的影响最大，此外，照明信号装置、行驶系统及车身等对运行安全均有影响。为保证车辆安全行驶、运行可靠，车辆必须符合国家关于《机动车运行安全技术条件》的规定，车辆外观整洁、装备齐全、紧固可靠、部件完好，具有正常的技术性能。

1．整车条件

（1）车辆标志。在验车时，车辆管理部门需检查并登录车辆的商标或厂标、型号标记、发动机功率、车辆的总质量、载质量、发动机及整车出厂编号等。对于运行车辆要核对车辆的牌号、发动机号码、整车出厂编号是否与原始登录的号码一致。

① 商标或厂标。在车身前部外表面的易见部位上应至少装置一个能永久保持的商标或厂标。

② 产品标牌。产品标牌应固定在一个明显的、不受更换部件影响且使其能永久保持的位置，其具体位置应在产品使用说明书中说明。永久保持的意思是指商标或厂标、标牌必须“以铆接或焊接或其破坏性操作不能拆除的方式固定在车辆上”。

③ 发动机型号标志。发动机型号应打印（或铸出）在汽缸体易见部位，出厂编号应打印在汽缸体易见部位，在出厂编号的两端应打印起止标记。

④ 整车型号与出厂编号标志。整车型号和出厂编号应打印在车架（对无车架的车辆为车身主要承载且不能拆卸的构件）易见且易于拓印的部位；其型号在前，出厂编号在后，且在出厂编号的两端应打印起止标记。

（2）侧倾稳定角。是指车辆在空载、静态状态下，向左侧或右侧倾斜的最大侧倾稳定角。

（3）在发动机运转及停车时，水箱、水泵、缸体、缸盖、暖风装置及所有连接部位均不得有明显渗漏水现象。

（4）机动车连续行驶距离不小于10km，停车5min后观察，不得有明显渗漏油现象。

（5）车辆外观应整洁，各零部件应完好，连接紧固，无缺损。车体应周正，外缘左右对称部位高度差不得大于40mm。

（6）车辆直线行驶时，其前、后轴中心的连线与行驶轨迹的中心线应一致。

2．发动机的运行安全技术条件

（1）发动机应动力性能良好，运转平稳，怠速稳定，无异响，机油压力正常。发动机功率不得低于原标定功率的75%。

（2）发动机应有良好的启动性能。汽车发动机应能由驾驶员在座位上启动。

（3）柴油机停机装置必须灵活有效。

（4）发动机点火、燃料供给、润滑、冷却和排气等系统的机件应齐全，性能良好。

3．转向系统的运行安全技术条件

（1）转向盘应转动灵活、操纵轻便、无阻滞现象，车轮转向过程中，不得与其他部件有干涉现象。

（2）转向轮转向后应有自动回正能力。

（3）转向盘的最大自由转动量。对于最大设计车速不小于100km/h的机动车不得大于20°；对于最大设计车速小于100km/h的机动车（三轮农用车除外）得大于30°。

（4）在平坦、硬实、干燥和清洁的道路上行驶时不得跑偏，其转向盘不得有摆振、路感不灵或其他异常现象。

（5）在平坦、硬实、干燥和清洁的水泥或沥青路面上，以10km/h的速度在5s之内沿螺旋线从直线行驶过渡到直径为24m的圆周行驶，施加于方向盘外缘的最大切向力不得大于245N。

（6）前轮定位值应规定标准；前轮的侧滑量不得超过5m/km。

（7）转向节及臂，转向横、直拉杆及球销应无裂纹和损伤，并且球销不得松旷。维修时，横、直拉杆不得拼焊。

4．制动系统的运行安全技术条件

（1）制动踏板的自由行程应符合规定标准。

（2）在产生最大制动作用时的踏板力，乘用车应不大于500N；其他车辆不大于700N。

（3）液压行车制动在达到规定的制动效能时踏板行程（包括空行程）不得超过踏板全行程的3/4，制动器装有自动调整间隙装置的车辆的踏板行程不得超过踏板全行程的4/5，乘用车不得超过120mm，其他类型的车辆不得超过150mm。

（4）液压制动系统不得因制动液对制动管路的腐蚀或由于发动机及其他热源的影响形成气阻而损坏行车制动系统的功能。

（5）应急制动时，必须在行车制动系统有一处管路失效的情况下，在规定的距离内将车辆停住。

（6）驻车制动时，施加于操纵装置上的力：手操纵时，乘用车应不大于400N，对于其他车辆应不大于600N；脚操纵时，乘用车应不大于500N，对于其他车辆应不大于700N。

（7）驻车制动操纵装置必须有一定的储备行程，一般应在操纵装置全行程的2/3以内产生规定的制动效能；装有自动调节装置时，允许在全行程的3/4以内达到规定的制动效能；对于棘轮式制动操纵装置允许来回拉动驻车操纵杆三次以内来获得规定的驻车制动效能。

（8）弹簧储能制动装置可通过手动方式或利用通用工具来解除驻车制动状态。

（9）对采用气压制动的机动车辆，当气压升至600kPa时，在不使用制动的情况下，停止空气压缩机3min，其气压的降低值应不超过10kPa。在气压为600kPa的情况下，将制动踏板踏到底，待气压稳定后观察3min，单车气压降低值不得超过20kPa，列车不得超过30kPa。

（10）采用气压制动系统的车辆，发动机在75%的额定转速下，4min（列车为6min，城市铰接公共汽车和无轨电车为8min）内气压表的指示气压应从零升至起步气压（未标起步气压者，按400kPa计）。

（11）对于双管路或多管路制动系统的机动车辆，当部分管路失效时，其余部分制动效能仍能保持原规定值的 30%以上。

（12）在车辆运行过程中，不应有自行制动现象。当挂车与牵引车意外脱离后，挂车应能自行制动，牵引车的制动仍然有效。

（13）采用液压制动系统的车辆，踏板力为 700N 时，保持 1min，踏板不得有缓慢向底板移动的现象。

（14）在规定的初速度下，机动车的制动距离和制动稳定性应符合规定要求。

（15）在规定的初速度下，急踩制动时的平均减速度和制动稳定性应符合规定要求。

（16）在空载状态下，驻车制动装置应能保证车辆在坡度为 20%（总质量为整备质量的 1.2 倍以下的车辆为 15%）、轮胎与路面间的附着系数不小于 0.7 的坡道上正反两个方向保持不动，其时间不少于 5min。

（17）在试验台上测出的制动力应符合规定要求。在制动力增长的全过程中，左右轮制动力差与该轴左右轮中制动力大者之比对前轴不得大于 20%；对后轴不得大于 24%。

（18）制动完全释放时间对于单车不得大于 0.8s。

5. 照明信号装置和其他电气设备的运行安全条件

（1）车辆的灯具应安装牢靠、完好有效，不得因车辆振动而松脱、损坏、失去作用或改变光照方向。所有灯光开关应安装牢固，开、关自如，不得因车辆振动而自行开、关。

（2）车辆的外部照明和信号装置的数量、位置、光色、最小几何可见角度等应符合有关规定。

（3）全挂车应在挂车前部的左右各装一只红色标志灯，其高度应比全挂车的前栏板高出 300～400mm，距车厢外侧应小于 150mm。

（4）机动车必须装置后反射器。车长大于 10m 的机动车应安装侧反射器。

（5）前照灯光束照射位置与发光强度应符合规定要求。

（6）远、近光变换装置的工作应良好、可靠。

（7）空载高为 3.0m 以上的车辆均应安装示廓灯。

（8）仪表灯点亮时，应能照清仪表板上所有的仪表并不得眩目。

（9）危险报警闪光灯和转向信号灯的频率为（1.5 ± 0.5）Hz，启动时间应不大于 1.5s。

（10）机动车的前、后转向信号灯，危险报警闪光灯及制动灯白天距 100m 可见；侧转向信号灯白天距 30m 可见；前、后位置灯，示宽灯和挂车标志灯夜间好天气距 300m 可见；后牌照灯夜间好天气距 20m 能看清牌照号码。制动灯应明显大于后位灯。

（11）其他电气设备和仪表应符合规定要求。

6. 行驶系统的运行安全技术条件

（1）轮胎外部尺寸、形状应符合规定要求。

（2）轮胎负荷不应超过该轮胎的额定负荷，充气压力应符合该轮胎承受负荷的规定的压力。

（3）总质量不大于 3.5t 的汽车，其车轮总成的横向摆动量和径向跳动量不得大于 5mm，其他车辆不得大于 8mm。

（4）轮胎螺母和半轴螺母应完整齐全，并应按规定力矩紧固。

（5）减振弹簧应符合规定的要求；减振器应齐全有效。

（6）车架不得有变形、锈蚀和裂纹，螺栓和铆钉不得缺少或松动。

（7）前、后桥不得有变形和裂纹。

（8）车桥与悬架之间的各种拉杆和导杆不得变形，各接头、衬套不得松旷和移位。

7．传动系统的运行安全技术条件

（1）离合器踏板的自由行程应符合整车技术条件的有关规定。踏板力应不大于 300N。

（2）变速器、分动器、驱动桥工作应正常且无异响。

（3）传动轴在运转时不得发生振抖和异响，中间轴承和万向节不得有裂纹和松旷现象。

8．车身的运行安全技术条件

（1）车身和驾驶室在车架上应安装牢固，并坚固耐用，覆盖件应无开裂和锈蚀。

（2）内饰材料应具有阻燃性，其阻燃性应符合 GB8410 的要求。

（3）车门和车窗的开启、关闭及其密封应符合规定要求。

（4）客车座椅的座间距及乘客通道的宽度应符合规定要求。

（5）卧铺客车的卧铺布置、宽度和间距应符合规定要求。

9．汽车安全防护装置的安全运行条件

（1）乘用车的所有座椅（第三排及第三排以后的可折叠座椅除外）、卧铺客车的每个铺位均应有安全带，且应可靠有效。

（2）机动车后视镜的安装位置、角度应适宜。

（3）风窗玻璃的防冻、除霜装置，刮水器应工作良好。

（4）客车的安全门和安全窗应满足规定的要求。

（5）燃油系统的管路应坚固并固定牢靠，不会因振动和冲击而发生损坏和漏油现象。

（6）车辆的牵引、连接装置应牢固、有效。

10．其他的安全技术条件

（1）消防车、救护车、工程抢险车和警车的车身颜色、标志灯应符合规定要求。

（2）汽车污染物排放应符合相关标准的要求。

（3）客车车内噪声声级应不大于 79dB（A），汽车驾驶员耳旁噪声声级应不大于 90dB（A）。

有关机动车运行安全的具体技术条件可参阅 GB7258—2004《机动车运行安全技术条件》。

3.2.6　车辆装备、装载与安全

汽车结构特点、附属装备、合理装载及有关安全性能状况与行车安全有直接关系。车辆本身结构和性能的进一步完善，在某些情况则有可能弥补驾驶员的失误，从而避免事故的发生。即使发生事故，如果车辆具有良好的安全防范技术措施，就可以保护乘员免遭严重伤害，减小事故损失。

1．汽车结构装备与行车安全

为了预防事故，保障行车的安全性，汽车本身的结构和性能除满足运输提出的使用要求外，还应满足交通安全的要求，并应符合人体工程的需求，以保证驾驶员在行车中能充分获得各种有关安全的信息。

1）汽车的视野与行车安全

汽车驾驶员在工作位置上，通过车窗及后视镜所看到的外界范围，称为汽车的视野。汽车的视野可分为前方视区、侧方视区和后方视区。前方视区是通过前风窗玻璃所能看到的部分，是行车安全最为密切的视野。侧方视区是通过两侧门窗看到的部分，对汽车起步、转向、

停车、超车时的安全有重要作用。后方视区是通过后视镜间接看到的部分，以便超车、转弯、倒车、制动时观察后部的情况。

汽车在行驶中驾驶员必须不断了解外界情况，才能保证行车安全，所以由汽车结构所形成的视野是否理想，对于交通安全有十分重要的作用。

2）汽车的灯光与行车安全

汽车的安全行驶离不开灯光；尤其是夜间行车，灯光的作用尤为重要。前照灯主要用于夜间行车照明。为保证夜间照明良好，以及在会车时不给对方驾驶员造成眩目，前照灯的照射强度和照射方向应符合《汽车前照灯配光性能标准》和《机动车前照灯使用和光束调整技术规定》。

汽车在起步、转向、超车和停车时，应使用转向信号灯，以提醒行人和其他车辆注意。为防止追尾事故的发生，驾驶员必须及时把握前车行驶状态的变化，保持必要的安全间距，同时又要注意提醒后续车辆注意本车的存在和行驶状态。这些信息主要靠尾灯和制动灯传递。驾驶员夜间倒车时应打开车身后部的白色倒车灯，以便能看清车后的情况。

上述所有和安全行车有直接关联的灯光在处于工作状态时，都必须在仪表上有所显示。以便驾驶员及时了解掌握这些灯光信号的工作情况。

3）汽车的安全装备与行车安全

为减小事故造成的损失，汽车上常常采用的安全装备有：安全带、安全气囊、安全玻璃、安全枕、安全转向柱和安全门等。这些安全装备在车辆发生交通事故时，对降低乘员受伤害的程度或安全逃离事故车起着很重要的作用。

（1）安全带。安全带是用来把乘员的身体约束在座椅上的装置，以避免在车辆发生碰撞时，乘员身体因惯性冲击座椅发生二次碰撞。安全带有二点式和三点式之分。二点式只约束腰部，主要用于后排座椅。三点式可同时约束腰部与上体，主要用于驾驶员和助手座位。

（2）安全气囊。安全气囊用以在发生碰撞事故时，防止驾驶员头部撞在方向盘上或胸部受到方向盘的挤压而出现伤害。车辆装有安全气囊能大大降低驾驶员受伤的危险。

（3）安全玻璃。安全玻璃是一种在车辆发生碰撞时，玻璃受冲击后其碎片不会向四处分散，并对乘员面部不能构成伤害的一种特殊玻璃。这种玻璃一般有两种类型：一种是钢化玻璃；另一种是多层黏合玻璃（中间有 0.7mm 厚度的薄膜）。

（4）安全枕。当车辆发生追尾相撞时，被撞车辆乘员因车辆突然向前加速，头部会剧烈后仰而使颈椎受伤害。从 20 世纪 70 年代起，各国普遍在座椅靠背上加装了安全枕，以防乘员的颈椎受伤害。

（5）安全转向柱。现代轿车上，把转向柱的一部分设计成容易弯曲变形的结构。当受到的冲击超过一定限度后，这部分结构发生弯曲变形，并使转向柱长度缩短，同时也吸收部分冲击能量，以减轻对驾驶员的伤害。

（6）安全门。现代大型客车的车门一般都在车身最前部。在发生事故时，车身后部的乘员很难迅速撤离车辆；同时车门也容易因碰撞变形而打不开，为此在大客车后部与前门对应的一侧都装有安全门，以防车辆发生意外事故时车内乘员能迅速撤离车辆。

以上所述各种措施都属于被动防范性的，只能在事故发生后部分地减轻人员的伤亡。要从根本上解决问题，应该做好车辆的安全使用工作，预防和杜绝事故的发生。

2．车辆的装载与行车安全

汽车的装载包括两方面的含义，一是指载货，二是指载人。如果装载不当，不但会造成货物受损（或人员受到伤害），而且还会使车辆的技术状况下降，甚至还能引发交通事故。严格按《汽车货物运输规则》和《道路交通管理条例》有关规定，正确、合理地装载，是汽车安全使用的重要环节。

1）货物装载对车辆安全和技术性能的影响

（1）货物固定不良。货物固定不稳或捆扎不牢，在路途中因颠簸会丢失或摔坏，甚至砸伤行人。高大货物倒塌，还可能砸坏车厢及驾驶室。有些货物封盖不严密还会造成环境污染。若是危险品还会造成其他危害。

（2）装载超重。超载是较为常见的违章操作行为。尤其在最近几年，由于运输市场的激烈竞争及单车承包制的推行，承运者为了追求高额利润而违章超载运输。超载运输不但会引起车辆的技术状况下降，而且还容易引发行车事故，如轮胎爆破等。因此，汽车运输货物时，一定要按行驶证上核定的载质量装载，不准超载。另外，车辆通过桥梁时，载质量不可大于桥梁质量标准的规定。

（3）装载超高。装载过高必然增高车辆重心。车辆行驶转弯时或行驶在有横向斜坡路上，都有可能发生翻车事故，严重影响车辆行驶的稳定性。另外，超高的部分很有可能碰撞过街的悬挂物，通过城市过街天桥、隧道等也有困难。

（4）装载偏斜。装载过于靠后，会使前轮发飘，车辆上坡时，出现翘头、后滑甚至翻车。装载过于靠前会使转向沉重，前轮负荷过重，下坡制动时甚至使前轮胎爆破。装载偏斜，会使两侧轮胎受力不均，行驶及制动时跑偏。由于重心偏移而车辆难以操纵，车架、悬架部分发生弯扭，尤其转弯时易发生翻车事故。

（5）装载超长、超宽。这样增加了车辆的外形尺寸，使车辆在会车、超车、通过狭窄地段时受到影响，夜间行车危险性更大，会车时极易发生刮碰事故。超长车在转弯时，由于扫过空间面积增大，极易发生碰撞事故。

2）运输危险货物时应注意的问题

危险品对行车安全的影响主要表现为它的易燃性、易爆性、毒害性、腐蚀性等方面。对其进行包装、装卸、运输的过程中稍有不慎就有可能对人身、车辆和周围环境造成危害或污染。

在运输危险货物前，要事先了解所运危险品的性质及注意事项，与有关人员制定具体的安全防范措施，做好自身的安全防护工作，并准备必要的防护用具。在运输时，要匀速行驶，避免急加速、急减速和紧急制动，防止车辆有较大颠簸和振动；运输易燃、易爆物品时，禁止在车上或周围吸烟或用明火，车上不得乘坐无关人员，在行人稠密的地方或有火源的地方严禁停车；对油罐车其接地线应能触地；在运载有毒物品后，应及时冲刷车辆，但严禁在河流、饮用水源处冲刷车辆。

3）运输超大笨重货物时的安全

超大笨重货物一般是指特形钢材、水泥预制件、变压器、锅炉、石化工业设备等特殊物品。要安全运输这类货物，应首先根据具体货物的种类、特点来制定装卸、运输过程中的安全操作规程。认真确定货物的重心位置，检查包装的牢固程度，货物装车后必须捆扎牢固，以确保安全。运输时一般注意以下事项。

（1）运输车辆应当在指挥车引导下低速缓行，保持车速稳定，少用制动，不可急转弯。

（2）对沿途架空电线、电缆及其他障碍物要事先勘察，并有专人专车及时处理。

（3）超宽车辆行驶在狭窄道路时，应有专人维持交通秩序，及时疏导来往车辆及行人，以防交通堵塞和事故。

单件质量在100t以上的特大超笨重货物，如需汽车运输时，应从汽车的性能、沿途道路、桥梁的承载能力等各方面因素全盘综合考虑，提出方案，报请有关部门审批后实施。

4）机动车载客的安全

旅客运输是汽车运输的重要方面，由于直接涉及人身的安全，所以应注意行车安全。机动车载人时发生事故主要原因有以下几个方面。

（1）车辆起步、加速过猛或制动太急，造成乘客摔倒、挤伤、碰伤。

（2）车门没关牢，在离心力作用下，乘客被甩出车外。

（3）车辆没停稳就上下车，乘客因惯性作用而摔倒碰伤。

（4）行车中乘车人身体探出车外，车辆会车和超车时或通过障碍时造成事故。

若是货车载人还有可能因车厢栏板较低，乘车人站立时重心高于栏板或坐在栏板上，当车辆转弯时，在离心力作用下，乘车人被甩出汽车而受伤。客货混装时，随货乘坐有押运或装卸人员，有可能因货物固定不牢靠，在车辆急转弯或急制动时，货物移动而将人员挤伤。

机动车辆载人时，驾驶员在操作上应注意：起步、停车时力求平稳，转弯或前方有情况时应提前减速，车速保持均匀。超车、会车时应留出足够的安全间距。

3.2.7 车辆的日常维护与安全

汽车维护和汽车安全有着密切关系。汽车维护可以使汽车技术状态良好，而只有良好的技术状态的汽车才能保证正常运行，车辆能正常运行则安全才有保障。汽车若时常得不到应有的维护，就会使得汽车的可靠性大大下降，更严重的是会给行车安全带来隐患。驾驶员开着故障车上路，车辆难以驾驭不说，一路还得修车，不仅心情不佳，体力大为损耗，因耽误时间还容易为赶路而开快车、开赌气车，这些都极易引发事故。

日常维护属日常性作业，是驾驶员负责完成的日常性工作，日常维护是各级维护的基础，属于预防性的维护作业。汽车的安全运行不但受运行条件、交通环境及驾驶员因素的影响，而且还与车辆的技术状况有关，良好的车辆技术状况是安全使用的基本保障。车辆的技术状况和道路条件、使用强度、运行材料等因素有关，但更重要的是对车辆的日常维护工作质量如何。车辆经一定的行驶里程后，必然造成各零部件松旷和磨损，而使车辆技术状况变坏。除动力性、经济性有一定程度恶化外，其安全性也自然下降。转向系统和制动系统各密封元件因老化而使油、气等渗漏，制动蹄摩擦片的磨损使制动间隙增大而导致制动失灵，轮胎的过度磨损及气压过高使它在行驶中因颠簸振动而突然爆炸，导致行驶突然跑偏，甚至造成交通事故等。车辆的日常维护工作对确保行驶安全、延长使用寿命、降低运行消耗有重要意义。

日常维护时应防止漏检、漏项，避免车上、车下乱忙和重复作业，方法可采用环形日常维护法。所谓环形日常维护法，就是驾驶员在车内检查完车内项目后，下车沿车身环绕一周，进行日常维护的各种作业。因为检查时绕车一周（类似个环形），所以称为环形日常维护法。为保证汽车的技术状况良好及行驶安全，根据GB/T18344—2001《汽车维护、检测、诊断技术规范》，日常维护要求如下：对汽车外观、发动机外表进行清洁，保持车容整洁；对汽车各部润滑油（脂）、燃油、冷却液、制动液、各种工作介质、轮胎气压进行检视补给；对汽车制动、转向、传动、悬挂、灯光、信号等安全部位及发动机运转状态进行检视、校紧，确保行车安全。具体做到：坚持三检、保持四清、防止四漏。坚持三检，即出车前、行车中、收车后检视车辆的安全机构及各部机件连接的紧固情况；保持四清，即保持三滤（机油滤清器、燃油滤清器和空气滤清器）和蓄电池的清洁；防止四漏，即防止漏水、漏油、漏气、漏电。

1. 出车前的检查维护

为了确保行车中的安全，驾驶员做到出车前心中有数，出车前应进行如下检查维护。

检查燃油、润滑油（发动机、自动变速器）、冷却液、制动液、洗涤液（风窗玻璃及前照灯清洁液）、动力转向液是否足量；蓄电池内电解液量是否符合要求。

检查轮胎气压是否符合规定并清除胎面花纹间的夹石、钉子或其他杂物。

检查汽车各部位有无漏液、漏油、漏气、漏电现象。

检查转向盘自由转动量（自由行程）是否合乎要求；检查转向装置各连接部位是否牢固可靠、工作是否良好。

启动发动机，检查发动机启动、运转是否正常，有无异响；各仪表、指示装置工作是否正常；各总成件自诊断装置是否正常。

检查照明、信号装置，喇叭，刮水器、内外后视镜（含下视镜）、门锁、发动机罩盖锁、门窗玻璃升降机构是否齐全有效。

检查离合器、行车制动器、驻车制动器是否工作正常。

检查汽车外露部位的螺栓、螺帽是否齐全紧固；全挂车、半挂车的牵引、连接是否牢固可靠；随车装备是否齐全。

检查人员乘坐或货物装载是否符合规定。

检查驾驶证、行驶证和必须随车携带的行车证件是否带齐。

若发现有不符合规定的情况，应立即采取措施想法排除；若暂时不能排除而影响行车安全，应暂停出车。

2. 行车中的检查维护

当汽车行驶一段路程或一定时间后，应选择平坦、宽阔、避风或遮阳的地方停车，进行行车中检查维护，驾驶员及乘车员也可放松休息。在高速公路上运行时，应事先计划好在某服务区进行行车中检查维护和休息。

行车中检查维护项目如下。

检查轮毂、制动鼓或盘、变速器、分动器、主减速器和差速器的温度，一般不得高于 60℃（即手掌所能忍受的温度）。持续下长坡或频繁使用行车制动后制动盘或鼓温度高是正常的，但若太高则表明有故障。

检查发动机和底盘的工作情况是否正常。

检查各仪表、信号装置工作是否有效。

检查转向机构和制动机构各连接部位是否牢靠。

检查悬架弹簧及减振器状况、传动轴的连接螺栓有无松动。

检查轮胎螺丝的紧固情况和轮胎气压（气压略有升高是正常的），清除轮胎花纹中夹杂的异物。

检查有无漏液、漏油、漏气现象。

检查货物装载、拖挂装置情况。

如果发现问题应立即就地解决，实在无法解决应报救急或驶向就近的修理场所进行修理。

3. 收车后的检查维护

汽车行驶一天、一段路程或一定时间，安全驶回或到达行车目的地后，应及时对车辆进行检查维护，为完成下一工作任务，保障行车安全做好充分的准备。

收车后应做如下检查维护项目。

清洁全车外表，清扫驾驶室和车厢。

检查发动机运转是否正常，察听有无异响。

检查有无漏液、漏油、漏气、漏电现象，视情补充燃油、润滑油、制动液、洗涤液等。

按规定对润滑部位进行检查和加注润滑油或润滑脂。

冬季气温低于 0℃时，如汽车未停放于温暖车库内和冷却系统未加防冻的冷却液时，应打开散热器和发动机的放水开关及散热器盖放尽积水，然后做短时间发动，随即关好放水开关及散热器盖，以免冻裂散热器和发动机缸体。

严寒地区，气温低于-30℃时，露天放置的车辆或停放于无暖气车库内的车辆，应将蓄电池拆下放入暖室（0℃以上），以免冻裂蓄电池。

放掉储气筒内的积水积污；检查悬架弹簧、轮胎气压情况；视情紧固轮胎螺丝和半轴突缘螺丝。

检查转向装置各部连接情况，检查制动装置各部连接情况。

检查整理随车工具和附件，若有缺失应及时补充。

检查维护中发现故障应及时排除，运行途中发现的问题，途中未能解决的也应一并处理，以保持车辆技术状况完好。

4．日常维护注意事项

做好日常维护是保障行车安全的最基本、最基础、最重要的工作，要求驾驶员必须掌握一定的专业知识，维护作业时操作应按规范，内容应标准，确保人身安全。

在发动机运转时，注意手、衣服和工具应离开运转中的风扇和发动机皮带（最好取下手表、领带和手指上的戒指等物）。

刚行驶完毕，发动机、散热器和排气管道的温度很高，切勿触摸；机油和其他类液体的温度也很高，防止烫伤。在燃油和蓄电池附近，不要抽烟，以免引起火灾。

处理蓄电池时应特别小心。因为蓄电池中含有毒气和腐蚀性的硫酸液。

车辆用千斤顶举升时，人员不要爬入车身下面。举升后一定要用支撑柱或其他牢固的支柱支住车身后，人员方能进入车身下面进行维护。

如果在电气冷却风扇或散热器防护栅板附近作业时，必须关掉点火开关。在未关掉点火开关的状态下，如发动机冷却液温度高或空气调节系统在工作，电气冷却风扇将会自动启动。

进行车下作业时，必须戴护目镜，以防落下物件和各种液体伤害眼睛。

畜电池的电流很大，点火电缆的电压很高，应避免由于意外而发生短路。

合上发动机罩盖之前，应仔细检查有无工具、棉纱等物品遗留在发动机室内。

3.3　汽车在一般条件下的合理使用

正确合理使用车辆是发挥车辆效率、减少行车事故、降低维修费用、降低能耗和延长车辆使用寿命的重要环节，为确保运力的良性循环，促进汽车运输业持续、稳定、协调发展起着重要作用。在一般条件下车辆使用的主要内容有车辆装载、汽车拖挂、汽车运行材料的使用、车辆驾驶操作基本要求和日常维护工作、车辆运输危险货物的使用、车辆通过危险路段的使用等。

1. 行驶注意事项

汽车行驶过程中，随着行驶里程的增加，各零部件将产生磨损、变形、疲劳、松动、老化和损伤，导致车辆技术状况变坏，使汽车的动力性下降，经济性变差，安全可靠性降低。为此，应坚持在行车中观察，合理运用挡位，控制行驶车速，及时添加燃料、润滑油及工作液。

汽车行驶一段路程后，应停车进行检查。其主要项目包括以下 5 个方面。

（1）检视各种仪表的工作情况，检查有无漏水、漏油和漏气现象。

（2）检查轮毂、制动鼓、变速器和差速器的温度，检查转向器、手动制动器和离合器的工作是否可靠、有效。

（3）检查汽车轮胎气压，清除双胎间和胎面花纹中的夹杂物。

（4）检查各连接机件的螺栓、螺母的紧固情况及汽车各部有无异常。

（5）检查装载物是否牢固。

2. 正确装载

车辆的装载质量是在车辆设计时就确定的，车辆各总成、零部件的负荷能力是根据确定的装载质量计算的。如果车辆超载行驶，将加速汽车零件的磨损、变形和损坏，也就直接影响车辆的使用寿命。车辆超载行驶，发动机处于高负荷工况，将使发动机冷却液温度和发动机油温过高，使发动机损坏，还会使车架、传动系统和轮胎等提前损坏。车辆超载还影响行驶稳定性、操纵稳定性和制动性能。不仅影响车辆运输效率，增加运行消耗，降低车辆使用寿命，还会造成交通事故。

车辆合理装载的内容主要依据《汽车运输业车辆技术管理规定》，具体要求依据 GB1589—2004《道路车辆外廓尺寸、轴荷及质量限值》的规定。根据《中华人民共和国公路法》和《中华人民共和国道路交通安全法》的规定，为维护社会主义市场经济秩序，解决货运机动车辆超载、超限运输问题，减少道路交通安全事故的发生，保护人民群众生命和国家、集体、个人财产安全，我国已开展了货运机动车辆的超限、超载治理工作，这对车辆在一般条件下的使用提出了更为严格的要求，特别是车辆的合理装载要求更为重要。

汽车的装载是车辆的基本功能，也是车辆运输的具体内容。车辆按规定安全合理装载是车辆正确使用的重要内容，是减少车辆故障和零部件损坏、延长车辆使用寿命的重要技术措施。为了加强对车辆装载方面的管理，《道路交通管理条例》中对汽车的装载数额、体积和要求等方面都做出了明确的限定。

（1）车辆载物。机动车载物不准超过行驶证上核定的载质量。因为行驶证上核定的载质量是根据发动机、牵引力、底盘、轮胎负荷四者中最弱的部分来确定的。汽车只有在规定的载重负荷下运行，机件技术状况才能得到良好的保持和发挥。如果车辆超载，则会使车辆发动机及轮胎负荷增大，加剧零部件磨损、变形，缩短车辆的使用寿命，使车辆的转向、制动性能受到很大影响，极易造成交通事故。

（2）装载的均衡牢固。车辆装载一定要均衡平稳，捆扎牢固。装载容易散落、飞扬、流漏的物品，须封盖严密，以防造成环境污染。车辆装载的质量在车厢内前后左右的分布要均匀一致，如若装载偏于一侧，将严重影响车辆的横向稳定性，容易发生跑偏或侧滑等事故；若装载偏于前或后，将严重影响车辆转向性能，造成转向沉重和失控。容易产生滚动、窜动的货物要绑牢或用木垫卡紧。货物未固定或捆绑不牢，会因道路颠簸造成丢失及损坏，甚至砸伤行人，损坏道路设施。特别是高大货物倒塌还会砸坏车厢或驾驶室，危及驾驶员的安全。

（3）装载物长、宽、高的限定。我国《道路交通管理条例》对汽车载物长、宽、高都有明确的限制规定。这是因为过高、过长、过宽地装载对安全行车影响很大。若装载过高，在通过有框大门或立交桥孔和隧道时，可能撞坏货物或建筑物，还会使车辆重心增高，当车辆行驶在横向或纵向坡道及转弯时，极易发生翻车事故。若装载过宽，在会车、超车及通过狭窄的路段时，都有可能会发生擦碰及撞车等事故，尤其是在夜间行车，危险性更大。

（4）车辆载人。机动车载人不准超过行驶证上核定的载人数。因为行驶证上核定的载人数是车辆管理机关根据车辆检验标准，按车辆制造厂规定的限额所规定的，这是车辆设计、制造和试验确定的安全可靠的科学数据。如果超载，则会影响车辆的正常行驶，危及乘客的人身安全。

3．合理拖挂

组织拖挂运输主要是为了充分利用汽车的动力性，发挥汽车的运输生产率，提高运输企业的生产效益。合理拖挂是一种非常有经济价值的运输方式。目前，我国公路运输的发展趋势是以重型汽车列车为主，担任长距离运输。运输的经济距离一般都在400km以上。如采用汽车列车，则可以提高公路运输的经济效益。汽车列车与单车相比，不仅载重量大、运输效率高，而且还能节约油料，车辆制造成本和使用成本相比都很低，并且对道路也没有更高的要求。因此，可以在少增加公路投资的情况下，大幅度地增加车辆的载质量。

4．汽车主要运行材料的使用规定

燃料、润滑油质量是否符合车辆的使用要求，对车辆的正确使用有重要影响。运输单位和个人在使用燃料、润滑油时应注意以下事项。

（1）燃料、润滑油的规格选用必须符合汽车制造厂说明书的规定和厂家新规定。

（2）燃料、润滑油的运输和存放要注意防火防爆，预防损失和变质，必须遵守有关规定。

（3）燃料、润滑油应保持清洁，柴油必须经过沉淀、过滤后方能使用。

（4）不同种类、牌号的燃料、润滑油不得混合使用。更换不同牌号的润滑油或进行季节换油时，必须做好清洗工作。

（5）进口汽车所用的燃料、润滑油，应严格按汽车制造厂规定选用，或按其规格性能要求，选用相应国产牌号的燃料、润滑油。

（6）认真做好润滑油的回收和管理工作。具体按GB/T 17145—1997《废润滑油回收与再生利用技术导则》的规定进行，回收的废润滑油应分类、分级存放，防止混入泥沙、雨水或其他杂物。收集到一定数量后，交回收部门处理。

（7）加强汽车轮胎的使用与管理工作。具体按GB/T 9768—2000《轮胎使用与保养规程》、JT/T 242—1995《汽车运输企业轮胎技术管理台账》、JT/T 303—1996《汽车轮胎使用与维修要求》和《汽车运输行业轮胎技术管理制度》的规定进行。对轮胎的使用实行全过程综合性管理，对轮胎的计划、选购、装运、验收、保管、使用、维护、翻修、报废和奖惩等方面都做了详细规定。各运输单位和个人应根据规定要求，加强轮胎管理，提高轮胎使用维修技术水平。

5．车辆驾驶操作基本要求和日常维护

车辆驾驶和日常维护都是汽车驾驶员应当完成的例行工作，完成的好坏将直接影响汽车技术状况、使用寿命等，与汽车故障频率的大小和维护费用的高低也有着密切的关系，具体应按以下要求去做。

（1）严格遵守驾驶操作规程，不断积累驾驶经验。

（2）掌握车辆的技术状况，熟悉车辆的使用性能。

（3）实际驾驶时应注意：行车前，做到预热启动、低速升温、低挡起步；行驶中，注意保持温度、及时换挡、保有余力、行驶平稳、安全滑行、合理节油；在拖带挂车时，加强主车、挂车之间连接机构的检查，避免冲击。

（4）提高爱车、安全行车意识，做好日常维护工作，保持车辆良好的技术状况。

（5）加强维护作业安全。

正确适时地进行汽车维护对于安全行车固然重要，但在维护时也要注意操作安全。车辆维护时，要想保证作业安全，必须在遵循不危及人身安全和影响车辆性能的前提下，养成安全工作的良好习惯，同时采取必要的防护措施。

6．车辆运输危险货物的使用

车辆在运输易爆、易燃、毒害、腐蚀、放射性等危险货物时，容易造成人身伤亡和财产损失。车辆运输危险货物时，必须执行交通部 JT3130—1988《汽车危险货物运输规则》中关于车辆设备、运输装卸、劳动保护、医疗急救、监督管理的规定。

7．车辆在通过危险路段等情况时的使用

（1）车辆在通过危险的路段、渡口、桥梁，以及遇有临时开沟、设线、水毁、塌方、冰坎、翻浆等情况时，必须采取有效的技术措施，保障行车安全。

（2）机动车行驶中进出非机动车道时，通过铁路道口、急弯路、窄路、窄桥时，掉头、转弯、下陡坡时，遇雾、雨、雪、沙尘、冰雹，能见度在 50m 以内时，在冰雪、泥泞的道路上行驶时，牵引发生故障的机动车时，最高行驶速度不得超过 30km/h，其中拖拉机、电瓶车、轮式专用机械车不得超过 15km/h。

（3）机动车行经漫水路或漫水桥时，应当停车查明水情，确认安全后，低速通过。

（4）机动车载运超限物品行经铁路道口的，应当按照当地铁路部门指定的铁路道口、时间通过。

（5）机动车行经渡口，应当服从渡口管理人员指挥，按照指定地点依次待渡。机动车上、下渡船时，应当低速慢行。

3.4 汽车在特殊条件下的合理使用

我国幅员辽阔、气候多样，包括寒冷地带、温带、亚热带、高原、山区、沙漠及各种复杂的地域等。汽车在上述不同的条件下使用，各部件或总成的工作状况常有显著变化，恶劣的气候条件和复杂的地域会导致汽车的使用性能变坏，因而必须对使用上的某些特殊情况，掌握其特点和采取相应的措施，以保证汽车的合理使用。

3.4.1 汽车在走合期内的合理使用

汽车走合期是指新车或大修竣工及装用大修发动机的汽车，开始投入运行的最初阶段。此时汽车正处于磨合状态，还不能满足全负荷运行的需要。汽车的走合期实质上是为了使汽车向正常使用阶段过渡而进行的磨合加工的过程，即为了改善零件表面几何形状和表面层物理力学性能的使用阶段。在这个期间里，零件表面不平的部分被磨去，逐渐形成了比较光滑、耐磨而可靠的工作表面，以承受正常的工作负荷。同时，通过磨合可暴露出一些制造或修理中的缺陷，及时加以消除，以便使汽车在正常使用阶段的故障率趋于较低水平。

1．汽车在走合期内的使用特点

（1）零件磨损剧烈。汽车走合的过程实质是在使用中对相互配合的摩擦表面进行磨合加工的过程。由于新配合副的配合初始间隙较小，表面较粗糙，因此在相对运动中会产生很大的摩擦力，使零件表面的磨损速度加快，同时磨掉的金属屑残留于或进入摩擦表面间，形成磨料磨损，使零件表面的摩擦更为剧烈，而在走合终了后间隙增大，消除了加工和装配过程的误差和缺陷。汽车在走合期合理使用，可减小磨合终了间隙，可延长正常使用期，即延长了汽车的使用寿命。

（2）润滑油易变质。在走合期内，由于零件表面磨损速度快，金属磨屑产生量大，摩擦发热多，容易使润滑油温度升高，因此润滑油极易被污染或氧化从而变质。

（3）连接件易松动。汽车在走合期内，由于零件易变形，配合件磨损后间隙增大，所以连接件易松动，特别是影响行车安全的连接件更易松动。

（4）行驶故障多。零件表面的几何形状偏差、装配误差、紧固件松动、使用不当等均会使汽车走合期的故障增多。

（5）油耗量高，经济性差。在走合期内，车速不宜过高，发动机负荷不宜过大，因此汽车难以达到经济运行速度，经常在中、低负荷下工作，致使油耗增加，经济性降低。

2．汽车走合期的使用规定

根据总成或部件在这个时期的工作特点，汽车在走合期内为减小磨损，延长机件的使用寿命，必须遵循的主要规定有：减轻载质量、限制行车速度、选择优质燃料和润滑材料及正确驾驶等。汽车在走合期使用得是否合理将直接影响车辆的使用寿命，必须严格按照走合期的使用规定进行走合。

1）保证走合里程

各汽车制造厂对所生产车型均有走合里程的规定，汽车走合里程不得少于 1000km，使用时应严格按照使用说明书的要求进行。理论上，汽车的走合里程可大致分为三个阶段。

第一阶段为走合 50～75km（走合 2～3h），此阶段零件加工表面较粗糙，加工后的形状和装配位置都存在一定偏差，配合间隙也较小，零件磨损和机械损失很大，零件表面和润滑油的温度也很高，所以此阶段最好空驶。

第二阶段为走合 100～200km，在这个阶段零件开始形成了较为光滑的工作表面，消耗在摩擦上的机械损失和产生的热量逐渐减少。

第三阶段为至走合结束，此阶段在零件工作表面形成了一层防止配合表面金属直接接触的氧化膜，进入了氧化磨损过程。发动机的动力性、经济性和传动系统的机械效率逐渐达到正常。

2）减载

走合期开始一般应空载 2～3h，整个走合期内，汽车按载质量标准减载 20%～25%，禁止拖带挂车或牵引其他车辆或机械，半挂车按载质量标准减载 25%～50%。

3）限速

汽车在走合期内要限制发动机转速，控制行驶速度。一般来讲，汽油机应在化油器下加装限速片，各挡位车速也应严格按照使用规定进行控制。走合期内，如果车速过高，不但增加发动机为克服空气阻力的负荷，而且会加剧零件的振动和冲击，易使连接件松动和行驶系统零件的疲劳程度增大。如果发动机转速高，各零件的负荷大，使摩擦产生的热量多，润滑条件易恶化，零件磨损会显著增加。所以走合期内应严格控制发动机的转速和车速。

4）正确驾驶

新车初期的磨合效果很大程度上取决于 2500km 磨合期内的驾驶方式。启动发动机时不要猛踏加速踏板，而应严格控制加速踏板行程，以免因发动机起步过快而产生较大的冲击载荷。发动机启动后应低速运转，待水温升到 50～60℃再起步。为减小传动机件的冲击，行驶时要正确换挡。对车速表上设有换挡标记的车型，指针临近换挡标记时须及时换入临近高挡，切勿使发动机工作负荷过大。一旦发现发动机动力不足导致运转不平稳时，应立即换入较低挡位。要注意选择路面，不要在恶劣的道路上行驶，以减小振动和冲击。要避免紧急制动、长时间制动和使用发动机制动。最初 200km 内，新制动摩擦衬片经磨合方能达到最佳状态。在该阶段内，制动效能略有下降，可适当加大制动踏板力补偿制动效果。走合过程中，应对汽车各部件的技术状况及时检查和排除故障。

5）优选燃料、润滑油

选择抗爆性好的优质燃油，以防汽油机爆燃；选择黏度较低的优质润滑油，并应按走合期维护的规定及时更换。

6）加强维护

走合期对汽车的维护主要分走合前、走合中和走合后维护。

（1）汽车走合前维护的主要内容如下。

① 清洗全车，需要开封或开蜡的进行开封或开蜡。

② 检查及紧固外露螺栓、螺母等处，尤其是转向、制动、传动等处的安全部件。

③ 检查润滑油、制动液、冷却液及各种工作介质的数量和质量是否符合规定，根据情况进行添注或更换。

④ 检查轮胎（含备胎）气压、轮胎螺栓是否符合有关要求，如有不符给予调整和紧固。

⑤ 检查蓄电池电解液液面高度及蓄电是否足量，电气连接是否牢靠。

⑥ 启动发动机，检查机油压力是否正常，各仪表、信号装置是否齐全有效，灯光是否合乎规定，如有异常应立即排除。

⑦ 试车检查制动效能（但不许紧急制动），如有跑偏或制动解除不良现象应查明原因，排除故障后再进行走合行驶。

（2）汽车走合中维护的主要内容如下。

① 走合 200km 后，应按规定力矩和顺序拧紧汽缸盖及进、排气歧管的螺栓、螺母。

② 走合 500km 后，在发动机热状态下更换发动机油，并清洗润滑系统各部。对全车润滑点进行润滑。

③ 在承载状态下，按规定力矩拧紧钢板弹簧 U 形螺栓。

④ 检查转向系统、传动系统各部连接并视情紧固。

⑤ 检查制动系统的技术状况，如有渗漏、不良等加以排除。

⑥ 在汽车走合行驶全过程中，应经常检查发动机、变速器、分动器、驱动桥、各轮轮毂及传动轴处是否有过热或异响。如有不正常现象，应查明原因尽快排除。

（3）走合期结束后，应进行一次全面维护，其作业项目和深度可参照制造厂的要求进行，或结合二级维护进行全面的检查、紧固、调整和润滑作业，使其达到良好的技术状况。

此外，在走合期后的数千公里内，还要适当控制车速和载荷。

3.4.2 汽车在低温条件下的合理使用

1. 汽车在低温条件下的使用特点

汽车在低温条件下使用的主要问题是：发动机启动困难，汽车总成磨损严重，燃料消耗量增加，零部件强度减弱，行车条件变坏等。

（1）发动机启动困难。气温低时，汽车冷车启动有一定困难，而当气温很低时，如不经预热，则很难启动发动机。低温启动困难的主要原因是：发动机润滑油和齿轮润滑油的黏度变大，曲轴旋转阻力大；燃料的挥发性能变差，可燃混合气的质量差；蓄电池工作能力低等。

① 发动机曲轴旋转阻力大。启动时转动曲轴的阻力矩，包括运动部件的惯性阻力矩、由汽缸内被压缩的可燃混合气的反作用力产生的阻力矩和各运动副的摩擦阻力矩。对于结构一定的发动机，前两种阻力矩随温度变化不太明显，而后者受发动机油黏度影响较大。因为随着温度的降低，发动机润滑油的黏度增大，润滑油内摩擦阻力增大，从而增加了曲轴的旋转阻力。

② 低温条件下的燃料汽化性能差，燃料燃烧释放的能量不足以维持发动机顺利启动的必要转速，这是导致发动机启动困难的主要原因。随着温度的降低，汽油的蒸发性变差、汽油的黏度和相对密度均增大。而柴油黏度增大会引起柴油雾化不良，压缩终了的压力和温度低，燃烧过程变坏，使发动机启动困难。当温度进一步降低时，因燃料含蜡的沉淀物析出而使燃料的流动性逐渐丧失，从而导致无法启动。

③ 蓄电池在低温条件下输出的功率下降，不能满足启动机的工作要求。影响发动机正常启动的主要因素是启动机的启动扭矩和火花塞的跳火能量。

（2）汽车总成磨损严重。汽车在低温条件下使用时，各主要总成磨损都比较大，尤其是发动机的磨损更为明显。在发动机使用周期内，50%的汽缸磨损发生在启动过程，而冬季启动占启动磨损的60%～70%。主要原因如下。

① 低温启动时，润滑油黏度大，流动性差，发动机转速低，机油泵不能及时地将润滑油压入各工作表面，使润滑条件恶化。

② 冷启动时，大部分燃料以液态进入汽缸，冲刷了汽缸壁的油膜。

③ 汽油的含硫量对汽缸壁磨损的影响也很大，这是由于汽油在燃烧过程中产生的硫化物与凝结在汽缸壁上的水滴化合成酸，从而引起腐蚀磨损。

④ 润滑油被窜入曲轴箱中的燃料稀释，燃料不完全燃烧而形成的碳化物也会同废气一起窜入曲轴箱，污染润滑油。

⑤ 在低温条件下，由于轴瓦的合金、瓦背与轴颈的膨胀系数不同，使配合间隙变小，而且很不均匀，因此加速了轴颈与轴瓦的磨损。

（3）燃料消耗量增加。在低温使用中，因燃料的黏度增大，发动机热状况不良，升温过程长，工作温度低，燃料汽化不良，燃烧不完全，润滑油黏度大，摩擦损失大等原因而使发动机输出功率下降，传动系统传动效率降低，导致燃料消耗量增加。

（4）零部件强度减弱，易损坏。金属材料在低温条件下的物理和力学性能将会变差。低温时，碳钢的冲击韧性急剧下降；硅、锰钢制的零件（钢板弹簧）、铸件（汽缸盖、飞轮壳、变速器壳和主传动器壳）变脆；锡铝合金焊剂在较低温度时，容易产生裂纹或成粉末状，从接头的地方脱落；汽车上的塑料制品将会出现裂纹，并可能从机体上脱落。在特别寒冷的情况下，橡胶轮胎逐渐变脆，受到冲击载荷时容易发生破裂。因此，在冬季行车时，应在汽车起步后的头几公里以低速行驶，并要平稳起步和越过障碍物。

2．低温条件下使用的技术措施

在实际使用中，针对汽车在低温条件下的使用特点，可采取以下措施，以克服低温条件对汽车的不利影响。

（1）保温

汽车在低温条件下（或严寒地区）使用时，应采取保温措施，其目的是使发动机在一定的热状况下正常工作，随时可以出车。保温的主要部位是发动机、蓄电池、油底壳、传动系统及驾驶室等。

对汽车发动机保温的目的是使发动机在正常状况下工作及随时可以出车。对蓄电池保温的目的是在发动机启动时，提供足够的功率输出，而在汽车运行时，使蓄电池处于温暖的状态，保证发电机为之“补充充电”。在寒冷地区对发动机保温主要是对汽车的发动机和水箱罩采用保温套。发动机的油底壳除了采用双油底壳保温外，有的还在油底壳外表面封上一层玻璃纤维。

（2）预热

在寒冷地区，汽车预热方法分为进气预热和发动机预热。汽车采用进气预热装置启动，称为“冷态启动”；采用发动机预热装置启动，称为“热态启动”。进气预热装置按照加热进气热源不同，可分为电热进气预热装置与火焰进气预热装置两大类。发动机预热常用的预热方法按照预热装置不同可分为：热水预热、电能预热及燃油加热器预热。

（3）合理使用燃料和润滑材料

在低温下使用的燃料应具有良好的挥发性、流动性、低含硫量，以利于低温启动和减小磨损。汽车冬季行车时，应对发动机、变速器、主减速器与转向器换用冬季用润滑油，轮毂轴承使用低滴点润滑脂，并换用冬季用制动液、减振器液。目前在寒冷地区发动机采用稠化机油，这种油的特点是低温下黏度较低，温度升高后又能保证润滑。

（4）改善混合气的形成

目前，在大多数的汽车发动机上都装有电子控制汽油喷射系统，使发动机在各种工况下都能获得最佳空燃比的混合气，以求得最佳的动力性、经济性及排放性，提高了汽车的使用性能。

（5）正确使用冷却液，防止冷却系统冰冻

低温条件下，正确使用冷却液，不但可以防止冷却系统冰冻，还可以减轻驾驶员的劳动强度，大大减少启动前的准备时间。防止发动机冷却系统冰冻是低温条件下汽车使用的一项重要措施。一般在行车后露天停放时，要及时放水或采用防冻液，后者可减轻驾驶员的劳动强度，减少启动前的准备时间。

（6）正确使用启动液

为使发动机在低温条件下直接启动，可使用启动液。启动液的加注方法应根据发动机进气系统的结构，将其呈雾状均匀地分配到各汽缸中。

（7）低温行车的措施

在寒冷地区行车时，挡风玻璃容易结霜，特别是在刮风飘雪时，驾驶员的视野变差，操作困难，给安全运行造成隐患。可在挡风玻璃上涂饱和盐水30%加甘油70%的溶液，以降低露水的凝点。由于冰雪路面附着系数小，汽车行驶时容易滑溜，因此可在行车时使用防滑链，并采取“两轻两少”的行车要领，即轻踩油门，轻打方向；少换挡，少制动。

3.4.3 汽车在高温条件下的合理使用

1. 汽车在高温条件的使用特点

高温条件的最显著特点是气温高，此外还有多雨、多尘、辐射热强等特点，给汽车的合理使用带来诸多不利影响。

汽车在高温条件下使用的主要问题是：发动机功率下降，燃料消耗增加，发动机磨损严重，液体管路易产生气阻，轮胎易损坏。使发动机的动力性、经济性和可靠性等使用性能变坏。

（1）发动机功率下降。气温越高，冷却系统散热效率越低，发动机罩内温度越高，空气密度减小，每循环中实际进入汽缸内的新鲜充气量减少，使发动机的充气系数减小，发动机功率下降，导致汽车动力性不足。

（2）燃料消耗增加。气温升高，使空气密度减小，混合气变浓，在一定条件下，随着进气温度的升高，空燃比逐渐下降，导致汽车燃料经济性变差。

（3）发动机磨损严重。汽车在高温条件下使用时，发动机在启动过程中的磨损减轻了，但高温条件易引起不正常燃烧和润滑条件恶化，仍使发动机磨损严重甚至造成零件损坏。

随着气温的升高，散热能力的降低，发动机的温度将升高，使窜入汽缸中的发动机油在高温缺氧的情况下生成积炭等高温沉积物，黏附在活塞顶上，形成炽热点，使发动机产生早燃或爆燃，容易冲坏汽缸盖衬垫，造成缸体、缸盖、曲轴等变形，严重时可使气门、活塞等零件损坏。

发动机温度过高时，发动机油的抗氧化安定性变坏，加剧其热分解、氧化和聚合的过程，促进发动机油劣化变质。另外，干燥空气中的灰尘和潮湿空气中的水分通过进气系统和曲轴箱通风口进入发动机油底壳污染发动机油，也是引起发动机油变质的主要原因。因此，高温条件下润滑不良，加剧了发动机磨损。

（4）液体管路易产生气阻。汽车上易产生气阻主要有供油系统气阻和液压制动系统气阻。

① 供油系统气阻。供油系统的气阻现象是由于供油系统受热后，汽油中的部分轻馏分挥发变成气体，存在于汽油管及油泵中，增加了汽油流动阻力。同时，由于气体的可压缩性，使存在于汽油泵出油管中的油蒸气随着汽油泵的脉动压力，不断地压缩膨胀，而存在于汽油泵进油管中的气体破坏了汽油泵在吸油行程中所形成的真空度，造成发动机供油不足甚至中断，使汽车不能行驶或难以启动。

② 液压制动系统气阻。在液压制动系统中，如果使用的制动液高温抗气阻性差，则在气温高时系统内易产生气阻，使液压制动系统工作可靠性下降。

一般液压制动系统在加注或更换制动液时也很容易产生气阻，维修时应注意“放气”。

（5）轮胎易损坏。汽车在高温条件下使用，轮胎经常超过允许使用温度，使胎压升高，胎体强度降低，导致胎面脱胶或胎体爆破。

2. 高温条件下使用的技术措施

汽车在高温条件下使用时，针对汽车的使用特点，应采取必要的技术措施，以保持车辆良好的技术状况。高温条件下合理使用车辆，应做好“三防、一维护”工作。

1）防止爆燃

为防止爆燃，在选择汽油时，应保证或提高使用要求所规定的汽油牌号。在使用中应及时清除发动机燃烧室积炭或安装爆燃限制器。

2）防止气阻

考虑影响气阻产生的因素，使用中防止气阻的方法主要是改善发动机的散热和通风；设法把供油系统的受热部分与热源隔开；采用结构和性能良好的汽油泵。

3）防止爆胎

汽车轮胎多为橡胶材料，在高温条件下，其性能极易发生变化，致使轮胎爆裂。使用时，应做好勤查胎温、保持轮胎标准气压、控制车速、注意轮胎的定期换位等工作。

4）加强技术维护

为适应汽车正常运行的需要，汽车进入夏季使用之前，应结合二级维护，对汽车进行一次全面的换季维护。在夏季进行的季节性维护中，应对汽车冷却系统、润滑系统、供给系统、点火系统、电源系统进行检查和调整。

（1）注意冷却系统的检查，提高冷却强度。具体维护的内容如下：检查冷却系统的密封情况，散热器盖上的通风口和通气孔是否畅通，水温表及温度传感器是否正常，风扇技术状况，冷却水是否充足等；检查和调整冷却风扇传动带的松紧程度，定期检查节温器的工作状况，清除散热器和缸体水套内的水垢。当发动机过热，水箱开锅时，应及时停车怠速降温，且注意不要熄火，防止发动机内部过热而发生拉缸等机械事故。

（2）加强供给系统的维护。应做好以下工作：燃料选择，汽油机选择饱和蒸气压小的汽油，柴油机选择凝点高的轻柴油；在灰尘大的地区使用的车辆，应加强空气过滤器的维护；油路调整。

（3）加强点火系统的维护。应做到以下几点：减小点火提前角；经常检查蓄电池电解液液面高度，及时加注；为防止大电流充电，调小发电机调节器充电电流。

3.4.4 汽车在山区或高原条件下的使用

1. 汽车在山区或高原条件的使用特点

汽车在高原地区，由于海拔高、气压低、空气稀薄，使发动机动力性和经济性下降；而在山区，路况复杂，坡路较多，汽车行驶安全性大为降低。

（1）发动机动力性下降。随着海拔升高，气压降低，空气密度减小，使发动机实际充气量下降，发动机功率和扭矩下降，所以发动机动力性降低。此外，由于大气压力降低，进气管真空度相应减小，真空点火提前装置的工作受到影响，使点火推迟，同时因压缩终了的压力和温度降低，混合气的燃烧速度减慢，也会影响发动机动力性。海拔高度增加对发动机的怠速性能影响很大。由于进气管真空度下降，进气量不足，发动机怠速下降。

（2）发动机燃油消耗增大。山区或高原条件下使用的汽车，如果供油系统未经调整或校正，则随着海拔高度增加，发动机循环充气量明显下降，空燃比变小，混合气变浓，发动机油耗增加。山区条件下，坡路陡而长，路况复杂，汽车经常低挡位、大负荷行驶，也会引起油耗增大。

在高原地区，大气压力降低，使燃料挥发性提高，因而供油系统易产生气阻和泄漏，使油耗增大。

（3）润滑油易变质，机件磨损严重。山区或高原条件下，汽车发动机功率下降，道路状况复杂，行驶阻力大，发动机长时间满负荷工作，使发动机容易过热，导致发动机油黏度变小，氧化变质速度加快。此外，过浓的混合气不能完全燃烧，窜入曲轴箱后，会稀释发动机油而加快发动机油变质，使发动机润滑不良，加剧机件磨损。

（4）汽车排气污染物浓度改变。随着海拔高度增加，发动机充气量下降，可燃混合气变浓，空燃比变小，不完全燃烧现象较为严重，从而影响排气污染物的排放量。

（5）制动性能变差。汽车在山区行驶时，制动器使用最为频繁，下长坡时，常需进行长时间连续制动，制动器工作温度明显上升，经常达到 300℃以上，制动摩擦片的摩擦系数明显下降，严重时还会出现摩擦片碎裂现象，从而导致汽车的制动效能降低。对于液压制动系统，在高原或山区使用时，由于工作温度升高，气压降低，会产生“气阻”现象，致使制动失效。对于气压制动系统，由于空气稀薄，空气压缩机的效率降低，而山区制动恰好特别频繁，又增加了耗气量，使制动效能受到很大影响。

2．山区或高原条件下使用的技术措施

根据汽车在山区或高原条件下所受的影响，一般从发动机性能改善和安全使用两个方面来采取相应的技术措施，以使车辆能合理使用。

1）改善发动机性能

山区或高原条件下改善发动机性能，主要是在实际使用中，通过对发动机各系统采取相应技术措施，进而保证或提高汽车的各种使用性能。

（1）选购汽车。如果汽车需要经常在高原地区使用，应购置汽车制造厂为高原地区专门设计、制造的高原型汽车。

（2）提高压缩比。理论上讲，由于高原地区空气稀薄，发动机实际充气量减小，压缩行程终了时汽缸内的压力和温度均下降，汽油机的爆燃倾向小，可以适当提高发动机压缩比。这样不仅可以提高压缩终了的温度和压力，加快燃烧速率，增大膨胀比，而且可以采用较稀的混合气，提高发动机的动力性和经济性。

实际使用中，大部分老旧车型已经报废，提高压缩比的改造技术已无普遍意义，要求在选购车辆时注意合理选择压缩比参数即可。

（3）调整供油系统。高原或山区条件下使用的汽车，发动机的混合气会变浓，燃料燃烧不完全，应根据海拔高度调整循环供油量。

① 汽油机可以适当降低浮子室油面高度（一般可降低 2～3 mm），并调整主量孔配剂针适当减少供油量。

② 柴油机可以随海拔高度调整最大供油量。

③ 对于柴油机而言，因柴油喷入汽缸后着火落后期延长，燃烧速率慢，需适当调整喷油提前角。

④ 使用掺有酒精、丙酮及其他含氧化合物的含氧燃料，以补偿充气量不足的状况。

（4）调整点火系统。在高原或山区，海拔增高后，大气压力降低，发动机爆燃倾向小，而且真空提前装置在相同工况下提前量减小，可以适当调整点火系统。

① 将点火提前角略为提前 2°～3°。

② 加强蓄电池的维护，保证蓄电池的技术状况良好。如保持电解液的液面高度、密度等。

③ 增大火花塞和断电器触点间隙，以增强火花强度，提高点火系统的点火能量。

（5）采用进气增压装置。高原或山区条件下，汽车采用进气增压的方法，对改善发动机的动力性和经济性效果相当明显。

柴油机可在进气系统中安装增压器（一般为废气涡轮增压）增加发动机的充气量，提高压缩行程终了的压力和温度。

汽油机由于爆燃及排气温度过高而产生的热负荷过高等问题的限制，很难采用废气涡轮增压。

（6）改善润滑条件。在高原地区使用的车辆，为防止润滑油变质，应保持良好的曲轴箱通风。

2）改善汽车安全性能

汽车在高原或山区条件下，由于地形复杂，坡路较多，弯多路窄，必须采取相应技术措施改善其安全性能。特别是制动性能的改善，对于汽车在高原或山区的安全行驶更为重要。

（1）采用耐高温制动摩擦片。耐高温摩擦片采用环氧树脂、三聚氰胺树脂等改进的酚醛树脂作为黏合剂或采用无机黏合剂，把石棉摩擦材料黏结、固化成形而制成。石棉摩擦材料中常加有金属添加剂，摩擦片温度高达 400℃以上时，尚可产生足够的制动力矩，可适应高原或山区条件下行车制动的需要。

（2）采用发动机制动。汽车下长坡时，需要持续不断地制动以控制汽车的行驶车速。此时，利用发动机制动可减轻车轮制动器的工作强度，降低温度升高幅度。在采用发动机制动时，变速器挡位越低，同样车速下发动机转速越高，产生的制动力矩越大。一般下长坡采用发动机制动时，把变速器挂入上坡时所用挡位较合适。

（3）采用辅助制动装置。GB12676—1999《汽车制动系统结构、性能和试验方法》规定：汽车制动必须具有行车制动、应急制动和驻车制动的功能。因此，汽车辅助制动装置包括在行车制动系统之中。

汽车行车制动系统中多采用排气缓速式辅助制动装置，其基本工作原理是利用设置在排气通道内的排气节流阀阻塞发动机排气通道，以增加发动机内进气、排气、压缩等行程的功率损失，从而达到在短时间内降低车速的目的。在使用辅助制动装置时，禁止空挡滑行或中途分离离合器。

（4）制动鼓降温。为防止制动器过热，在汽车下长坡时，可采取制动鼓淋水降温装置（如加装储水器）对制动鼓外表面淋水降温，以防制动器温度过高而使摩擦片烧蚀，影响制动效能。

（5）防止轮胎爆裂。海拔升高时，轮胎气压也会升高，当轮胎表面温度较高时，橡胶强度降低。因此，在高原或山区行车时易爆胎而引发事故。实际使用时，需注意保持轮胎压力不超过规定值，同时注意轮胎的工作温度。

（6）注意行驶安全。

① 爬长坡、陡坡时，应提前换挡；下坡时，禁止熄火空挡滑行。

② 注意检查和维护汽车转向机构，使转向灵活、可靠。

③ 正确合理制动。

3.4.5 汽车在无路或坏路条件下的合理使用

无路是指松软土路、耕地、草地、沼泽地和灌木林等地带。坏路是指雨季泥泞的土路、冬季冰雪道路和覆盖沙土的道路等。

1. 汽车在无路或坏路条件下的使用特点

汽车在无路或坏路条件下使用存在的问题是：车轮与路面的附着力小，行驶阻力大，无法满足汽车的行驶条件；汽车行驶安全性、动力性、燃油经济性及汽车通过性下降。汽车在无路或坏路条件下使用，燃料消耗比正常使用条件下约高 35%。

（1）汽车在松软土路上行驶，路面变形量大，一定时间后，会出现残余变形，出现车辙，使滚动阻力增大，甚至陷车使发动机熄火。在泥泞路上行驶时，往往由于附着系数降低，引起驱动轮打滑，通过性变坏。

（2）沙土路面的特点是表面松散，受压力后变形大，沙土容易嵌入轮胎花纹内，使附着系数降低，但轮胎的滚动阻力却增大。此外，干沙路和流沙地容易使汽车打滑，特别在流沙地上，汽车车轮的滚动阻力系数变大，汽车的通过性能明显下降。

（3）冰雪路面，雪路对汽车通过性的影响主要取决于雪层的密度和硬度。雪层密度越小，车轮的滚动阻力系数越大，附着系数越小，汽车行驶条件变差。雪层的厚度对汽车行驶也有一定影响，经压实的平坦雪层达到7～10cm厚时，对汽车正常行驶影响不大；而松软的雪层加厚时，汽车的通过能力明显下降。

冰路上，车轮与冰面的附着系数极低，可降低到0.1以下，但车轮的滚动阻力与刚性路面较为接近。

2．无路或坏路条件下使用的技术措施

汽车在无路和坏路条件下使用时，主要是改善驱动轮与路面之间的附着系数和减小滚动阻力，以提高汽车的通过性与行驶安全性。

1）合理驾驶

松软道路附着系数很低，防止侧滑很重要，所以驾驶时，使用制动要特别小心。不准使用紧急制动，转向也不能过急，以免发生侧滑。尤其是坡道或急弯行驶时更要注意。一旦出现侧滑，首先要抬起加速踏板，降低车速，并立即将转向盘转向车轮侧滑的方向，以防止继续侧滑或发生事故。

通过泥泞或翻浆路时，最好一鼓作气地通过，途中不要换挡，不要停车。如果被迫停车，再起步时不能挂最低挡，起步时轻踏加速踏板，保持牵引力小于附着力，避免产生打滑现象。

当汽车已陷入泥泞道路空转打滑时，不要盲目加油，强行驶出，以免越陷越深，而且强行驶出容易破坏机件。

2）合理使用轮胎

汽车轮胎对其通过性有决定性的影响。为了提高汽车通过性，必须正确选择和使用轮胎。所选轮胎的气压、花纹及结构参数等，对减小汽车行驶阻力，提高汽车附着力，改善汽车在恶劣道路条件下的使用性能，有着重要的影响。

（1）降低胎压。在松软道路上，汽车轮胎单位面积的压力越大，路面变形量越大，滚动阻力就越大，汽车的通过性就越差。所以降低轮胎气压，加大轮胎宽度，可使滚动阻力下降，改善行驶条件。

实际使用中，可选用调压胎，驾驶员可以在驾驶室内调节轮胎。从正常胎压降到极低的气压，轮胎印痕面积增大，单位压强相应降低，使汽车在松软和泥泞道路上的通过性明显改善。

当汽车打滑又陷在泥泞路中时，卸下运载货物也是一种必要的措施。若汽车打滑而未陷下时，可增加后轴装载质量，以提高附着力，使汽车通过。

（2）轮胎花纹。轮胎花纹类型直接影响载货汽车的使用性能和通过性，所以不同的路面应选择不同的轮胎花纹（混合花纹轮胎、普通花纹轮胎和越野花纹轮胎）。

① 混合花纹轮胎适合各种路面，具有良好的自行清洁泥土的能力，不仅适合硬路面，而且在泥土路上也具有较大的附着力。

② 普通花纹轮胎适合在硬路面上行驶。花纹形式有普通花纹、连烟斗花纹、烟斗花纹等。

③ 越野花纹轮胎适合在松软土路上行驶，花纹形式有无向花纹、有向花纹、枞树形花纹、半螺旋花纹等。其花纹不易被泥土和石块填塞，提高了车辆的通过性。

（3）选择高越野性轮胎。高越野性轮胎是外径与普通轮胎相等而断面加宽的特种轮胎，可大大提高汽车的通过性。

3）采用应急措施

汽车在无路和坏路条件下使用时，为防止驱动轮滑转、陷车，需要采取一定的应急措施。

（1）汽车驱动轮上加装防滑链。加装防滑链是提高车轮与路面附着系数、提高恶劣路况下汽车通过性的有效应急措施。防滑链的形式主要取决于路面状况和汽车行走系统的结构。

防滑链有普通防滑链和履带式防滑链。普通防滑链是带齿的（圆形、V 形或刀形）链条，用专用的锁环装在轮胎上。这种防滑链在冰雪路面和松软层不厚的土路上有良好的通过性，而在松软层厚的土路上效果明显下降。履带链有菱形和直形两种。履带链能保证汽车在坏路上通过，甚至驱动轮陷入土壤或雪内仍可以通过，菱形履带链还具有防侧滑能力。

防滑链的缺点是链条较重，拆装不方便，更重要的是装有防滑链的汽车，其动力性和经济性均下降，在硬路面上行驶的冲击大，使轮胎和后桥磨损增大，因此仅在克服困难道路时，才需装用。

（2）陷车救援。汽车在恶劣路况下发生陷车时，可采用自救或他救的措施。一般自救的方法是去掉松软泥土或雪层，在预驶出的路面上撒沙、铺石块或木板等，然后将汽车开出；也可以用绳索绑在树干（或木桩）和驱动轮上，如同绞盘一样驶出汽车。他救主要是指用其他车辆牵引驶出汽车。

3.5 汽车技术状况的变化及检测

在长期的使用过程中，汽车技术状况将随着行驶里程的增加和外界条件的变化而逐渐变坏，使汽车的动力性、经济性下降，使用方便性、行驶安全性变坏，排气和噪声污染加剧及可靠性变坏，直至最后达到使用极限。汽车技术状况下降必然导致汽车运输生产率下降、运输成本增加问题，交通问题，环境问题，甚至造成事故。因此，要真正地使用好车辆、管理好车辆，就必须及时掌握汽车的技术状况，也就需要通过汽车的检测诊断技术来确定汽车技术状况，同时分析了解引起汽车技术状况变化的原因和规律，才能合理地使用和组织汽车的技术维护，保持良好的汽车技术状况。

3.5.1 汽车技术状况及其变化分析

汽车是由上万个具有不同功能的零件、总成装配而成的整体。各总成、机构和部件状况的综合，形成了汽车的技术状况。所谓汽车的技术状况，是定量测得表征某一时刻汽车外观和性能参数值的总和。在汽车运行过程中，零部件要逐渐丧失原有的或技术文件所要求的性能，从而引起汽车技术状况变差，直至不能完成规定的功能。汽车零部件在使用过程中，技术状况的变化是不可避免的，但了解汽车零件性能变化的进程，针对零件失效的原因采取相应的措施，防止零件早期损坏，进而控制汽车的技术状况，使汽车的技术状况处于规定的水平。

表征汽车技术状况的参数分为两大类，一类是结构参数，另一类是技术状况参数。结构参数是表征汽车结构特性的物理量，如几何尺寸、声学、电学和热学的参数等。技术状况参数是评价汽车使用性能的物理量和化学量，如发动机的输出功率、扭矩、油耗、声响、排放限值和踏板自由行程等。若汽车完全符合技术文件规定要求的状况，即技术状况的各种参数值，既包括主要使用性能的参数值，也包括外观、外形等次要参数值，则该车技术状况完好；若汽车不符合技术文件规定的某一项要求，则称汽车技术状况不良。处于不良技术状况的汽车，可能是主要使用性能指标不符合技术文件的规定，不能完全发挥汽车应有的功能；也可能是主要使用性能指标完全符合技术文件的规定，仅外观、外形及其他次要性能的参数值不符合技术文件的规定，而又不致完全影响汽车发挥自身的功能，如前照灯的损坏并不影响汽车白天的正常行驶。

汽车在使用过程中，随着行驶里程的增加，技术状况将逐渐变坏，使汽车动力性下降、经济性变坏及可靠性降低，并相继出现种种外观症状。

① 汽车动力性变差。如接近大修里程的汽车，加速时间将增加 25%～35%，发动机有效功率和有效扭矩低于原设计规定的 75%。

② 汽车燃料消耗量和润滑油耗量显著增加。

③ 汽车的制动性能变差。

④ 汽车的操纵稳定性变差。

⑤ 汽车排放值和噪声超限。

⑥ 汽车在行驶中出现异响和异常振动，存在着引起交通事故或机械事故的隐患。

⑦ 汽车的可靠性变差，使汽车因故障停驶的时间增加。

1．汽车技术状况变化的特征及其原因

相互摩擦零件间产生自然磨损；与有害物质相互接触的零件被腐蚀；零件长期在交变载荷作用下产生疲劳；零件在外载荷、温度、残余应力作用下发生变形；橡胶及塑料等非金属制品零件和电气元件因长时间工作而老化；使用中由于偶然事故造成的零件损伤等现象致使零件原有尺寸、几何形状及表面质量改变，零件之间的配合特性和正确位置关系的破坏是引起汽车（或总成）技术状况变坏的主要原因。

2．影响汽车技术状况变化的因素

在汽车技术状况的变化过程中，尽管影响因素复杂，但起决定性的原因，首先是组成汽车的零件间的相互作用；其次是汽车使用与保管环境条件的影响；第三是以零件隐伤和过载等为主的偶然因素的作用。零件间的相互作用使零件产生磨损、塑性变形、疲劳破坏、热损坏及材料性能变化等。在影响汽车技术状况诸因素中，零件磨损的影响是主要的，是具有代表性的。

1）固有缺陷对汽车技术状况的影响

（1）设计不合理。汽车设计时整车及各总成、机构和零部件不科学、不合理，而使汽车零件耗损。

（2）材料质量差。汽车材料选用（硬度、强度及耐磨性）不当、材质差，而使汽车零件耗损。

（3）工艺不规范。汽车零件在制造、装配、磨合和试验过程中，未严格按技术规范进行而造成汽车零件耗损。

2）使用条件对汽车技术状况的影响

汽车的运行条件和使用水平等直接对汽车技术状况产生影响。

（1）道路条件的影响。道路状况和断面形状等决定了汽车及总成的工况（载荷和速度域、传递的扭矩、曲轴转速、换挡次数，以及道路不平所引起的动载荷等），从而决定汽车零部件和机构的磨损过程，影响汽车的工作能力。例如，一挡的磨损量最大，直接挡的磨损量最小，而且每个挡位都有一个磨损量最小的行驶速度。在不平道路或等外级道路上行驶时，油耗将增加 50%，轮胎磨损大约增大 2 倍。在山区或丘陵地区的道路上行驶时，平均技术速度将会降低 20%以上，油耗增加 15%。在细沙路面上运行，由于离路面 2m 高空内的含尘量过多，对汽车零件磨损也有明显的影响。

（2）运行条件的影响。主要指交通流量对汽车运行工况的影响。如载货汽车在城市街道上的速度较郊区要降低 50%以上，发动机曲轴转速反而升高 35%左右，换挡次数增加 2～2.5 倍。显然，这种工况必然加速汽车技术状况的恶化进程。

（3）运输条件的影响。城市公共汽车经常处于以频繁起步、加速、减速、制动和停车为主的典型的非稳定工况下工作。如果曲轴转速和润滑系统油压不能与载荷协调一致地变化，恶化了配合副的润滑条件，使零件的磨损较稳定工况大大加剧。

（4）气候条件的影响。

① 环境温度的影响。图 3.5-1 表明有一个故障率最低的环境气象温度。

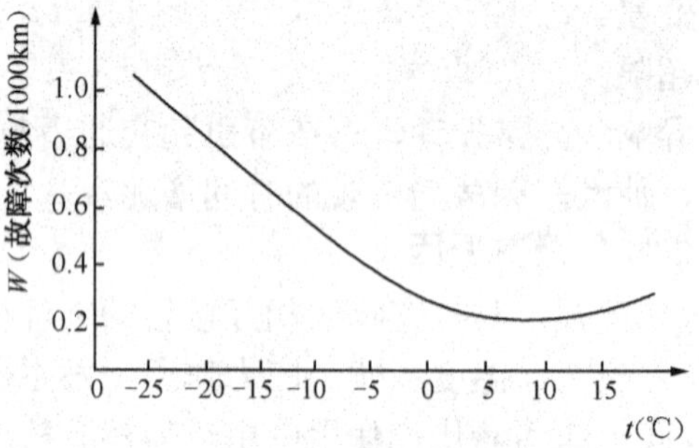

图 3.5-1　汽车故障率与环境温度的关系

② 环境湿度和风速的影响。环境的湿度大，极易恶化汽车的运行条件，加速零件的腐蚀。湿度低、气候干燥、道路灰尘多，也会恶化汽车零件的工作环境，磨损增加。汽车静止不动，风速为 10～12m/s 时，汽车主要总成的润滑油、专用液的冷却速度较无风时加快 1.5～2 倍。

（5）维修水平的影响。及时地、高质量地依照维护周期、作业项目、技术要求，对汽车定期进行调整、紧固、检查、润滑，及时排除故障，是保持汽车完好技术状况、减小汽车零件磨损、延长汽车使用寿命的关键。我国的大修发动机耐久性普遍较差，在其主要影响因素中，维修水平低、维修设备落后和维修质量差约占 40%。例如，对变形的基础件不进行整形修理，不能恢复主要要素的形位公差；维修技术陈旧和维修检测设备简陋等不能适应汽车维修业的发展。汽车维修行业的管理水平落后、从业人员技术素质低与技术法规观念淡薄等，都严重地制约着汽车维修质量的提高。总之，维修质量依赖于维修人员的技术素质、先进的技术设备和汽车配件的质量等。

（6）驾驶技术的影响。驾驶是否按照操纵规程进行，直接关系到机件的使用寿命。正确的操作方法为：冷摇慢转、预热升温、及时换挡、轻踏慢抬、正确滑行、掌握温度、避免灰尘等。这是延长汽车使用寿命的有效方法。驾驶中要注意发动机的工作温度是否正常，润滑状况是否良好；换挡要及时轻快；保持车速符合道路条件；减小冲击载荷等。

（7）载荷与行驶速度的影响。载质量的大小，影响汽车零件的磨损。汽车的载质量应按制造厂规定的额定标准载质量。如果超载，零件的磨损速度将迅速上升。因为载质量增加，各总成的工作负荷增加，工作状态就不会稳定，相应地要求发动机曲轴的单位行驶里程的转速相应增加（因低速挡使用时间较多），发动机处于高负荷且在不稳定情况下工作，造成冷却系统水温和曲轴箱内的机油温度过高，热状况不良，这一切均使发动机磨损量增大。

汽车拖载总质量增加时，各总成的磨损量均增大，其中以发动机最为显著（同单车相比）。变速器和主减速器磨损量随汽车拖载总质量增加而增加。其原因是，由于低速挡使用次数多，各总成负荷大，其中以离合器的磨损最甚。

当汽车行驶速度过高时，发动机处在高转速状态，活塞的平均移动速度增大，汽缸磨损也相应加大；低速时，机件润滑不良，因而磨损也同样加剧。高速行驶还将引起轮胎发热，使其磨损增大。对制动器的影响，主要是常需急速制动。因为车轮制动蹄摩擦片的磨损一般是正比于每平方厘米衬带面积所吸收的汽车动能量。因此，高速行驶汽车在急速制动时，制动蹄片的磨损量迅速增加。

加速滑行行驶比稳定速度行驶，其发动机磨损量要增加 25%～30%。加速后的速度越高，速度变化范围越大，发动机的磨损量则越大。为了减小机件磨损，必须控制行驶速度，正确选用挡位，要求用中速行驶。

（8）燃料、润滑油品质的影响。汽油品质的影响主要是以馏分温度、辛烷值和含硫量来表示；柴油中重馏分过多、黏度、十六烷值、含硫量品质的好坏对发动机磨损影响也很大；润滑油品质对发动机磨损的影响主要与其黏度、油性和抗氧化性及清洁有关。

3．汽车技术状况变化的规律

汽车技术状况变化的规律是指汽车技术状况与行驶里程或时间的关系。研究汽车技术状况变化规律是为了能够掌握它，并采取相应的措施降低零件磨损速度，延长其使用寿命。

运用数理统计和可靠性理论来分析汽车、总成和零件损坏率特性，它遵循“浴盆曲线”变化规律，如图 3.5-2 所示。曲线划分为三个阶段。

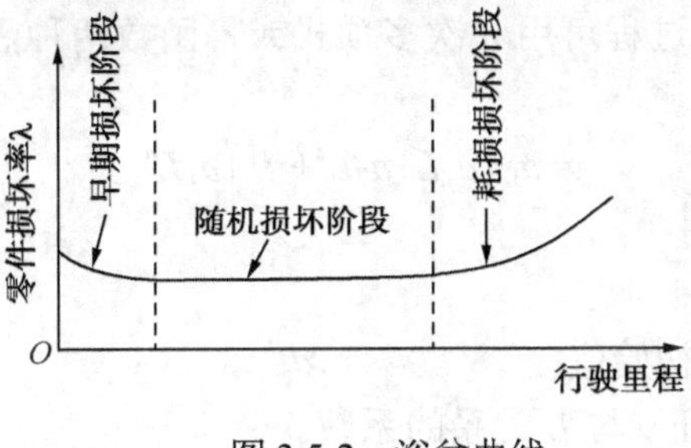

图 3.5-2　浴盆曲线

① 早期损坏阶段——使用初期，备件的损坏率较高，经过一个时期使用后，损坏率下降。也就是说，损坏率是时间或行驶里程的减函数。技术状况变化的速率取决于零件设计质量、制造工艺水平和材料力学性能。对汽车各零部件所用原材料及其制造工艺加强检验和质量控制，可以减少或剔除这种早期损坏的产品，降低早期损坏率。

② 随机损坏阶段——经过早期损坏阶段，损坏率减小，零件的工作进入随机损坏阶段。这时不但损坏率很小，并且大体上是一个常数。在这个时期内，零件所发生的损坏大部分与其强度和所承受的负荷有关，损坏是偶然发生的。

③ 耗损损坏阶段——零件经过长期使用以后，由于疲劳或磨损等原因，其强度和物理性能下降，损坏率上升。也就是说，损坏率是时间的增函数。在这个阶段中，零件所发生的损坏多属于老化、疲劳等性质。对汽车及时进行检查、维护和调整是延缓零件损坏的有效措施。

上述三个阶段如图 3.5-2 所示，横坐标是时间或行驶里程，纵坐标是（瞬时）损坏率，由于形状像一个澡盆，所以通常称为浴盆曲线。

汽车技术状况变化的规律按发生的过程，可分成两大类：一类是变化过程具有确定的形式，即具有必然的变化规律，其变化过程可以用一个（或 n 个）时间（t）确定的函数来描述；另一类是变化过程没有确定的变化形式，没有必然的变化规律，对其变化过程独立地重复进行多次观察所得的结果是不相同的，呈现出不确定性，但大量重复观察的结果又具有统计规律。前者称为汽车技术状况随行程变化过程，后者称为汽车技术状况随机变化过程。

（1）汽车技术状况随行程变化过程

汽车大部分机构、零件的技术状况变化都有一定规律，都随运行里程的延续而变化，即属于随行程的变化过程。这类变化过程的特点是：初始状况（E_n）随行程依次平稳而单调地变化至极限状况（E_0），如图 3.5-3 所示。因此，在原则上通过及时的维修措施，可以防止发生故障，同时由于技术状况变化的单调性又为预测故障的发生提供了可能。汽车零件磨损、间隙的变化、冷却系统和润滑系统中沉淀物的积聚、机油消耗率及机油中的机械杂质含量等，均是按照这个规律变化的。

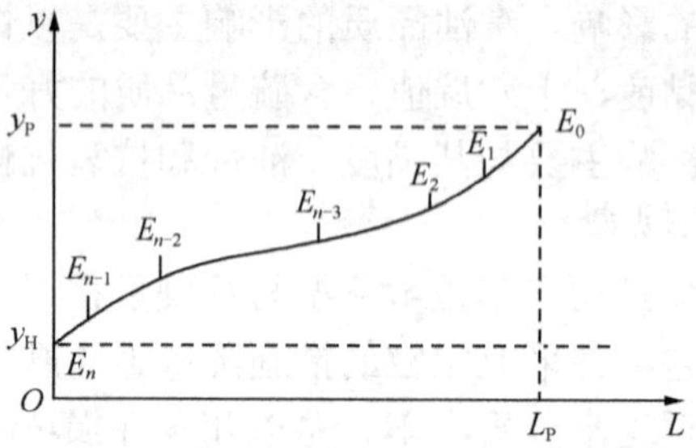

图 3.5-3　汽车技术状况随行程变化过程

汽车技术状况随行程变化过程可用 n 次多项式或幂函数两种函数进行描述。

n 次多项式：

$$y=a_0+a_1L+a_2L^2+\cdots+a_nL^n \tag{3-1}$$

式中，y——技术状况参数值；

L——汽车行程；

a_0——技术状况参数的初始值；

a_1，a_2，…，a_n——表征 y 与 L 关系的系数。

幂函数：

$$y=a_0+a_1L^b \tag{3-2}$$

式中，a_1，b——技术状况对数变化速率和特性的系数。

多项式能精确反映技术状况变化的规律性，但由于关系系数的数目太多，确定它们的数值又太复杂，因此增加了应用多项式的难度。实践表明，当用上述多项式计算技术状况参数值时，仅用前四项计算，其结果已足够准确；而对制动蹄片与制动鼓间的间隙，离合器踏板自由行程等参数的变化规律，用线性函数描述就足够准确了。

对于因汽车零件磨损所引起的技术状况参数的变化规律，用幂函数进行描述。如曲轴箱窜气量随行程的变化过程。

（2）汽车技术状况随机变化过程

汽车技术状况随机变化过程受汽车使用条件，驾驶员的操作水平，机件材质的不均匀性，隐蔽缺陷等随机因素的影响，没有确定的变化形式，技术状况参数的变化率和变化特性没有必然的变化规律。机件进入故障状况的行程是一个随机变量，与故障前的状况无关。若机件承受的载荷超过规定的允许标准，容易产生损伤或损坏，且损伤量迅速超过极限值，导致进入故障状况，如图 3.5-4 中 B 所示。

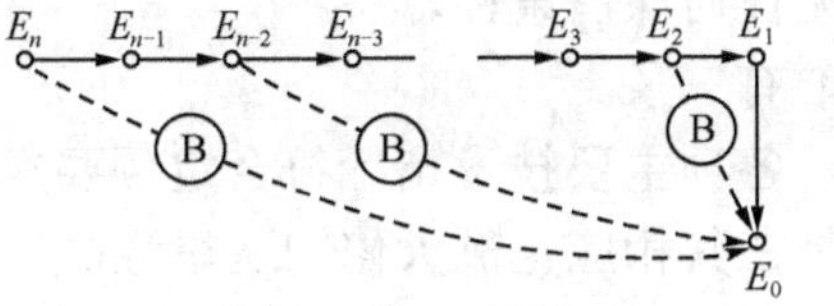

E_n，E_{n-1}，…，E_2，E_1—工作能力状况；E_0—故障状况

图 3.5-4　汽车技术状况随机变化过程

进入故障状况的概率与汽车过去的工作无关。如轮胎被扎穿导致故障的概率不因轮胎的新旧而异。技术状况参数的这种跃变性是随机变化过程的特点，当给定汽车技术状况参数极限值时，汽车技术状况达到极限数值的行程将是各种各样的，如图 3.5-5（a）中的 L_{p_1}，L_{p_2}，…，L_{p_n}。而在同一行程，汽车技术状况也不是处在同一水平，而是存在明显差异，如图 3.5-5（b）所示。

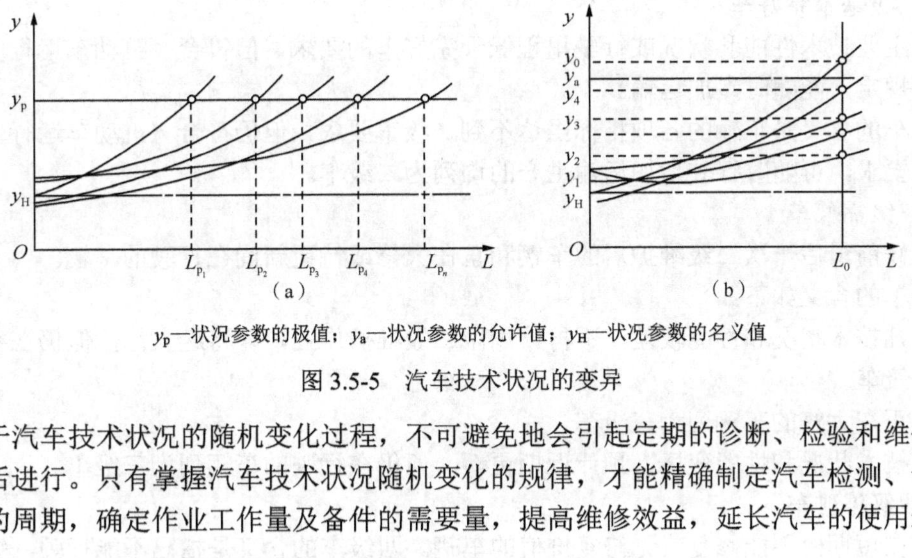

y_p—状况参数的极值；y_a—状况参数的允许值；y_H—状况参数的名义值

图 3.5-5　汽车技术状况的变异

由于汽车技术状况的随机变化过程，不可避免地会引起定期的诊断、检验和维修作业超前或滞后进行。只有掌握汽车技术状况随机变化的规律，才能精确制定汽车检测、诊断和维修作业的周期，确定作业工作量及备件的需要量，提高维修效益，延长汽车的使用寿命。

3.5.2　汽车技术状况的分级与评定

汽车经过一段时期的使用以后，技术状况将发生变化。变化的程度随行驶里程的长短不同及运行条件、使用强度、维修质量的不同而各有差异。为了及时掌握汽车的状况，采用相应的技术措施，合理地组织安排运输能力，正确地编制车辆维修计划，各运输企业应定期对汽车性能进行综合评定，核定其技术状况，并根据国家有关标准将车辆技术状况划分等级，以便于车辆的合理运用和科学管理。

1．汽车技术状况等级的划分

按照中华人民共和国交通部颁布的《汽车运输业车辆技术管理规定》，运行车辆技术状况等级按下列条件划分。

1）一级完好车

新车行驶到第一次定额大修间隔里程的三分之二和第二次定额大修间隔里程的三分之二以前，汽车各主要总成的基础件和主要零部件紧固可靠，技术性能良好；发动机运转稳定，无异响，动力性能良好，燃润料消耗不超过定额指标，废气排放、噪声符合国家标准；各项装备齐全、完好，在运行中无任何保留条件。

概括起来，一级车的标准有三条。

（1）车辆技术性能良好，各项主要技术指标符合定额要求。

（2）车辆行驶里程必须是在其相应定额大修间隔里程的三分之二以内，如第一次大修间隔里程定额为 18 万公里，第二次大修间隔里程定额为 12 万公里，则处于第一次大修间隔里程定额 12 万公里以内，第二次大修间隔里程定额 8 万公里以内的车辆才可作为一级车。

（3）车辆状况良好，能随时行驶参加运输生产。

凡有一项达不到要求的不能核为一级车。凡同时符合上述三项条件的车辆核为一级车。从这个规定可看出，一级车不仅受车辆的技术状况和性能的定性指标制约，而且还受到车辆行驶里程即新旧程度的定量指标制约。因为新车或第一次大修后的汽车，其行驶里程超过其相应定额大修间隔里程的三分之二以上，其技术状况和性能必然随里程增加而下降，虽其下降程度未低于上述规定的技术性能要求，但也不能列入一级车。

2）二级基本完好车

车辆主要技术性能和状况或行驶里程低于完好车的要求，但符合《机动车运行安全技术条件》的规定，能随时参加运输。

二级车的含义是车辆的各项指标虽达不到一级车要求，但仍符合《机动车运行安全技术条件》的要求，可随时行驶参加运输生产的均列为二级车。

3）三级需修车

送大修前最后一次二级维护后的车辆和正在大修或待更新尚在行驶的车辆。

三级车的含义如下。

（1）凡技术状况和性能较差，不再计划做二级维护作业，即将送大修，但仍在行驶的车辆列为三级车。

（2）正在大修的车辆列为三级车。

（3）技术状况和性能变坏，预计近期更新，但仍在行驶的车辆列为三级车。

4）四级停驶车

预计在短期内不能修复或无修复价值的车辆。四级车的含义是指已不能行驶，短期内不能修复或无修复价值，但又尚未报废的车辆，列为四级车。

2. 汽车技术状况等级的评定

汽车技术状况是随着行驶里程和大修次数的增加而逐渐变坏的。为了及时掌握车况，合理组织运输生产，有计划地安排与组织维修工作，降低运输消耗，防止发生有损国家利益的短期行为，不断提高装备素质，各省、自治区和直辖市交通管理部门应制定车辆技术状况评定制度，并负责车辆技术状况等级评定的组织和管理，运输单位应按国家有关规定做好车辆技术状况等级的评定工作。

评定汽车技术状况等级的依据是《汽车技术等级评定标准》（JT/T198—1995）。该标准适合于总质量 26t 以下（含 26t）的汽车和总质量 45t 以下（含 45t）的汽车列车（该标准从 1995 年 7 月 1 日起执行）。

汽车技术状况等级的评定，至少每半年进行一次。评定的内容主要是汽车的动力性、燃料经济性、制动性、转向操纵性、前照灯及喇叭噪声、废气排放、汽车防雨密封性和整车外观。

对上述内容评定时，按其具体评定项目的重要程度分为“关键项”和“一般项”。

汽车的技术等级评定采用汽车使用年限、关键项和项次合格率来衡量，分为一级车、二级车、三级车三个等级（四级车因为是停驶车，不用此标准评定）。

项次合格率计算方法：

$$B = \frac{N}{M} \times 100\% \tag{3-3}$$

式中，B——项次合格率；

N——检测合格的项次数之和；

M——检测的项次数之和。

汽车技术等级分级的方法如下。

（1）一级车：使用年限在七年以内；关键项分级的项目达到一级，关键项不分级的项目为合格；项次合格率不小于 90%；在运行中无任何保留条件。

（2）二级车：使用年限超过七年；关键项分级的项目达到二级以上，关键项不分级的项目为合格；项次合格率不小于 80%；在运行中无任何保留条件。

（3）三级车：凡达不到二级车技术等级标准的汽车均为三级车。

汽车的技术等级除应达到上述标准的规定外，同时还必须符合《汽车运输业车辆技术管理规定》（交通部 13 号令）中有关车辆技术等级划分的条款。

对车辆技术状况评定内容进行评定时应检测的项目及技术要求参见《汽车技术等级评定标准》（JT/T198—1995）及《营运车辆技术等级划分和评定要求》（JT/T198—2004）。

3. 汽车平均技术等级

车辆技术等级评定后，要综合计算本单位全部车辆的平均技术等级：

$$\text{车辆平均技术等级} = \frac{(1\times\text{一级车数})+(2\times\text{二级车数})}{\text{各级车数总和}} + \frac{(3\times\text{三级车数})+(4\times\text{四级车数})}{\text{各级车数总和}} \tag{3-4}$$

车辆技术等级是汽车运输企业的主要技术、经济定额指标之一。它标志着企业车辆的技术状况，体现了企业对车辆的技术管理水平和车辆装备的素质情况。

车辆的技术等级评定后，其结果应归入《车辆技术档案》中。

3.5.3 汽车诊断技术

1. 现代汽车检测与诊断技术概述

1）汽车检测与诊断常用名词术语

（1）汽车技术状况。定量测得的表征某一时刻汽车外观和性能的参数值的总和。

（2）汽车故障。汽车部分或完全丧失工作能力的现象。

（3）故障现象。故障的具体表现。

（4）汽车检测。为确定汽车技术状况或工作能力进行的检查和测量。

（5）汽车诊断。在不解体（或仅卸下个别小件）条件下，为确定汽车技术状况或查明故障部位、原因进行的检测、分析与判断。

（6）诊断参数。供诊断用的，表征汽车、总成及机构技术状况的参数。

（7）诊断周期。汽车诊断的间隔期。

（8）诊断标准。对汽车诊断的方法、技术要求和限值等的统一规定。

（9）汽车检测站。从事汽车检测的事业性或企业性机构。

（10）汽车诊断站。从事汽车诊断的企业性机构。

2）汽车诊断与检测的目的

（1）为了安全与环保进行汽车检测。

对汽车实行定期和不定期安全环保检测的目的是在不解体情况下，建立安全和排放公害监控体系，确保运行车辆具有符合要求的外观容貌、良好的安全性能和规定范围内的环境污染，在安全、高效下运行。

（2）对汽车的综合性能进行检测评估。

对汽车实行定期和不定期综合性能检测的目的是在不解体情况下，对运行车辆确定其工作能力和技术状况，查明故障或隐患的部位和原因；对维修车辆实行质量监督。建立质量监控体系，确保车辆在安全性、可靠性、动力性、经济性、噪声和废气排放状况等方面具有良好的技术状况，以创造更大的经济效益和社会效益。同时，对车辆实行定期综合性能检测又是实行“视情修理”制度的前提和保障。

3）汽车诊断类型、方法及特点

汽车经过长期使用后，随着行驶里程增加，技术状况将逐渐变坏，出现动力性下降、经济性变差、排气污染增加、可靠性降低和故障率升高等现象。汽车的这一变化过程是必然的，是符合发展规律的。但是，如能按一定周期诊断出汽车的技术状况，并采取相应的维护和修理措施，就可以延长汽车的使用寿命。

汽车技术状况的诊断是由检查、测试、分析、判断等一系列活动完成的，其基本方法主要分为两种：一种是传统的人工经验诊断法；另一种是现代仪器设备诊断法。

（1）人工经验诊断法

诊断人员凭借丰富的实践经验和一定的理论知识，在汽车不解体或局部解体情况下，借助简单工具，用眼看、耳听、手摸、鼻子闻等手段，边检查、边试验、边分析，进而对汽车技术状况做出判断的一种方法。这种诊断方法具有不需要专用检测设备、可随时随地应用，以及投资少、见效快等优点。但是，也有诊断速度慢、准确性差、不能进行定量分析和需要诊断人员有较高技术水平等缺点。人工经验诊断法多适应于中、小维修企业和汽车队。该方法虽然有一定缺点，但在相当长的时期内仍有十分重要的实用价值。即使普遍使用了现代仪器设备诊断法，也不能完全脱离人工经验诊断法。即使是专家诊断系统，也是把人脑的分析、判断，通过计算机语言变成了微机的分析、判断。

（2）现代仪器设备诊断法

在不解体情况下，用现代仪器设备检测汽车、总成和机构的诊断参数，为分析、判断汽车技术状况提供定量依据。采用微机控制的仪器设备甚至能自动分析、判断、存储并打印汽车的技术状况。现代仪器设备诊断法的优点是检测速度快、准确性高，能定量分析；缺点是投资大、占用厂房，操作人员需要培训等。该诊断法适用汽车检测站、大型维修企业和特约维修服务站等，是汽车诊断与检测技术的发展方向。

2. 发动机技术状况的检测与诊断

发动机是汽车的动力来源。汽车的动力性、经济性、可靠性和排气净化性等性能指标都直接与发动机密切相关。由于发动机结构复杂，工作条件又很不稳定，经常在转速与负荷交替变化的条件下工作，某些零部件还要在高温、高压、化学腐蚀等苛刻的条件下工作。因而故障率较高，往往成为汽车诊断与检测的重点。

发动机技术状况的变化，主要表现在故障增多、性能降低和耗损增加等。用以评价发动机技术状况的主要诊断参数如下：

（1）发动机功率；

（2）发动机燃料消耗量；

（3）汽缸密封性；

（4）排气净化性；

（5）混合气燃烧质量；

（6）点火系统工作质量；

（7）机油压力；

（8）机油中金属含量；

（9）发动机工作温度；

（10）发动机振动和异响。

在进行发动机技术状况诊断时，可以应用发动机检测设备，重点检测出与发动机功率、燃料消耗、排气净化和磨损等有关的诊断参数，与诊断参数标准对照，进行分析、判断和评价。

3．底盘技术状况的检测与诊断

汽车底盘包括传动系统、行驶系统、转向系统和制动系统。汽车底盘的技术状况，直接关系到整车行驶的操纵稳定性和安全性，同时还影响发动机动力的传递和燃油的消耗。因此，汽车底盘是汽车诊断与检测的重点之一。汽车底盘技术状况的变化同汽车发动机一样，主要表现在故障增多、性能降低和损耗增加上。用来诊断底盘技术状况的诊断参数见表 3.5-1。在诸多诊断参数中，要特别选出那些与汽车的动力性、经济性、操纵稳定性、安全性和乘坐舒适性等有关的参数进行检测、分析和判断，以便从主要性能方面确定底盘的技术状况。

表 3.5-1　汽车底盘诊断参数

诊断部位	诊断参数	诊断部位	诊断参数
传动系统	传动系统游动角度（°）； 传动系统功率损失（kW）； 传动系统传动效率（%）； 总成工作温度（℃）	行驶系统	车轮静不平衡量（g・cm）； 车轮动不平衡量（g・cm）； 车轮端面圆跳动量（mm）； 车轮径向圆跳动量（mm）； 轮胎胎面花纹深度（mm）
制动系统	制动距离（mm）； 充分发出的平均减速度（m/s^2）； 制动力（N）； 驻车制动力（N）； 制动时间（s）； 制动协调时间（s）； 制动完全释放时间（s）	转向系统	车轮侧滑量（m/km）； 车轮四轮定位； 转向轮最大转向角（°）； 最小转弯直径（mm）； 转向盘自由间隙（mm）； 转向盘最大转向力（N）

3.6 汽车公害及其控制

汽车公害是指由于汽车在路面上行驶而在相当广泛的范围内产生的损害人体健康和人类生活环境的现象。汽车公害包括排放污染（即排气公害）、交通噪声（即噪声公害）、电波干扰（汽车电气设备对无线电通信及电视广播等的电波干扰）三个方面。汽车排放污染对人类的生活环境影响最大，汽车噪声直接危害人们的身体健康，而电波公害对人身健康没有造成直接影响且是局部问题，所以没有前两者重要。道路交通安全日益突出，给人民群众的生命财产造成很大损失，所以交通事故也成为新的汽车公害。

环境保护是当前世界所关注的五大社会问题（粮食、能源、人口、资源和环境）之一。随着汽车工业的迅速发展，汽车保有量急剧增加，汽车排放对大气的污染已经成为主要的社会公害，直接危害人类的健康，并破坏生态平衡，目前已经引起世界各国的重视。因此，研究和降低汽车排放污染的问题，对节约能源、减小环境污染、造福人类有重要意义。

3.6.1 汽车排放污染及其防治

1. 汽车排放污染物的形成及危害

发动机燃料燃烧后的排放物中有 H_2O、O_2、H_2、CO_2、CO、碳氢化合物 HC、NO_x、SO_2、微粒物质等，我们把其中对人体有害和影响自然环境的成分称为污染物，主要有 CO、CO_2、碳氢化合物 HC、NO_x、SO_2、浮游微粒物质等。

（1）一氧化碳（CO）

一氧化碳是发动机燃料在空气不足的情况下不完全燃烧产生的，是一种无色、无味、无刺激性的有毒气体。因不易被人察觉，人们往往在不知不觉中因过量吸入 CO 而中毒。CO 吸入肺部，被血液吸收后，与人体血红蛋白（血红素 Hb）结合成一氧化碳-血红蛋白（CO-Hb）。血红素的作用是把氧气从肺部输入人体的各功能器官，以维持正常的新陈代谢，但由于 CO 与血红素的亲和力要比氧与血红素的亲和力大 300 倍，所以当 CO 存在时，血红素首先与 CO 结合，且离解很慢，使其失去与氧亲和并输送氧气的能力，导致人体氧缺乏。当大气中 CO 的浓度达 70～80ppm（ppm 为百万分数），几小时以后，当人体内 CO-Hb 浓度达 10%时，便会导致头痛、心跳加速等症状；浓度达 20%左右时，就会引起中毒；当含量达 60%时，人便会因窒息而死亡。

（2）碳氢化合物（HC）

碳氢化合物是发动机中未完全燃烧的燃料分解后产生的气体，有 100 多种烃化合物。HC 中的大部分成分对人体健康的直接影响并不明显，但化合物中含有少量的醛（甲醛、丙烯醛）、醇、酮、酯、酸和多环芳香烃（苯并芘）等，其中甲醛与丙烯醛对鼻、眼和呼吸道黏膜有刺激作用，可引起结膜炎、鼻炎、支气管炎等症状，且还有难闻的臭味。苯并芘是一种致癌物质，在每一克 HC 中含三四苯并芘约 75.4μg，每辆汽车每小时约排 300μg 三四苯并芘，人体吸入过多易得癌症。HC 也是光化学烟雾形成的主要成分。

（3）氮氧化合物（NO_x）

汽车排放的 NO_x 是在高温、大负荷状态下燃料燃烧后生成的产物。NO_x 是复杂氮氧化合物的总称，它包括 NO、NO_2、N_2O、N_2O_3、N_2O_4、N_2O_5 等多种成分，其主要成分是 NO 和 NO_2。NO 毒性不大，但高浓度的 NO 能引起神经中枢的障碍，且它很容易氧化成剧毒的 NO_2。

NO_2是棕色气体，有特殊的刺激性臭味，被人体吸入后，能与肺部的水分结合生成可溶性硝酸，严重时会引起肺水肿、肺气肿，同时还会刺激眼、鼻黏膜，降低嗅觉能力。如大气中NO_2的含量为 5ppm 就会对哮喘病患者有影响；若在 100～150ppm 的高浓度下连续呼吸 30～60 min，就会使人陷入危险状态。

光化学烟雾属于二次污染物，是NO_x和 HC 在太阳光的照射下生成的一种黄色烟雾，其主要成分是臭氧（O_3），还含有许多过氧化合物。这些物质对眼睛、咽喉有很大刺激作用，使人流泪，引发红眼病、咽喉肿痛、呼吸困难等症状，严重时还会造成四肢痉挛、神志不清、致人死亡。同时光化学烟雾对植物的生长也会造成严重危害。

（4）浮游微粒

浮游微粒主要是铅化合物和炭烟。铅化合物是含铅汽油燃烧后从排气管中排出的产物，炭烟主要是柴油机燃料不完全燃烧的产物，是一种含有大量的直径为 0.5～1μm 的黑色炭颗粒。铅化物微粒散入大气，对人体健康十分有害，当被吸入肺部后，会积聚在人体内，引起心、肺部的病变，出现痴呆、精神病等症状。当人们吸入这种有害物体并积累到一定程度时，铅将阻碍血液中红细胞的生长与成熟，使心、肺等器官发生病变；侵入大脑后，则会引起头痛，出现一种精神病的症状。此外，炭烟孔隙中往往吸附SO_2及有致癌作用的苯并芘等。

严重的炭烟形成的黑雾，还会妨碍驾驶员视线，极易引发交通事故。

（5）二氧化碳（CO_2）

CO_2是汽车排气的主要成分之一，当这种气体的积累达到一定程度时会使地球表面升温产生“温室效应”，破坏生态平衡，影响全球气候。同时CO_2对人体健康也会产生潜在的影响。

（6）硫氧化物

硫氧化物主要是二氧化硫（SO_2），是燃料中的硫（S）在燃烧后生成的产物。SO_2有强烈的刺激气味，进入人体后遇水便形成有腐蚀作用的亚硫酸。当SO_2浓度达 10ppm 时，可刺激咽喉与眼睛；达 40ppm 时，能使人在几分钟内中毒。此外，若大气中含有过多的SO_2时，还会形成“酸雨”，对土壤及农作物产生危害。

汽车排放的危害程度，与某种污染物的危害性程度、排出量的多少、人体吸收的量及人体本身的健康状况等多种因素有关。据统计，城市中每千辆汽车排出 CO 约为 3000 kg，HC 为 200～400kg，NO_x为 50～100kg。燃烧一吨汽油生成的有毒物质达 40～70 kg，约占城市大气总污染量的 55%～70%。其中，在大气中 CO 的 90%是由汽车排放造成的，HC 约占 14%、NO_x约占 8%、微粒物质约占 1%。各城市因机动车辆保有量和车况不同，所占比例也不一样。有关统计数据表明，在交通发达、人口密集的大城市，由于汽车污染所造成的呼吸道疾病比一般城市高 1.5 倍以上，心肺病人死亡率逐年增加，肺癌达到惊人程度。经测定分析，死亡人数和污染程度成正比，高浓度污染区的死亡率是低浓度污染区的 1.6 倍。

2. 影响汽车排放污染物的因素

1）结构因素

在结构方面，汽车污染物排放的浓度主要取决于汽车类型和汽车科技含量。装用液化石油气和天然气的发动机的汽车其污染较小；采用电脑控制的汽油喷射装置、排放装置、点火装置的发动机通常比化油器式发动机排放污染小；装用柴油发动机的汽车其污染物比装用汽油机的汽车污染物小。

2）使用因素

在使用因素方面，除发动机本身技术状况会直接影响汽车污染物排放量外，汽油发动机和柴油发动机影响污染物排放量的使用因素各不相同。

（1）影响汽油机 CO、HC 和 NO_x 排出量的使用因素。

① 混合气浓度。混合气浓度常用空燃比或过量空气系数来表示。空燃比是指空气质量与汽油量之比。过量空气系数是指燃烧 1kg 汽油实际供给的空气质量与理论上燃烧 1kg 汽油所需的空气质量之比。如空燃比大于 14.8 或过量空气系数大于 1，则称混合气较稀或过稀，反之，如小于 14.8 或 1，则称较浓或过浓。空燃比与有害物排放量的关系如图 3.6-1 所示。

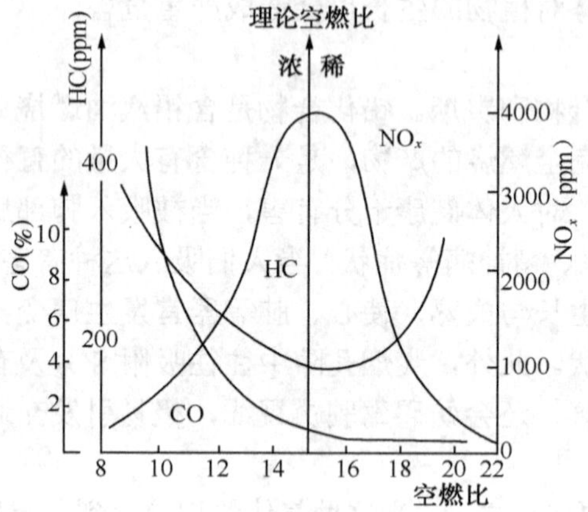

图 3.6-1　空燃比与有害物排放量的关系

对于 HC，当空燃比大于 18 时，由于混合气过分稀释，易发生火焰不完全传播以致断火，而使未燃 HC 排放量迅速增加。

对于 NO_x，用很浓的混合气时，由于燃烧温度和氧浓度都较低，所以 NO_x 的生成量也较低。当混合气过稀时，虽然氧浓度增加，但燃烧温度却有所下降，所以 NO_x 也低。

对于 CO，很明显，空燃比越大，空气越充足，易完全燃烧，CO 减少。

② 发动机温度。发动机低温时，供给的燃油雾化不良，进入汽缸的混合气遇到冷壁而发生冷凝，所以需供给浓混合气。结果由于空气量不足，CO 增加，但此时燃烧温度低，使 NO_x 减少，而未燃烃 HC 增多。若发动机温度过高，会引起发动机过热而出现爆燃及早燃等故障，使燃烧温度异常升高，从而导致 NO_x 增加。

③ 发动机负荷。发动机负荷一般根据不同工况、车辆装载质量决定。发动机在怠速、减速等低速小负荷运动时，化油器所供给的混合气燃烧速度减慢，引起不完全燃烧，CO 增加，且由于气体温度低，汽缸中激冷面上的燃油不可能燃烧，形成 HC 排出，而 NO_x 排出较少。由于上述原因，在怠速工况下发动机（尤其是汽油机）排出的污染物最多。

④ 发动机转速。转速升高，汽缸内混合气紊流扰动增加，火焰传播速度加快，燃料燃烧比较完善，HC 排放浓度降低。

发动机在加速运行时，由于要求发出较大功率，需将汽缸内燃气的温度提高，因此会产生大量的 NO_x，而且由于在短时间内，从化油器加速泵系统中供应过量的燃油，又会引起一部分燃料的不完全燃烧，导致 CO 和 HC 排放量均增加。

当发动机减速运行时，即汽车行驶时驾驶员迅速松开加速踏板，特别是发动机原先高速运行，一旦急速关闭节气门，在进气管内会产生瞬时的高真空度，而吸入过量的燃料，使燃料和空气的混合气成分过浓。与此同时，汽缸内的气体压力却降低了，因此燃烧温度也降低。由于是不完全燃烧，使 CO 的生成量增加，而且由于激冷区加大，使 HC 的生成量也增多。

在怠速时其转速与排气成分 CO、HC 的浓度也有关系，如图 3.6-2 所示。该图说明适当地提高怠速转速，对于降低怠速时的 CO、HC 的浓度都有好处。这是由于随着怠速转速的提高，进气节流度将减小，进入汽缸的新气量将增加，于是，使燃烧改善，结果 CO 和 HC 的排放浓度随之降低。

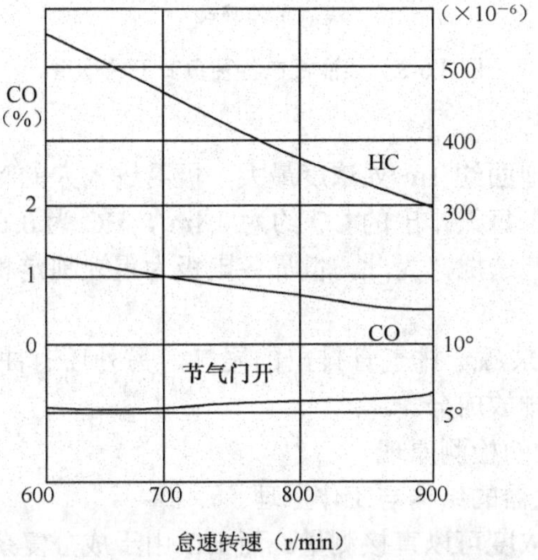

图 3.6-2　怠速转速对 CO 和 HC 排量的影响

⑤ 点火提前角。点火提前角的大小，由节气门开度、发动机转速和汽油质量等决定，如推迟点火提前角，即接近活塞上止点时点火，则由于排气时间延长，排气温度增高，而此时汽缸内容积相应减小，促进 CO 和 HC 的氧化与激冷面积的减小，使 HC 排量减少，对 CO 排量影响不大；但过于推迟，因 CO 没有时间完全氧化，CO 排出量会增大。

⑥ 火花塞间隙及分电器触点的影响。使用经验表明，火花塞电极之间间隙大于最佳值，则 HC 排放量将增加 12%～14%，对于四缸发动机，若一个火花塞不工作，HC 排放量将增加 0.5～1 倍。分电器触点间隙过大或过小，对最佳点火提前角有明显影响，若间隙变化 0.1mm，将使点火提前角偏离 6°，则 HC 排放量可增加 3%。

（2）影响柴油机炭烟排出量的使用因素。

① 燃料。柴油燃料的十六烷值较高时，因稳定性差，在燃烧过程中易于裂解，故有较大的冒烟倾向。

② 喷油。提前喷油，可使着火延迟期延长，因此喷油量较多，循环温度升高，燃烧过程结束较早，排烟可降低。滞后喷油，其喷油发生在最小的着火延迟之后，这时扩散火焰大部分发生在膨胀行程中，火焰温度较低，燃油高温裂解的条件差，所以炭烟减少。此外，喷油雾化质量差也会造成柴油机炭烟增多。

③ 转速。对直喷式柴油机，排烟随转速的提高而稍有增加。因为转速提高，不易于混合气的形成且燃料来不及燃烧，使未燃烧的油和局部混合气浓度增加。

④ 负荷。排烟随负荷增加而增多，如图 3.6-3 所示。因为负荷增加时，喷油量增加，燃烧温度也提高，容易生成炭烟。

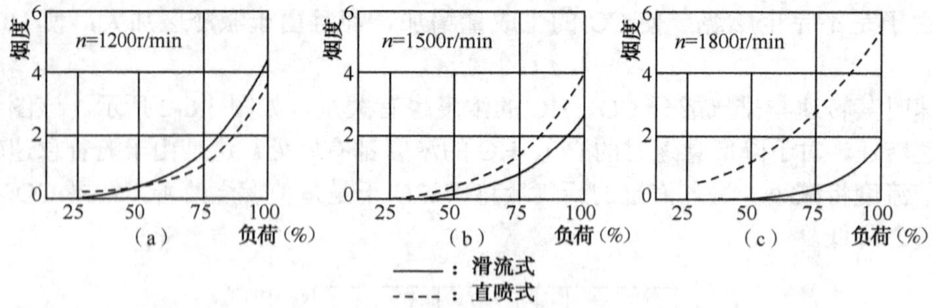

图 3.6-3　柴油机在各种负荷下的烟度

3. 汽车排放检测技术

汽车排放污染物在离地面约 1m 处浓度最大，极易进入人的呼吸系统，影响人的身体健康。据测算，一辆中型汽车每天排出的 CO 约为 $2.4m^3$，HC 为 $0.1\sim0.2m^3$，发达城市大气污染几乎全由汽车排出的废气造成，为此，世界各国极为重视制定相关法规对汽车排放污染物进行检测和限制。

汽车排放污染物主要来源于排气管排出的尾气，另外还有曲轴箱窜气及油箱的燃料蒸发。目前，主要检测尾气排放成分。

1）汽油车排放污染物的检测原理

（1）CO 和 HC 测量仪器的结构与工作原理。

汽油机排气中 CO 的浓度可以直接测量。而 HC 由于成分复杂，因此要把各种 HC 化合物的成分浓度换算成统一的正乙烷（C_6H_{14}）浓度来作为 HC 的浓度测量值，从而，对于那些正乙烷以外的 HC 的相对灵敏度，成了测量仪器的重要性能。在技术标准中，相对灵敏度用正乙烷与丙烷（C_3H_8）的比值来表示，并规定：丙烷浓度值÷测量仪器指示值=1.73～2.12。在测量仪器中，把该数的倒数（0.472～0.578）作为换算系数予以标明。

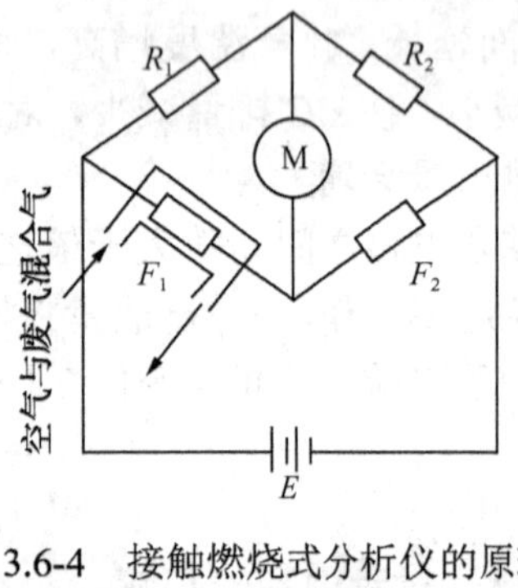

图 3.6-4　接触燃烧式分析仪的原理

测量 CO 和 HC 浓度的仪器种类很多，实际用于测量汽油机排气的仪器主要有两种：接触燃烧式分析仪和非扩散型红外线分析仪。

① 接触燃烧式分析仪。接触燃烧式分析仪是利用废气中 CO 的可燃性，使其燃烧产生热量，从而测量 CO 的浓度。该仪器的原理图如图 3.6-4 所示。

它是由四个电阻组成的电桥电路，当对角线两个电阻乘积相等时，电桥处于平衡状态，图中电表指针不动。电阻 F_1 和 F_2 由铂丝制成，用电源 E 使其加热，当发动机废气经导管被引入 F_1 室后，废气中的 CO 遇加热的铂丝 F_1 而燃烧，产生热量，从而使 F_1 电阻值上升，流过 F_1 的电流减小，于是破坏了电桥的平衡，使电表 M 指针发生偏转。

发动机排气中 CO 含量越高，F_1 室温度越高，F_1 电阻值上升趋多，流过 F_1 的电流越小。也就是说，F_1 阻值的变化与排气中 CO 的含量成比例关系，由此来测量废气中 CO 的成分。

但是，当发动机废气进入 F_1 室时，废气中除了 CO 之外，还有 HC 等气体，而 HC 也是可以燃烧的，于是 CO 与 HC 等一起燃烧，它们燃烧共同发出的热量改变 F_1 阻值。因此，当 F_1 阻值发生变化时，难于分清 CO 和 HC 各自所起的作用。也就是说，该种仪器难于分别测出废气中 CO 和 HC 的各自浓度。

② 非扩散型红外线分析仪（NDIR）。非扩散型红外线式废气分析仪简称红外线分析仪，它可以分别测定 CO 和 HC 的浓度。能同时测定 CO、HC 浓度的仪器，称为 CO、HC 综合测试仪，或称 CO、HC 排气分析仪。

CO、HC 综合测试仪如图 3.6-5 所示，工作原理如图 3.6-6 所示。它是由废气取样装置、废气分析装置、浓度指示装置和校准装置组成的。具体工作过程如下：

废气取样装置用于获取被测发动机排出的尾气气样，它由取样头、滤清器、导管、水分离器和气泵等组成。取样头由耐高温和防气体腐蚀的特殊材料制成，在测量时需插入发动机的排气管消音器内部，发动机排出的高温废气经过取样头进入滤清器和水分离器后，滤掉废气中的灰尘和少量的水，再经过导管进入仪器的测量装置。此处所用导管也是由特殊材料制成，管壁不吸附被测气体，也不与被测气体发生化学反应，以保证测量精度。从发动机排气管吸出废气，需要一定的真空度，因而在取样装置系统内还包括一只吸气泵。

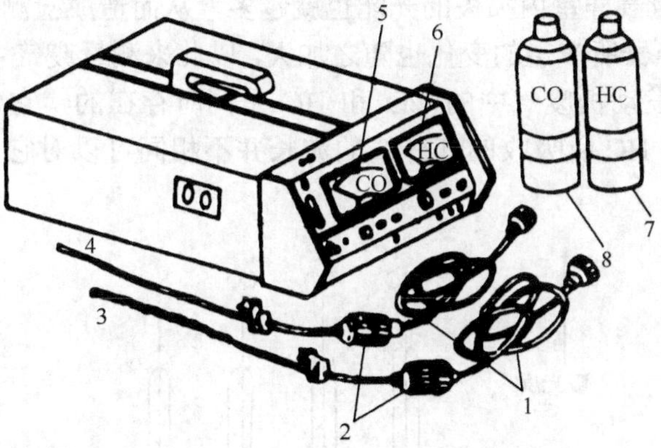

1—导管；2—滤清器；3—低浓度取样头；4—高浓度取样头；

5—CO 指示仪表；6—HC 指示仪表；7—标准 HC 气样瓶；8—标准 CO 气样瓶

图 3.6-5　CO、HC 综合测试仪

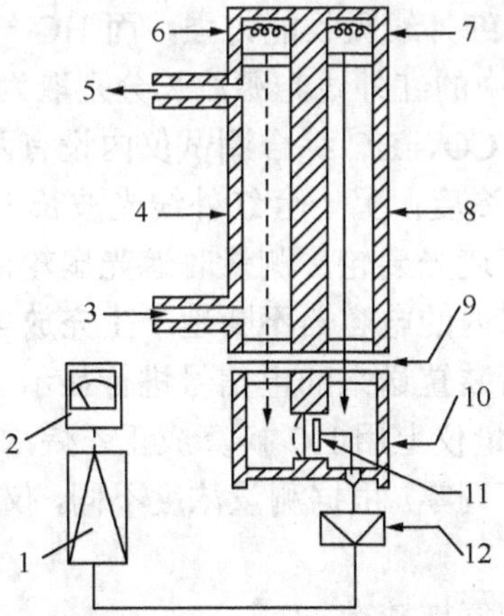

1—主放大器；2—指示仪表；3—废气入口；4—测量气样室；5—排气口；6—红外线光源；

7—红外线光源；8—标准气样室；9—遮光扇轮；10—检测室；11—电容器；12—前置放大器

图 3.6-6　综合测试仪工作原理

废气分析装置由红外线光源、测量气样室、标准气样室、遮光扇轮和检测室等组成，如图 3.6-6 所示。两个同样的红外线光源发出同等量的红外线光束，一束穿过测量气样室，一束穿过标准气样室。在标准气样室内充满不吸收红外线光能的 N_2 气体，因此红外线光束穿过时，红外线光能未受损失。而测量气样室内则通以被测发动机的废气。因废气中含有吸收红外线的 CO 和 HC，故红外线光束穿过时，红外线光能将相应减小。从而，两束红外线光分别穿过测量气样室和标准气样室后到达检测室时，两束光的能量形成差异。检测室内充以适当浓度的与被测气体相同的气体（测量一氧化碳的仪器内充 CO；测碳氢化合物的仪器内充正乙烷），并在检测室中部设有一隔膜，将检测室分隔成两个独立的封闭腔，测量时，由于两个腔所接受的红外线光能不相等，因而两个腔内气体膨胀也不一致，致使两腔之间的膜片弯曲。该膜片与电容器的一只金属片相连，由金属片的位移引起电容量变化，这一微弱信号经过放大器放大，即可在显示仪表上指示出来。也就是说，发动机废气中 CO（或 HC）含量越多，红外线光束在测量气样室内损失的光能也就越多，从而造成检测室两个腔内气体膨胀差异也越大，金属片电容器所产生的变化也随之加大，以此来测量废气中 CO（或 HC）的含量。

应该说明的是，发动机废气中的 CO 和 HC 是同时存在的，它们又同样具有吸收红外线的作用，根据 CO 和 HC 所吸收的红外线的波长并不相同可以对它们进行区分，如图 3.6-7 所示。

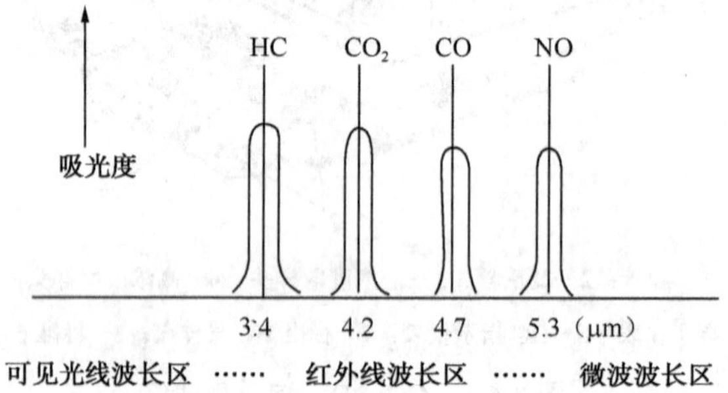

图 3.6-7　不同气体所吸收的红外线

CO 气体对波长为 4.7μm 的红外线吸收能力强，而 HC 气体则吸收波长为 3.4μm 的红外线。因此，只要把废气分析装置中的红外线光源波长分别取为 4.7μm 或 3.4μm，即可测出 CO 或 HC 的含量比例，由此可见，CO、HC 综合测试仪内设有两套废气分析装置，一套红外线光波长为 4.7μm，用于测 CO 的浓度；另一套红外线光波长为 3.4μm，用于测量 HC 的浓度。

另外，在测量装置中还设有遮光扇轮，测量时遮光扇轮由电动机带动旋转，将红外线光束切分成断续光，从而使检测室内的电容器不断地产生充放电作用，带动检测仪正常工作。

浓度指示装置按照废气分析装置送来的电信号进行显示，在 CO 测量仪上用 CO 浓度容积的百分比进行刻度；在 HC 测量仪上用 HC 换算成正乙烷浓度容积的 10^{-6} 为单位进行刻度。

仪表指针可用零点调整螺钉调零。根据测量浓度不同，仪表上设计不同量程的换挡旋钮，可以方便地控制。

仪器校准可分为简易校准和气样校准。

简易校准方法简便，用遮光板把分析装置中通过测量气样室的红外线挡住一部分（相当于被 CO 或 HC 吸收掉的一部分），用减少定量红外线的方法进行校准。简易校准开关就装在仪表板上，并分别设有 CO、HC 校准旋钮，如图 3.6-8 所示。

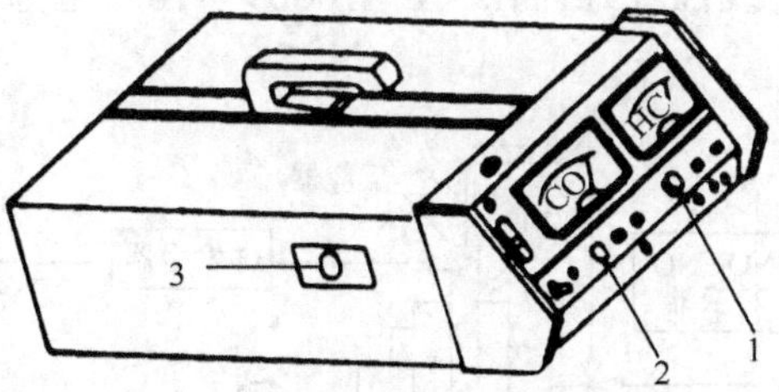

1—HC 标准调整旋钮；2—CO 标准调整旋钮；3—简易校准开关

图 3.6-8　简易校准

气样校准的方法是首先把标准气样瓶接到仪器的校准气样接口上，然后把标准气样灌入仪器，再按标准气样浓度调整仪器，如图 3.6-9 所示。

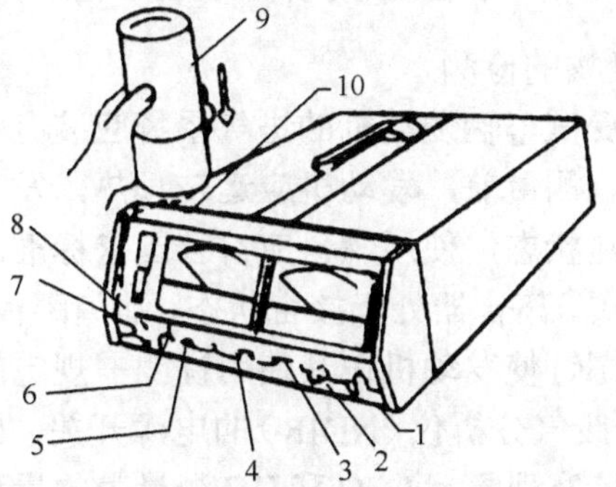

1—HC 标准调整旋钮；2—HC 零点调整旋钮；3—HC 读数转换开关；4—CO 读数转换开关；5—CO 标准调整旋钮；6—CO 零点调整旋钮；7—电源开关；8—吸气泵开关；9—标准气样瓶；10—标准气样注入口

图 3.6-9　气样校准

对于一氧化碳测量仪，要把标准气样瓶上标明的一氧化碳浓度值作为校准时的标准值。

对碳氢化合物测量仪，由于是用丙烷作为标准气样，因而要计算成正乙烷的换算值，再用它来作为校准的标准值：

校准的标准值=标准气样（丙烷）浓度×调换算系数

↓　　　　↓　　　　↓

（正乙烷换算值）（气体瓶上标明的数值）（测量仪上标明的数值）

（2）氮氧化合物分析仪的结构与工作原理。

废气中的氮氧化合物常采用化学发光分析仪（CLD），其测试原理如下：

$$NO+O_3 \rightarrow NO_2+O_2 \quad ①$$

$$NO_2 \rightarrow NO_2+hr \quad ②$$

当废气气样中的 NO 和 O_3（臭氧）反应生成 NO_2 时，大约有 10%的 NO_2 处于激化状态（见式①），这些激化状态分子按式②向基态过渡时，会发射出波长为 590～2500 nm 的光量子 hr，并且 hr 的强度与 NO 量成正比。因而，可以利用光电倍增管将这一光能转变为电信号输出，从而推算出 NO 的浓度。对于排气中的 NO_2，通过转换器分解成 NO，再以上述相同的方法一起测定，求得 NO 和 NO_2 的和，即为 NO_x 值。

化学发光分析仪的结构简图如图 3.6-10 所示。化学发光分析仪（CLD）的优点是灵敏度高，分辨率可达 0.1×10^{-6}，线性度好，在（1～1000）$\times10^{-6}$ 范围内输出特性呈线性关系，适合于做连续分析。

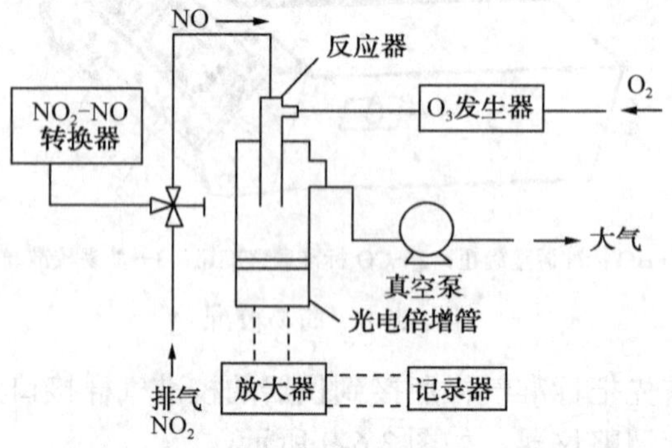

图 3.6-10　化学发光分析仪（CLD）的结构简图

2）汽油车怠速排放污染物的检测

（1）受试车辆的准备。受试车辆发动机的进气系统应装有空气滤清器，排气系统应装有排气消声器，并不得有泄漏。测量前，发动机应运转预热，发动机冷却水和润滑油温度应达到车辆使用说明书所规定的热状态，使用燃料应符合国家标准的规定。

汽车变速器放在空挡位置，离合器处于接合状态，油门踏板和手油门拉杆处于松开状态，阻风门全开，调整怠速量孔螺钉使发动机在其使用说明书规定的怠速转速下平稳运转。

（2）测量仪器准备。打开废气分析仪（NDIR）的电源开关，如图 3.6-11 所示，预热 30 min，检查采样管路及过滤器有无堵塞现象，将 CO 和 HC 测量表的量程开关分别设定在 0～2%、0～500×10^{-6} 处。

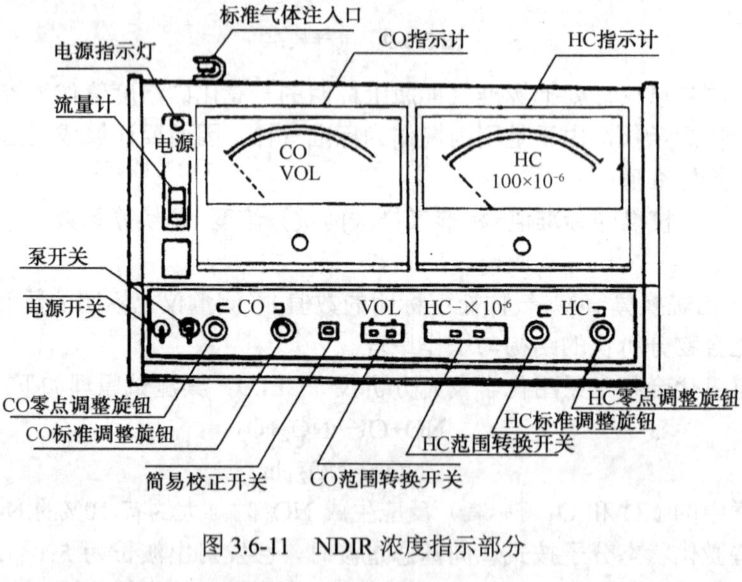

图 3.6-11　NDIR 浓度指示部分

打开（测量）吸气开关，吸进清新空气，分别调整 CO 和 HC 测量的调零旋钮使测量表指针对准零位。

关闭吸气开关，按下机械校准按钮，分别调整 CO 和 HC 测量表的标准调整旋钮使测量表指针对准仪器给定的标准状态。

将 CO 和 HC 测量表的量程开关分别设定在最大量程挡（CO——0～8%、HC——0～8000×10^{-6}）处。

（3）测量步骤。将发动机由怠速工况加速至其额定最高转速的70%左右，维持60s后降至怠速状态。待发动机稳定至怠速状态后，将废气采样探头插入汽车排气管内深约400mm（应大于300mm）处，打开仪器测量开关，在发动机怠速状态下维持15s后开始读数，读取30s内CO和HC的最高值和最低值，其平均值即为该汽车怠速工况下排出的废气中有害物质CO和HC的测量值。

3）柴油车排放污染物的检测

柴油车用的燃料是柴油，柴油也是石油提炼物。柴油车工作时，吸入汽缸的空气被压缩，同时喷油形成可燃混合气后燃烧做功，它排出的气体与汽油车一样具有多种成分，但 CO、HC 等成分要比汽油车少得多，其污染物主要是浓烟。

柴油车排出的炭烟在光照下具有不同颜色，按照烟色的不同，大致分为黑烟、白烟和蓝烟。

黑烟也称为“热烟”，是由于混合气过浓，燃料未能完全燃烧，燃料中的碳氢化合物在缺氧状态下，部分在高温作用下分解的碳元素因没有得到充分氧化，形成炭质。这些炭质的微粒，变成浮游物，悬浮于废气之中，形成黑色或深灰色烟雾。因此，柴油车冒黑烟，表明有燃烧不完全故障，其原因有汽缸压缩压力不足、喷油正时失准、喷油器雾化不良、喷油泵供油失调、空气滤清器不通畅、发动机温度过低、柴油品质不佳或发动机超负荷运转等。

白烟也称为“冷烟”，其中又可分为灰白色和水气状白色两种。灰白色烟一般在柴油车刚启动时，由于汽缸内温度低，燃油未能充分雾化燃烧，残余燃料颗粒随废气排出所形成。如果启动后汽缸温度正常仍冒灰白色烟，则表明喷油时刻过迟，个别汽缸有断火现象或喷油器出油阀卡在开启位置等。白色水蒸气是因汽缸内积存有冷凝水，启动后冷凝水遇热汽化，形成水蒸气从排气管冒出。

蓝烟主要是机油燃烧生成物，也称“机油烟”，排出时带有少量黏性液状物，这是一种含有少量氧的碳氢化合物。汽缸内有机油是因汽缸与活塞环磨损过大而间隙增大，气门与气门导管间隙过大，燃油内混有润滑油等造成的。

上述各色烟中，以柴油车在全负荷工作时（如加速工况）冒黑烟最为典型。

柴油车排出的浓烟，虽然不像汽油车排放那样含有大量有毒成分，但是它会引起人们的不愉快感，也会影响能见度，妨碍驾驶员视线，容易诱发交通事故。因此，对柴油车规定检验其烟度。

柴油车烟度的定义是：定容量排气所透过的滤纸的黑度。

（1）烟度计的结构与工作原理。

滤纸式 Bosch 烟度计是利用吸气泵在一定时间内吸取一定量的废气，并使这部分废气通过一定面积的滤纸，使废气中的炭烟粒子吸附在滤纸上，滤纸变黑，然后用一定的光线照射滤纸，并用光电池接收反射光，再根据光电池产生的电流使仪表指针偏转，把烟度用烟度值（Rb）的形式显示出来。

柴油机烟度计由废气取样装置、烟度值测量装置、烟度值指示装置和校准装置等组成，如图 3.6-12 所示。

① 废气取样装置。取样装置由取样深头、活塞式抽气泵和取样软管等组成。

整车试验时采用的取样探头上带有散热片，并有安装夹具以使其固定在排气管上。取样探头在活塞式抽气泵的作用下抽取废气。由装在油门踏板上的脚踏开关来控制吸气泵取样开始时刻与发动机加速同步。抽气泵活塞移动的全部抽气量为330±15mL，抽气时间为1.4±0.2s。

在抽气泵下端有一插口，内插测量滤纸，用夹持器夹紧密封。当抽气泵抽气时，废气经滤纸进入泵筒内，废气中的炭烟便黏附存留在滤纸上将滤纸染黑。滤纸的有效工作面直径为32mm。

取样软管是一根耐热、耐油的橡胶管，把取样探头和活塞式抽气泵连接在一起。软管的长度为5m，内径为Φ5mm。

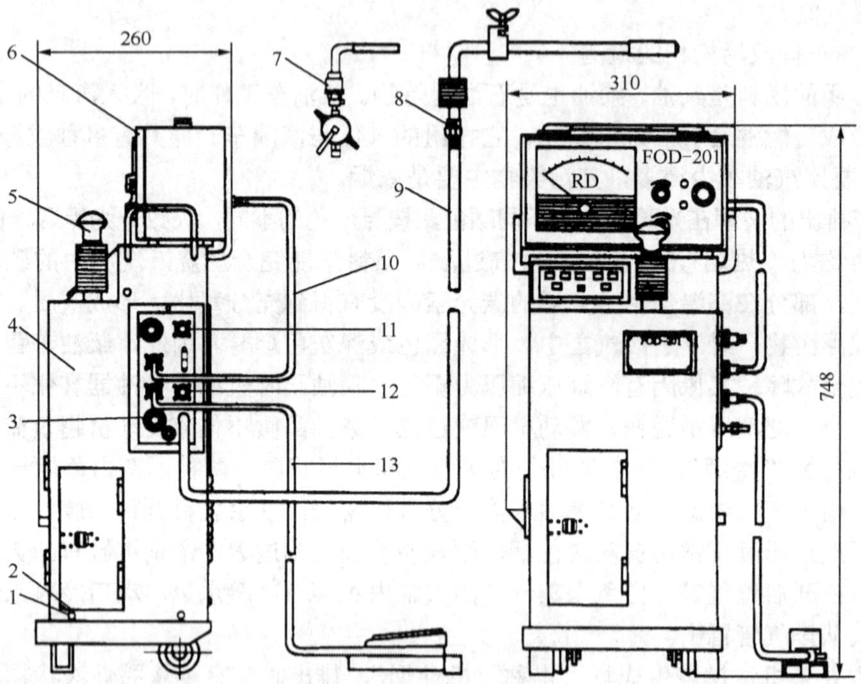

1—螺钉；2—垫圈；3—扫气管；4—机壳罩；5—抽气泵；6—指示装置；7—三通阀；8—取样探头；9—取样软管；

10—光电检测装置连接线；11—连接直流电源线；12—连接主电源线；13—脚踏开关连接线

图 3.6-12　柴油机烟度计

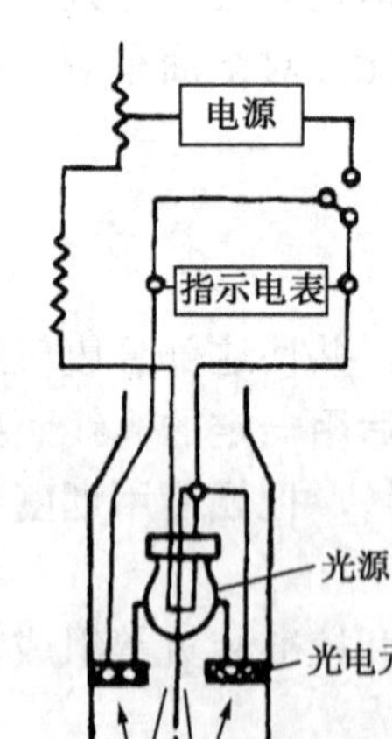

图 3.6-13　烟度值测量装置和指示装置

② 烟度值测量装置和烟度值指示装置。如图 3.6-13 所示，烟度值测量装置由白炽灯泡，光电元件（硒光电池）等组成。白炽灯泡为测量用光源，灯泡光轴位于滤纸中心并与滤纸平面垂直。光电元件为一环形硒半导体光电池，受光面的外径为23mm，内径为10mm，硒光电池到滤纸表面距离为10.5mm。

把取样后表面带有黑烟的滤纸，放到烟度值测量装置的规定位置，灯泡发出的光线照射到滤纸上后被反射回来，反射光被环形光电池接收，光电池产生电流使测试仪表指针偏转。

烟度值指示装置实际是一只电流表，精度不低于 1.5 级。表盘刻度按烟度值（Rb）进行刻度，它刻有 0～10Rb 的刻度值。滤纸污染严重时，反射光线少，仪表指针向 10Rb 方向偏（10Rb 表示全黑）；滤纸污染轻微时，反射光线多，仪表指针向 0Rb 方向偏（0Rb 表示白色）。

③ 校准装置。烟度计在使用过程中，由于电源电压的变化，引起灯光发光强度改变，影响测量精度，因此要随时校准。烟度计附带有三张供标定用的标准烟样卡，用标准烟样卡校准烟度计，精确度应为0.5%。

对烟度计进行标定时，把标准烟样卡放在烟度值测量装置的规定位置上，开灯照射，再用仪表调整旋钮把仪表指针调到标准烟样卡所代表的烟度值上即可。只要保存好可以重复使用标准烟样卡，用这种方法很容易对仪表进行校准，使烟度计保持指示精度，以便得出正确测量值。

除此之外，为保证测量时，不受前一次测量残留在取样导管内的炭烟影响，取样系统还附带有压缩空气吹洗装置，吹洗用压缩空气的压力为0.3～0.4MPa。

（2）柴油车烟度的检测方法。

柴油车烟度的测定，可分为稳态和非稳态两种。稳态烟度测定适用于在发动机台架上进行，在汽车行驶时则很难测定。由于实际行驶中汽车在起步、加速等过程中排烟度较高，因而稳态下的烟度并不能反映柴油车的全部排烟特性，近年来国际上普遍采用非稳态烟度测定方式。根据测定时的不同工况，有自由加速法和控制加速度法两种。

① 自由加速法。自由加速法因测定方便易行，是目前欧洲很多国家采用的方法。这种方法是在发动机无负荷情况下测定加速工况的柴油车烟度，也就是测定柴油车由怠速状态突然加速到最高转速状态过程中的排气烟度，故又称为无负荷加速法。虽然这种试验工况与实际有负荷工况的烟度并不很一致，但可以对排烟较大的加速工况起到监测作用。

我国目前柴油车自由加速烟度的测定规范如图3.6-14所示。它是在柴油车无负荷怠速运转过程中，先后加速几次，以确定柴油车可否顺利达到最高转速。在测定前怠速运转5～6s，用压缩空气将烟度计采样系统清除污垢后并将取样探头固定于排气管内300～400mm深度，然后进行第一次测定，每次测定保持4s的最高速运转（包括加速时间在内），在此期间用采样泵吸取废气占1.4s，使烟气通过滤纸。同法进行三次测定后，用算术平均值求出三次测定的平均烟度值，即为被测柴油车的烟度值。

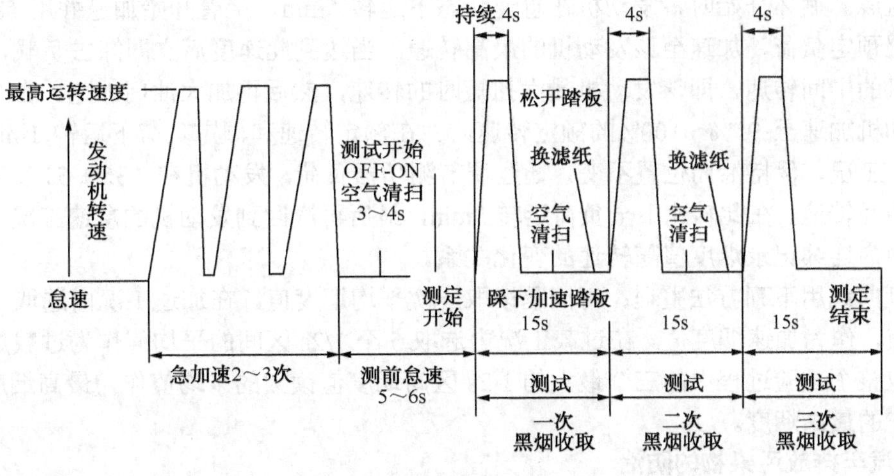

图3.6-14 柴油车自由加速烟度的测定规范

例：柴油车自由加速烟度值的检测。

① 仪器的准备：

● 检查电源线、电缆线、压缩空气管路、取样管路的连接情况，接通电源后，预热仪器

5min；

- 按规定进行仪器的校准；
- 检查取样装置、检测与指示装置工作是否正常，尤其要注意脚踏（或手动）抽气开关与抽气泵的动作应同步；
- 检查滤纸应干净无污染，若滤纸数量不足，应补充安装。

② 被检车辆的准备：

- 排气系统不得有泄漏；
- 排气管应能保证取样探头插入深度不小于 300mm，否则排气管应加接长管并保证接口不漏气；
- 必须采用汽车生产厂家规定的柴油和未添加消烟剂的柴油；
- 发动机应达到使用说明书规定的热状态。

③ 检测方法及规程：

- 把取样探头逆气流固定于排气管内并使其中心线与排气管平行；
- 将踏板开关固定于加速踏板上并把检测仪表上的转换开关拨到踏板结合位置；
- 由怠速工况将加速踏板迅速踩到底，约 4s 后松开（如图 3.6-14 所示的测定规范）；
- 完成滤纸走位、清洗取样管之后，将加速踏板与踏板开关一并迅速踩到底，至 4s 时迅速松开，读取指示仪表指示的烟度值。
- 怠速运转约 11s。在此期间要用压缩空气对取样软管和取样探头吹洗 3～4s，并把抽气泵活塞压至抽气开始位置（取样装置的最下端）。
- 迅速把加速踏板踩到底（两次踩加速踏板的间隔时间为 15s），进行第二次测量。
- 如此重复三次，三次读数的算术平均值即为被检柴油车自由加速烟度值检测结果。

② 控制加速度法。美国目前采用控制加速度法来测定柴油车烟度值，其工作循环如图 3.6-15 所示。控制加速度法测定的结果比自由加速法更接近于实际情况，它模拟了汽车在道路行驶中遇到的最大排烟状态。试验循环由怠速、加速、额定转速、过载和中间转速等各种工况组成。循环开始时，发动机在怠速状态下运转 5min，接着开始加速并用 5s 时间使发动机克服预定负荷，加速至该发动机的最高转速。当达到此速度后立即卸去负载，并减速至该发动机的中间转速，即该发动机最大扭矩时的转速，然后再加大油门加速，在（10±2）s 内使发动机加速至 95%～100%的额定转速，并在额定转速和额定负荷下运转 1min。然后再转入过载工况，保持油门位置不变，通过调节测功器负荷，发动机在（35±5）s 时间内平稳减速至中间转速，在此转速下全负荷运转 5min，最后再次回到发动机的怠速工况。在整个试验过程中，连续记录烟度值随转速的变化关系。

烟度曲线用下列方法整理：每间隔读取一次平均烟度值，在加速工况内选取 15 个，求出平均值，作为加速烟度值。在过载工况内选取 5 个 1/2s 区间的平均值作为过载烟度值。同时还选取整个试验过程中的三个最大的 1/2s 区间烟度值读数的平均值作为最高烟度值，以控制柴油车的最高烟度。

4．汽车排放污染物的防治

为贯彻《中华人民共和国环境保护法》和《中华人民共和国大气污染防治法》，防治机动车污染物排放对环境的污染，改善环境空气质量，制定了《轻型汽车污染物排放限值及测量方法（中国Ⅲ、Ⅳ阶段）》。本标准规定了装用点燃式发动机的轻型汽车，在常温和低温下排气污染物、曲轴箱污染物、蒸发污染物的排放限值及测量方法，污染控制装置的耐久性要求，以及车载诊断（OBD）系统的技术要求及测量方法。本标准也规定了轻型汽车型式核准的要求，生产一致性和在用车符合性的检查与判定方法。本标准也规定了燃用 LPG 或 NG 的轻型汽车的特殊要求。本标准也规定了作为独立技术总成、拟安装在轻型汽车上的替代用催化转化器，在污染物排放方面的型式核准规程。本标准适用于以点燃式发动机或压燃式发动机为动力、最大设计车速不小于 50km/h 的轻型汽车。本标准不适用于已根据 GB17691（第Ⅲ阶段或第Ⅳ阶段）规定得到型式核准的 N_1 类汽车。

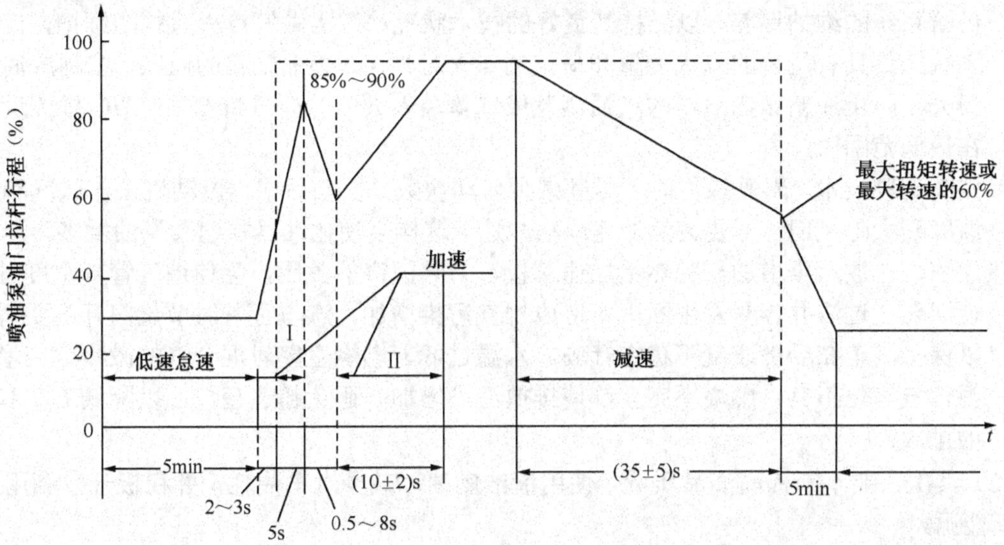

图 3.6-15　美国柴油车烟度试验循环

我国已于 2007 年 7 月 1 日，在全国范围实施轻型汽车的国Ⅲ排放标准，2010 年在全国范围实施国Ⅳ排放标准。虽然 2007 年 7 月 1 日是我国轻型汽车全面实施国Ⅲ排放标准的大限，而从目前中国油品的质量来看，中石化和中石油等大型油品供应公司还拿不出向全国范围提供符合这个标准的油产品，这将极大延缓我国节能减排工作的整体进程。在这种情况下，在全国范围实施国Ⅲ标准尚有一定的困难。据透露，相关部门将采取先中心城市、后腹地逐步推广的方针尽快实现。对于汽车排放污染物的防治工作，须从如下几方面进行。

（1）首先提高新车的性能，完善在用车检查和维护制度，从新车和在用车两个层面减少汽车尾气排放量。

① 对新车。应当制定科学的、分阶段完成的排放控制标准，通过新车的产品认证、一致性检验和耐久性控制等监督管理措施，确保新车排放标准的实施。中国控制汽车污染必须要做到四管齐下。从现象上看，是因为汽车性能差，单车排放量大。我国的汽车制造业在尾气排放控制技术、发动机制造技术等方面较发达国家有明显差距，国产汽车油耗高，燃油经济性低，排放因子大大高于发达国家。而在此背后，是汽车排放标准的落后。根据国家政府对汽车尾气排放控制的总体规划，2000 年达到欧洲Ⅰ号标准（北京、上海出于申办奥运、世界博览会的要求，2002 年底就提前实行了欧Ⅱ标准），2004 年达到欧洲Ⅱ号标准，2007 年达到欧洲Ⅲ号标准，2010 年与国际标准接轨。新标准的实施标志着我国的机动车污染防治进入了一个新的阶段，为企业实施标准做好技术准备创造条件，引导汽车厂商从技术措施方面减少排放。

② 对在用车。我国缺少在用车排放的检查维修制度，在用车检查维修只偏重于机动车

的安全性和动力性，不重视排放性。出租车、公交车、运输车等高频率使用车辆，由于超载、过度使用，维护保养状况相对更差，在正常使用情况下，要比美国的水平高 15 倍以上。但事实上，不少地方的土政策或部门政策与国家关于发展环保节能汽车的理想是相悖的。为达到排放标准，对在用车应从使用维护入手降低汽车尾气排放。

- 保持发动机良好的技术状况。做好滤清器的维护保养，使进、排气始终保持通畅良好；定期进行曲柄连杆机构、配汽机构检查，使汽缸处于良好的压缩状态，及时做好燃料供给系统的维护保养，以维持其良好的技术状况；切实做好点火系统的维护，使点火系统始终具有足够的点火能量和最佳的点火时刻，改善曲轴箱的通风，控制汽油蒸发损失，防止油箱和化油器的汽油蒸发成气体溢入大气，即可将 CO 和 HC 排放量控制在最低范围内。
- 提高驾驶技术。驾驶操作时，尽量减少启动次数，发动后根据发动机工作状况和外界温度开大阻风门；不要突然加速或猛减速，这样会使化油器加速泵供油增多，混合气加浓，排放污染增加。突然抬加速踏板、节气门突然关闭，会使进气管真空度过高，使混合气过浓并容易发生断火，造成排气污染增加。汽车行驶时节气门开度要适当，以保持汽车在经济速度下稳定行驶。水温过低、燃烧室壁对混合气的激冷效应增加，混合气雾化不良，燃烧不完全，使排放污染增加。避免超速超载，以降低 CO 和 HC 的排放。

（2）其次，要不断提高油品质量，使用清洁燃油，减少汽车油耗，并积极开发利用污染小的新能源。

国内车用燃油标准与机动车排放标准不能同步，环保部门没有手段制约车用燃油标准来满足机动车排放标准，使得国内燃油品质普遍落后于汽车发动机技术发展。车用燃油品质差，严重制约着我国机动车排放控制水平的提高。为解决车用燃料问题，推动机动车排放水平的提高，国家环保总局配合有关部门和相关企业、集团协调制定我国低硫车用燃料计划，推进我国车用燃料品质的提高。

（3）要针对交通路网规划、交通管理体系、城市发展战略等涉及汽车运行状况的因素，采取有效的改进办法，解决交通拥堵问题，为汽车使用创造好的外部环境。

专家们认为，最重要的是大力发展包括公共汽车、地铁、城铁在内的公共交通，并且提高公交的运行速度。

（4）要利用减少汽车污染的激励政策及其他经济手段，引导汽车制造企业和消费者控制汽车污染。

2001 年底，财政部、国家税务局就开始组织对符合“国Ⅱ标准”的轻型车予以减免 30%的消费税。对提前达到国家第Ⅲ阶段排放标准的车型继续实施减税政策。采取激励政策及其他经济手段，引导汽车制造企业和消费者控制汽车污染。

上述四方面的措施应是配套使用的，缺一不可。与此同时，还应采取措施完善的环保管理体制，增强公民的环保意识。

3.6.2 汽车噪声及其控制

噪声环境包括交通运输噪声、工厂设备生产运输噪声、建筑施工噪声及生活噪声。随着机动车数量的增加，其在道路上行驶所产生的噪声已成为城市的主要噪声源，大约占 75%。机动车辆噪声的强度一般达 60～90dB，因此对人体和环境的危害很大，加之机动车噪声是流动性的，影响范围较大、干扰时间长。为了给人们创造良好的学习、工作和生活环境，尽量减小噪声的干扰和对人体的危害，应减小或控制机动车的噪声。因此，对机动车的噪声进行检测监控是很有必要的。

1．汽车噪声的种类、来源及控制

汽车是一个高速运动的复杂组合式噪声源，汽车发动机和传动系统工作时产生的振动、高速行驶中汽车轮胎在地面上的滚动、车身与空气的作用，是产生汽车噪声的根本原因。

根据汽车噪声对环境的影响，可将汽车噪声分为车外噪声和车内噪声，车外噪声是指汽车各部分噪声辐射到车外空间的那部分噪声。主要包括发动机噪声、排气噪声、轮胎噪声、制动噪声和传动系统噪声等。车内噪声是指车厢外的汽车各部分噪声通过各种途径传入车内的那部分噪声，以及汽车各部件振动向车厢内辐射的噪声。这些噪声声波在车内空间声学特性的制约下，生成较为复杂的混响声场，从而形成车内噪声。平静汽车隔音的研发人员通过实验发现抑制车辆内部噪声，改善混响声场最有效的方式就是选择性能优异的隔音材料并利用异型吸音槽来缓冲并吸收汽车噪声，从而在止振和隔音的基础上达到最佳的吸音降噪效果。

平静隔音把汽车噪声来源简要分为以下几种：发动机噪声、排气系统噪声、风扇噪声、传动系统噪声、轮胎噪声、制动噪声、气动噪声、车身结构噪声等。由于车辆噪声的复杂性，以上噪声源并非仅是并列关系。从平静隔音实际研发的角度看，汽车噪声源还可以在目前的基础上做更进一步的分析。

1）发动机噪声

发动机噪声中，除了发动机机体发出的机械声外，还包括进气系统噪声。降低发动机本身产生的噪声及由发动机振动引起的其他噪声的办法有以下三个方面。

（1）改造发动机燃烧过程以降低燃烧爆发的冲击。

（2）降低发动机各部件振动。

（3）降低由活塞上下运动、曲轴转动引起的不平衡力及降低发动机机械振动。

发动机运转的噪声主要从车外传入驾驶室，因此，可以通过汽车隔音来抑制噪声。

2）排气系统噪声

排气系统噪声属于发动机噪声的一部分，主要包括消声器支撑架及排气管道振动辐射出的噪声，发动机振动及排气动作引起的辐射噪声，还包括由排气口出来的排气噪声。主要降噪方法有以下两个方面。

（1）利用消声器降低排气出口噪声，在生产消声器的环节，通过提高仿真计算方法的精度，实现在不增加排气阻力的条件下改善消声效果。

（2）在排气口对排气噪声施加与其幅值大小相等，相位相反的二次声源或振动源，可自动地消除存在的振动噪声问题，实现主动降低噪声。

3）风扇噪声

散热风扇是汽车上较大的噪声来源，风扇噪声属于空气动力噪声，严格地说，也是构成发动机噪声的一部分。风扇运转过程中，由散热器隔栅吸入的冷却气流，经散热器风扇叶片吸入，从发动机间隙排出，气流运动的这一过程产生了旋转噪声和涡流噪声。夏季在怠速状态下开空调，风扇的运转会明显引起较大噪声。一般认为风扇的噪声与以下因素密切相关。

（1）风扇的外形。风扇外形决定风扇本体的阻力系数，包括叶片数量、叶片间断间隙、叶片角度及弯曲度等。

（2）散热器吸入气流的紊流度。

（3）风扇叶片尖处及缝隙处产生的噪声。

4）传动系统噪声

在传动系统中，噪声源主要包括变速器、分动器、传动轴、差速器和减速器等。传动系统噪声是由发动机传来的振动引起离合器盖、变速器盖等辐射出的噪声，以及齿轮啮合激振引起壳体辐射发出的噪声。这些噪声既有内部齿轮和轴承运转引起的，也有其他机构传递来的。传动系统的噪声是在一辆车出厂前就决定了的，很难通过后期的降噪措施得到根本性的改善。

5）轮胎噪声

轮胎噪声是由轮胎与路面摩擦所引起的，是构成底盘噪声的主要因素。一般的胎噪主要由三部分组成：一是轮胎花纹间隙的空气流动和轮胎四周空气扰动构成的空气噪声；二是胎体和花纹部分振动引起的轮胎振动噪声；三是路面不平造成的路面噪声。特殊行驶环境下，轮胎还会发出振鸣声和溅水声。轮罩下部的凹凸导致气流分离，也会产生较强的噪声，轮罩内车轮回转的空气及发动机排出的风噪是轮罩下部噪声的主要来源。

6）制动噪声

汽车制动而产生的噪声主要有制动器的尖叫声、轮胎与地面的摩擦声及车身板件的震颤声等，制动噪声一般是指制动器工作时产生的鸣叫。一个设计合理、装配精准、保养良好的制动器是没有或只有很小噪声的。车辆下坡时长时间踩踏刹车会因高温造成刹车盘损坏，日后再工作的时候就会发生尖锐的鸣叫。汽车隔音对制动噪声处理的重点是通过粘贴吸音棉或隔音垫来减缓车辆紧急制动时引起的车身板件震颤。

7）空气动力学噪声

行驶中的汽车由于其周围的风而产生的噪声称为气动噪声，为寻求有效的隔音降噪方法，汽车隔音的技术人员又把这种噪声进一步分为三种类型：一是风噪，就是由车身周围气流分离导致压力变化而产生的噪声；二是风漏，或称吸出音，是由驾驶室及车身缝隙吸气而与车身周围气流相互作用而产生的噪声；三是其他噪声，包括空腔共鸣、风扇噪声、导管管道噪声，以及天线、雨刮器、后视镜及扰流器等附件振动引起的噪声。

克制风漏及空腔共鸣的有效办法是在车门及发动机盖周围设计密封条，通过对不同车型的不同部位粘贴密封条，达到使开放气流的背后不产生涡流，由流动再附着来达到有效抑制气动噪声的目的。此外，不同规格的密封条也可以有效隔绝来自车身以外的噪声。车辆在高速行驶过程中，由于发动机盖的侧面和上部出现气流分离，会产生数百赫兹振动频率的气动噪声，如果发动机盖下缘有间隙，通过间隙还会发出很大噪声。汽车隔音对该处噪声的抑制主要从两方面着手：一是在发动机盖的边缘部位粘贴专用密封条，二是在发动机盖内缘雨刮器下部的U形槽部位粘贴平静阻尼止振垫。

世界各国为降低汽车噪声采取了许多措施。

（1）制定汽车噪声限制法规。

（2）汽车制造厂针对噪声源，在汽车设计制造中努力采取降噪措施。例如，采用吸振、隔音技术，将高噪声的喇叭改装成低噪声喇叭等。

（3）汽车使用、维修中，严格执行汽车噪声限值和测量方法的国家标准。

（4）在噪声集中路段建立隔声板或隔声墙，在隔离带中种植植物，而日本开始修建吸音路面。

（5）加强管理，在一些路段采取禁鸣喇叭措施。

2．汽车噪声检测

1）声级计的结构和原理

声级计是用于测量汽车噪声级和喇叭声响最常用的仪器。常用的声级计有三类：普通声级计，如国产的ST-1型，丹麦BK-2206，日本NA-09等；精密声级计，如国产的ND2型、DSY-25，丹麦BK-2203，日本NA-56等；脉冲噪声精密声级计，如丹麦BK-2209，日本NA-57等。声级计是能用话筒把声音信号转变为电信号，再把电信号经放大处理后，由仪表把噪声级指示出来的仪器。GB1496—1979《机动车辆噪声测量方法》中规定，测量噪声应使用精密声级计或普通声级计。

声级计的结构形式虽因制造厂家不同而异，但其主要部分却大致相同，都是由压力型传感器、放大器、计权网络、有效值检波电路、指示仪表等组成的。

图3.6-16为国产ND2型精密声级计外形图。声级计由传声器、放大器、衰减器、计权网络、检波器、指示表头和电源等组成。

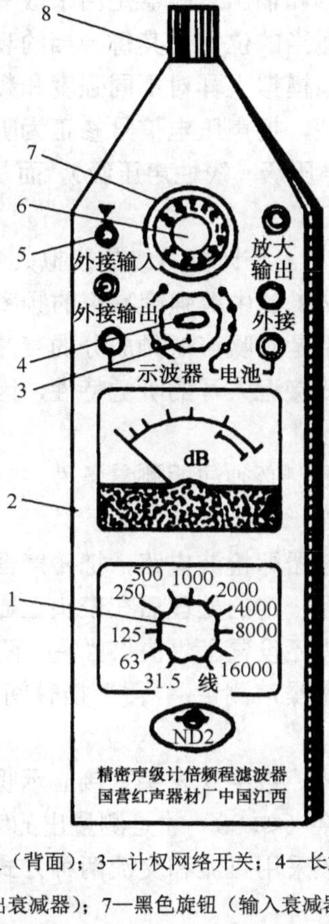

1—滤波器开关；2—电池盖板（背面）；3—计权网络开关；4—长六边形开关；5—校正电位器；6—透明旋钮（输出衰减器）；7—黑色旋钮（输入衰减器）；8—电容传声器

图3.6-16　国产ND2型精密声级计外形图

（1）传声器。又称话筒，是把声压信号转变为电压信号的装置，有电容式、动圈式、压电式等几种，电容式传声器应用较为广泛。

图3.6-17为电容式传声器结构示意图。金属膜片和金属极板距离很近，构成了一个平行板式电容器。膜片受声压作用而振动，与极板之间发生距离变化，电容量也发生变化，从而

把声压信号转变为电信号。

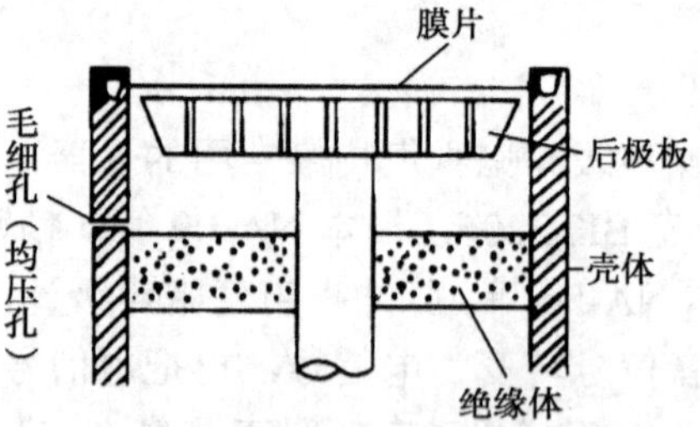

图 3.6-17　电容式传声器结构示意图

（2）放大器。即放大电路，把传声器产生的微弱电压信号放大，以满足指示仪表的需要，电容式声级计中一般有前置放大器、中间放大器和输出放大器三部分。

（3）衰减器。衰减器的作用是调整输入信号或放大器输出信号的幅度，使指示仪表上获得适当的指示值。放大器的输出级和输入级分开设置的目的，是为了按噪声级大小相应地提高信号/噪声比（S/N）。输入衰减器和输出衰减器是用来改变输入信号的衰减量和输出信号的衰减量的，以便使表头指针指在适当的位置，其每一挡的衰减量为 10dB。

（4）计权网络。计权网络是指模拟人耳对不同强度和频率声音的反应而设计的电子滤波线路。它能够模拟人耳的听觉特性，把声压电信号修正为听觉近似值。通过计权网络测得的声压级，已不再是客观物理量的声压级（线性声压级），而是经过听觉修正的声压级，称计权声级或噪声级。

计权网络一般有 A、B、C 三种。A 计权声级是模拟人耳对 55dB 以下低强度噪声的频率特性；B 计权声级是模拟 55～85dB 的中等强度噪声的频率特性；C 计权声级是模拟高强度噪声的频率特性。三者的主要差别是对噪声低频成分的衰减程度，A 衰减最多，B 次之，C 最少。A 计权声级由于其特性曲线接近人耳的听觉特性，因此是目前世界上噪声测量中应用最广泛的一种。

从声级计上得出的噪声级读数，必须注明测量条件，如单位为 dB，且使用的是 A 计权网络，则应记为 dB（A）。

（5）检波器和指示表头。检波器即检波电路，把传声器输出的迅速变化的电压信号转变为变化较慢的直流电压信号，并经一定的处理后在表头上显示出来。为使声音随时间变动与人耳的听觉基本一致，声级计表头还设置了“快”、“慢”两挡，“快”挡时间常数为 0.125 s，接近于人耳听觉，适用于进行稳态噪声测量；“慢”挡时间常数为 1s，适用于波动较大时的噪声测量。

声级计表头有数字式和指针式。数字式表头直接显示噪声级值，指针式表头显示出的数字（如+5）应加上衰减器挡位数字（如 80）才是测量出的噪声级。

（6）电源。声级计的电源一般采用直流和交流两种方式。小型声级计，为便于携带，都采用内装电池的直流电源。

（7）校准信号源。声级计在应用时必须进行校准。通常使用活塞发声器的固定声压作为校准声源（如 1000Hz、94dB 的活塞发声器），如图 3.6-18 所示。

2）声级计的使用方法

（1）测试准备。由于声级计的品种、形式等不同，因此，使用时必须根据仪器的使用说明书的要求进行，一般的使用方法如下。

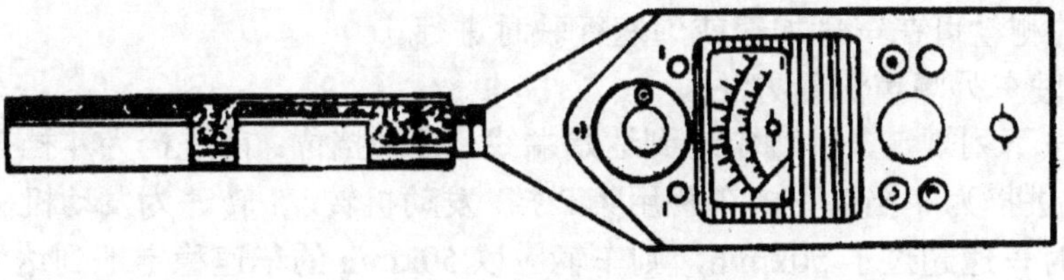

图 3.6-18　声级计校准用信号发声器

① 接通电源，使声级计预热 5 min 以上，检查电源电压正常后用活塞发声器校准。

② 将听觉校正开关（计权挡）拨到所要测量的位置。

③ 根据对被测噪声级的估计值，预先选定量程。

④ 测定环境噪声。

（2）测试。

① 测定行驶噪声和排气噪声、喇叭声时，将计权网络开关置于（A）挡，采用“快”挡读取噪声的平均值；测量车内噪声时，应将计权网络开关置于（C）挡，采用“慢”挡读取噪声的最大值。

② 当被测定噪声与环境噪声的差值不足 10dB 时，应进行校正计算。

③ 检测完毕，切断电源。

（3）注意事项。

① 检测时要注意仪表量程的选择应由高到低，切忌指针超出刻度线以外。

② 避免在本底噪声大的场所检测。一般要求，本底噪声应低于被测噪声 10dB。

③ 注意避免声级计受反射音、大风和电磁波的影响。

④ 避免声级计受振动和冲击，注意防潮和避免阳光直射。

⑤ 传声器及其引线是和音量指示部分配套的，不能与其他声级计交换使用。如果损坏需要更换时，必须经过校准。

⑥ 电池式声级计在不使用期间，应卸下干电池。

3）汽车噪声检测

汽车噪声的检测，根据 GB7258—2004 规定，应按照国家标准 GB1496—1979《机动车辆噪声的测量方法》，GB4596—1984《轻便摩托车噪声测量方法》的规定进行。

（1）车外噪声的测量方法。检测车外噪声的测量场地及测点位置如图 3.6-19 所示。测试话筒位于 20m 跑道中心点 *O* 两侧，各距中心线 7.5m，距地面高度 1.2m，用三脚架固定，话筒平行于路面，其轴线垂直于车辆行驶方向。

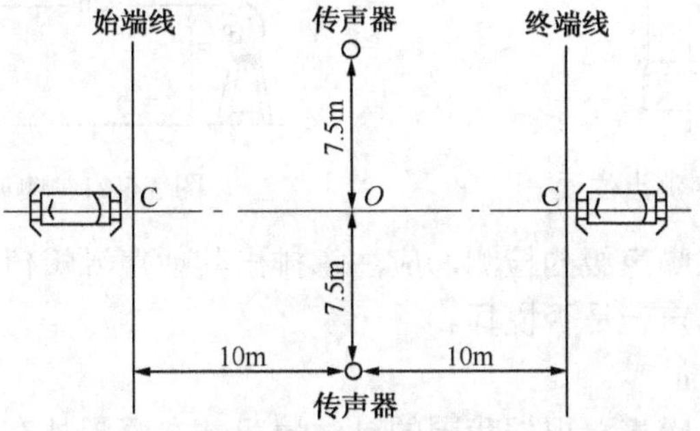

图 3.6-19　车外噪声的测量场地及测点位置

车外噪声的测量可在车辆加速或匀速行驶时进行。

① 加速行驶车外噪声测量方法。

- 车辆须按下列规定条件稳定地到达始端线。行驶挡位：前进挡为 4 挡以上的车辆用第 3 挡；前进挡为 4 挡以下的车辆用第 2 挡。发动机转速：转速为发动机标定转速的 3/4。如果此时车速超过了 50km/h，则车辆应以 50km/h 的车速稳定地到达始端线。
- 从车辆到达始端线开始，立即将加速踏板踩到底或节气门全开，直线加速行驶。当车辆后端到达终端线时，立即停止加速。
- 按规定使用声级计，读取车辆行驶时的声级计表头最大读数。
- 同样的测量往返各进行一次。车辆同侧两次测量结果之差不应大于 2dB，取每侧两次声级的平均值中最大值作为被测车辆的最大噪声级，若只用一个声级计测量，同样的测量应进行四次，每侧测量两次。

② 匀速行驶车外噪声测量方法。

- 车辆用常用挡位，油门保持稳定，以 50km/h 的车速匀速通过测量区域。
- 声级计用“A”计权网络“快”挡进行测量，读取车辆驶过时声级计表头的最大读数。
- 同样的测量往返各进行一次，车辆同侧两次测量结果之差不应大于 2dB。四次测量值的平均值即为该车的匀速车外噪声。

（2）车内噪声的测量方法。车内噪声测量时，测量跑道应有足够试验需要的长度，应是平直、干燥的沥青路面或混凝土路面，风速（指相对于地面）应不大于 3m/s，测量时车辆门窗应关闭，车内带有的其他辅助设备是噪声源的是否开动，应按正常使用情况而定。车内本底噪声比所测车内噪声至少低 10dB（A），并保证车辆在测量过程中不被其他声源所干扰。车内除驾驶员和测量人员外，不应有其他人员。

测量车内噪声时，测点位置通常在人耳附近，话筒朝车辆前进方向；驾驶室内噪声测点位置如图 3.6-20 所示；客车车内噪声测点可选在车厢中部及最后排座位的中间位置，话筒高度参考图 3.6-20。

测量时，车辆以常用挡位 50km/h 以上不同车速匀速行驶，分别进行测量，读取表头指针最大读数的平均值。

（3）喇叭噪声的检测。城市用机动车喇叭噪声级在距车前 2m，离地面高度 1.2m 处测量，读取声级计表头最大读数。测点位置如图 3.6-21 所示。

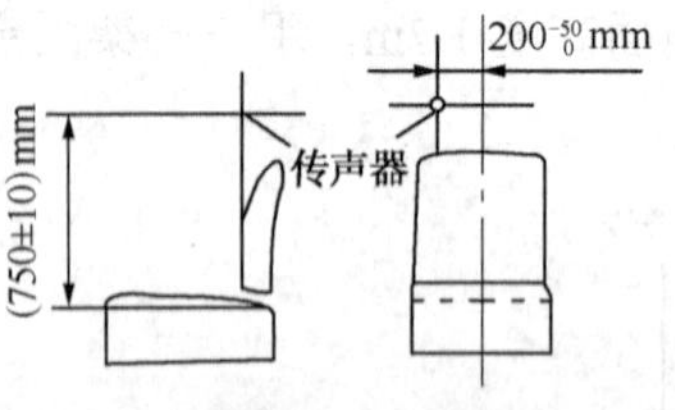

图 3.6-20　驾驶室内噪声测点位置

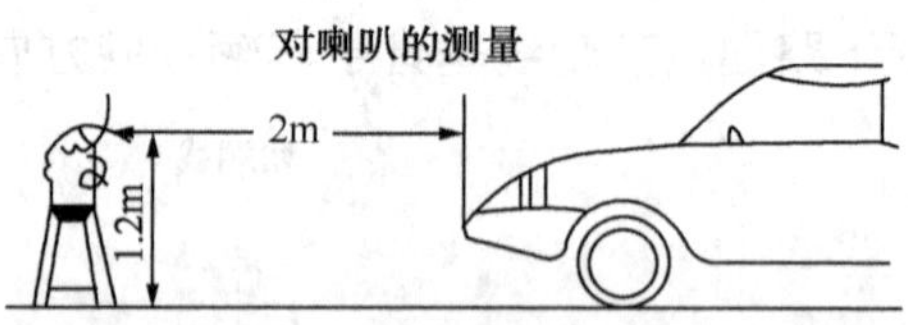

图 3.6-21　喇叭噪声级测点位置

城市用机动车辆喇叭噪声级的检测，应注意排出其他声源峰值的干扰影响。测量次数应在两次以上，并监听喇叭声音是否悦耳。

4）汽车噪声检测标准

为了有效地控制汽车噪声，根据我国的具体情况并参照国外有关标准，在《机动车运行安全技术条件》中，对机动车的噪声控制做了如下规定。

（1）机动车允许的噪声应符合 GB1495—1979《机动车辆允许噪声》的规定，各类机动车加速行驶时，车外允许最大噪声级应符合表 3.6-1 的规定。

表 3.6-1 机动车车外允许最大噪声标准

机动车类型		车辆最大允许噪声级 dB（A）	
		1985 年 1 月 1 日以前生产的产品	1985 年 1 月 1 日以后生产的产品
货车	8t≤载质量<15t	≤92	≤89
	3.5t≤载质量<8t	≤90	≤86
	载质量<3.5t	≤89	≤84
轻型越野车		≤89	≤84
客车	4t≤总质量<11t	≤89	≤86
	总质量<4t	≤88	≤83
轿车		≤84	≤82
摩托车		≤90	≤84
轮式拖拉机（44kW 以下）		≤91	≤86

（2）轻便摩托车噪声按 GB4569—1984《轻便摩托车噪声测试方法》的规定进行测量，应符合 GB4558—1984《轻便摩托车主要技术性能指标》的有关规定。

（3）机动车加速行驶时，车外最大允许噪声级的测量应按 GB1496—1979《机动车辆噪声测量方法》的规定进行。

（4）车内噪声，客车车内最大噪声级不大于 82dB（A），其测试方法应按 GB1496—1979《机动车辆噪声测量方法》的规定进行。

（5）喇叭性能要求应符合 GB7258—2004《机动车运行安全技术条件》的规定。

① 机动车辆均应设置喇叭，其性能应可靠，声音悦耳。

② 城市用机动车喇叭噪声级在距车前 2m，离地面高 1.2m 处应为 90～115dB（A）。

3.6.3 汽车电波公害

1．汽车电波概述

在汽车电气设备中，有很多导线、线圈等电气元件，它们具有不同的电容和电感。而任何一个具有电感、电容的闭合回路都会形成振荡。因此，在汽车电气设备中有很多振荡回路。当火花放电时，就会产生高频振荡并以电磁波的形式放射到空中，切割无线电或电视天线，从而引起干扰。在汽车的电气设备中，点火系统的干扰最为严重。此外，还有发电机、调节器及灯开关等。

当汽车上的电气设备工作时，经常发出的无线电电波，其作用半径可达几百米，使汽车上的收音机产生杂音或失真及无线电通信等被干扰，以致无法正常工作。甚至附近的收音机、电视机也受到影响。

汽车电波公害尚没有像汽车排出的废气和噪声公害对人们生活环境造成那么严重的影响。所以，关于汽车对电视机和无线电通信等的电波干扰，我国目前尚未纳入规范和标准要求。

2．汽车电波的防治

（1）加装阻尼电阻

在汽车的点火装置的高压电路中适当串入阻尼电阻或采用特制高压阻尼导线，以削弱电火花产生的高频振荡放电。国产东风 EQ1090 型汽车就装用了特制的高压阻尼导线。

（2）加装电容器

在汽车电气设备中凡是产生火花的部件上并联适当容量的电容器，以便吸收火花能量，减弱高频振荡电磁波的发射。如发电机的“电枢”接柱与搭铁之间，以及调节器“电池”与搭铁之间并联 0.2～0.8μF 的电容器，在水温表、油压表传感器的触点处并联一个 0.1～0.2μF 的电容器等。

（3）加装屏蔽遮掩

在容易产生火花的电气设备外，用金属网遮掩起来。导线也用密织的金属网或金属套管套起来，并将金属网搭铁。这样就使这些电气设备因火花而发射的电磁波在金属屏蔽内产生寄生电流变成热能消失，使电磁波不能发射出去，从而起到防干扰作用。

为了获得更好的防干扰效果，往往多种方法综合使用。

3.6.4 交通事故

中国每年交通事故 50 万起，因交通事故死亡人数均超过 10 万人，居世界第一。据统计数据表明，每 5min 就有一人丧身车轮下，每 1min 都会有一人因为交通事故而伤残。每年因交通事故所造成的经济损失达数百亿元。

近年来，全国的交通安全形势日益严峻，交通事故频繁发生，人员伤亡和财产损失惨重，交通事故造成的死亡人数占各种事故的 90%以上，对人类的危害已远远超过了地震、洪水、火灾这些可怕的灾难。随着改革开放政策的不断深入，经济快速发展，机动车辆迅猛增加，交通条件与交通流量之间的矛盾日益突出。尽管在预防道路交通事故方面做了大量工作，但是由于交通参与者的交通安全法律意识淡薄，安全防范能力较差，道路交通安全现状仍不乐观，给人民群众的生命财产造成很大损失。

思考与练习

1．什么是汽车运行材料？有哪些种类？

2．汽车燃料的主要成分是什么？简述影响汽车燃料消耗量的因素。

3．汽油和柴油的牌号分别以什么指标来划分？汽油和柴油的主要使用性能有哪些？如何合理地选用汽油和柴油？

4．简述汽车使用中的节油措施。

5．汽车润滑材料有哪些？

6．发动机润滑油的主要使用性能有哪些？主要评价指标是什么？

7．发动机润滑油如何分类？其使用时的注意事项有哪些？

8．齿轮油使用时的注意事项有哪些？

9．润滑脂使用时的注意事项有哪些？

10．汽车常用的特种工作液有哪些？简述常用的特种工作液的正确使用。

11．简述汽车轮胎的类型和结构。

12．简述汽车轮胎的标记。

13．说出汽车轮胎不正常损坏的现象及原因，并简述延长汽车轮胎使用寿命的措施。

14．选用汽车轮胎应注意哪些规则？

15．汽车新能源有哪些？

16．什么是道路交通事故？道路交通事故的影响因素有哪些？如何预防？

17．简述道路交通事故的处理程序。

18．简述我国道路通行的基本原则。

19．我国汽车行驶有何规定？

20．交通法规的内容包括哪些？

21．实施《中华人民共和国道路交通安全法》的目的是什么？

22．简述《机动车运行安全技术条件》（GB7258—2004）的基本内容。

23．简述汽车的日常维护与行车安全的关系。

24．如何安全、合理地使用汽车？

25．汽车在低温条件下使用时一般应采取哪些措施？

26．汽车在高温条件下使用时一般应采取哪些措施？

27．汽车在山区或高原条件下使用时一般应采取哪些措施？

28．什么是汽车技术状况？

29．汽车技术状况的变化特征是什么？

30．影响汽车技术状况变化的因素有哪些？

31．汽车技术状况的变化规律分为哪几个阶段？各阶段有何特点？

32．汽车技术状况变化与汽车的使用有何关系？

33．什么是汽车技术状况等级？《汽车运输业车辆技术管理规定》和《汽车技术等级评定标准》对汽车技术状况等级是如何划分的？

34．简述汽车检测与诊断的含义。

35．汽车检测与诊断的目的是什么？简述汽车检测与诊断的基本方法。

36．汽车公害包括哪些？

37．汽车排放污染物主要有哪些？各种排放污染物的危害是什么？

38．简述 CO、HC、NO_x 形成的定性机理。

39．简述影响汽车排放污染物的因素。

40．如何对汽车排放污染物进行检测？

41．简述汽车排放污染物的防治措施。

42．简述汽车噪声的危害及其检测。

43．简述汽车电波的危害和交通事故的危害及其防治措施。

第 4 章　汽车使用中的管理

4.1　汽车的户籍管理

汽车自诞生以来，为人类发展生产、改造环境、建设物质文明起到了重要作用。随着汽车的发展及普及，因车祸造成的人员伤亡和财产损失也越来越大。因此如何发挥车辆效率、确保行车安全已成为必须研究和重视的问题。加强汽车使用中的管理，正确合理使用车辆是发挥车辆效率、减少行车事故、降低维修费用、降低能耗和延长车辆使用寿命的重要环节，为确保运力的良性循环，促进汽车运输业持续、稳定、协调发展起着重要作用。在汽车运用过程中，户籍管理是依法对车辆进行监督和管理的手段，汽车保险是交通事故风险的补偿和转移，二者既有区别又有联系，始于车辆正式投入使用前并伴随汽车运用的整个寿命期。

4.1.1　车辆管理概述

车辆管理就是依据道路管理交通法规、规章、国家有关的政策和技术标准，运用行政和技术手段对车辆进行监督和管理。

1．车辆的牌证管理

车辆管理的基本方法是实行车辆牌照和行驶证制度，包括对车辆进行注册登记、安全技术检验、核发牌照和行驶证等几个方面。

车辆的牌证管理是全世界都采用的车辆管理的基本方法。在我国，公安机关交通管理部门的车辆管理所是机动车的登记机构，负责对本行政辖区的机动车核发车辆号牌和行驶证。警用车辆则由省级公安机关交通管理部门管理。军队编制单位装备车辆的号牌由总后勤部军事交通运输部统一制作和管理；人民武装警察部队编制单位的装备车辆，使用人民武装警察部队车辆号牌和行驶证，由人民武装警察部队管理。

国家对机动车实行登记制度，机动车的登记分为注册登记、变更登记、转移登记、抵押登记和注销登记。无论地方车辆管理机关还是军队、武警车辆管理机关核发的车辆号牌和行驶证，在全国范围内都有效。

2．车辆牌证的作用

（1）对车辆进行拍号定名

车辆牌证起车辆“车籍”登记的作用，可以作为车辆、车主或驾驶人、管辖地区等的对照依据。据此可了解车辆所有权转移和使用变化情况，掌握车辆改装、改型、喷改颜色等车辆信息，准确统计机动车保有量，为研究车辆发展规划和制定交通管理规划提供数字依据。

（2）验明违章车辆的依据

利用车辆摄影设施摄取违章车辆的牌号，可查找违章驾驶人，可为事故后逃逸车辆、作案及被盗车辆侦缉提供查询，也可据此检查来路不明的车辆。

（3）落实车辆停放地点，作为制定车辆年审计划等管理措施的依据。

4.1.2 汽车的注册登记

《中华人民共和国机动车登记管理办法》规定：在中华人民共和国境内道路上行驶的机动车，应当按照规定，经机动车登记机构办理登记，核发机动车号牌、机动车行驶证和机动车登记证书。公安机关交通管理部门的车辆管理所是机动车的登记机构，负责办理本行政辖区的机动车登记。

1．注册登记的申请

机动车未领取机动车号牌、机动车行驶证和机动车登记证书的，机动车所有人应当填写《机动车登记申请表》，持下列资料，向机动车所有人住所所在地的车辆管理所申请注册登记，并交验车辆：机动车所有人的身份证明；申请办理注册登记的车辆的标准照片；机动车来历凭证，但海关监管车辆除外；国产机动车的整车出厂合格证；进口机动车的进口凭证；车辆购置税的完税证明或者免税证明。

2．注册登记的内容

车辆管理所办理注册登记时登记下列事项：机动车所有人的姓名或者单位名称、身份证号码或者单位代码、住所的地址、邮政编码和联系电话；机动车的类型、制造厂、品牌、型号、车辆识别代号（车架号码）、发动机号码、车身颜色；机动车的有关技术数据；机动车的使用性质；机动车获得方式；机动车来历凭证的名称、编号和进口机动车的进口凭证的名称、编号；车辆购置税完税或者免税证明的名称、编号；机动车办理保险的种类、保险的日期和保险公司的名称；机动车销售单位或者交易市场的名称和机动车销售价格；注册登记的日期；法律、行政法规规定应当登记的其他事项。

3．核发牌证

车辆管理所自受理之日起三个工作日内，按照《机动车登记工作规范》的规定，审核资料，检验车辆。对符合规定的，确定机动车登记编号，建立机动车档案，核发机动车号牌、机动车行驶证和机动车登记证书。对于营运车辆，还需到道路运输管理机构办理营运证方可从事运输业务。

（1）机动车号牌

机动车号牌是由公安部门车辆管理机关依法对机动车进行注册登记核发的，在固定规格材料面上印制车辆所在省份、车辆序号等的揭示牌。机动车号牌的号码与行驶证一致，是机动车取得合法行驶权的标志。

机动车号牌的式样设计标准全国一致，在全国范围内有效。《中华人民共和国机动车号牌》（GA36—2007）的规定，机动车辆号牌的分类、规格、颜色及适用范围见表 4.1-1。

汽车的号牌和行驶证不准转借、涂改和伪造。号牌须按指定位置安装，并保持清晰、完整。其要求为：正式号牌要安装在车辆出厂时设置的号牌位置，或安装在车体前端中部或偏右，或车体后端中部或偏左的明显部位。临时号牌则粘贴在前风窗玻璃和后窗的明显位置。汽车挂车的号牌要装在尾灯的上下。大型车、货车和所有挂车还须用与车体颜色区别明显的油漆按照号牌字体式样放大喷写到车辆后部的明显部位，字样应当端正并保持清晰。字体规格为：大型车为号牌的 3.5 倍；小型车为号牌的 2.5 倍。其目的是提高车辆号牌的视认性，以便监督管理。

此外，机动车检验合格标志、保险标志应当粘贴在机动车前窗右上角。

表 4.1-1　机动车号牌的分类、规格、颜色及适用范围

序号	分类	外廓尺寸（mm×mm）	颜色	数量	适用范围
1	大型汽车号牌	前：440×140 后：440×220	黄底黑字黑框线	2	中型（含）以上载客、载货汽车和专项作业车；半挂牵引车；电车
2	挂车号牌	440×220		1	全挂车和不与牵引车固定使用的半挂车
3	小型汽车号牌	440×140	蓝底白字白框线	2	中型以下的载客、载货汽车和专项作业车
4	使馆汽车号牌		黑底白字，红“使”、“领”字白框线		驻华使馆的汽车
5	领馆汽车号牌				驻华领事馆的汽车
6	港澳入出境车号牌		黑底白字，白“港”、“澳”字白框线		港澳地区入出内地的汽车
7	教练汽车号牌		黄底黑字，黑“学”字黑框线		教练用汽车
8	警用汽车号牌		白底黑字，红“警”字黑框线		汽车类警车
9	普通摩托车号牌	前：220×95 后：220×140	黄底黑字黑框线		普通二轮摩托车和普通三轮摩托车
10	轻便摩托车号牌		蓝底白字白框线		轻便摩托车
11	使馆摩托车号牌		黑底白字，红“使”、“领”字白框线		驻华使馆的摩托车
12	领馆摩托车号牌				驻华领事馆的摩托车
13	教练摩托车号牌		黄底黑字，黑“学”字黑框线		教练用摩托车
14	警用摩托车号牌	220×140	白底黑字，红“警”字黑框线	1	摩托车类警车
15	低速车号牌	300×165	黄底黑字黑框线	2	低速载货汽车、三轮汽车和轮式自行机械车
16	临时行驶车号牌	220×140	天（酞）蓝底纹，黑字黑框线	1	行政辖区内临时行驶的机动车
			棕黄底纹，黑字黑框线		跨行政辖区临时移动的机动车
	临时行驶车号牌	220×140	棕黄底纹，黑字黑框线，黑“试”字	1	试验用机动车
			棕黄底纹，黑字黑框线，黑“超”字		特型机动车，指轴荷和总质量超限的工程专项作业车和超长、超宽、超高的运输大型不可解物品的机动车
17	临时入境汽车号牌	220×140	白底棕蓝色专用底纹，黑字黑边框	2	临时入境汽车
18	临时入境摩托车号牌	88×60		1	临时入境摩托车
19	拖拉机号牌	按 NY 345.1－2005 执行			上道路行驶的拖拉机

（2）机动车行驶证

行驶证是记录该车车型、车号、厂牌车型、核定的载货和载人数量、空车重量、车主单位名称、主管机关和发证机关名称，车长、车宽、车高、车厢面积、栏板高度、轴距、轮胎数及尺寸、使用性质、发动机和车型号码等有关事项的证件。

机动车行驶证是由公安车辆管理机关依法对车辆进行注册登记核发的证件，是机动车取得合法行驶权的凭证。《中华人民共和国道路交通管理条例》规定：机动车行驶证是车辆上路行驶必需的证件；《中华人民共和国机动车登记管理办法》规定：未领取机动车号牌和机动车行驶证的，不准上道路行驶。同时，机动车行驶证是机动车过户、转籍必不可少的证件。

（3）机动车登记证书

公安机关车辆管理部门是机动车登记证书的核发单位。机动车登记证书是机动车办理了登记的证明文件，同时也是机动车的“户口本”，用于登记所有机动车的详细信息及机动车所有人的资料。当证书原始信息发生变化时，机动车所有人应携机动车登记证书到车管所作变更登记。机动车所有人申请办理机动车各项登记业务时均应出具机动车登记证书；当机动车所有权转移时，原机动车所有人应当将机动车登记证书随车交给现机动车所有人。

（4）临时号牌

汽车在没有领取正式号牌、行驶证以前需要移动或试车时，必须申领移动证、临时号牌或试车号牌。

车辆移动证是无号牌的新车或半成品车，出入库或到车辆管理机关初检等需在道路上行驶时，凭证明到车辆管理机关领取的“通行证”。持此证的车辆只能在本地区移动，不准驶往外地，不准装货和专门用做载人，并按指定的时间和线路行驶。

临时号牌只能在发证机关核定的有效期内、按指定的时间和线路行驶。试车号牌是在试车时挂的，必须按指定的时间和线路行驶。

（5）道路运输证

道路运输证是县级以上人民政府交通主管部门设置的道路运输管理机构对从事旅客运输（包括城市出租客运）、货物运输的单位和个人核发的随车携带的证件，营运车辆转籍过户时，应到运管机构及相关部门办理营运过户有关手续。

4.1.3 汽车的过户登记

1．过户登记的申请

已注册登记机动车的所有权发生转移，且原机动车所有人和现机动车所有人的住所在同一车辆管理所管辖区的，现机动车所有人应当于机动车所有权转移之日起三十日内，填写《机动车登记申请表》，向机动车管辖地车辆管理所申请过户登记，并交验车辆。

申请过户登记时，须持下列资料：现机动车所有人的身份证明；机动车登记证书；机动车来历凭证；解除海关监管的机动车，应当提交监管海关出具的《中华人民共和国海关监管车辆解除监管证明书》；机动车行驶证；申请办理过户登记的机动车的标准照片；按规定需要改变机动车登记编号的，还应当交回机动车号牌。

2．过户登记的内容

车辆管理所办理过户登记时登记下列事项：现机动车所有人的姓名或者单位名称、身份证号码或者单位代码、住所的地址、邮政编码和联系电话；机动车的使用性质；机动车获得方式；机动车来历凭证的名称、编号和进口机动车的进口凭证的名称、编号；《中华人民共和国海关监管车辆解除监管证明书》的名称、编号；机动车办理保险的种类、保险的日期和保险公司的名称；机动车销售单位或者交易市场的名称和机动车销售价格；过户登记的日期。

车辆管理所自受理之日起三个工作日内，按照《机动车登记工作规范》的规定，审核资料，确认车辆，对超过检验周期的机动车进行安全检测。对符合规定的，在机动车登记证书上记载过户登记事项，对需要改变机动车登记编号的，确定机动车登记编号，收回原机动车号牌和原机动车行驶证，重新核发机动车号牌和机动车行驶证；对不需要改变机动车登记编号的，收回机动车行驶证，重新核发机动车行驶证。

4.1.4 汽车转出与转入登记

1. 转出登记

（1）转出登记的申请

已注册登记机动车的所有人的住所迁出原车辆管理所管辖区的，或者机动车所有权发生转移且现机动车所有人的住所不在原车辆管理所管辖区的，现机动车所有人应当于住所迁出或者机动车所有权转移之日起三十日内，填写《机动车登记申请表》，向机动车管辖地车辆管理所申请转出登记，并交验车辆。

申请转出登记时，须持下列资料：

① 属于机动车所有人的住所迁出原车辆管理所管辖区情形的，提交机动车所有人的身份证明和机动车登记证书、机动车号牌和机动车行驶证；海关监管的机动车，还应当提交监管海关出具的《中华人民共和国海关监管车辆进（出）境领（销）牌照通知书》。

② 属于机动车所有权发生转移且现机动车所有人的住所不在原车辆管理所管辖区情形的，提交现机动车所有人的身份证明、机动车登记证书、机动车来历凭证，解除海关监管的机动车，应当提交监管海关出具的《中华人民共和国海关监管车辆解除监管证明书》，并交回机动车号牌和机动车行驶证。

（2）转出登记的内容

车辆管理所办理转出登记时登记下列事项：现机动车所有人的姓名或者单位名称、身份证号码或者单位代码、住所的地址、邮政编码和联系电话；转入地车辆管理所的名称；《中华人民共和国海关监管车辆解除监管证明书》的名称、编号；转出登记的日期。

属于机动车所有权发生转移的，还应当登记下列事项：机动车获得方式；机动车来历凭证的名称、编号和进口机动车的进口凭证的名称、编号；机动车销售单位或者交易市场的名称和机动车销售价格。

车辆管理所自受理之日起三个工作日内，按照《机动车登记工作规范》的规定，审核资料，确认车辆。对符合规定的，在机动车登记证书上记载转出登记事项，收回机动车号牌和机动车行驶证，核发临时行驶车号牌，密封机动车档案，交给机动车所有人。

2. 转入登记

（1）转入登记的申请

已办理转出登记的机动车，机动车所有人应当自办结转出登记之日起九十日内，填写《机动车登记申请表》，向转入地车辆管理所申请转入登记，并交验车辆。

申请转入登记时，须持下列资料：机动车所有人的身份证明；机动车登记证书；机动车档案；申请办理转入登记的机动车的标准照片；海关监管的机动车，还应当提交监管海关出具的《中华人民共和国海关监管车辆进（出）境领（销）牌照通知书》。

（2）转入登记的内容

车辆管理所办理转入登记时登记下列事项：机动车所有人的姓名或者单位名称、身份证号码或者单位代码、住所的地址、邮政编码和联系电话；机动车的使用性质；转入登记的日期。

属于机动车所有权发生转移的，还应当登记下列事项：机动车获得方式；机动车来历凭证的名称、编号和进口机动车的进口凭证的名称、编号；机动车办理保险的种类、保险的日期和保险公司的名称；机动车销售单位或者交易市场的名称和机动车销售价格。

车辆管理所自受理之日起三个工作日内，按照《机动车登记工作规范》的规定，审核资料，检验车辆。对符合规定的，确定机动车登记编号，在机动车登记证书上记载转入登记事项，核发机动车号牌和机动车行驶证。

4.1.5　汽车变更登记

1．进行变更登记的情况

已注册登记的机动车，有下列情形之一的，应当申请变更登记。

① 机动车所有人更改姓名或者单位名称的。

② 机动车所有人住所的地址在车辆管理所管辖区内改变的。

③ 改变车身颜色的。

④ 更换发动机或者改变燃料种类的。

⑤ 因故损坏无法修复需要更换同型号车身或者车架的。

⑥ 因质量问题，制造厂给机动车所有人更换整车或者更换同型号发动机、车身、车架的。

2．变更登记的申请

对于因第①或第②种情形需要进行变更登记时，机动车所有人应当于变更后三十日内，填写《机动车登记申请表》，向机动车管辖地车辆管理所申请变更登记。所持资料有：机动车所有人的身份证明、机动车登记证书、机动车行驶证、申请办理变更登记的机动车的标准照片。

对于因第③～第⑥种情形需要进行变更登记时，机动车所有人应当于变更前填写《机动车登记申请表》，向机动车管辖地车辆管理所申请变更，并交验车辆。所持资料有：机动车所有人的身份证明和机动车登记证书。车辆管理所准予变更的，机动车所有人应当在变更完毕后，向车辆管理所申请变更登记，并交验车辆。所持资料有：机动车所有人的身份证明；机动车登记证书；机动车行驶证；申请办理变更登记的机动车的标准照片；修理厂出具的证明；更换发动机、车身或者车架的来历凭证；因质量问题更换整车的，还应当提交负责更换整车的制造厂出具的证明。

3．变更登记的内容

车辆管理所办理变更登记时分别登记下列事项：机动车所有人变更后的姓名或者单位名称；机动车所有人住所变更后的地址、邮政编码和联系电话；属于第③～第⑥种情形变更事项的，登记修理厂的名称、地址和联系电话；变更车身颜色的，登记变更后的车身颜色；更换发动机和改变燃料种类的，登记更换后的发动机号码和燃料种类；更换整车或者车身、车架的，登记更换后的车辆识别代号、车身颜色，以及负责更换的制造厂的证明；发动机、车身或者车架的来历凭证的名称、编号。

对于因第①或第②种情形而进行变更登记的情况，车辆管理所应当于受理当日，在机动车登记证书上记载变更登记事项，收回原机动车行驶证，重新核发机动车行驶证。

对于因第③～第⑥种情形而申请变更登记的情况，车辆管理所应当自受理之日起一个工作日内，确认车辆，符合规定的，应当准予变更；对车辆严重损坏无法行驶的，应当由车辆管理所派人确认车辆。在变更完毕后，机动车所有人向车辆管理所申请变更登记时，车辆管理所应当自受理之日起一个工作日内，审核资料，检验车辆。符合规定的，在机动车登记证书上记载变更登记事项，收回原机动车行驶证，重新核发机动车行驶证。

4.1.6 汽车抵押、注销登记

1．抵押登记

抵押登记是指车辆管理所根据机动车抵押权人和抵押人的申请，将机动车所有人（即抵押人）的机动车作为抵押物所进行的登记。申请抵押登记时，应当持抵押人和抵押权人的身份证明和所订的主合同和抵押合同、机动车登记证书，填写《机动车抵押/注销抵押登记申请表》。

抵押登记的内容有：抵押权人的姓名或者单位名称、身份证明名称、身份证号码、住所地址、邮政编码、联系电话，主合同和抵押合同号码，抵押登记的日期。

2．注销抵押登记

办理抵押登记后的车辆也可以申请注销抵押。办理注销抵押登记时应持抵押人和抵押权人的身份证明和共同申请机动车登记证书，填写《机动车抵押/注销抵押登记申请表》。车辆管理所在机动车登记证书上记载注销抵押内容和注销抵押的日期。

4.1.7 车辆管理概述

已达到国家强制报废标准的机动车，因质量问题需要退车，或种种原因已经灭失的机动车均需要办理注销登记。

1．报废机动车的注销登记

已达到国家强制报废标准的机动车，机动车所有人须将车辆交售给国家规定的机动车回收企业。由机动车回收企业将报废的机动车登记证书、号牌、行驶证交公安机关交通管理部门注销。机动车所有人逾期不办理注销登记的，公安机关交通管理部门应当公告该机动车登记证书、号牌、行驶证作废。

机动车所有人向机动车回收企业交售机动车时，填写《机动车停驶、复驶/注销登记申请表》，提交机动车登记证书、号牌和行驶证。机动车回收企业确认机动车并解体，向机动车所有人出具报废机动车回收证明，并在机动车解体后规定的时间内将《机动车停驶、复驶/注销登记申请表》、机动车登记证书、号牌、行驶证和《报废机动车回收证明》副本交回车辆管理所。车辆管理所办理注销登记，在计算机登记系统内登记注销信息。

2．灭失机动车的注销登记

因机动车灭失或机动车所有人因其他原因申请注销登记的，机动车所有人填写《机动车停驶、复驶/注销登记申请表》，并提交有关灭失证明。车辆管理所办理注销登记，收回机动车登记证书、号牌和行驶证。对因机动车灭失无法交回号牌、行驶证的，车辆管理所对其公告作废。

注销登记时需提交的资料有：《机动车停驶、复驶/注销登记申请表》；机动车登记证书；机动车行驶证；机动车号牌；代理人身份证明；属于报废的，还需提供《报废机动车回收证明》；属于车辆灭失的，还需提供灭失证明材料；属于使（领）馆外籍机动车退运出境申请办理注销登记的，应当提供《中华人民共和国海关监管车辆进（出）境领（销）牌照通知书》；

属于因质量问题退车的，还需提交相关证明。

4.1.8 汽车其他管理规定

1．机动车停驶、复驶以及信息更正

停驶登记指车辆管理所对因维修、闲置等原因而暂时停止使用的机动车辆所作的登记；复驶登记指对已作停驶登记的机动车辆所作的恢复行驶的登记。

已注册登记的机动车需要停驶或者停驶后恢复行驶，应当填写《机动车停驶、复驶/注销登记申请表》，提交机动车所有人和代理人的身份证明、申请停驶登记的，交回机动车号牌和机动车行驶证。

机动车所有人发现登记内容有错误时，应当及时更正。车辆管理所在机动车登记证书上更正相关内容，换发行驶证。需要改变机动车登记编号的，收回原号牌、行驶证，确定新的机动车登记编号，重新核发号牌、行驶证和检验合格标志。

2．补（换）领机动车登记证书、号牌、行驶证

机动车登记证书灭失、丢失或者损毁，机动车所有人应当提交机动车所有人的身份证明，填写《补领、换领机动车牌证申请表》，申请补领、换领机动车登记证书。

申请换领机动车登记证书时，车辆管理所应收回原机动车登记证书。

申请补领机动车登记证书时，车辆管理所首先确认机动车，并在规定期限内重新核发机动车登记证书。在补发机动车登记证书期间，停止办理该机动车的各项登记。

若机动车号牌、行驶证灭失、丢失或者损毁，机动车所有人应提交机动车所有人的身份证明，填写《补领、换领机动车牌证申请表》，向车辆管理所申请补领、换领号牌、行驶证。机动车号牌辨认不清的或丢失一面号牌时，应将原号牌交回。车辆管理所按规定要求补发、换发行驶证、号牌，原机动车登记编号不变。在补发号牌期间给机动车所有人核发临时行驶车号牌。

3．机动车检验合格标志的申领和补领

机动车所有人申请检验合格标志，应当提交行驶证、机动车交通事故责任强制保险凭证、机动车安全技术检验机构出具的安全技术检验合格证明。车辆管理所在规定的时间内确认机动车，对涉及机动车的道路交通安全违法行为和交通事故处理情况进行核查后，核发机动车检验合格标志。

在机动车检验合格有效期内，机动车检验合格标志因故损坏或者丢失、灭失的，机动车所有人应当申请补领机动车检验合格标志。申请补领时提交：机动车行驶证；属于机动车检验合格标志损坏的，还应交回损坏的机动车检验合格标志。

4．申请机动车临时行驶车号牌

未注册登记的机动车需要驶出本行政辖区的，机动车所有人应当到车辆管理所申领临时行驶车号牌，提交机动车所有人的身份证明、机动车来历凭证、机动车整车出厂合格证明或者进口机动车进口凭证、机动车交通事故责任强制保险凭证等。

4.2 汽车保险

4.2.1 汽车保险的项目及范围

保险是指投保人根据合同规定，向保险人支付保险费，保险人对于合同约定的可能发生的事故因其发生所造成的财产损失承担赔偿保险责任，或者当被保险人死亡、伤残、患疾病或达到合同约定的年龄、期限时，承担给付责任的商业保险行为，即保险是一种按照合同实施的契约行为，保险关系的建立是以合同的形式体现的。汽车保险（我国称为机动车保险）是指以机动车或机动车所有人或驾驶员因驾驶机动车肇事所负的责任为保险标的的保险。根据《机动车辆保险条款》规定：机动车辆保险所承保的车辆是指汽车、电车、蓄电池车、摩托车、拖拉机、各种专用机械车和特种车。

保险人又称承保人，其法律上的资格可以是自然人也可以是法人。在我国，根据《保险法》的规定，保险人是法人及保险公司。投保人也称要保人，指在签订保险合同前向保险人提出投保申请的人。被保险人是指保险事故（事件）在其财产或其身体上发生而受到损失、损害时，享有向保险人要求赔偿或给付权利的人。

在保险实务上因标的及内容不同而予以不同的名称。汽车保险分为车辆损失险和第三者责任险，以及加在两大主要险种上的若干附加保险。保险公司按照投保人所购买的保险险种分离承担保险责任。

1．车辆损失险

车辆损失险是指保险车辆遭受责任范畴内的自然灾难或意外事故，造成保险车辆自身损失，保险人按照保险合同的规定给予赔偿。汽车车辆损失保险又称汽车损失险，简称为车损险。它是汽车保险中最基本的险种，是汽车保险单主要承保内容之一，车辆损失险是承保车辆因产生意外事故所致毁损灭失予以的赔偿。因为波及保险车辆意外事故颇多，各国为扩展对被保险人的保障，个别以综合保险单承当保险车辆。此外针对一些损失频率较高的危险事故，在保单中特别将该危险事故单独列出而为独破险种，如美国、日本等国的车辆损失险承保险种，包含汽车综合损失险及汽车碰撞损失险。我国汽车保险因为机动车盗抢日益重大，现已将机动车盗抢作为车损险的附加险单列。

保险责任范围是指车辆行驶过程中发生碰撞、倾覆、火灾、爆炸、外界物体的倒塌、空中运行物体的坠落、行驶中平行坠落、雷击、暴风、龙卷风、暴雨、洪水等原因造成的车辆损失。由于自然磨损、朽蚀、地震、战斗、暴乱、扣押、比赛、测试、进厂修理、饮酒、吸毒、无证驾驶所造成的损失，保险公司概不赔偿。另外，不同车种收费标准不同，国产车与进口车根本保费也不同。

车辆损失险按以下规定赔偿。

（1）全部损失

保险金额高于实际价值时，以出险当时的实际价值计算赔偿；保险金额不高于实际价值时，按保险金额计算赔偿。

（2）部分损失

以新车购置价确定保险金额的车辆，按实际修理及必要、公道的施救费用计算赔偿；保险金额低于新车购置价的车辆，按保险金额与新车购置价的比例计算赔偿修理及施救费用。

保险车辆损失赔偿及施救费用分别以不超过保险金额为限，如果保险车辆部分损失一次赔款金额与免赔金额之和等于保险金额时，车辆损失险的保险责任即行终止。

2．第三者责任险

汽车第三者责任保险是指被保险人或其允许的合格驾驶员在使用保险车辆过程中，发生意外事故，致使第三者遭受人身伤亡或财产的直接损毁，依法应当由被保险人支付的赔偿金额，保险人依照《道路交通事故处理办法》和保险合同的规定给予赔偿。但因事故产生的善后工作，保险人不负责处理。

在保险合同中，有三方的关联人，保险人即保险公司是第一方，也称第一者；被保险人或致害人是第二方，也称第二者；遭遇人身损害或财产损失的受害人是第三方，也就是第三者。

第三者责任则是指被保险人允许的合格驾驶员在使用保险车辆过程中发生意外事故，致使第三者遭受人身伤害或财产的直接损毁，依法应当由被保险人支付的赔偿金额，保险人依照保险合同的规定予以赔偿。也就是说，第三者责任是被保险人对别人因保险车辆使用过程中发生意外事故而导致的民事赔偿责任。

第三者侧重于保险合同中的一方，而第三者责任是一种民事赔偿责任，两者存在明显不同的特色。

投保人（被保险人）在购置了第三者责任保险后，一旦发生了保险责任规定规模内的事故致使第三者遭受损失，保险公司应予以赔偿。

目前第三者责任保险在我国属法定保险，也就是所有车辆（军事车辆、国家另有规定的车辆除外）都要购买此险种。

第三者责任保险由于同样是机动车保险中最基本的险种，因此在条款中规定的也比较具体，不同的车种收费标准不同，营业与非营业车辆收费标准也不同。这是由于营业车辆由于行驶里程多于非营业车辆，可能发生的风险也高于后者，因此在收取第三者责任保险保费时，营业车辆要高于非营业车辆。

投保人在投保第三者责任险前，要根据本身车辆的详细情况，进行风险评估。目前，我国机动车辆第三者责任保险的每次事故最高赔偿限额从 5 万至 100 万元不等，赔偿限额越高，保费也随之增加。投保人可以根据实际需求和保费支付能力挑选赔偿限额。一般来讲，不同车种可投保不同赔偿限额。微型车可选择赔偿限额 5 万元或 10 万元；小型轿车可选择 10 万元或 20 万元；中型货车和 20 座左右客车可选择 20 万元；载货量超过 5t 的货车、座位数超过 20 的客车，以及 5t 以上各种工程车和特种车辆可选择 20 万元、50 万元或更高限额。总之，在购买第三者责任保险时，应体现高风险高保额，低风险低保额这一购买原则。

3. 各种附加保险

为了满足被保险人对与机动车有关其他风险的保险要求，解除被保险人的后顾之忧，保险人经常通过附加险的方式承保。目前，我国创办的汽车附加保险主要有全车盗抢险、车上责任险、无差错责任险、车载货物掉落责任险、玻璃单独破碎险、车辆停驶损失险、自然损失险、新增加设备损失险和不计免赔特约险。

附加险不能单独投保，在投保车辆损失险的基础上，才可投保全车盗抢险、玻璃单独破碎险、车辆停驶险、自燃损失险、新增加设备损失险；在投保第三者责任险的基础上，才可投保车上责任险、无差错责任险、车载货物掉落责任险；在同时投保车辆损失险和第三者责任险的基础上，才可以投保不计免赔特约险。

4.2.2 汽车投保的程序

1. 投保的程序

个人办理投保手续时，应将车辆驶至保险公司指定的检验地点，并带齐驾驶员本人的身份证或介绍信、工作证、驾驶证、车辆行驶证及有关投保车辆的相关证件。若是从事个体营运的车辆，还应携带营业执照等证件到保险公司办理投保手续，经保险公司工作人员验明证件后，填写机动车辆投保单。投保单的主要内容有：投保的险别、被保险人名称、保险标的、车辆厂牌型号、牌照号、发动机号、车架号、吨（座）位数、使用性质；保险金额、保险费率、保险费，第三者责任保险额、保险费，附加险险种及保险费；投保人地址、保险责任起讫日期和投保人签章、投保日期等。

保险公司检查投保单填写无误后，将视情况对投保车辆进行必要的检查，符合保险条件后，确定起保时间，核收保险费，保险人向投保人签发保险单（简称保单）。

起保时间由投保人决定，若投保人要求立即开始，保险人将注明收保单的时间，写清年、月、日、时、分，然后由保险人和投保人分别签字盖章，至此保险单开始有效。有效期至约定期满日的24时止。若办理预定投保的，应向保险人注明约定起保的日期，保险单生效的时间就从起保日的当天0时起，至约定期满日的24时止。保险有效期以1年为限，可以少于1年，但不能超过1年，期满可以续保，并重新办理手续。

集体单位投保，除带必要的证件外，还需开列投保车辆的型号、牌号、行驶证号码等。保险人将视情况办理或派人员到投保单位办理手续。

保单是载明了保险人与投保人（被保险人）所约定的义务和权利的书面凭证。其正本交被保险人存执，它是当被保险人需变更保险合同内容或遭受保险事故并产生损失向保险人索赔的重要依据。也是保险人处理赔款的主要依据。

投保第三者责任险后，保险人要发给被保险人保险凭证，俗称机动车辆保险证。它是保险合同已经订立或保险单已正式签发的一种凭据。它与保险单具有同样的作用和效力。可以用来证明被保险人已遵照政府有关法令或规定参加了第三者责任保险。

2．保险金额的确定

保险金额是保险公司计算保费的基础。根据我国现行的《机动车辆保险条款》，车辆的保险价值根据新车购置价确定。车辆损失险的保险金额可以按投保时的保险价值或实际价值确定，也可以由被保险人与保险人协商确定，但保险金额不得超过保险价值，超过部分是无效的。保险价值是指投保时作为确定保险金额的标的价值，实际价值是指投保车辆在合同签订地的市场价格。当投保车辆的实际价值高于购车发票金额时，以购车发票金额确定实际价值。

3．保险费的计算

车辆的保险费是根据投保人所投保车辆的种类、使用性质及需要投保的险种等分别计算相应的数额。

车辆损失险保险费的构成为：

$$车辆损失险保险费=基本保险费+保险金额\times费率（\%）$$

第三者责任保险则按照车辆种类及使用性质选择不同的赔偿限额档次收取固定保险费。

机动车辆共分为客车、货车、挂车、罐车、特种车、摩托车、拖拉机等13个车种和收费档次，以及国产和进口两个类别。

车辆的使用性质分为：非营业车辆，即各级党政机关、社会团体、企事业单位自用的车辆或仅限用于个人及家庭生活的车辆；营业车辆指从事社会运输并收费的车辆。对于兼顾有两类使用性质的车辆按高档费率计算。

4.2.3　汽车保险的索赔与理赔

保险索赔是指被保险人或其受益人在保险标的遭受损失后或保险期满或保险合同约定实现时，按保险单有关条款的规定，向保险人要求赔偿或给付保险金的行为。理赔是指在保险标的发生保险事故而使被保险人财产受到损失或人身生命受到损害或保单约定的其他保险事故出现而需要给付保险金时，保险公司根据合同规定，履行赔付责任的行为，是直接体现保险职能和履行保险责任的工作。

1. 索赔的一般程序

① 当被保险车辆发生事故时（后），应立即通知保险人（俗称“报案”），将事故的基本情况报给保险人，如灾害事故的发生时间、地点、可能的原因、施救情况、损失概况等。报案可以用电话、传真、电报、派员等方式进行。无论用什么方式报案，最后保户均须填写由保险公司印制的出险通知书和损失清单。

② 协助保险人进行现场勘察或进行调查，查明事故的原因和损失情况。接受保险公司理赔业务人员的询问，提供勘察的方便。

③ 提供保险单、事故的证明、事故责任认定书、事故调解书、判决书、损失清单和有关费用单据。并要在保险车辆修复或交通事故结案之日起的3个月内提交，不提交这些必要单证，保险公司就认为被保险人自愿放弃权益。

④ 接到保险公司赔偿或给付的通知后，被保险人（或受益人）对保险公司确定的赔款金额无异议后，在10日内向保险公司领取赔款。

2. 车辆损失险的赔偿额确定

（1）车辆损失险的赔偿

投保的机动车辆出险后，受损车辆必须由保险公司定损，或经保险公司同意后方可定损。保险车辆在发生保险事故遭受损失后，执行以修复为主的原则。修理前，被保险人须保险人检验，确定修理的项目、方式和费用，否则保险人有权重新核定或拒绝赔偿。

① 车辆全部损失的赔偿。车辆全部损失应按保险金额计算赔偿，当保险金额高于实际时，以出险当时的实际价值计算赔偿，当保险金额不高于实际金额时，按保险金额计算赔偿。

② 车辆部分损失的赔偿。保险车辆的保险金额达到投保时的保险价值，无论保险金额是否低于出险时的保险价值，发生的部分损失按照实际修复费用进行赔偿。当保险金额低于保险价值时，发生的部分损失按照保险金额与投保时的保险价值比例计算赔偿修复费用。

此外，部分损失最高赔偿金额以保险金额为限。保险车辆按全部损失或部分损失一次赔偿金额加免赔金额之和达到保险金额时，车辆损失险的保险责任即行终止。但保险车辆在保险期限之内，不论发生一次或多次保险责任范围内的部分损失或费用支出，只要每次赔偿金额加免赔金额之和未达到保险金额，其保险责任仍然有效。

（2）第三者责任险的赔偿

保险车辆发生第三者责任事故时，按照《中华人民共和国道路交通事故处理方法》有关法律法规和保险合同规定，在保险单载明的赔偿限额内核定赔偿数额。第三者责任事故赔偿后，每次事故无论赔偿金额是否达到保险赔偿金额保险责任继续有效，直至保险期满。

车辆损失险和第三者责任险的赔偿金额经保险双方确认后，还应根据车辆驾驶员在事故中所负责任，扣除一定的赔偿金额，即免赔率。负全部责任的免赔率为20%，负主要责任的免赔率为15%，负同等责任的免赔率为10%，负次要责任的免赔率为5%，单方肇事事故的免赔率为20%。

3. 索赔的注意事项

在按照索赔手续办理索赔过程中应注意以下事项。

① 保险卡一定要随车携带。一旦车辆出险，应妥善保护好事故现场，在向公安交警部

门报案的同时，要向保险公司报案。若为路面事故还要报请公安交通管理部门处理，非路面事故（如车辆因驾驶原因撞在树上）应由当地公安派出所出具证明材料。及时向保险公司报案不仅可以得到保险公司的及时救援，还可以得到正确的指导意见。

② 索赔应直接找保险公司，而不要找代理人，因为代理人没有理赔权。

③ 保险公司仅承担善后补偿责任，受损车辆修复应尊重被保险人或车主的选择。如果保险公司人员指定修理厂，被保险人或车主可以不接受，必要时可以投诉。

④ 车辆修理完毕后，保户在提车时一定要进行验车。

⑤ 对第三者责任的索赔，还应由保险公司对赔偿金额依法确定，并依据投保金额予以赔付。对于保户与第三者私下谈定的赔偿金额，保险公司有权重新核定或拒绝赔偿。

4. 典型出险情况的索赔操作

（1）车辆失窃的索赔

车辆失窃，车主保户应快速、及时、有效地向保险公司索赔。

① 当发现车辆被盗抢后，应在 24 小时内向公安部门报案，同时在 48 小时内通知保险公司，并登报声明。经县级以上刑侦部门立案、证实，3 个月内盗抢车辆未追回，保户即可向保险公司索赔。

② 如果偷车人驾驶保险车辆肇事而造成保险车辆本身损失，可向保险公司索赔，但发生责任事故，其经济损失应根据有关部门对肇事者处理的裁决来确定，保险公司按条款规定不予赔偿。

③ 保险公司理赔后，被盗车辆又找回来。保险公司可将车辆返还给用户，并收回相应的赔款。如果保户不愿收回原车，则车辆的所有权归保险公司。

④ 特别提醒车主保户，请在车辆被盗 3 个月后将必需的索赔单证交给保险公司。向保险公司提供的索赔单证、项目、印章必须齐全，书写规范，数额计算必须准确，内容必须真实、合法、有效。若手续齐备，且与保险公司达成赔偿协议后，保险公司应在 10 天内一次结案赔偿。领取赔款时，要携带公章、车主或领款人身份证等有效证件进行办理。

（2）常见交通事故的索赔

出交通事故后，不管严重与否，应及时（48 小时内）向保险公司报案。不要随意私了，符合公安交通管理部门私了范围的交通事故，在按私了规定快速处理后也要尽快向保险公司报案。事故发生后或结案过程中，如有不清楚问题，可随时拨打保险公司理赔咨询电话，万不可盲目结案。超范围、超标准的赔付，只能由自己承担。

最常见的是一些完全由自己承担责任的事故，例如，倒车、停车时不小心把车碰伤了。这种情况理赔也最简单：向当地公安部门报案后，带上保单，直接开车去保险公司，按规定填表，照相，保险公司经核实后，很快会给车主开具修车单据，将车开到指定修理点就是了。在某些修车点甚至有保险公司在现场办公，可免去一番周折。修完车，就可以提车回家，修理厂会代理或直接跟保险公司结账。

另外就是轻微的交通事故，例如追尾，由于这种事故双方的责任比较清楚，向当地公安交管部门报案后，只要双方同时将车开到保险公司，由理赔人员拍照、定损，事故当事人办妥相关手续后，就可以去结案、修车了。费用由责任方保险公司承担。

对于有人员伤亡的比较严重的交通事故，由于后续问题复杂，案件处理时间也就相应较长，必须由公安交通管理部门处理。事故发生后，当事人首先应抢救伤员，保护现场，并打“112”电话通知交管部门和所投保的保险公司。保险公司可能会到现场了解情况，由保险公司对事故车辆拍照、定损，并由保户、车主进行修理。待伤员伤势稳定后，交管部门要对事故双方进行责任裁定和调解。然后出具有关的事故证明、事故责任认定书、事故调解书、判决书等文件。伤员的医疗费、误工费和其他一些费用都会反映在处理结果中（应当注意，误工费等费用，保险公司是有标准可供参照的。一般是按当地的道路交通事故损害赔偿标准执行）。如果事先垫付了款项，事故处理后，款项结清，最后带齐保险单、交管部门的事故处理文件、所有费用单据、相关证明材料到保险公司办理赔付事宜。

4.2.4 机动车交通事故责任强制保险

1. 概述

机动车交通事故责任强制保险（以下简称“交强险”）是我国首个由国家法律规定实行的强制保险制度。《机动车交通事故责任强制保险条例》（以下简称《条例》）规定：交强险是由保险公司对被保险机动车发生道路交通事故造成受害人（不包括本车人员和被保险人）的人身伤亡、财产损失，在责任限额内予以赔偿的强制性责任保险。

2. 交强险与商业三责险的区别

交强险与消费者熟悉的机动车第三者责任保险（即三责险）在保险种类上属于同一个险种，都是保障道路交通事故中第三方受害人获得及时有效赔偿的险种。交强险是法定强制性的，实际上可称为“强制三责险”，而过去的三责险都是商业性的。商业三责险对交强险是一个有益补充，交强险实施后，如果投保人想要获得充分的保险保证，在购买了交强险之后，最好再投保商业三责险及其他险种，只是可以根据自身情况适当减少商业三责险的投保额度，但并不能完全依赖交强险而取消投保其他车险品种。

尽管保险种类是一样的，但交强险与商业三责险在赔偿原则、赔偿范围等方面存在着本质的区别。

（1）交强险具有强制性，商业三责险存在自愿性。

交强险要求在中华人民共和国境内（不含港、澳、台地区）道路上行驶的机动车的所有人或管理人必须投保；同时要求具有经营交强险资格的保险公司不能拒保，也不能随意解除交强险合同，但投保人未履行如实告知义务的除外。违反强制性规定的机动车所有人、管理人或保险公司都将受到处罚。因此，交强险具有强制性，而商业三责险则是由投保人自愿投保，不具有强制性。

（2）交强险实行“无过错责任”赔偿原则，商业三责险实行“按责论处”赔偿原则。

投保了交强险的机动车不论在交通事故中是否有过错，只要造成了他人的人身损害或财产损失，保险公司均须在交强险的责任限额内负责赔偿。而现行商业三责险实行的是“按责论处”赔偿原则，即保险公司只根据被保险机动车在事故中的责任比例，在商业三责险的责任限额内承担赔偿责任。

（3）交强险保险责任范围比商业三责险宽泛。

除了《机动车交通事故责任强制保险条例》规定的个别事项外，交强险的赔偿范围几乎涵盖了所有道路交通责任风险。而商业三责险中，保险公司不同程度地规定有免赔偿、免赔率或责任免除事项。

（4）交强险实行分项责任限额制，且责任限额固定；而商业三责险只设定综合的责任限额，但责任限额可以分成不同的档次，由投保人自由选择。

交强险责任限额分为死亡伤残赔偿限额、医疗费用赔偿限额、财产损失赔偿限额及被保险人在道路交通事故中无责任的赔偿限额。其中，无责任的赔偿限额分为无责任死亡伤残赔偿限额、无责任医疗费用赔偿限额及无责任财产赔偿限额。

保险人按照交强险合同的约定对每次事故在下列赔偿限额内负责赔偿。

① 机动车在道路交通事故中有责任的赔偿限额。

- 死亡伤残赔偿限额：110 000 元人民币；
- 医疗费用赔偿限额：10 000 元人民币；
- 财产损失赔偿限额：2 000 元人民币。

② 机动车在道路交通事故中无责任的赔偿限额。

- 死亡伤残赔偿限额：11 000 元人民币；
- 医疗费用赔偿限额：1 000 元人民币；
- 财产损失赔偿限额：100 元人民币。

商业三责险只设定综合的责任限额，但责任限额可以分成不同的档次，由投保人自由选择。

3. 交强险最终保险费的计算办法

交强险最终保费=交强险基础保费×（1+与道路交通事故相联系的浮动比率）×（1+与交通安全违法行为相联系的浮动比率）

机动车交通事故责任强制保险基础费率随车辆种类及用途不同而不同，交强险费率浮动因素及比率见表 4.2-1。

表 4.2-1 交强险费率浮动因素及比率

浮动因素		浮动比率
与道路交通事故相联系的浮动比率	上一年度未发生有责任道路交通事故	-10%
	上两个年度未发生有责任道路交通事故	-20%
	上三个及以上年度未发生有责任道路交通事故	-30%
	上一年度发生一次有责任不涉及死亡的道路交通事故	0%
	上一年度发生两次及以上有责任道路交通事故	10%
	上一年度发生有责任道路交通死亡事故	30%

4.3 汽车检测与审验

4.3.1 汽车检测与审验概述

为确保车辆运行安全和技术状况良好，必须对在用车辆进行技术检测。在用车辆的技术检测分为自检和强制性检测。车辆所属单位的自检，以确保车辆具有良好动力性、经济性和安全性为主要目的；车辆管理部门对在用车辆进行的强制性检测，目的在于通过检查其是否符合国家规定的技术条件，以确定被检车辆的技术状况是否满足运行安全和营运的基本要求。

1. 车辆检测及审验规定

《中华人民共和国道路交通安全法》规定："申请机动车登记时，应当接受对该机动车的安全技术检测"。"对登记后上路行驶的机动车，应当依照法律、行政法规的规定，根据车辆用途、载客载货数量、使用年限等不同情况，定期进行安全技术检测。"中华人民共和国交通部《汽车运输业车辆技术管理规定》要求："各省、自治区、直辖市交通厅（局）应建立运输业车辆检测制度。根据车辆从事运输的性质、使用条件和强度以及车辆老旧程度等，进行定期或不定期检测，确保车辆技术状况良好，并对维修车辆实行质量监控。"并规定："经认定的汽车综合性能检测站在车辆检测后，应发给检测结果证明，作为交通运输管理部门发放或吊扣营运证依据之一和确定维修单位车辆维修质量的凭证。"因此，机动车辆必须按照车辆管理部门的规定定期进行检测，其中营运车辆还必须根据交通运输管理部门制定的车辆检测制度，对车辆的技术状况进行检测诊断。

根据《中华人民共和国道路交通安全法实施条例》第二章第十六条，机动车应当从注册登记之日起，按照下列期限进行安全技术检验。

（1）营运载客汽车 5 年以内每年检验 1 次；超过 5 年的，每 6 个月检验一次。

（2）载货汽车和大型、中型非营运载客汽车 10 年以内每年检验 1 次；超过 10 年的，每 6 个月检验 1 次。

（3）小型、微型非营运载客汽车 6 年以内每 2 年检验 1 次；超过 6 年的，每年检验 1 次；超过 15 年的，每年检验 2 次。

（4）摩托车 4 年以内每 2 年检验 1 次；超过 4 年的，每年检验 1 次。

（5）拖拉机和其他机动车每年检验 1 次。

营运机动车在规定检验期限内经安全技术检验合格的，不再重复进行安全技术检验。

2．车辆检测和审验的分类

1）根据检测的时间要求分类

根据车辆参加检测和审验的时间要求，可分为年检和临时性检测两类。

（1）年检

年检指按照车辆管理部门规定的期限对在用车辆进行的定期检测，或根据交通运输管理部门制定的车辆检测制度对营运车辆进行的定期检测。

车辆年检的目的是检测车辆的主要技术性能是否满足 GB7258—2012《机动车运行安全技术条件》和 GB18565—2001《营运车辆综合性能要求和检验方法》的规定，督促车辆所有者对车辆进行维修和更新，确保车辆具有良好的技术状况，消除事故隐患，确保行车安全；同时，使车辆管理部门全面掌握车辆分类和技术状况的变化情况，以便加强管理。

（2）临时性检测

临时性检测指除对车辆年检和正常检测之外的车辆检测。车辆临时性检测的内容和目的与年检基本相同。

在用车辆参加临时性检测的范围如下。

① 申请领取临时号牌（如新车出厂、改装车出厂）的车辆。

② 放置很长时间，要求复驶的车辆。

③ 遭受严重损坏，修复后准备投入使用的车辆。

④ 挂有国外、港澳地区号牌，经我国政府允许，可进入我国境内短期行驶的车辆。

⑤ 车辆管理部门认为有必要进行临时检测的车辆（如春运期间、交通安全大检查期间）。

营运车辆在下述情况下，应按交通运输管理部门的规定，参加临时性检测。

① 申请领取营运证的车辆。

② 经批准停驶的车辆恢复行驶前。

③ 经批准封存的车辆启封使用时。

④ 改装和主要总成改造后的车辆。

⑤ 申请报废的车辆。

⑥ 其他车辆检测诊断服务。

2）根据检测目的分类

根据检测项目和检测目的，车辆检测和审验分为以下类别。

（1）安全性能检测

安全性能检测以涉及汽车安全与环保的项目为主要检测内容。对汽车实行定期和不定期的安全性能检测诊断，目的在于确保汽车具有符合要求的外观、良好的安全性能和符合污染物排放标准的排放性能，以强化汽车的安全管理。

（2）综合性能检测

综合性能检测指对汽车的安全性、动力性、经济性、可靠性、噪声和废气排放状况等进行的全面检测。对汽车实行定期和不定期的综合性能检测诊断，目的是在不解体情况下，确定运输车辆的工作能力和技术状况，对维修车辆实行质量监督，以保证运输车辆的安全运行，提高运输效能及降低消耗，使运输车辆具有良好的经济效益和社会效益。

（3）汽车故障检测

对故障汽车进行检测诊断，目的是在不解体（或仅卸下个别小件）情况下，查出故障的确切部位和产生的原因，从而确定故障的排除方法，提高排除汽车故障的效率，使汽车尽快恢复正常使用。

（4）汽车维修检测诊断

维修检测以汽车性能检测和故障诊断为主要内容。其目的是对汽车维修前进行技术状况检测和故障诊断，据此确定附加作业和小修项目以及是否需要大修，同时对汽车维修后的质量进行检测。

根据交通部《汽车运输业车辆技术管理规定》的要求，汽车定期检测诊断应结合维护定期进行，以此确定维护附加项目，掌握汽车技术状况变化规律；并通过对汽车的检测诊断和技术鉴定，确定汽车是否需要大修，以实行视情修理；同时，在汽车维修过程中，利用设置在某些工位上的诊断设备，可使检测诊断和调整、维修交叉进行，以提高维修质量；对完成维护或修理的车辆进行性能检测和诊断，并对维修质量进行检测。

（5）特殊检测

特殊检测指为了不同的目的和要求对在用车辆进行的检测。在检测的内容和重点上与上述各类检测有所不同，故称为特殊检测。

① 改装或改造车辆检测。为了不同的使用目的，在原车型底盘的基础上改制成其他用途的车辆后，因其结构和使用性能变更较大，车辆管理部门在核发号牌及行车执照时，应对其进行特殊检测。主要包括汽车主要总成改造后的车辆的检测；有关新工艺、新技术、新产品，以及节能、科研项目等的检测、鉴定。

② 事故车辆检测。对发生交通事故并有损伤的车辆进行检测，一方面是为了分析事故原因，分清事故责任；另一方面是为了查找车辆的故障，确定汽车的技术状况，以保证行车安全。

③ 外事车辆检测。为保证参加外事活动车辆的技术状况，防止意外事故发生，必须对车辆的安全性能和其他有关性能进行检测。

④ 其他检测。接受公安、商检、计量、保险等部门的委托，进行有关项目的检测。

3. 汽车检测诊断的方法及特点

汽车检测诊断是由检查、分析、判断等一系列活动完成的。从完成这些活动的方式看，汽车诊断主要有三种基本方法，其一是传统的人工经验检测诊断法，其二是利用现代仪器设备检测诊断法，其三是自诊断法。

（1）人工经验检测诊断法

人工经验检测诊断法是通过路试和对汽车或总成工作情况的观察，凭借检测诊断人员丰富的实践经验和一定的理论知识，利用简单工具以及眼看、手摸、耳听等手段，边检查、边试验、边分析，进而对汽车技术状况进行定性分析或对故障部位和原因进行判断的检测诊断方法。该检测诊断方法不需要专用仪器设备，可随时随地应用，但其缺点在于诊断速度慢、准确性差，并要求检测诊断者具有丰富的实践经验和较高的技术水平。

（2）现代仪器设备检测诊断法

现代仪器设备检测诊断法指利用建立在机械、电子、流体、振动、声学、光学等技术基础上的专用仪器设备，在不解体条件下对汽车、总成或机构进行测试，并通过对检测诊断参数的测试值、变化特性曲线、波形等进行分析判断，定量确定汽车的技术状况。采用微机控制的专用仪器设备能够自动分析、判断、打印检测诊断结果。现代仪器设备检测诊断法的优点是诊断速度快、准确性高、能定量分析；缺点是投资大、占用固定厂房等。

（3）自诊断法

自诊断法是利用汽车电控单元的自诊断功能进行故障诊断的一种方法。其基本原理是利用监测电路的检测传感器、执行器及微处理器的各种实际参数，与存储器中的标准数据比较，判断系统是否存在故障。当确定系统有故障存在时，电控单元把故障信息以故障码的形式存入存储器，并控制警告灯发出警示信号。把该故障码从存储器中提取出来，然后查阅相应的“故障码表”便可确定故障的部位和原因。

初期的汽车检测诊断技术是以人工经验诊断法为主的，仪器设备检测诊断法和自诊断法则是在传统的人工经验检测诊断法的基础上伴随着现代科学技术的进步而发展起来的。许多检测诊断设备就是沿着人工经验检测诊断的思路研制开发的，即使先进的汽车专家诊断系统，也是把人脑的分析、判断通过计算机语言转化成计算机的分析判断；自诊断法对于电子控制的汽车各大系统的监控和诊断非常准确有效，随着计算机控制技术的发展和在汽车上的广泛应用，自诊断法的优势将更为突出。因此，在汽车检测诊断技术的发展过程中，其基本检测诊断方法并不是相互独立的，而是相辅相成的。

4.3.2 汽车检测站

汽车检测站是综合利用检测诊断技术从事汽车检测诊断工作的场所，也称为汽车技术检验机构。汽车检测和审验工作是在有若干必须的技术装备并按一定工艺路线组成的汽车检测站进行的。根据检测站的服务对象和检测内容，可分为汽车安全技术检测站、汽车综合性能检测站和汽车维修检测站三类。

1. 汽车安全技术检测站

根据国家质量检验检疫总局令《机动车安全技术检验机构监督管理办法》（2009 年第 121 号）：“机动车安全技术检验机构”是指在中华人民共和国境内，根据《中华人民共和国道路交通安全法》及其实施条例的规定，按照机动车国家安全技术标准等要求，对上道路行驶的机动车进行检验，并向社会出具公证数据的检验机构。“机动车安全技术检验”是指根据《中华人民共和国道路交通安全法》及其实施条例规定，按照机动车国家安全技术标准等要求，对上道路行驶的机动车进行检验检测的活动，包括机动车注册登记时的初次安全技术检验和登记后的定期安全技术检验。

汽车安全技术检测站根据国家有关法规，定期对反映汽车行驶安全和对环境污染程度的规定项目进行总体检测，并把检测结果与国家有关标准比较，给出“合格”与“不合格”的检测结果，而不进行具体故障的诊断和分析。

汽车安全检测站主要承担下列检测任务：汽车申请注册登记时的初次检测；汽车定期检测；汽车临时检测；汽车特殊检测，包括事故车辆、外事车辆、改装车辆和报废车辆等的技术检测。机动车安全技术检验流程及机动车安全技术检测的方式、工位、项目、常用设备和工具请参看 GB21861—2008《机动车安全技术检验项目和方法》的相关规定。汽车安全检测站的工艺组织如图 4.3-1 所示。

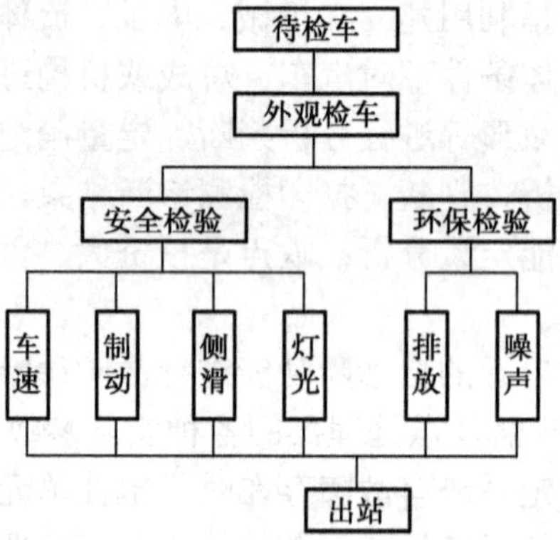

图 4.3-1　安全检测站工艺组织示意图

2. 汽车综合性能检测站

根据 GB/T17993—2005《汽车综合性能检测站能力的通用要求》，“汽车综合性能”指在用汽车动力性、安全性、燃料经济性、使用可靠性、排气污染物和噪声以及整车装备完整性与状态、防雨密封性等多种技术性能的组合。“汽车综合性能检测站”指按照规定的程序、方法。通过一系列技术操作行为，对在用汽车综合性能进行检测（验）评价工作并提供检测数据、报告的社会化服务机构。汽车综合性能检测站能对汽车的各种性能进行全面的检测，可代表交通运输管理部门对车辆的技术状况和维修质量进行监控，保证车辆运行安全，提高运输效率，降低运行消耗。汽车综合性能检测站的服务功能如下。

① 依法对营运车辆的技术状况进行检测。

② 依法对车辆维修竣工质量进行检测。

③ 接受委托，对车辆改装（造）、延长报废期及其相关新技术、科研鉴定等项目进行检测。

④ 接受交通、公安、环保、商检、计量、保险和司法机关等部门、机构的委托，进行规定项目的检测。

汽车综合性能检测站的主要检测项目和仪器设备参看 GB/T17993—2005《汽车综合性能检测站能力的通用要求》的相关规定。汽车综合性能检测站的工艺组织如图 4.3-2 所示。

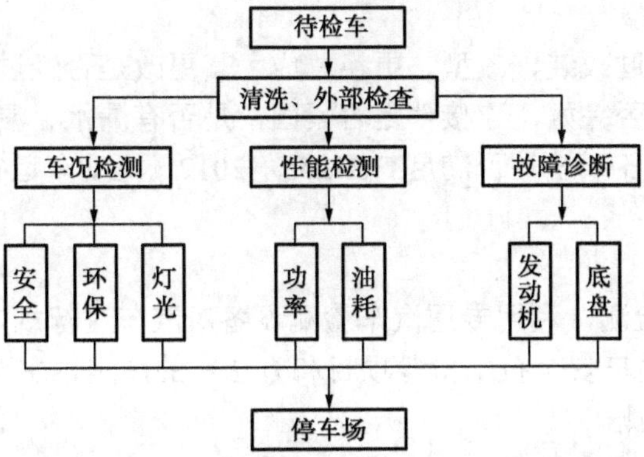

图 4.3-2　汽车综合性能检测站工艺组织示意图

3. 汽车维修检测站

汽车维修检测站是为汽车维修服务的检测站。其任务包括对二级维护前的汽车进行技术状况检测和故障诊断，以确定附加作业和小修项目；对大修前的汽车或总成进行技术状况检测，以确定其是否达到大修标准需要大修；对维修后的汽车进行技术检测，以监控汽车的维修质量。汽车维修检测站的工艺组织如图 4.3-3 所示。

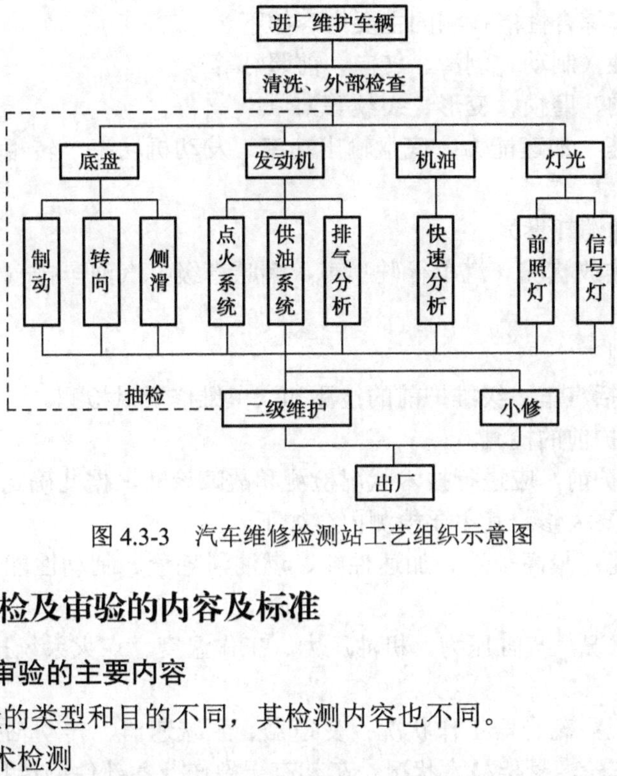

图 4.3-3　汽车维修检测站工艺组织示意图

4.3.3　汽车年检及审验的内容及标准

1. 汽车检测及审验的主要内容

汽车检测及审验的类型和目的不同，其检测内容也不同。

1）汽车安全技术检测

汽车安全技术检测以涉及汽车行驶安全及环保的项目为主要检测内容，根据检测手段不同，一般分为外检和相关性能的检测。

（1）外检

外检通过目检和实际操作来完成，其主要内容如下。

① 检查车辆号牌、行车执照有无损坏、涂改、字迹不清等情况，校对行车执照与车辆

的各种数据是否一致。

② 检查车辆是否经过改装、改型、更换总成，其更改是否经过审批及办理过有关手续。

③ 检查车辆外观是否完好，连接件是否紧固，是否有漏水、漏油、漏气、漏电等现象。

④ 检查车辆整车及各系统是否满足 GB7258—2012《机动车运行安全技术条件》所规定的基本要求。

（2）性能检测

对汽车有关性能的检测，利用专用汽车检测设备对汽车进行规定项目的检测来完成。根据 GB21861—2008《机动车安全技术检验项目和方法》的规定，主要包括以下 6 项。

① 转向轮侧滑量检测。

② 制动性能检测。

③ 车速表误差检测。

④ 前照灯性能检测。

⑤ 排放性能检测。

⑥ 喇叭声级和噪声检测。

2）汽车综合性能检测

根据交通部《汽车运输业车辆技术管理规定》和 GB18565—2001《营运车辆综合性能要求和检验方法》，汽车综合性能检测的主要内容如下。

① 汽车的安全性（制动、侧滑、转向、前照灯等）。

② 可靠性（异响、磨损、变形、裂纹等）。

③ 动力性（车速、加速能力、底盘输出功率、发动机功率、转矩、供给系统、点火系统状况等）。

④ 经济性（燃油消耗量）。

⑤ 噪声和废气排放状况（汽车行驶噪声、喇叭声级、汽油车排气污染物、柴油车排气烟度等）。

3）汽车维修检测

汽车维修检测包括汽车二级维护前的检测和汽车维修质量检测。

（1）汽车二级维护前的检测

汽车进行二级维护前，应进行技术状况检测和故障诊断，据此确定二级维护附加作业和小修项目以及是否需要大修。其主要检测内容如下。

① 汽车基本性能：最高车速、加速性能、燃油消耗量、制动性能、转向轮侧滑量、滑行能力等。

② 发动机技术状况：气缸压力、机油压力、工作温度、点火系统技术状况、机油质量、发动机异响等。

③ 底盘技术状况：离合器工作状况；变速器、主减速器、传动轴技术状况（密封、工作温度、异响等）；车轮、悬架技术状况；车架有无裂伤及各部件铆接状况等。

④ 车辆外观状况检查：车辆装备是否齐全，车身有无损伤，车轴及车架有无断裂、变形及有无“四漏”现象等。

（2）维修质量检测

维修质量检测指汽车维修竣工后进行的汽车二级维护质量检测、汽车或发动机大修质量检测。

汽车二级维护质量检测主要内容如下。

① 外观检查：车容整齐，装备齐全，无“四漏”现象等。

② 动力性能检测：发动机功率或气缸压力，汽车的加速性能，滑行能力。

③ 经济性能检测：燃油消耗量。

④ 安全性能：转向轮定位和侧滑量，转向盘自由转动量，制动性能，前照灯发光强度及光束照射位置，车速表误差，喇叭声级及噪声等。

⑤ 废气排放：汽油车怠速污染物（CO、HC）排放，柴油车自由加速烟度排放。

⑥ 异响：发动机和底盘各总成有无异常声响。

汽车或发动机修理质量的检测应根据GB/T3798.1—2005《汽车大修竣工出厂技术条件第1部分：载客汽车》、GB/T3798.2—2005《汽车大修竣工出厂技术条件第2部分：载货汽车》、GB/T3799.1—2005《商用汽车发动机大修竣工出厂技术条件第 1 部分：汽油发动机》和GB/T3799.2—2005《商用汽车发动机大修竣工出厂技术条件第2部分：柴油发动机》等标准进行。

2．汽车检测及审验标准

1）汽车检测诊断标准的分类

根据来源可把汽车检测诊断标准分为三类。

（1）国家标准

国家标准指由国家机关制定和颁布的可用于汽车检测诊断的技术标准。这类标准主要涉及汽车行驶安全性和对环境的影响，以及汽车技术状况评价中具有共性的检测项目。汽车检测诊断中常用的国家或行业标准、规定主要如下。

GB7258—2012《机动车运行安全技术条件》；

GB18565—2001《营运车辆综合性能要求和检验方法》；

JT/T198—2004《营运车辆技术等级划分和评定要求》；

GB/T18344—2001《汽车维护、检测、诊断技术规范》；

GB/T12545.1—2008《乘用车燃料消耗量试验方法》；

GB12676—1999《汽车制动系统结构、性能和试验方法》；

GB/T18276—2000《汽车动力性台架试验方法和评价指标》；

GB1495—2002《声学汽车加速行驶车外噪声限值及测量方法》；

GB/T14365—1993《声学机动车辆定置噪声测量方法》；

GB18285—2005《点燃式发动机汽车排气污染物排放限值及测量方法（双怠速法及简易工况法）》；

GB3847—2005《车用压燃式发动机和压燃式发动机汽车排气烟度排放限值及测量方法》；

GB14763—2005《装用点燃式发动机重型汽车燃油蒸发污染物排放限值及测量方法（收集法）》；

GB11340—2005《装用点燃式发动机重型汽车曲轴箱污染物排放限值及测量方法》；

GB/T17993—2005《汽车综合性能检测站能力的通用要求》；

GB/T3799.1—2005《商用汽车发动机大修竣工出厂技术条件第1部分：汽油发动机》；

GB/T3799.2—2005《商用汽车发动机大修竣工出厂技术条件第2部分：柴油发动机》；

GB/T3798.1—2005《汽车大修竣工出厂技术条件第1部分：载客汽车》；

GB/T3798.2—2005《汽车大修竣工出厂技术条件第2部分：载货汽车》。

（2）制造厂推荐标准

制造厂推荐标准指由汽车制造厂通过技术文件对汽车某些参数所规定的标准，一般主要涉及汽车的结构参数，如气门间隙、分电器触点间隙、车轮定位角、点火提前角等。汽车结构参数一般在设计阶段确定，并在样车或样机的台架或运行试验中修订，与汽车的使用可靠性、寿命和经济性有关。

（3）企业标准

企业标准指汽车运输企业根据不同使用条件对汽车运用过程中的某些参数所制定的标准。这类标准一般与汽车使用经济性和可靠性密切相关，其特点是因使用条件不同而不同。例如，在市区与公路、平原与山区不同道路条件下，汽车使用油耗相差很大，不能采用统一的油耗标准；汽车在尘土大的矿区使用时，润滑油污染速度要快得多，应采用不同的润滑油换油周期。

2）汽车检测及审验标准

（1）汽车安全技术检测标准

汽车安全技术检测站受公安机关车辆管理部门的委托，对全社会民用车辆进行安全技术检测时，所依据的标准是GB7258—2012《机动车运行安全技术条件》和GB2186l—2008《机动车安全技术检验项目和方法》，以检查机动车辆的整车及各总成、系统的技术状况是否满足有关运行安全的技术要求。

在汽车安全技术检测的外检过程中，应通过目视检查和实际操作确定车辆整车及各系统是否满足标准所规定的基本要求。

对于利用专用汽车检测设备进行检测的项目，其检测结果应满足其数量指标。

（2）汽车综合性能检测标准

经认定的汽车综合性能检测站，在根据交通运输管理部门建立的运输业车辆检测制度，对运输车辆进行定期或不定期检测以及进行车辆技术等级评定时，所依据的主要技术标准如下。

GB7258—2012《机动车运行安全技术条件》；

GB18565—2001《营运车辆综合性能要求和检验方法》；

JT/T198—2004《营运车辆技术等级划分和评定要求》。

（3）汽车维修检测标准

根据汽车维修检测的目的，汽车维修检测依据的技术标准如下。

① 汽车二级维护检测标准。汽车二级维护检测所依据的主要技术标准是 GB/T18344—2001《汽车维护、检测、诊断技术规范》和汽车制造厂关于汽车使用性能及结构参数的推荐标准。

依据 GB/T18344—2001《汽车维护、检测、诊断技术规范》，可进行二级维护前检测，并据此确定二级维护的附加作业项目，同时对汽车二级维护的质量进行监控。

② 汽车修理质量检测标准。汽车修理质量检测所依据的主要技术标准如下。

GB/T3799.1—2005《商用汽车发动机大修竣工出厂技术条件第 1 部分：汽油发动机》；

GB/T3799.2—2005《商用汽车发动机大修竣工出厂技术条件第 2 部分：柴油发动机》；

GB/T3798.1—2005《汽车大修竣工出厂技术条件第 1 部分：载客汽车》；

GB/T3798.2—2005《汽车大修竣工出厂技术条件第 2 部分：载货汽车》。

以上标准规定了汽车整车大修、发动机大修、车身大修质量评定的内容、规则、办法和基本检测技术文件评定及竣工质量评定的评定项目、技术要求、检查方法与手段、评定方法等，与标准中所涉及的相关标准和制造厂所规定的技术条件及推荐标准配套使用，可对汽车的修理质量进行检测和监控。

汽车维修检测和修理质量检测标准的具体检测项目及技术要求可参阅以上标准。

4.4 汽车维护

4.4.1 汽车维护概述

1. 汽车维护的目的和意义

汽车行驶一定的里程和使用一段时间后，根据汽车维护技术标准，按规定的工艺流程、作业范围、作业项目和技术要求所进行的预防性作业即为汽车维护。汽车维护的目的就是保持车辆技术状况良好，确保行车安全，充分发挥汽车的使用效能和降低运行消耗，以取得良好的经济效益和社会效益。

随着现代汽车制造业的不断进步，新技术、新工艺、新材料得到了广泛应用，使得汽车的技术性能和使用寿命都有了很大的提高。汽车作为机电产品，即使是性能极其卓越的汽车，随着其行驶里程的增加，其零部件都会逐渐发生磨损，技术状况会不断变差，这是不可避免的。图 4.4-1 所示为汽车零件磨损的 3 个阶段，由此看出，其磨损的程度在其他条件（如材料、路况等）相同的情况下，会因使用、保养的情况不同而有很大的差异。

图 4.4-2 所示为汽车零件的磨损曲线，由图可知，在相同的里程内，使用方法得当、保养适时的磨损量就比使用方法不当、保养不及时的磨损量小，其使用寿命长。由此可见，只有根据零部件的磨损规律制订切实可行的维护与保养措施，才能使其保持完好的技术状态，这便是汽车维护与保养的意义所在。随着汽车技术和质量水平的提高，汽车维护的重要性越显突出，汽车通过有效维护，汽车修理工作量逐渐减少，维护的工作总量已大于修理量。汽车维修的重点已转移到维护工作上，维护已重于修理。

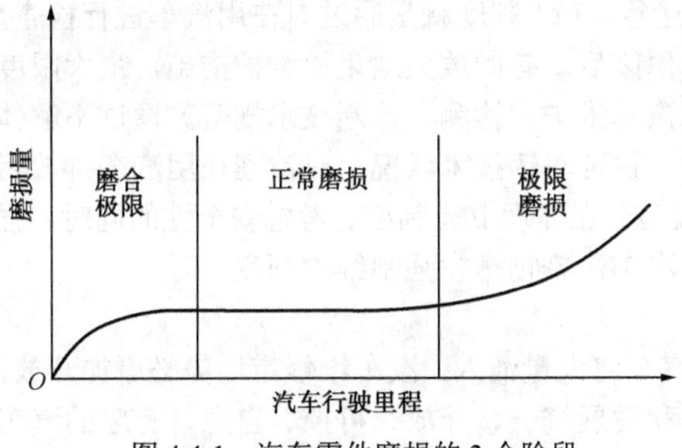

图 4.4-1 汽车零件磨损的 3 个阶段

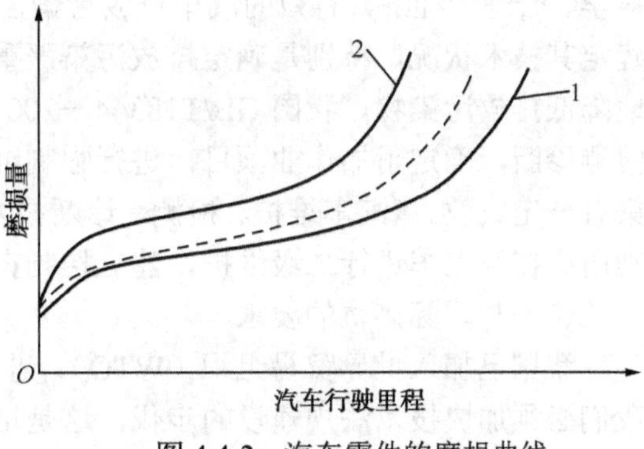

图 4.4-2 汽车零件的磨损曲线

1—使用方法得当、保养适时的磨损曲线；

2—使用方法不当、保养不及时的磨损曲线

2. 汽车维护的原则

根据交通部《汽车运输业车辆技术管理规定》，汽车维护应贯彻“预防为主、定期检测、强制维护”的原则，即汽车维护必须遵照交通运输管理部门规定的行驶里程或时间间隔，按期强制执行，不得拖延，并在维护作业中遵循汽车维护分级和作业范围的有关规定，以保证维护质量。

汽车维护是预防性的，保持车容整洁、车况良好，及时消除发现的故障和隐患，防止汽车早期损坏是汽车维护的基本要求。汽车维护的各项作业是有计划定期执行的，其内容是依照汽车技术状况变化的规律来安排，并在汽车技术状况变坏之前进行，符合预防为主的原则。

定期检测是指汽车在二级维护前必须用检测仪器或设备对汽车的主要性能和技术状况进行检测诊断，以了解和掌握汽车的技术状况和磨损程度，并做出技术评定，根据检测结果确定该车的附加作业或小修项目，从而结合二级维护一并进行附加作业或小修。

强制维护是在计划预防维护的前提下所执行的维护制度，是指汽车维护工作必须遵照交通运输管理部门或汽车使用说明书规定的行驶里程或时间间隔，按期进行，不得任意拖延。

坚持“预防为主、定期检测、强制维护”的原则，做好汽车维护工作并按照GB/T18344—2001《汽车维护、检测、诊断技术规范》的要求定期进行，是有效地保持汽车良好技术性能的唯一途径。实行“预防为主、定期检测、强制维护”的重要性主要体现在以下方面。

（1）汽车构成比例变化和汽车技术发展的要求

当今世界汽车技术日新月异，新结构层出不穷，特别是电子技术等在汽车上的广泛采用，使汽车维修行业面临着不断变化和发展的新形势。我国在用汽车已普遍采用电控燃油喷射系统、防抱死制动系统、自动变速系统、电控悬挂装置等先进技术和设备。为适应这些现代车辆维修的需要，迫切要求与现代车辆维修相适应的检测设备和技术，也迫切需要与现代车辆维修相适应的汽车维护、检测、诊断技术规范。

（2）保护大气环境的要求

我国汽车排放控制的核心是在用汽车的排放控制。新汽车在转化为在用汽车之前，可以通过严格的法律法规和具体的行政手段，使其排放指标得到有效的控制。对于没有利用价值和将要或必须报废的车辆，不存在排放控制的现实问题；而在用汽车随着车况变化，排放污染则将逐渐加剧。因此，对汽车排放污染的控制，主要是控制在用汽车的排放污染。实践证明，国内外治理在用汽车排放污染所采用的加强在用汽车的检查/维护（I/M）制度是目前最科学、合理、经济、有效的汽车排放污染控制途径。I/M制度就是通过对在用汽车进行检查，确定其技术状况，特别是确定排放污染严重的原因后，有的放矢地采取维护措施，最大限度地降低排放污染物。我国GB/T18344—2001《汽车维护、检测、诊断技术规范》通过不解体检测诊断，确定附加作业项目，进行强制维护，保证车辆技术状况，对治理在用汽车排放污染有一定成效。《汽车维护、检测、诊断技术规范》在体现I/M制度、考虑安全性的同时，强制所有在用汽车进行二级维护，建立控制在用汽车污染物排放强制维护制度。

（3）与国际接轨的要求

我国已加入世界贸易组织（WTO），进口汽车将大量涌入，汽车维修市场势必更加开放，我们必须加快技术法规建设的步伐，这是培养和发展统一、开放、可控、自主、有序的汽车维修市场的根本保障。我国汽车维修行业投身到国际汽车维修市场中去，是世界经济一体化和贸易全球化的必然趋势，因此我国的汽车维护和修理必须与国际接轨，汽车维修标准也必须与国际接轨。

3. 汽车维护的分类及作业内容

在汽车的使用过程中，由于汽车的新旧程度、使用地区条件的不同，在各个时期对汽车维护的作业项目也不同。根据《汽车维护、检测、诊断技术规范》有关规定，汽车维护可分为定期维护和非定期维护两大类，并将定期维护分为日常维护、一级维护和二级维护三类，将非定期维护分为季节性维护和磨合维护两类。维护作业以清洁、检查、紧固、润滑、调整和补给六大作业为主，维护范围随着行驶里程的增加逐步扩大，内容逐步加深。

清洁作业是提高汽车维护质量、防止机件腐蚀、减轻零部件磨损和降低燃油消耗的基础，并为检查、补给、润滑、紧固和调整作业做好准备。其工作内容主要包括对燃油、机油、空气滤清器滤芯的清洁、汽车外表的养护以及对有关总成、零部件内外部的清洁作业。

检查作业是汽车维护的重要工作之一，通过对汽车各部位的检查，以确定零部件的变异和损坏情况。其工作内容主要是检查汽车各总成和机件是否齐全；连接是否紧固；是否存在漏水、漏油、漏气和漏电等现象；利用汽车上的指示仪表、报警装置等随车诊断装置，检查各总成、机构和仪表的技术状况；对影响汽车安全行驶的转向、制动、灯光等工作情况应加强检查；汽车拆检或装配、调整时应检查各主要部件的配合间隙。

补给作业是指在汽车维护中，对汽车的燃、滑料及特殊工作液进行加注补充；对蓄电池进行补充充电、对轮胎进行补气等作业。注意：必须选用合适的运行材料，并及时正确地添加或更换燃、滑料和冷却液等。

润滑作业是为了减少各摩擦副的摩擦力，减轻机件的磨损所进行的作业。其工作内容包括按照汽车的润滑图表和规定的周期，用规定牌号的润滑油或润滑脂进行润滑；各油嘴、油杯和通气塞必须配齐，并保持畅通；发动机、变速器、转向器、驱动桥等应按规定补充、更换润滑油。

紧固作业是为了使各部分机件连接可靠，防止机件松动。汽车在运行中，由于振动、颠簸、热胀冷缩等原因，会改变零部件的紧固程度，以致零部件失去连接的可靠性。紧固工作的重点应放在负荷重且经常变化的各部机件的连接部位上，应及时对各连接螺栓进行必要的紧固和配换。

调整作业是保证各总成和机件长期正常工作的重要环节。调整工作的好坏，对减少机件磨损、保持汽车使用的经济性和可靠性有直接的关系。其作业内容主要是按技术要求，恢复总成、机件的正常配合间隙及工作性能等。

4．汽车维护的作业规范及作业范围

（1）作业规范

汽车维护作业包括清洁、检查、紧固、润滑、调整和补给等内容，一般除主要总成发生故障必须解体外，不得对车辆总成进行解体，这就明确了维护和修理的界限。车辆进行维护时，不能对其主要总成大拆大卸，只有在发生故障需要解体时方可进行解体。对各级维护周期由省、市、自治区按车型，结合本地区具体情况提出统一的维护周期，制定了车辆维护技术规范以保证车辆的维护质量。当车辆进入冬、夏两季运行时，一般结合二级维护对车辆进行季节性维护。

（2）作业范围

汽车各类维护的作业范围，见表 4.4-1。

表 4.4-1　各类维护的作业范围

维护种类	作业范围
日常维护	日常维护作业以清洁、补给和安全检视为中心内容。其主要内容如下。 ① 坚持“三检”，即在出车前、行车中、收车后检视车辆的安全机构及各部机件连接的紧固情况。 ② 保持“四清”，即保持润滑油、空气、燃油滤清器和蓄电池的清洁。 ③ 防止“四漏”，即防止漏水、漏油、漏气和漏电

续表

维护种类	作业范围
一级维护	一级维护作业中心内容除日常维护作业外，以清洁、润滑和紧固为主，并检查有关制动、操纵等安全部件
二级维护	二级维护作业中心内容除一级维护作业外，以检查及调整转向节、转向摇臂、制动蹄片、悬架等经过一定时间的使用后容易损坏或变形的安全部件为主，并拆检轮胎，进行轮胎换位
季节性维护	由于冬、夏两季的温差大，为使车辆在冬、夏两季的合理使用，在换季之前应结合定期维护，并附加一些相应的项目，使汽车适应气候变化了的运行条件，此种附加性的维护称为季节性维护
磨合维护	汽车运行初期进行磨合维护，以改善零件摩擦表面几何形状和表面层的物理性能

5. 汽车维护周期

汽车维护的周期是指汽车进行同级维护之间的间隔期（行驶里程或时间）。汽车维护周期和作业项目的确定，主要根据车辆结构性能、使用条件、故障规律、配件质量及经济效果等综合因素考虑。

我国国家标准关于汽车维护周期的规定如下。

（1）汽车日常维护的周期通常分为每日出车前、行车中和收车后3个阶段。

（2）汽车一、二级维护周期的确定，应以汽车的行驶里程为基本依据。汽车一、二级维护行驶里程要按车辆使用说明书的有关规定，同时依据汽车使用的不同，由各省级行政主管部门规定。对于不便使用行驶里程统计、考核的汽车，用行驶时间间隔确定一、二级维护周期。其时间（天）间隔可依据汽车使用强度和条件，参照汽车一、二级维护里程周期确定。二级维护的间隔里程一般是一级维护间隔里程的4～5倍。

由于引进车型的维护规定与我国汽车强制维护规定的内容有所不同，为保证汽车的合理使用，在汽车实际维护工作中应以厂家规定的内容为准。汽车维护间隔里程（时间）见表4.4-2。

表4.4-2　汽车维护间隔里程（时间）

类别		维护周期	
日常维护		每日出车前、行车中和收车后	
一级维护	国产车	1500～2000km	10～15天
	进口车	3000～5000km	15～25天
二级维护	国产车	8500～12000km	2～3个月
	进口车	10000～20000km	3～个月

4.4.2　汽车的定期维护

1. 汽车日常维护

（1）汽车日常维护的定义

汽车日常维护也称例行保养，是各级维护的基础，是指驾驶人在每日出车前、行车中、收车后，针对车辆使用情况所做的一系列预防性的维护作业。日常维护的中心内容是：清洁、补给和安全检视。

日常维护是由驾驶员负责执行的车辆维护作业。汽车在使用过程中，各部件将不可避免地产生不同程度的松动、磨损和损伤等，使汽车技术状况逐渐变坏。日常维护是保持汽车正常技术状况的基础性工作，要求由驾驶人来完成。日常维护的好坏，直接影响到行车的安全。

为了预防交通事故、保证行车安全，应随时了解和掌握汽车的技术状况。汽车在使用时，驾驶人必须坚持进行日常维护。

（2）汽车日常维护的基本要求

日常维护是以预防性为主的维护作业，是驾驶人的一项重要工作职责，也是汽车运输企业的一项经常性的技术工作。因此，要求每一位驾驶人在汽车日常维护保养中，必须强制执行“三检即坚持出车前、行车中、收车后检视车辆的安全机构及各部件连接紧固情况；四清即保持空气、机油、燃油滤清器和蓄电池的清洁；四防即防止漏油、漏水、漏气、漏电”的维护制度，以达到车容整洁、车况良好、行车安全的目的。

（3）汽车日常维护的作业内容

汽车日常维护的基本作业内容为：清洁、紧固和润滑。清洁作业的目的是保持车辆整洁，防止水和灰尘等腐蚀车身及零部件。紧固是因为当车辆行驶一定的里程后，车辆各部件连接处的螺栓、螺母等紧同件由于颠簸、振动等原因，可能发生松动甚至脱落，若不及时按要求拧紧或配齐，会留下事故隐患，无法保证行车安全。润滑作业包括发动机润滑、变速器润滑、驱动桥润滑、转向器润滑及轮毂润滑等。润滑作业是保证车辆各运动部件正常运转、减小运动阻力，降低温度、减少磨损的重要手段。进行润滑作业时要严格按照各汽车生产厂家的要求进行更换和加注润滑油、脂。如果所更换和加注的润滑油、脂的品牌、规格不当，则会造成发动机等总成的过早磨损或损坏，从而降低车辆使用寿命。

汽车日常维护作业的工艺流程如图 4.4-3 所示。

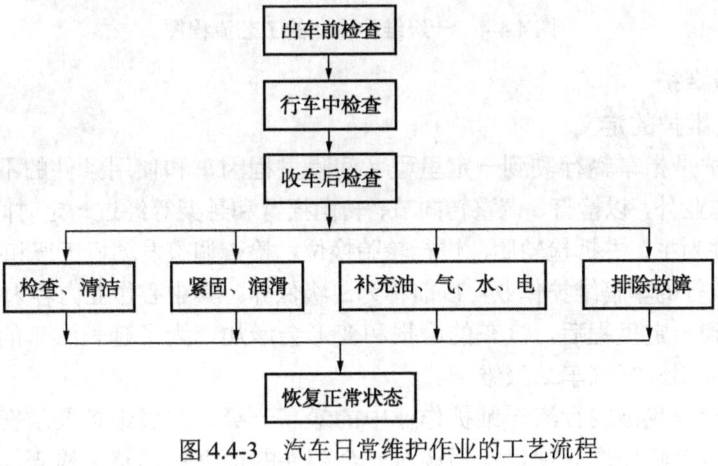

图 4.4-3　汽车日常维护作业的工艺流程

2．汽车一级维护

（1）汽车一级维护的定义

汽车一级维护是指车辆行驶到一定里程（间隔里程因车和使用条件不同而不同）后，除完成日常维护作业外，进行以清洁、润滑和紧固为中心作业内容，并检查有关制动、操纵等安全部件，由专业维修人员负责执行的车辆维护作业，以前称为一级保养。其中心作业内容为：润滑和紧固。根据我国现行的维护制度，一级维护保养应由专业维修企业负责执行，即应进厂维护。

由于一级维护作业中零部件紧固、润滑油的添加与更换，以及安全部件技术状况的检查属于专业性维护作业，需要利用相关专业设备和工具，按技术标准进行，因此，汽车一级维护应由维修企业负责执行。

（2）汽车一级维护的基本要求

汽车一级维护是一项运行性维护作业，即在汽车日常使用过程中的一次以确保车辆正常运行状况为目的的作业。其中心内容是：清洁、润滑和紧固，并检查制动、操纵等安全部件。

随着现代汽车技术的发展，使得汽车维护作业的技术含量和作业难度正在逐步提高。因此，一级维护保养必须由汽车维修企业的专业人员来完成，这对确保维护质量具有十分重要的意义。

（3）汽车一级维护的工艺流程及作业内容

汽车一级维护除了完成润滑和紧固两大中心作业外，还要进行大量的检查作业，同时进行清洁、补给和调整等作业。不同的汽车技术要求稍有不同。汽车一级维护结束后，应进行竣工检验。一级维护作业的工艺流程如图 4.4-4 所示。

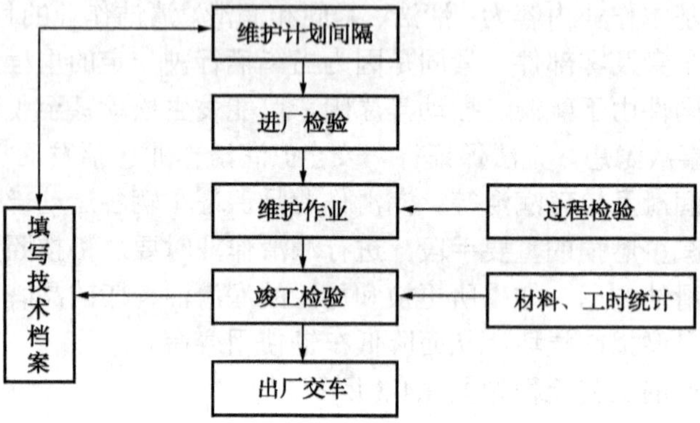

图 4.4-4　一级维护作业的工艺流程图

3．汽车二级维护

1）汽车二级维护的定义

汽车二级维护是指车辆行驶到一定里程（间隔里程因车和使用条件的不同而不同）后，除完成一级维护作业外，以检查、调整转向节、转向摇臂和悬架等经过一定时间使用后容易磨损或变形的安全部件为主，并拆检轮胎，进行轮胎换位，检查调整发动机工况和排气污染装置等，由维修企业负责执行的车辆维护作业，以前称为二级保养。其中心作业内容为：检查和调整。

当汽车行驶到一定里程后，汽车的磨损和变形会增加，为了延长汽车的使用寿命和保证行车安全，必须按期进行汽车二级维护。

汽车二级维护是我国现行汽车维护作业中的最高一级，二级维护要求在维护前进行不解体检测诊断，以确定附加作业项目；强调对安全部件的检查和调整；检查、调整发动机工况和排气污染控制装置的工作情况等。

2）汽车二级维护的基本要求

汽车二级维护的目的是消除安全隐患，恢复车辆使用技术性能，尤其是排放和安全性能，所以二级维护作业应满足以下基本要求。

（1）汽车二级维护的检测诊断。应全面完成汽车二级维护的各检测、诊断项目，这关系到对该车的技术状况能否真正掌握，关系到二级维护附加作业项目的确定是否合理、是否到位，关系到汽车潜在的故障隐患能否通过本次维护得到彻底的排除。

（2）汽车维护作业过程检验。这是控制二级维护作业质量的重要环节。汽车二级维护是否达到预期目的，取决于二级维护的基本作业和附加维护作业项目是否到位，是否按技术要求完成作业任务。只有进行维护作业过程的检验，才能对汽车维护质量进行有效控制，达到维护的目的。

（3）汽车维护竣工检验。企业应有明确的针对具体车型的汽车维护竣工检验技术标准，根据该标准配备相应的检测设备，以及掌握现代汽车检测诊断技术的质量检验员，这是保证汽车维护质量的关键。

3）汽车二级维护的工艺过程

汽车二级维护是现行维护制度中的最高级别维护，其目的是维持汽车各总成、系统和机构具有良好的工作性能，及时排除故障和隐患，保证汽车动力性、经济性、环保性、操纵性及安全性能满足要求，确保汽车在二级维护间隔期内能够正常运行。

汽车二级维护首先要进行检测，汽车进厂后，根据汽车技术档案的记录资料（包括车辆运行记录、维修记录、检测记录、总成修理记录等）和驾驶人反映的车辆使用技术状况（包括汽车动力性、异响、转向、制动，以及燃、滑料消耗等）确定所需检测项目，依据检测结果及车辆实际技术状况进行故障诊断，从而确定附加作业项目。附加作业项目确定后与基本作业项目一并进行二级维护。

二级维护过程中需要进行过程检验，过程检验项目的技术要求应满足有关技术标准或规范；二级维护作业完成后，需要经过维修企业进行竣工检验，竣工检验合格的车辆，由维修企业填写《汽车维护竣工出厂合格证》后方可出厂。

二级维护作业的工艺流程如图 4.4-5 所示。

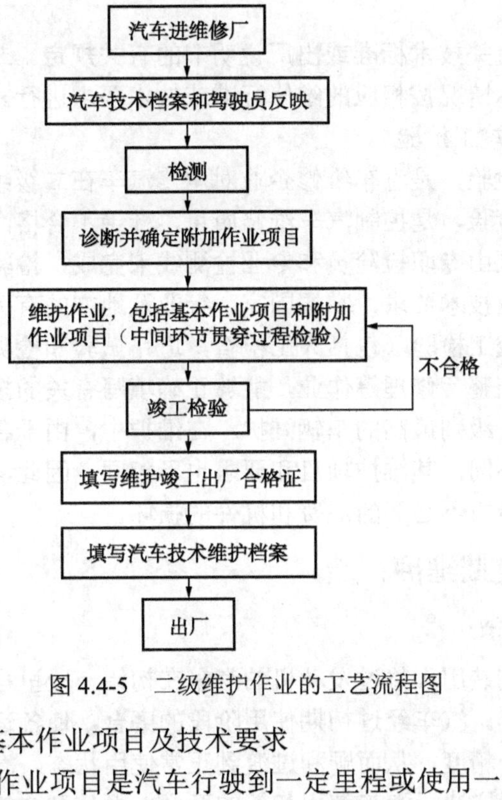

图 4.4-5　二级维护作业的工艺流程图

4）汽车二级维护的基本作业项目及技术要求

汽车二级维护的基本作业项目是汽车行驶到一定里程或使用一定时间后，不管汽车的技术状况如何都必须完成的内容。它真正体现了“强制维护”的原则，适用于所有汽车二级维护的技术规范，其规定的基本作业项目和要求是有原则性的，具有实际指导意义。

汽车二级维护的基本作业项目，体现的是现代汽车维护作业的深度。汽车二级维护作业的中心内容是检查和调整，同时还要进行清洁、润滑、补给和紧固等作业，并重点检查有关制动、操作等安全部件，即二级维护应以不解体维护作业为中心，强调对部分安全部件进行拆检的要求。

汽车二级维护基本作业项目的技术要求，即维护作业项目所应达到的技术标准，是维护作业的质量要求。从二级维护作业内容可知，《汽车维护、检测、诊断技术规范》的作业项目中凡涉及有关检查、调整数据以及一些部件工作状态检查的内容，都以"符合出厂规定"或"符合规定"作为标准，这充分体现了"通过维护，保持原车应有技术状态"这一基本出发点，同时也明确了二级维护保养基本作业项目在具体执行过程中，只有紧密结合具体车型数据，才能有效保证维护质量。

5）汽车二级维护的过程检验

对汽车二级维护进行过程检验的目的就是为了实现维护过程的质量控制。根据《汽车维护、检测、诊断技术规范》规定：过程检验要贯穿于二级维护保养的全过程，并做检验记录。过程检验中各维护项目的技术要求，须满足相应的有关技术标准或出厂说明书的有关规定。

汽车二级维护过程检验是一项维护作业过程中的质量管理工作，是确保汽车维护质量的重要环节，汽车二级维护过程检验应满足如下要求。

（1）严格实施跟踪检验，即在二级维护作业项目（含基本作业项目和附加作业项目）执行过程中全面地自始至终地实施质量检验。

（2）及时做好检验记录，特别是对有配合间隙、调整数据或拧紧力矩等技术参数要求的作业项目，要有检验数据的记载，来作为作业过程检验质量监督的依据，也可为汽车竣工出厂检验提供依据和参考。

（3）应满足相应的有关技术标准或出厂说明书的有关规定。二级维护所附加的作业项目的过程检验，应根据实际情况按相应的维修标准或技术要求进行。

6）汽车二级维护的竣工检验

汽车二级维护竣工检验，是汽车维修企业对承修汽车在二级维护各项维护作业结束后，对维护质量的一次全面检验，是控制汽车维修质量，杜绝不合格汽车出厂的一个重要环节。汽车二级维护竣工检验须由专职检验员和专业检测线来完成，检验人员须熟悉汽车二级维护的作业内容、作业过程及技术要求，掌握国家、行业及地方的有关技术标准和检测方法，并能对汽车二级维护保养竣工检验（包括人工检查，道路试验和检测线检测等）的结果进行分析，指导维修人员进行调整、修理等作业，能够正确填写有关的技术资料。

车辆的二级维护，是级别最高的车辆维护。在维护中，由于各种车辆结构不同，制造质量的差别，使用情况的不同，其维护项目和要求也不相同。因此，维护作业应参照制造厂方的规定安排进行，以免造成不必要的浪费和机件的损坏。

4.4.3 汽车的非定期维护

1．汽车磨合期的维护

新车、大修车以及刚装用大修过发动机的汽车在初始一段里程内所进行的维护称为磨合维护，过去称为磨合保养。汽车经过初期使用阶段的磨合，使各运动部件摩擦表面之间进行相互研磨，不断提高配合精度，从而顺利过渡到正常使用状态。汽车的使用寿命、工作可靠性和经济性在很大程度上取决于汽车使用初期的磨合，而且磨合的好坏将直接影响到汽车的大修间隔里程。因此，汽车磨合的目的就是使各运动部件快速适应各种工况，并大大延长汽车的使用寿命，降低维修成本。

汽车的磨合期是指新车或大修后的汽车最初行驶的一段里程。汽车的磨合里程一般规定为 1500～2500km，或按汽车使用说明书规定的里程执行。汽车在磨合期的各项维护作业，要按汽车使用说明书的规定执行，一般分为磨合前、磨合中和磨合后 3 个阶段的维护。

1）磨合前的维护

磨合前的维护是为了防止汽车出现机械事故和过早损伤，保证顺利地完成磨合，其维护内容如下。

（1）清洁全车，尤其对库存期较长的新车一定要进行一次全面的清洁。

（2）检查和紧固外部各种螺栓、螺母。

（3）检查各部位润滑油、制动液、冷却液的数量和质量，根据需要进行添加或更换，并检查各部位有无渗漏现象。

（4）检查轮胎的气压和蓄电池的充放电、电解液的密度和液面高度等情况，必要时给予添加或补充。

（5）检查制动效能，必要时进行调整。

（6）检查各操纵机构和部件是否灵敏有效。

（7）检查发动机运转情况，察听有无异响，观察各仪表、灯光和信号装置等是否齐全有效。

2）磨合中的维护

一般在汽车行驶 500km 左右时进行磨合中的维护，其维护内容如下。

（1）清洗发动机润滑系统，用煤油清洗油底壳，更换润滑油、机油滤芯或滤清器。

（2）在全车各润滑点加注齿轮油或润滑脂。

（3）检查各部位有无渗漏，必要时加以紧固或密封。

（4）检查并按规定力矩紧固气缸盖，进、排气歧管螺栓或螺母。

（5）汽车初驶 30～40km 时，应检查变速器、分动器、驱动桥和轮毂等是否有过热和异响，如不正常，应查明原因予以排除。

（6）检查制动效能及各连接螺栓、螺母和管路的紧固性、密封性，必要时进行调整。

（7）按规定力矩紧固前、后轮毂螺母。

3）磨合后的维护

磨合期结束后，应对汽车进行全面的检查、紧固、润滑和调整等作业，有限速装置的要拆除限速装置，使汽车达到良好的运行速度，以投入正常运行。其维护内容如下。

（1）清洗润滑油道、机油集滤器、机油滤清器和油底壳，更换润滑油和机油滤芯。

（2）按规定顺序和拧紧力矩紧固气缸盖螺栓。

（3）检查和调整制动踏板、离合器踏板的自由行程。

（4）测量气缸压力，按需要调整气门间隙（配置液压挺杆的除外）。

（5）检查、紧固和调整前桥转向机构的技术状况。

2．汽车的季节性维护

季节、气候的变化，必然导致与汽车运行条件密切相关的气温、气压等参数的变化。为了使汽车在不同的地区、不同的季节里都能可靠的工作，在季节转换之前，结合定期维护，并附加一些相应的作业项目，使汽车能够顺利适应变化了的运行条件，这种附加性维护称为季节维护或换季保养。季节维护有换入夏季和换入冬季两种。

1）夏季汽车的车况特点与维护

（1）夏季汽车的车况特点：炎炎夏日，气温高，发动机易过热，从而导致气缸充气性变差，动力下降；润滑油变稀、变质，润滑性能下降，运动零部件磨损加剧；驾驶人易疲劳、打盹，行车安全下降；雨水增多使车辆打滑而造成车辆受损，甚至发生交通事故。因此做好夏季车辆的维护保养及高温下的安全驾驶是一项十分重要的工作。为此，作为专业驾驶、维修人员必须掌握夏季车况特点。

① 润滑油容易变稀、变质、挥发和烧损，导致润滑性能下降、机油消耗过快。发动机在高温下运转时，润滑油的抗氧化安定性、黏温性及清净分散性等性能变坏，加剧其热分解、氧化和挥发。同时，干燥空气中的灰尘和潮湿空气中的水分通过进气系统和曲轴箱通风口进入发动机油底壳污染润滑油，引起润滑油变质。另外，变稀了的润滑油通过气缸壁、活塞、活塞环窜入燃烧室烧损，并通过油底壳等过热区域时蒸发掉。更为严重的是，润滑油在高温下与积炭聚合成漆膜而黏附在缸壁上，加大发动机的磨损。

② 加剧零部件的磨损。发动机在高温下运转，零部件的热膨胀较大，使其正常配合间隙变小，摩擦阻力增大，磨损加剧。同时，高温运转的发动机在活塞顶、燃烧室壁、气门头等零件上黏附许多积炭和胶质物，使金属零件的导热性变差，加速机件损坏。除此之外，由于发动机过热，机油变稀，油膜变薄，也加速机件磨损。

③ 发动机充气性能变差，动力下降。高温条件下，因气体的热膨胀，使进入气缸里的可燃混合气或空气的数量减少，使充气性下降，从而导致发动机功率下降，使车辆行驶无力、加速变差。有试验证明，当气温由15℃上升到40℃时，发动机的功率下降6%～8%。

④ 制动性能变差，行车安全系数降低。制动蹄片及制动鼓或制动盘受高温影响，频繁制动后，易产生热衰退，使制动力很快下降。特别是汽车在山区坡陡、弯急、道窄等情况复杂的条件下行驶，使用制动次数增多，制动摩擦片温度会急剧升高，制动性能变差，使行车安全系数降低。

⑤ 高温下，易产生各种气阻，影响有关系统和机构的正常工作。供油系统受热后，部分燃油以气态形式存于供油管路和油泵中，不仅增大了燃油流动阻力，同时由于气体的可压缩性，使油泵无法输送燃油，导致供油中断，并使喷油器等部件无法喷油。液压制动管路中的制动液，因高温容易沸腾而产生气阻，使制动突然失灵，可导致车毁人亡。

⑥ 发动机易发生自燃或爆燃等不正常燃烧现象，使发动机使用寿命下降。随着大气温度的增高，进入气缸的混合气温度也高，发动机的温度将更高，使窜入气缸中的润滑油在高温缺氧的情况下生成胶质和积炭。积炭黏附于活塞顶部、燃烧室壁、气门顶部和火花塞上，形成炽热点，从而引起发动机炽热点火，便产生自燃或爆燃。

（2）汽车夏季维护与保养的主要作业内容

① 拆除发动机附加的保温罩，检视百叶窗（南方地区可拆除百叶窗）能否全开；清除发动水套和散热器内的水垢，测试节温器性能。

② 按车辆使用说明书的要求或视具体情况，放掉发动机油底壳、变速器、减速器、转向器等各总成内的润滑油，清洗后加注夏季用油（加注冬、夏通用润滑油的除外）。

③ 清洗燃料供给系的燃油箱、滤清器、汽油机的化油器或燃油分配管、柴油机的输油泵、喷油泵、喷油器和所有管路；调整汽油机的化油器或燃油分配管及柴油机的喷油泵、喷油器等部件；进、排气歧管上有预热装置的应调整至“夏”字位置。

④ 汽油机要调整火花塞间隙（适当增大）和点火正时（适当推迟点火提前角），老式点火系统有断电触点的应适当增大触点间隙。

⑤ 调整蓄电池电解液密度（适当降低，免维护蓄电池除外）；校正发电机调节器（对振动触点式调节器而言），适当降低充电电流、电压，并清洁调节器触点。

⑥ 采取相应的防暑降温措施。

2）冬季汽车的车况特点与维护

（1）冬季汽车的车况特点：寒风凌烈、冻人刺骨，人怕冷，汽车也怕冷。冬季行车易引发许多故障或事故。在天寒地冻的冬季里，尤其是经过一个晚上露天的风吹霜寒后，车身变得冰凉，难以起动，车况急剧下降。因此做好冬季车辆的维护保养及低温下的安全驾驶是一项十分重要的工作。为此，作为专业驾驶、维修人员必须掌握冬季车况特点。

① 汽车难以启动或无法启动。由于冬季天冷低温，使燃油蒸发雾化困难不易形成可燃混合气，机油黏度过大使启动阻力增大，加上蓄电池容量下降等原因使启动转速下降，从而导致启动困难。有时，汽车无法启动，这往往是由于经过一个晚上极低的室外温度后，汽车冷却液结冰或机油冷凝、电解液流动困难等原因造成的。冷却液的防冻作用在冬季显得非常重要，如果不及时更换冷却液，汽车的冷却循环将受到阻碍，会导致发动机水套“开锅”，而散热器却结冰甚至冻裂。

② 怠速不稳，容易熄火。这大多是由于蓄电池温度太低而使物理、化学性能降低造成的。汽车的蓄电池最怕低温，低温下蓄电池的电容量比常温时的电容量低得多。在常温下正常使用的蓄电池一遇寒冷，电容量就会突然下降甚至一下子没电了，加上冬季冷车启动时耗电量特别大，因此，装用使用两年左右蓄电池的车辆特别容易产生这一故障。

③ 磨损严重，易产生噪声。发动机噪声过大，往往是由于机油黏稠而导致零部件润滑不及时，使磨损严重、间隙过大而产生的。发动机 70%左右的磨损均发生在冷车启动，这种磨损是渐进性的，损伤最大。发动机机油都有黏度等级（SAE 级别），一般冬、夏两季使用不同黏度等级的机油（四季通用的机油除外）。如果进入冬季了还在使用夏季黏稠的机油，就会加快发动机的磨损，这是因为，冬季气温下降后，机油的黏度会增大，流动性变差，如果供油不及时，会导致运动机件的摩擦阻力增大，从而加快发动机的磨损。因此，应及时将夏用机油换成冬用机油。

④ 空调的取暖效果变差。空调在秋天停用了一段时间后，某些运动部件会出现“咬死”现象，造成启动阻力加大，使空调电磁离合器打滑，过度磨损。长时间停用空调，还会使之干枯、粘连而失效，造成制冷剂泄漏。

⑤ 制动效果变差，制动距离变长，安全性能下降。气压制动系统的储气筒上的进气阀、排气阀、制动管路等处易结冰而堵塞气道，使压缩空气压力下降甚至中断，从而导致制动效能下降或制动失效。液压制动管路中的制动液，由于黏度增大，流动变慢，从而导致制动效能下降。

⑥ 转向阻力增大，转向困难，操纵性能下降。转向器齿轮油、转向助力液等由于低温使流动性下降，阻力增大，从而导致转向困难，操纵性变差。

（2）汽车冬季维护与保养的主要作业内容

① 安装发动机附加保温罩及检修启动预热装置，测试节温器效能。

② 发动机和底盘各总成均换用冬季用的润滑油（加注冬、夏通用润滑油的除外）。

③ 清洗燃料供给系的燃油箱、滤清器、汽油机的化油器或燃油分配管、柴油机的输油泵、喷油泵、喷油器和所有管路；调整汽油机的化油器或燃油分配管及柴油机的喷油泵、喷油器等部件；有进气预热阀装置的调整到“冬”位置。

④ 相应地调整发电机调节器（对振动触点式调节器而言），适当增大充电电流、电压，并适当减少断电器触点间隙（老式有触点式点火系统）和火花塞间隙。

⑤ 调整蓄电池电解液的密度（适当增大，免维护蓄电池除外）。

⑥ 采取防寒、防冻、防滑等保护措施。

4.5 汽车修理

4.5.1 汽车修理概述

为消除汽车故障及隐患，恢复汽车良好的工作能力和技术状况而进行的技术作业就是汽车修理。汽车修理制度是一种技术性组织措施，它规定了修理的类别、送修标志和规定、作业内容、技术标准和技术规范等。汽车修理技术管理的目的是贯彻“视情修理”的原则，根据车辆检测诊断和技术鉴定的结果，视情形按不同作业范围和深度进行，也就是按需要决定修理内容和实施时间，既要防止拖延修理（又称失修）造成车况恶化，又要防止提前修理（又称早修）造成浪费，即符合技术与经济相结合的原则。汽车修理制度和汽车维护制度统称汽车维修制度，是在长期的生产实践中认识的结果，它随着生产和认识的进步而改进和变化。

1. 汽车修理制度的发展

1）事后修理

人们在使用汽车初期，由于缺乏认识和经验，常常在汽车发生故障和损坏以后，才对它进行必要的修理，也就是“事后”的非计划修理。随着汽车的大量使用，特别是汽车运输生产成为一种行业的情况下，为了保证汽车运行安全和正常的运输生产，人们设计了把维护和修理作业安排在预计出现故障和损坏之前，这就出现了计划修理制度。

2）定期修理

随着人们对汽车认识的加深，使用和维修经验的积累，在掌握了汽车技术状况变化规律的基础上，对汽车实施定期修理，减少非计划修理，使运输生产和维修生产都进入有计划有组织的运行轨道。

定期修理是指按规定的间隔期和等级进行的修理，定期修理制度在相当长一段时间里起过很积极的作用。但是，随着汽车设计制造和检测诊断技术的发展，定期修理制出现了新的矛盾，一方面现有的定期修理制不适合于新型汽车；另一方面维修人员在实施修理前可以更准确地掌握汽车及总成技术状况，从而决定是否修理和如何修理，这样就可大大减少盲目修理，为避免既不拖延修理而造成汽车技术状况恶化，又不会因提前修理造成浪费，于是就出现了视情修理。

3）视情修理

视情修理是按技术文件规定，对汽车技术状况进行诊断或检测后，决定修理内容和实施时间的修理。视情修理体现了以下基本实质。

（1）改定性判断为定量判断，确定修理作业的方式由以车辆行驶里程为基础，改变为以车辆实际技术状况为基础。

（2）使用高科技检测手段。送修车辆的检测诊断和技术评定，是实现视情修理的重要保证。

（3）体现了技术经济原则，既避免了因拖延修理而造成的车况恶化，又防止了因提前修理而造成的浪费。

车辆修理应贯彻视情修理的原则，即根据车辆检测诊断和技术鉴定的结果，视情按不同作业范围和深度进行。车辆修理以实际技术状况为基础确定修理方式，既要防止拖延修理造成车况恶化，又要防止提前修理造成浪费，完全符合技术与经济相结合的原则。视情修理可以解决定期修理中“该修不能修，不该修却要修”的问题，视情修理的优势在于通过加强和完善监测监控手段，掌握汽车的工作状态，及时发现问题并采取相应对策，使有些故障在发生之前得到有效预防，有些严重的故障可以在有轻微故障苗头时得到控制并被排除，从而遏制严重故障的发生，大大降低故障率，节约维修成本，缩小维修范围，减少维修工作量，提高车辆的可用率，使维修工作变被动为主动。

2. 汽车修理的分类

在汽车修理中，所有零件及总成有易损零件与不易损零件之分，其磨耗与损坏的程度也不尽相同，需要修理的行驶里程很难一致。因此，按照不同的对象和不同的作业范围，汽车修理可分为整车大修、总成大修、汽车小修和零件修理。

1）整车大修

汽车在行驶一定里程（或时间）后，经过检测诊断和技术鉴定，需要用修理或更换零部件的方法，恢复车辆整体完好的技术状况，完全或接近完全恢复汽车使用性能和寿命的恢复性修理。修理应遵照“修理在前，更换在后”的原则，以保证其经济性。

2）总成大修

总成，就是集合体的意思，即一系列产品组成一个整体，实现一个特定功能的零部件系统的总称。汽车的主要总成经过一定使用时间（或行驶里程）后，用修理或更换总成零部件（包括基础件）的方法，恢复其完好技术状况和寿命的恢复性修理。

3）汽车小修

用修理或更换个别零件的方法，保证或恢复汽车局部工作能力的运行性修理，主要是消除汽车在运行过程或维护作业过程中发生或发现的故障或隐患。

4）零件修理

零件修理是修旧利废、节约原材料、降低维修费用的重要措施。凡有修理价值的零件，都应予以修复使用。零件修理要考虑经济上合理和技术上可靠的原则，对因磨损、变形、损伤等不能继续使用的零件的修理，对汽车修理和维护换下来的零件，具备修理价值的，可修复使用。

3. 汽车和总成的送修

1）汽车和总成送修前技术鉴定

车辆技术管理部门对已经接近大修间隔里程定额的车辆，应结合大修前最后一次汽车二级维护作业进行车况技术鉴定，以确定该车辆是否继续使用或立即送修。

2）汽车和总成的送修规定

（1）在车辆和总成送厂大修时，其承修、托修双方不仅应当面清点所有随车物件，填写交接清单，而且应当面鉴定车况，签订相应的《汽车维修合同》，以商定送修项目、送修要求、修理车日、质量保证和费用结算，办理交接手续（车方交车、修方接车）等。汽车维修合同一旦签订后合同双方必须严格执行。

（2）汽车送修时，除肇事或特殊情况外，送修车辆必须是在行驶状态下送修，且装备齐全（包括备胎及随车工具等），不得拆换和短缺；发动机总成在单独送修时也必须保持在装合状态，且附件与零件齐全，不得拆换和短缺；必要时承修厂有权拆开检查。若因事故损坏严重、长期停驶或者因零部件短缺等特殊原因不能在行驶状态下送修的车辆，在签订《汽车维修合同》时应做出相应的规定和说明。

（3）总成送修时，应在装合状态，附件、零件均不得拆换和缺少。

（4）车辆或总成在送修时应将汽车大修送修前的车况鉴定书以及有关的车辆技术档案或技术资料随同送厂交承修单位。

3）汽车和总成大修的送修标志

（1）汽车大修送修标志。客车以车身为主，结合发动机总成；货车以发动机总成为主，结合车架总成或其他两个总成符合大修条件。

（2）挂车大修送修标志。挂车车架（包括转盘）和货箱符合大修条件；定车牵引的半挂车和铰接式大客车，按照汽车大修的标志与牵引车同时进厂大修。

（3）总成大修送修标志。总成大修的送修标志中，多数仅为定性规定，在执行中会遇到一定困难，所以，各级交通运输管理部门在制定实施细则时，应结合本地区的具体情况，提出便于执行的各总成大修送修标志（或称送修技术条件）。

① 发动机总成大修送修标志。汽缸磨损，圆柱度误差达到 0.175～0.250mm 或圆度误差已达到 0.050～0.063mm（以其中磨损量最大的一个汽缸为准）；最大功率或汽缸压缩压力比标准值降低 25%以上；燃料和润滑油消耗显著增加。

② 车架总成大修送修标志。车架断裂、锈蚀、弯曲、扭曲变形逾限，大部分铆钉松动或铆钉孔磨损，必须拆卸其他总成后才能进行校正、修理或重铆，方能修复。

③ 变速器（分动器）总成大修送修标志。壳体变形、破裂、轴承孔磨损逾限，变速齿轮及轴恶性磨损、损坏，需要彻底修复。

④ 后桥（驱动桥、中桥）总成大修送修标志。桥壳破裂、变形，主轴套管承孔磨损逾限，减速器齿轮恶性磨损，需要校正或彻底修复。

⑤ 前桥总成大修送修标志。前轴裂纹、变形，主销孔磨损逾限，需要校正或彻底修复。

⑥ 客车车身总成大修送修标志。车厢骨架断裂、锈蚀、变形严重，蒙皮破损面积较大，需要彻底修复。

⑦ 货车车身总成大修送修标志。驾驶室锈蚀，变形严重、破裂；货厢纵、横梁腐蚀，底板、栏板破损面积较大，需要彻底修复。

4．汽车修理方法

1）汽车修理的基本方法

汽车修理方法是指进行汽车修理作业的工艺和组织规则的总合。按汽车修理以后对汽车属性保持程度来区分，汽车修理的基本方法有就车修理法、混装修理法和总成互换修理法三种。

（1）就车修理法指进行修理作业时要求被修复的主要零件和总成装回原车的修理方法。汽车在修理时，从车上拆解的总成和零件，经检验凡能修复的，均在修竣后全部装回原车，不得进行互换。

（2）混装修理法指进行修理作业时，不要求被修复零件和总成装回原车的修理方法。这种修理方法与就车修理法完全不同。过多调换汽车原来的零件和总成，破坏了汽车原有的装配性能，这已成为汽车修理的大忌。因此，这种修理方法现已不推荐采用。

（3）总成互换修理法指用储备的完好总成替换汽车上的不可用总成的修理方法。汽车修理时，首先经过检测诊断，确定可用总成和不可用总成，再用储备周转总成替换下不可用总成，保证既快又好地完成汽车修理作业。对换下的不可用总成，可以组织专门修理，修复后经检测符合标准，入库备用，作为下次互换用的周转总成。汽车大修采用总成互换修理法，可以大大简化工艺过程，有利于组织流水作业生产线，缩短了汽车大修的在厂车日，提高了汽车的修理质量和产量。

2）汽车修理作业形式

汽车修理作业形式是按汽车和总成在修理过程中的相对位置来区分的，它有定位作业法和流水作业法两种。

（1）定位作业法是指汽车在固定工位上进行修理作业的方法。汽车大修采用定位作业法时，将汽车的拆解和总装作业固定在一个工作位置来完成，而拆解后总成和零件修理作业仍分散到各个工位上进行。

采用定位作业法的优点是：占用工作场地较小，拆解和总成作业不受连续性限制，生产调度方便。缺点是：总成和零件要来回搬运，工人劳动强度较大。定位作业法一般适用于规模不大或修理车型较杂的汽车修理厂。

（2）流水作业法是指汽车在生产线的各个工位上，按确定的工艺顺序和节拍进行修理的方法。汽车大修采用流水作业法时，将汽车的拆解和总装作业安排在流水线上完成，对于总成和零件的修理仍可以分散到各个工位上进行，并根据条件尽量采用总成和零件修理的流水线，或采用总成互换修理法，以配合汽车大修流水作业连续性要求，避免“窝工”现象。

采用流水作业法的优点是：专业化程度高，分工细致，修理质量较高，便于集中利用工具设备。缺点是：要有较大的生产场地和完善的生产设施及工艺组织。流水作业法适用于生产规模较大或修理车型单一的汽车修理厂。

3）修理作业的劳动组织形式

修理作业的劳动组织形式是按劳动者在汽车修理过程中的组织形式来区分的，它有综合作业法和专业分工作业法两种。

（1）综合作业法指汽车由一个具有多种技能的工人或工组进行修理的方法。由于汽车修理技术要求高，工作量也较大，因此汽车修理作业很少采用完全综合作业法，比较多的是除车身、轮胎、焊接、零件配制等由专业工种或工组完成外，其余均由一个机工维修组完成。采用综合作业劳动组织，要求工人的操作技能比较全面，不易提高工人技术熟练程度，也不易提高工作质量和效率。因此，综合作业法适用于生产量不大，承修车型较杂，设备简陋的汽车修理厂。

（2）专业分工作业法指汽车由分工明确的若干工人或工组协调配合进行修理的方法。汽车修理作业分工可按工种和工位等来划分。如按工种可分为机修工、机加工、轮胎工、油漆工、汽车电工等；按工位可分为发动机修理、底盘修理、液压机械修理等；还可以进一步分为拆解工、装配工、零件检配工等。

4）汽车修理方法的选择

① 在汽车修理基本方法上，采用就车修理与总成互换法相结合的方法。

② 在汽车修理作业方式上，对汽车拆解和总装采用定位作业，以便集中使用起重搬运设备和专用工具等；对总成和零件修理尽量组织流水作业生产线。

③ 在劳动组织形式上，采用综合作业与专业分工作业修理相结合的方法。

④ 汽车修理企业在采用总成互换修理法时，应根据具体情况而定。

4.5.2 汽车修理工艺

汽车修理的各种作业按一定方式组合、顺序、协调进行的过程，称为汽车修理工艺过程，是修理汽车中积累起来，并经过总结的操作技术经验。汽车修理工艺一般包括进厂检验、外部清洗、汽车及总成的拆卸、零件清洗、零件检验分类、零件修理、总成装配、总成试验、汽车总装、竣工检验和出厂验收等主要过程。

1. 汽车进厂检验

汽车进厂检验指对送修汽车的装备和技术状况进行的检查鉴定，以便确定维修方案。其主要内容有：对送修汽车进行外观检视，注明汽车的装备数量及状况，听取客户的口头反映，查阅该车技术档案和上次维修技术资料，填写汽车进厂检验交接单，通过检测或测试、检查，判断汽车的技术状况，确定维修方案，办理交接手续，签订维修合同。

1）车辆承接检验

（1）为了有效地组织修理生产，承修企业应掌握送修车辆的情况，其具体内容如下。

① 汽车修理企业必须掌握承修车型的结构特点及维修资料数据，其目的是：修理企业必须掌握承修车型的新车或大修车在使用中的故障规律和各部件的耐久性资料，为大修时的修理方法提供必要的信息，对汽车的薄弱环节可通过修理时选择适当的修理工艺予以改善；并应尽量利用汽车各个结构元件的寿命储备，确定大修允许尺寸，以降低大修成本。

② 掌握汽车大修前各部件实际技术情况，以便事先安排备料、生产计划和劳动力调配等工作，使汽车在修理过程中不会因等待材料、配件或由于各工序不能配合协调而停工，通常在汽车大修前的最后一次高级维护时，应对汽车进行技术摸底，详细记录各部件的技术状况。

（2）确定承修车辆的技术状况与装备的齐全程度。

（3）检验送修汽车，以进一步了解汽车各部的技术状况。

2）汽车的外部检视

① 检查车容，查看汽车外部有无碰伤，各种零件是否齐全，有无腐蚀损坏。

② 检查车架和悬挂机构，查看有无明显的端裂、变形和铆钉松动。

③ 检查轮胎螺帽是否齐全紧固，以及轮胎的磨损、损坏情况。

④ 检查基础件，主要查看各基础件有无漏油、漏水、断裂和变形等。

⑤ 检查车厢、驾驶室，查看车厢、驾驶室、坐垫、靠背、玻璃等有无损坏。

⑥ 检查汽缸盖、水泵、散热器、汽缸体、水套封板、减振器、蓄电池、燃料系统、制动系统和各部油封等处有无渗漏现象。

3）汽车的行驶检验

汽车的行驶检验，是为了了解汽车底盘各总成的技术状况，以及进一步判断发动机的动力性能和经济性能。底盘各总成检验的主要内容如下。

① 变速器是否发响、跳挡、乱挡和发抖；

② 离合器是否发响、发抖、打滑和分离不彻底；

③ 传动轴是否发响、抖动；

④ 后桥是否发响；

⑤ 前桥与转向是否不稳、跑偏、沉重和前桥摇摆等；

⑥ 制动是否不灵、单边和制动距离过长等。

2. 汽车外部清洗

汽车解体之前须进行外部清洗，除去外部灰尘、泥土与油污，便于保持拆卸工作地的清洁和拆卸工作的顺利进行。汽车清洗设备的种类很多，一般可分为固定式和可移动式两大类。大型汽车修理厂宜用固定式清洗机，其清洗效率高，经济性好，但设备投资大，占地面积大。小型汽车修理厂宜用移动式清洗机，其清洗质量好，设备投资少，但清洗时间长，耗水量较多。

3．汽车及总成的拆卸

汽车及总成的拆卸工作量比较大，可直接影响汽车的修理质量与修理成本。从拆卸工作本身来看，并不需要很高的技术，也不需要复杂的设备。但是，往往由于不重视这项工作，在拆卸工作中会造成零件的变形和损伤，甚至无法修复。

总成的分解工作质量，将直接影响汽车及总成的修理质量及修理速度，所以在拆卸工作中应注意到修理后的装配工艺要求。汽车及总成的拆卸作业原则如下。

① 合理组织拆卸作业及安排工艺顺序；

② 正确使用拆装工具和设备；

③ 注意零件间的相互位置关系，防止拆卸错乱。

除了上述的拆卸原则外，其他应注意的问题如下。

（1）应趁热放油：发动机、变速器、主减速器等总成中的润滑油应在汽车刚停车时趁热放油，以使废油彻底放出。

（2）应在40℃以下拆散发动机，以防汽缸盖、进排气歧管变形。

（3）为防止零件变形，对于多螺栓的紧固件，如汽缸盖、离合器盖等，在其螺栓（母）拆卸时应按从四周至中央的顺序或对称，交叉的顺序分次均匀地旋转。

（4）维护和小修中拆下柴油机燃油管及各种液压油管时，应用塑料薄膜或纸包扎管接头，以防灰尘进入燃油系统及液压系统。

4．汽车零件清洗

汽车和总成拆解成零件以后，须进行零件清洗，以清除油污、积炭、水垢和锈蚀。

1）油污清洗

清洗油污的方法可分为碱水清洗、合成洗涤剂清洗和有机溶剂清洗三类。

2）积炭的清除

积炭是燃料、润滑油在高温作用下的氧化产物。

（1）机械清除法

最简单的机械清除法是用金属刷子或刮刀来清除，但这种方法所需劳动量较大，刷子和刮刀不易接近零件的各个部位，不能将积炭完全清除，并会损伤零件表面，在零件光滑表面上会不可避免地留下刮痕。

（2）化学清除法

采用退炭剂（化学溶液）将零件上的积炭（氧化的聚合物）膨胀和溶解。

（3）熔盐清除法

将零件放在温度为（400±10）℃的65%的氢氧化钠、30%的硝酸钠和5%的氯化钠熔体中进行处理，使积炭沉积物充分氧化。

3）水垢的清洗

发动机冷却系统水垢的成分取决于所用冷却液的成分，可以是碳酸钙的沉积物、硫酸钙的沉积物、硅酸盐的沉积物或是它们的混合物。

① 氢氧化钠溶液或盐酸溶液用以清除碳酸盐水垢。

② 氟化钠盐酸除垢剂，用以清除硅酸盐水垢。

③ 磷酸除垢剂，用以清除铝合金零件上的水垢。

4）锈蚀的清除

在维修中，过去采用砂布擦、砂轮打、刮刀刮等方法去除零件上的锈蚀，效果不理想。现介绍一种涂料除锈法，其效率高、除锈净。涂料的配方是：硫酸 40.5%、磷酸 18.7%、盐酸 4.46%、六次甲基四胺 1%、水 36.34%、膨润土适量。配制方法：将各种配料混合搅拌均匀后加入膨润土，要一边和一边搅拌成稠糊状，放置 3～4h 后就可以使用了。使用方法如下。

① 将配好的涂料用毛刷均匀刷在除锈表面，厚约 1～2mm；

② 根据锈蚀程度，确定揭去涂层的时间，轻者需 40～60min；重者需 24～30h；

③ 用旧布或废棉布擦去涂层残迹就可以了；

④ 使用时勿让涂料溅到皮肤或衣服上。

5．汽车零件检验分类

根据修理技术条件，按零件技术状况将零件分类为可用、可修和不可修的检验，称为零件检验分类。零件检验分类一般都采取集中检验的方法，即在整车和各总成分解清洗后，由专职检验员对集中在一起的零件进行检验和分类。

6．汽车零件修理

零件修理的目的就是为了恢复它们的配合特性和工作能力。汽车零件修复的基本方法有修理尺寸、补偿修理和压力加工修复等。

7．汽车总成装配

总成装配是把已经修好的零部件（或更换的新件）按技术要求装配成一台完整总成的过程，在整个汽车修理过程中非常重要。总成装配质量的好坏，直接影响汽车修理的质量。汽车总成装配作业要点如下。

① 不可互换的零件、组合件，应按照原位安装，不得错乱；

② 重要螺栓和螺母必须按照规定的转矩依次按顺序拧紧；

③ 采用专用工具；

④ 边安装、边检查、边调整，保证装配质量。

8．汽车总成试验

在生产中广泛采用的是无负荷的冷磨合和热调试，习惯上称为冷磨和热试。

1）冷磨

冷磨是由外部动力驱动总成或机构的磨合。对发动机而言，冷磨的目的是对关键的部位（如汽缸与活塞环、曲轴颈与轴承、凸轮轴颈与轴承等）进行的使表面平整光滑，建立能适应发动机正常工作的承载与表面质量要求的磨合过程。

（1）磨合负载的确定取决于磨合转速和磨合后配合副的承载能力的要求。

（2）磨合时使用的润滑油。发动机磨合时应采用低黏度润滑油，以改善摩擦表面间的散热条件，但这种润滑油的承载能力较差，不能有效地防止表面擦伤和黏附，因此不是在所有情况下都适宜。

2）传动系统总成的磨合试验

变速器的磨合试验：由空载磨合和负载磨合两阶段组成。

3）热试、

将冷磨后的发动机装上全部附件后启动，以自身的动力运转，除进一步磨合外，主要是对发动机的工作进行检查调整。

9. 汽车总装

汽车总装是将经过修理和更换，并经检验合格的各总成、组合件及连接件，以车架为基础，装配成一辆完整汽车的过程。汽车总装配质量的好坏，直接影响着汽车使用性能及运行安全。

10. 汽车竣工验收

汽车总装后，要进行一次全面综合性检验，其目的是检查整个汽车的修理质量，消除发现的缺陷和问题，使修竣的汽车符合技术标准的规定，为客户提供性能良好、质量可靠的汽车。

① 汽车维修竣工检验由专职检验人员负责实施。

② 汽车维修竣工检验内容为整车检查、检测、路试、检测路试后的再检测及车辆验收。

③ 修竣车辆竣工检验严格依据《营运车辆综合性能要求和检验方法》（GB/T18565—2001）要求进行。首先进行整车外观和底盘检查，检查合格后进行路试，对于路试中所发生的不正常现象，要认真复查。路试合格后重新进行底盘检查，确保各项技术性能合格后由总检开具出厂合格证。

④ 对于进行二级维护及以上维修作业的车辆，除上述检验内容外，还必须经计量认证的汽车综合性能检测站检测合格。

⑤ 严禁为检验不合格的车辆开具竣工出厂合格证。

⑥ 竣工检验合格的车辆实行规定的质量保证期制度。

11. 汽车出厂验收

汽车经竣工检验并消除了各种缺陷后，即可通知送修方接车，经送修与承修方确认合格后，办理出厂交接手续。汽车修竣出厂验收包括出厂规定和客户验收。

（1）修竣车辆和总成的出厂规定

① 送修车辆和总成修竣后分别按GB3798《汽车大修竣工出厂技术条件》和GB3799《汽车发动机大修竣工技术条件》与有关技术标准检验合格后，承修单位应签发出厂合格证，并非维修卡签章后，连同技术档案、修理技术资料和合格证移交送修单位。

② 车辆或总成修竣出厂时，不论送修时的装备（附件）状况如何，均应按照有关规定配备齐全，发动机应安装限速装置。

③ 接车人员应根据合同规定，就车辆或总成的技术状况和装备情况进行验收，如发现确有不符合竣工要求的情况时，维修单位应立即查明，及时处理。

④ 送修单位必须严格执行走合期的规定，在保证期内因修理质量发生故障或提前损坏时，承修单位应优先安排，及时排除，免费修理。如发生纠纷，由维修管理部门负责组织技术分析，进行调处。

（2）客户验收

客户对修竣出厂的汽车进行静态和动态的检查验收，若发现缺陷，可要求承修方及时消除，使汽车达到整齐美观，安全可靠，经济性和动力性好，技术性能达到指标，客户满意的目标。

4.5.3 汽车维修质量控制

汽车维修质量是指汽车维修作业对汽车完好技术状况和工作能力维持或恢复的程度；从服务角度讲，汽车维修质量是指用户对维修服务的态度、水平、及时性、周到性及收费等方面的满意程度。

1．汽车修理技术标准

我国汽车修理技术标准分为四级：国家标准、行业标准、地方标准和企业标准。

（1）国家标准

国家标准是指由国家标准化主管机构批准发布，对全国经济、技术发展有重大意义，且在全国范围内统一的标准。

（2）行业标准

由我国各主管部、委（局）批准发布，在该部门范围内统一使用的标准，称为行业标准。例如，机械、电子、建筑、化工、冶金、经工、纺织、交通、能源、农业、林业、水利等，都制定有行业标准。行业标准由国务院有关行政主管部门制定，并报国务院标准化行政主管部门备案。当同一内容的国家标准公布后，则该内容的行业标准即行废止。

（3）地方标准

地方标准又称为区域标准。对没有国家标准和行业标准而又需要在省、自治区、直辖市范围内统一的工业产品的安全、卫生要求，可以制定地方标准。地方标准由省、自治区、直辖市标准化行政主管部门制定，并报国务院标准化行政主管部门和国务院有关行政主管部门备案，在公布国家标准或者行业标准之后，该地方标准即应废止。

（4）企业标准

企业标准是对企业范围内需要协调、统一的技术要求、管理要求和工作要求所制定的标准。企业标准由企业制定，由企业法人代表或法人代表授权的主管领导批准、发布。企业标准一般以“Q”作为企业标准的开头。

2．汽车维修质量检验

汽车维修质量检验是指采用一定的检验测试手段和检查方法，测定汽车维修过程中和维修后（含整车、总成、零件、工序等）的质量特性，然后将测定的结果同规定的汽车维修质量评定参数标准相比较，从而对汽车维修质量做出合格或不合格的判断。

汽车维修质量检验的任务：汽车维修质量检验是在汽车维修生产全过程中，具体实施汽车维修质量控制的一项技术工作。它借助某种手段，对维修的整车、总成、零部件、工序等进行质量特性的测定，并将测定结果同质量标准相比较，判断是否合格，若出现不合格的情况，还要做出是否需要返工修理的判断。

（1）汽车修理质量检查评定标准

《汽车修理质量检查评定标准整车大修》GB/T15746.1—1995；

《汽车修理质量检查评定标准发动机大修》GB/T15746.2—1995；

《汽车修理质量检查评定标准车身大修》GB/T15746.3—1995。

（2）汽车整车大修质量评定

在汽车大修过程中，为保证汽车修理质量，汽车修理企业所填制的必要的修理检验单证主要包括汽车（或总成）大修的进厂检验单、汽车（或总成）大修理工艺过程检验单、汽车（或总成）大修竣工检验单、汽车（或总成）大修合格证（简称“三单一证”）。

① 汽车大修进厂检验单：大修汽车进厂时，由汽车维修检验技术人员对送修车技术状况和装备齐全状况进行技术鉴定的记录。

② 汽车大修工艺过程检验单：汽车在大修过程中，由汽车维修检验技术人员对总成及零部件按其修理过程中工艺顺序所进行技术鉴定的记录。

③ 汽车大修竣工检验单：汽车大修竣工后，由汽车维修检验技术人员对车辆的技术状况进行技术鉴定的记录。

④ 汽车大修合格证：承修单位对大修竣工，经过技术鉴定并符合相应标准后的车辆所开具的质量凭证。

汽车大修竣工质量的评定采用综合项次合格率来衡量，分为优等、一等、合格、不合格四级。

3. 汽车维修质量管理制度

（1）进厂出厂检验制度和过程检验制度

按检验职责分为自检、互检、专职检验，俗称“三检制度”。

（2）原材料、外协外购零部件进厂入库检验制度

① 自觉遵守厂部各项管理制度，仓库严禁闲杂人员入内。

② 材料及零配件进库前要验收，未经验收或验收不合格的不准进库，不准使用。

③ 材料入库后要立卡、入账，做到账、卡、实物三符合。材料应分类、分规格堆放，堆放应按“五五”法保持整洁。保持仓库整洁，做好材料、配件的防锈、防腐、防失窃工作，做好仓库的消防工作。

④ 修理工凭派工单领料，由库管员填写材料单，领料人签名，领用大总成件要经分管领导签字同意。领新料必须交旧料，严格执行领新交旧制度。加强对旧料的管理工作，上交旧料贴好标签，出厂时交还车主。

⑤ 材料及零配件的领用应执行先进先出的规定，严格执行价格制度，不得随便加价。

⑥ 仓库每个月进行一次清仓盘点，消除差错，压缩库存。

（3）计量管理制度

计量工作是企业生产活动的一个组成部分，做好企业计量工作，对保证汽车维修质量具有重要作用。具体方法是使用的计量器具必须登记造册，记录计量器具的名称、规格、购置日期和检定、维修记录。对计量器具进行分类，实行统一专人保管由有使用人负责保管。除非持证计量员，任何人不得随意拆卸计量器具。

计量器具必须定期进行检定，根据实际使用强度制定检定周期表，按周期表的日期准时送有关部门检定，保管好检定合格证。已超过检定周期的计量器不准继续使用。保证计量器的受检率达 100%。保管人应定时做好计量器的清洁、防锈、防潮等维护工作。

（4）技术业务培训制度

人力资源是企业竞争力中最主要的因素，人的综合素质又是人力资源中的主要因素。各种形式的培训是提高人员素质的有效途径，随着汽车技术的日新月异，新产品、新技术、新装备、新材料、新工艺不断涌现，培训和学习是没有止境的。

每年依据本厂人员情况及岗位能力要求，编制年度培训计划，确定参加培训人员的名单和培训种类及本厂自行组织培训的详细计划。每次参加培训的资料和记录，应建立存档，妥善保管。

（5）岗位责任制度

① 汽车维修质量检验员。汽车维修质量检验员是在汽车维修检验工作中担负主要任务和责任的工作人员。对于他的业务素质、道德素质要求都比较高。

② 出厂合格证制度。机动车维修竣工出厂实行出厂合格证制度（小修和部分专项修理除外）。该制度所签发的证件为“竣工出厂合格证”。“竣工出厂合格证”必须由维修质量检验

员签发。

（6）质量保证期制度

机动车维修质量保证期，从维修竣工出厂之日起计算。质量保证期中行驶里程和日期指标，以先达到者为准。因此，作为汽车维修企业，要做到未雨绸缪，充分重视汽车维修质量的检验，预防为主，最大程度上，避免维修事故的发生减少不必要的损失，促进企业健康、有序地发展。汽车和危险货物运输车辆整车修理或总成修理质量保证期为车辆行驶 20 000 公里或者 100 日；二级维护质量保证期为车辆行驶 5000 公里或者 30 日；一级维护、小修及专项修理质量保证期为车辆行驶 2000 公里或者 10 日。其他机动车整车修理或者总成修理质量保证期为机动车行驶 6000 公里或者 60 日；维护、小修及专项修理质量保证期为机动车行驶 700 公里或者 7 日。

（7）质量考核制度

贯彻执行国家和行业主管部门有关《汽车维护工艺规范》、《汽车维护出厂技术条件》、《汽车维修质量管理办法》等有关规定，贯彻执行有关汽车维修质量的规章制度，确定质量方针，制定质量目标，对全厂维修车辆进行监督、检查、考核。

① 对维修车辆一律进行三级检验，严格进行汽车维护前检验、过程检验、竣工检验，严格执行竣工出厂技术标准，未达标准不准出厂。认真执行汽车维修质量的抽查监督制度。

② 材料仓库应严把配件质量关，严格做好采购配件的入库验收工作。

③ 严禁偷漏作业项目。一经发现，立即严肃查处。

（8）建立汽车技术档案

汽车检验后，要将检验结果做好详细记载，并填好上级和本厂规定的表格，一式几份，分交给有关部门，以供确定修理费用，安排采购计划，为进行修理和出厂检验参考，并作为原始资料存档。

4．提高汽车维修质量的措施

加强汽车维修质量管理的主要途径分别如下。

① 加强领导、组织落实。汽车维修质量管理在一个单位落实的程度，领导是决定因素，职能组织是关键因素，生产一线的劳动者是直接因素。只有这三个层面的三要素，有机而严密地组织起来，形成合力，汽车维修质量管理才会深入开展，才能取得真正的成效。领导重视、加强组织工作落实是当前我国汽车维修质量管理活动的重中之重，是决定汽车维修质量管理活动的首要的、决定性的影响因素。

② 提高汽车维修行业人员综合素质。汽车维修技术人才的培养急需统筹规划、专业分工、有机合作，来应对日趋复杂的汽车维修技术进步。这就需要政府行业主管机关、教育机关等充分认识到人才稀缺对汽车维修质量管理行业的重要性、紧迫性，加大汽车维修技术人才培养和教育体系的统筹规划，加快培养教育步伐。

③ 汽车维修设备现代化。由于汽车产品大量高新技术的广泛应用，对于不同作业类别的汽车维修服务企业，就需要根据本企业的汽车维修作业项目，对多种现代化的汽车维修设备进行配置的综合技术经济论证，以适应和满足本企业实际经营需求为核心，同时考虑相关的汽车维修企业发展的需要，使企业的硬件设备适应激烈竞争的汽车维修市场的要求。

④ 汽车维修救援网络化。我国汽车保有量每年都在大幅度的、爆发性的增长，随之而来的汽车故障应急救援现象会与日俱增。这是必然的客观规律。

⑤ 汽车维修技术标准和服务项目标准化。汽车维修技术标准和服务项目标准化，并在

服务主要现场、醒目位置公示，以接受车主监督。

⑥ 汽车维修服务收费标准区域公示化。由于各地消费水平、经济发展水平有差异，所以各市、县、区、汽车维修服务收费标准在市场经济条件下应出具指导性的、参考性的、区域性的、汽车维修服务收费标准，并公示，使汽车消费者在接受汽车维修服务时心中有数。

⑦ 汽车配件的质量和价格公示化。汽车维修厂商在维修主要场所应将汽车配件的质量和价格公示，以接受消费者监督。

⑧ 拖车和修理工时定额化、公示化。拖车收费和修理工时收费高得离谱，违背价值规律和经济规律的投诉时常见诸媒体。根本问题仍是缺乏区域性的收费标准和定额，缺乏消费者监督。

⑨ 准确确定汽车维修项目，缩短汽车停驶时间。准确判断汽车故障是准确确定汽车维修项目的前提。其主要依靠综合素质优良的汽修工程师和技师以及现代化的汽车维修检测设备。缩短汽车维修行驶时间主要依靠生产组织的优化和管理。

⑩ 加强汽车维修返修率的考核。汽车维修返修率的考核重点是落实到汽车维修企业和修理工，必须责任到人。对企业考核一把手，对工人考核到个人，否则会事倍功半。

⑪ 加强进厂检验，过程检验，竣工检验；积极推行全面质量管理。

⑫ 实行汽车维修竣工出厂合格证和质量保证期。汽车维修竣工合格证要记录维修作业时间、作业项目、竣工出厂时间、检验员姓名、签章等，这些为汽车维修质量保证期执行的依据。

⑬ 鼓励汽车维修代用汽车服务。当车主的汽车需要停驶进厂维修，一时无车使用的情况下，承接该车维修服务的厂商以预先备用的汽车，在车主申请下，提供给车主使用，直至车主的汽车竣工出厂。

⑭ 鼓励汽车维修延伸服务，方便车主。

5. 汽车维修质量投诉处理规定

机动车维修经营者应当公示承诺的机动车维修质量保证期。在质量保证期内，机动车因同一故障或维修项目经两次修理仍不能正常使用的，机动车维修经营者应当负责联系其他机动车维修经营者并修复，且承担相应修理费用。在质量保证期和承诺的质量保证期内，因维修质量原因造成机动车无法正常使用，且承修方在 3 日内不能或者无法提供因非维修原因而造成机动车无法使用的相关证据的，机动车维修经营者应当及时无偿返修，不得故意拖延或者无理拒绝。在质量保证期或机动车维修合同约定期内，托修方遇有机动车维修质量问题，可与承修方协商解决。不愿协商或协商不成，当事人也可向当地道路运输管理机构投诉或申请调解处理。纠纷双方不在同一行政区的，由承修方所在地道路运输管理机构负责受理。

4.6 旧机动车鉴定评估

旧汽车评估是指具有专业资质的鉴定评估人员，按照特定的目的、法定或公允的标准和程序，运用科学的方法，对旧汽车进行手续检查、技术鉴定和价格估算的过程。

旧汽车作为资产，除具有单价高、使用管理严格、各项附加税费大的特点之外，其使用时间长短、使用强度、使用条件、维护水平还存有很大差异，这些条件决定了对旧汽车的评估和报废车的鉴定技术标准和程序。

旧汽车的评估与报废对象必须以具备合法手续为前提，以单台车的技术鉴定为基础，同时还要包括办理手续所构成的价值。

4.6.1 旧汽车评估合法手续检查

旧汽车属于特殊商品，它的价值包括车辆本身有形价值和各项手续构成的价值。旧汽车的手续包括“三证”，即汽车来历凭证、机动车行驶证和机动车登记证；经公安车辆管理机关依法对汽车进行注册登记核发的号牌，以及相关的完税、费证明。

1．汽车的来历凭证

旧车的来历凭证包括原购置车辆时经国家工商行政管理机关验证盖章的销售发票或二手车交易发票，或由司法部门出具有效证明支持的所有权转移证明。

2．机动车行驶证

机动车行驶证是由公安车管机关对车辆进行注册登记后核发的证件，是机动车取得合法行驶权的凭证，按照《中华人民共和国机动车登记管理办法》规定，机动车行驶证是旧汽车过户、转籍必备的证件。

为了防止伪造行为，证上要粘贴该车照片，证件塑封套上有防伪识别暗记、车管机关规定，超过两年未检验的汽车按报废处理。

3．机动车登记证书

机动车登记证书是根据 2004 年 5 月 1 日起实施的《中华人民共和国机动车登记规定》核发的证件。所有机动车的详细信息及机动车所有人的资料都记录在内，如原始信息发生变化时，机动车所有人应携证到车管所变更手续，故该证书也相当于机动车的“户口本”，上面记录了该车从购入一直到报废的完整过程，当机动车所有权转移时，机动车登记证书也应交给现机动车所有人，机动车登记证书的核发单位应是公安车辆管理部门。

4．汽车牌号

机动车车牌号是由公安车辆管理部门依法对汽车进行注册登记核发号牌的牌号，与机动车行驶证一同核发，其号码与行驶证一致，这是汽车取得合法行驶的权力标志。

5．汽车的相关完税、费

汽车的相关完税、费包括车辆购置税、公路养路费、车船使用税和汽车保险费，其中的第三者责任保险是我国绝大多数地区强制实行的保险险种。

4.6.2 汽车的技术状况鉴定

汽车在运用过程中随着行驶里程的增加，相关总成和零、部件会产生磨损、疲劳损伤及腐锈损蚀，造成汽车的动力性和经济性下降，噪声和废气排放指标变化，工作可靠性降低，甚至伴有不同外伤和故障，故需进行较科学的汽车技术状况鉴定。

1．外观形态检测

进行汽车外观形态检查前需打开发动机室盖，验证该车的厂牌号、发动机号和底盘号是否与行车证一致，然后进行车身技术状况检查，包括检查车身是否有过严重的碰撞损伤，车梁处有无二次焊接痕迹，车门、发动机室盖和行李箱盖开关是否灵活，缝隙是否正常。同时还应检查车身的油漆脱落、金属锈蚀程度，以及车窗、反光镜和轮胎磨损情况。

（1）发动机的外部形态检查

① 检查发动机的清洁程度。发动机外部允许有少量油迹和灰尘，如果油迹灰尘过多，

说明发动机有漏油处，若非常清洁则说明刚刚经过清洁处理。

② 拔出油尺，观察机油质量及油面高度，如机油混浊发黑，说明保养不好；油面过低是更换机油时间间隔过长，或发动机烧机油；油面过高说明补充过量或发动机漏水。

③ 检查发动机冷却液，如果有油污，说明汽缸垫处可能存在漏气，如冷却液混浊且水温容易过高，说明冷却系统异常。

④ 发动机室内的蓄电池一般为免维护蓄电池，仍以铅酸电池为主，其寿命在 2.5～3 年。检查时，电池接线柱处应没有大量白色粉末，电池电压应在规定 12V 范围内。

⑤ 在检查发动机外观时，还应注意发动机的主要附件是否完好，其中发电机、启动机、点火线圈、高压线、喷油器以及空调压缩机、转向助力泵等外观是否完好，应无漏油、漏气、漏电现象。

（2）车箱内部检查

首先检查车箱内饰的新旧程度，橡胶及塑料件的老化程度，电器开关是否完好、正常，以及离合器、变速、转向、制动的操纵控制机构是否灵活、准确、无异常现象，行李箱是否密封，无严重漏水、漏灰尘现象。

（3）汽车底部的检查

检查时将汽车置于地沟或举升机上，检查是否有漏油、漏水、漏气情况；检查车底部的车身车架是否有变形或二次焊接迹象，并确认各运动刷的磨损程度和间隙是否规范，是否有因疲劳出现裂纹、塑性变形或损伤情况。

① 采用量具进行外形检查（按国家标准 GB7258—2004 规定）。

② 车身和车架的检查。将汽车置于水平地面，其车体外缘左右对称部位高度差不得大于 40mm，否则应检查轮胎搭配和气压是否正常，如仍超值，则应检查车架和车身是否变形；悬架是否断裂或塑性变形。

③ 轮胎的检查。轮胎的磨损量，轿车、摩托车和轻便摩托车轮胎的胎冠上花纹深度不得小于 1.6mm，轮胎胎面不得有局部磨损而露出轮胎帘布层；同一轴上的轮胎型号和花纹应相同，不能在前转向轮上装用翻新轮胎，轮胎负荷应符合要求，轮胎充气气压力应符合规定，车轮总成的横向摆动与径向跳动量在支起车后用百分表检测，4.5t 以下汽车应小于 5mm，其他车辆应小于 8mm。

2. 汽车工作状态下的检查

汽车在启动、怠速、起步、加速、均速、滑行、制动减速、紧急制动及在换挡运行中，通过汽车的操纵性、加速性、滑行性、安全性以及噪声和排放情况的检测来评价汽车的技术状况。

（1）无负载时的工况检查

检查启动是否容易，启动机是否正常无异响，然后使其怠速运转，打开发动机室盖，观察发动机是否运转稳定、无异响，随后用手拨动节气门检查加速性并迅速放回节气门，观察怠速是否熄火或工作不稳，在发动机运转中还应检查排气颜色和加油口处是否有窜气现象，以辨别汽缸与活塞环的密封情况。

（2）道路工况的检查

进行车辆道路试验一般在 20km 左右的路段进行，检查的内容包括离合器分离、结合是否彻底，工作时不应有异响，不应有抖动和打滑现象。离合器踏板自由行程应符合规定，不应过小，施加踏板力应不大于 300N。检查变速器时，先从起步挡加速到高速挡，再从高速挡减至低速挡，操作时应轻便灵活，无异响，无跳挡或乱挡现象，对于自动变速器，汽车在平坦路面上起步时，一般不需下踏加速板，换挡时应无明显感觉，加速时不应有“迟滞”或“冲”现象。传动系统检查时，将车加速至40～60km/h时，迅速抬起加速踏板，如有金属冲击声，说明传动系统间隙过大。

制动性能的检查是旧车道路工况评价的一个重要内容，国标GB7258—2004中对制动距离和制动稳定性做了相应的规定。

进行车辆制动性能检查时，先进行行车制动检查。在汽车起步后先试踏刹车，看是否有制动；再将车速提升至 20km/h 做一次紧急制动检查，看是否有跑偏、甩尾现象；然后将车速提升至50km/h，先用点刹车检查是否立即减速和跑偏，再用紧急制动的方法检查制动距离和跑偏量。做完行车制动检查之后，再进行驻车制动检查，其技术条件应符合GB7258—2004的要求。

汽车动力性能的检查一般可通过加速性能进行，常将车辆从静止状态加速到100km/h，所需的时间和最高车速与新车设计标准比较，作为评估依据。

检查车辆的传动效率时，可将车辆在平坦路面加速到 50km/h 左右，空挡滑行，通过滑行距离判断传动效率。一般路试后应对各部件温度和是否有漏油、漏水进行检查，要求在停车5min后不得有明显渗漏现象。

3．汽车技术状况的仪器检查

在对汽车评估中动态工况检查不易判断的情况下，可进一步进行仪器检查，常用的方法有采用在底盘测动机上进行输出功率、最高车速和加速度及工况法下的排放检测；采用四轮定位仪对前轮外倾角、主销后倾角、主销内倾角、前轮前束角、后轮前束角及外倾角进行检测。此外，采用前照灯校正仪可以检测车辆的前照灯配光性能。

4.6.3 旧汽车成新率的确定

由于在旧车市场已成为汽车市场不可分割的重要组成部分，正确地对旧汽车进行评估和鉴定能科学地形成旧汽车的重置价格，还可加快汽车产品流动和可持续使用，有利于循环经济和节约型发展。此外，准确的评估鉴定也是能够保证国有资产不致流失和防止旧机动车市场的非法交易，防止有环境污染和交通安全隐患的车辆重新流入社会的有效技术措施。按资产评估原理，旧车评估有现行市价法、重置成本法、收益价法和清算价格法4种，常采用的旧汽车评估方法有现行市价法和重置成本法。

1．旧汽车成新率的确定

成新率是反映旧汽车新旧程度的指标，表示旧汽车的使用价值占新汽车的性能和使用价值的比率。对旧汽车成新率的确定可用使用年限法和综合分析法。

（1）使用年限法

使用年限代表了汽车运行量和工作量，应包括使用时间和使用强度。对于汽车商品来讲，它的经济使用寿命指标有规定使用年限，同时也以行驶里程数作为运行量的计量单位。故汽车的已经使用年限可采用折算年限，即

折算年限=总的累计行驶里程÷年平均行驶里程

在实际操作中，由于很难找到累计行驶里程和年平均行驶里程的具体数据，所以，使用年限多取从新车在公交管理机关注册登记日起至评估基准日的年数，计算成新率。计算成新率，有等速折旧和加速折旧的计算方法。鉴于市场现状，多采用加速折旧法。

（2）综合分析法

该方法是以使用年限法为基础，再综合考虑影响旧汽车价值的多种因素，以系数修正成新率的一种方法。

2．旧汽车评估方法

在旧汽车的评估方法方面有现行市价法、重置成本法、收益现值法和清算价格法。这些方法各有特点，下面主要介绍前两种方法。

（1）现行市价法

现行市价法也称市场价格比较法，是一种简单直接对旧汽车的鉴定估价方法。基本做法是选择一个或几个与被估旧车相同或类似的车辆为参照样车，分析样车的结构性能，新旧程度、地区差别和成交价格等，并与被鉴定做估价的车进行逐一对比，找出两者差别及反映到价格上的影响，经调整计算出被评旧车的价格。

使用这种方法，需要有较完整的被鉴定评估成交的参照样车数据库，包括车辆类别、名称、型号、性能、生产厂家、出厂情况、使用年限、技术状态、行驶里程、成交时间、成交价格及当时市场供求关系等数据。某些情况找不到多台可类比的对象时，可按上述对比因素，分析选定有一定代表性、成交价格较合理的样车进行市场价比较。

现行市价法的具体算法除使用与相同的评估样车进行直接对照定价的方法外，还可以采用与相近样车销售价格的计算修正法，基本计算式为：

评估价＝（样车价＋各差异量化调整数）×销售时间的差异量化调整系数

式中，各差异量化调整数包括结构性能的差异量化调整数、新旧程度的差异量化调整数、销售数量差异量化调整数、付款方式的差异量化调整数。

结构性能的差异量化调整数＝结构差价×成新率

销售时间的差异量化调整系数＝评估时物价指数÷样车交易时物价指数

新旧程度的差异量化调整数＝样车价×（评估车成新率-样车成新率）

销售量和付款方式的差异量化调整数，由具体分析决定，但一般无差异。

（2）重置成本法

重置成本法是指在现时条件下重新购置一辆全新状态的这种被评估汽车所需全部成本减去被评估鉴定中各种被贬值部分后的现时价。故重置成本法的计算公式为：

评估价＝重置成本-实体性贬值-功能性贬值-经济贬值

或

评估价＝重置成本×成新率

重置成本是指汽车按现行市场价的买价，如用原始成本计算时，可用下式：

重置成本＝车辆原始成本×（汽车评估时物价指数÷汽车购买时物价指数）

汽车使用过程中的各种贬值除市场价格外，还包括汽车实体性贬值，即汽车的有形损耗，指车辆在使用和存放过程中自然发生的损耗。表现在车体表面和内部零部件的损耗程度，可用损耗率表示，即新车为零，报废车为百分之百，旧车在两者之间。估算可按下式：

汽车实体性贬值＝重置成本×有形损耗率

汽车功能性贬值，即汽车的无形损耗，随汽车新品种和新技术的使用生产制造成本的降低，同样价格条件可买功能更好的车辆而使原车产生的贬值。功能性贬值的估算可采用现市价估算。

汽车的经济性贬值是指汽车受经济性环境因素，如市场需求、通货膨胀、宏观经济政策等，估算时应考虑其封存、停运时间及市场供需因素。

从理论意义上讲，扣除上述3种贬值更科学。但因实际操作性较差，使用困难，故实用中多采用成新率确定综合计算方法。

4.7 汽车报废拆解与回收利用处理

4.7.1 汽车报废

1. 汽车报废标准

汽车经过使用年限，表现为车型老旧、性能差、维修费用高、使用经济性和安全性差时，应予以报废。车辆报废的标准是1997年国家修定的《汽车报废标准》规定，适用于我国境内注册的民用汽车，属于下列情况之一的应当报废：轻、微型货车（含越野型）矿山作业车累计行驶30万公里；重、中型货车（含越野型）累计行驶40万公里；大、中型客车（含越野型）和轿车累计行驶50万公里；轻、微型货车，带拖挂货车，矿山作业及各类出租车，使用8年，其他车使用10年；因各种原因造成严重损坏或技术状况低劣，无法修复的汽车；车型淘汰已无配件来源的汽车；经修理和调整或采取排放控制技术后仍达不到国家对机动车运行安全技术条件或排放污染物仍超过国家规定的汽车排放标准的汽车。

此外，国家报废汽车新标准根据国家经济贸易委员会、国家发展计划委员会、公安部、国家环境保护总局《关于调整汽车报废标准若干规定的通知》（国经贸资源[2000]1202号）和公安部《关于实施（关于调整汽车报废标准若干规定的通知）有关问题的通知》（公交管[2001]2号）精神，对1997年制定的汽车报废标准中非营运载客汽车和旅游载客汽车的使用年限及办理延缓报废的标准调整为：9座（含9座）以下非营运载客汽车（包括轿车、含越野型）使用15年，达到报废标准后，要求继续使用的不需要审批，经检验合格后，可以延长使用年限，每年定期检验2次，超过20年的，从第21年起每年检验4次；旅游载客汽车和9座以上非营运载客汽车使用10年达到报废标准后，要求继续使用的要按规定程序办理延长期内旅游客车每年定期检验4次，8座以上非营运载客汽车每年定期检验2次，超过15年的延长使用期间每年定期检验4次，延长期最长不超过10年；营运大客车使用年限调整为10年，达到报废标准后要求继续使用的按规定程序办理，延长期不得超过4年，每年定期检验4次。

上述定期检验时，一个检验周期连续3次检验不符合国家标准《机动车运行安全技术条件》（GB7258—2004）规定的汽车收回号牌和行驶证，通知车主办理注销登记。

2. 单位或个人的汽车报废手续

单位或个人的汽车需要报废的，由交管部门鉴定审批，并报车管部门备案，及时吊销营运证和牌号，送专门拆解厂处理，不得拆卸或挪用零部件和总成，严禁用报废车辆的总成或零部件拼装车辆。凡经批准报废的车辆，要在车辆技术档案上记录报废原因、批准文号、车辆折旧净值等项目内容。报废处理技术的其他手续可按当地车辆管理部门的有关规定办理。

4.7.2 全生命周期的汽车利用

1. 汽车的使用寿命与全生命周期的汽车利用

汽车制造出厂后，从开始使用到不能使用的整个时期称为使用寿命，根据不同国家的经济体制和经济发展水平，汽车使用寿命可分为技术使用寿命、经济使用寿命。如今经济的发展与知识的进步，提出了全生命周期的汽车利用，即把废旧汽车的回收利用作为循环经济的组成部分，从能源材料回收和环境保护角度讲也是延长了汽车的生命周期。

汽车在使用过程中，随着使用年限的增加，其性能会逐渐下降，到了一定年限就应报废。如继续使用就要用很高的代价，不断地进行维修，不但消耗大量配件和材料，还要花费大量的修理工时，增加使用成本，并且汽车的平均技术性能下降，排气污染与噪声严重，行驶安全性差，因此，对汽车的使用寿命研究具有重要意义。

对汽车的使用寿命研究包括技术使用寿命、合理使用寿命和经济使用寿命。技术使用寿命是指汽车主要部件达到技术极限，不能修复的标志；合理使用寿命是根据国家经济发展和节能环保政策制定的符合实际情况的使用期限，一般要依据经济使用寿命；而经济使用寿命是标志汽车使用期内，汽车的管理、使用维修费用占总费用比例，在发达国家汽车的使用期限完全按经济规律确定，表 4.7-1 中列出了相关国家的货车平均经济使用寿命。

达到使用寿命的汽车就要报废，从 2000 年 1 月 1 日起实行的我国现行《汽车报废标准》就是充分考虑了上述因素，在既结合我国国情，又考虑到报废标准与国际接轨的基础上颁布的。

表 4.7-1　相关国家的货车平均经济使用寿命

国　别	美国	日本	德国	法国	英国	意大利	中国
平均经济使用寿命（年）	10.3	7.5	11.3	12.1	10.6	11.2	10

2．报废汽车的回收处理

随着汽车保有量的高速增长，达到报废年限的汽车将大量增长，如何通过机械化科学分解处理，实现环保和能源再生，需要有先进的处理工艺和设备进行支持，达到及时处理并能以处理后的原料身份进行资源再生。进入 20 世纪 90 年代的欧洲、日本、美国等发达国家和地区，都将固体废弃物处理列入国家的环保政策。一些汽车企业进行全生命周期的汽车设计，即从产品设计、制造工艺和零部件编号，都与车辆的报废处理相关联。我国在这方面尚属空白，报废车是由解体厂和废品回收公司简单处理，不少环节存在环境和安全隐患。由于报废处理不科学，技术落后，许多车辆被倒卖，拼装后上路。为此，国务院 2001 年下发 307 号令颁布了《报废汽车回收管理办法》，但由于回收处理的技术工艺水平落后，监管部门难以彻底监管，倒卖废旧汽车及零部件的现象严重，人们把重新拼装上路的报废车称为“马路杀手”、“流动定时炸弹”、“污染源”，其上路的危害可想而知。

国家“十一五”规划，从循环经济和节约型社会发展的高度，要实现汽车的材料回收率达到 80%，就需要在国家政策指导下制订一套完整的报废汽车处理管理规定和相应的一批配备机械化处理设备及完备的报废汽车处理的工艺流程，同时也要有可再生配件和可再生材料利用的检测、生产和利用的办法及运行环境。报废汽车可分为使用报废和事故报废两种类型，故在报废处理工艺上应有检测拆解、可再制造零件和可再生材料回收工艺。

对于废旧汽车资源回收，国外也都制定了相关的法律文件，由相应的行业执行。如日本的汽车资源化协办机构，对汽车循环法，即有关使用过的汽车再资源化的法律就有专门的说明，实施内容包括汽车解体企业的职责及从事解体企业的许可和进入汽车循环系统的登录；接收使用后的汽车及确定再资源化的基准；安全气囊的种类及处理方法的确定及拆下回收或车上处理的业务；全部资源化的处理中操作工作内容的确定、工艺基本流程的确认及支付委托费用；从事汽车解体企业移动业务时的装备移动报告及报废车的交接和安全方面的交接等；

汽车解体企业进行汽车循环系统企业登录的登录目的、登录方法和必要填写的文件；从事汽车解体破碎企业（切割工程）的报废处理方案及处理方案外的做法；从事汽车解体破碎企业进入汽车循环系统登录目的和循环系统的登录办法及登录时必要的文件。

思考与练习

1．汽车注册登记的种类和方法有哪些？
2．车辆户籍管理中如何进行转籍过户？
3．什么是汽车保险？汽车保险有哪些种类？
4．简述汽车保险索赔业务的一般程序。
5．简述车辆年度检测及审验规定。
6．何为汽车维护？其目的是什么？
7．简述汽车维护的原则和内容。
8．简述汽车维护分级及其作业内容。
9．确定汽车维护周期的主要依据有哪些？
10．什么是汽车走合期？走合期有何特点？汽车在走合期有哪些规定？
11．何为汽车修理？简述汽车修理工艺。
12．汽车维修质量如何控制？
13．对旧机动车估价的意义是什么？对旧车成新率的估算有哪几种方法?
14．谈谈你对汽车报废标准及对全生命周期汽车利用的认识。

第 5 章　汽车的运用效率和成本

5.1　汽车运输工作过程和运输工作条件

5.1.1　汽车运输工作过程

汽车运输工作过程是指利用汽车或汽车列车运送货物或旅客的工作过程，通过汽车运输，使货物或旅客移动一定距离，即完成运输工作。如图 5.1-1 所示为汽车运输工作过程示意图。

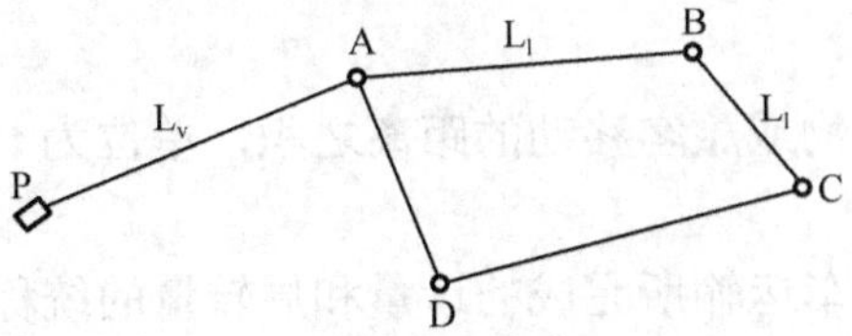

图 5.1-1　汽车运输过程示意图

汽车运输工作过程的主要环节包括以下几方面。

（1）准备工作阶段

向起运地点提供运输汽车（空车或空位），如图 5.1-1 所示，汽车由停车场（库）P 点空驶一段距离 L_v 到达起运地点 A 准备装货或上客，称为准备工作阶段。

（2）装载工作阶段

在起运地点进行货物装车或旅客上车，如图 5.1-1 所示，在 A 点完成货物装载或上客的过程，称为装载工作阶段。

（3）运送工作阶段

在运送路线上由运输汽车运送货物或旅客，如图 5.1-1 所示，把货物或旅客由 A 点运输一段距离 L_l 到达目的地 B，称为运送工作阶段。

（4）卸载工作阶段

在到达地点卸货或下客，如图 5.1-1 所示，在目的地 B 将货物卸下或使旅客下车，称为卸载工作阶段。

完成一个包括准备、装载、运送和卸载四个工作阶段的运输过程即为一个运次。如果汽车在 B 点卸载完毕后，又空车从 B 点出发开往 C 点装载，之后再将货物或旅客运送至目的地 D 点卸货或下客，也完成了一个运次的运输工作。如果汽车在 D 点卸载完毕后，又在原地另装货物或旅客，将其运送至目的地 A 点卸货或下客，也完成了一个运次的运输工作。

如果在完成运输工作的过程中，汽车从起运点至到达地点，中途为了部分货物的装卸和部分旅客上、下车而停歇，则这一运输过程称为单程或车次。就运输对象而言，单程（车次）由两个或两个以上的运次构成。如果在完成运输工作的过程中，又周期性地返回到第一个运次的起点 A，则该过程称为周转。一个周转可由一个或几个运次组成。周转的行车路线，称为循环回路。

5.1.2 汽车运输效果和运输质量

1. 汽车运输效果统计指标

（1）运量

运量包括货运量和客运量。汽车在每一运输过程中，所运送货物的质量称为货运量，单位为吨（t）；所运送旅客的人数称为客运量，单位为人次。

（2）单车产量

单车产量是指运输企业在统计期内平均每辆汽车所完成的运量（t 或人次）和周转量（t·km 或人·km）。

（3）车吨（客位）产量

车吨（客位）产量是指运输企业在统计期内平均每吨（客位）所完成的周转量，单位为km。

（4）周转量

周转量是指运量与货物或旅客移动的距离之积，单位为 t·km 或人·km。

（5）运输量（产量）

运输量（产量）是汽车运输所完成的运量和周转量的统称。运输量（产量）包括运量和周转量两种指标。

（6）车日

车日是指运输企业的营运汽车在企业内的保有日数。在统计期内，企业所有营运汽车的车日总数，称为总车日（D）；根据车辆的技术状况和工作状况，总车日（D）分为完好车日（D_a）和非完好车日（D_n）；完好车日（D_a）包括工作车日（D_d）和待运车日（D_w）；非完好车日（D_n）包括维修车日（D_m）和待废车日（D_b）。由于待运车日、维修车日和待废车日中，汽车均处于非运输工作状态，因而总称为停驶车日（D_p）。

（7）车时

车时是指营运汽车在企业内的保有小时数。企业所有营运汽车的车时总数，等于营运汽车数与其在企业保有日内小时数的乘积。根据车辆的技术状况和工作状况，总车时（T）分为工作车时（T_d）和停驶车时（T_p）。车辆在运输工作中具有行驶和停歇两种状态，所对应的车时分为行驶车时（T_t）和停歇车时（T_s）。行驶车时（T_t）包括重车行驶车时（T_{tl}）和空车行驶车时（T_{tv}）。根据引起车辆停歇的原因，停歇车时（T_s）包括装载车时（T_l）、卸载车时（T_u）、技术故障车时（T_{st}）和组织故障车时（T_{so}）。根据导致车辆停驶的具体原因，停驶车时（T_p）分为维修车时（T_m）、待运车时（T_w）和待废车时（T_b）。

2. 汽车运输质量

（1）安全

安全是汽车运输生产的最基本要求。交通运输安全包括运输对象安全和运输工具安全。运输对象安全是指在运输过程中，不能使旅客造成心理和生理的损伤，不能改变货物的物理性质（如数量和件数不能减少，不能破损、变形或掺入其他杂质等）和化学性质（如不能受到污染、不能腐败变质等），也不能改变货物的完整性。运输工具安全是指交通运输工具在运行过程中，应保证自身和有关行人、其他交通工具和沿线交通设施的安全。

（2）舒适

对旅客运输而言，舒适是一种重要的汽车运输质量要求，主要指乘客在购票、候车和乘车的过程中身心感到舒适的程度。

（3）经济

良好的经济性是各行各业都重视的内容，因此运价就成为运输管理部门和公众关心的重要方面。采取有效的措施促进运输企业降低运输成本，可以降低运价，减轻旅客和货主的负担，更好地促进社会发展和人民生活水平的提高。

（4）便利

狭义的便利是指旅客和货主在办理旅行和运输时方便、简易；广义的便利还包括运输网的四通八达、畅通无阻，旅客和货主的各种需求都能得到充分满足。

（5）迅速

旅客和货物的运送速度快。在旅客运输中，运送速度越快，旅客在途中消耗越小，还能改变人们的生活和工作方式。货物运送速度越快，物质在运输过程中的时间越短，资金周转就越快，还能减少货物的耗损，增强克服物质流通所受到的空间障碍的能力。

（6）准确

准确包括时间上准确、空间上准确和信息活动准确三个方面。时间上准确是指按照时刻表规定正点运送旅客，或按照货物运输规程中对运到期限的规定，及时送达货物；空间上准确是指运输部门必须按照目的地准确地进行运输，不发生旅客的误乘或货物的误交付等情况。旅客或货物的移动伴随着相关信息的传递活动，信息准确对于旅客出行、货主和运输企业组织运输，起着越来越重要的作用。

（7）清洁

实现清洁运输，是降低运输工作对环境污染的重要途径。例如，推广使用清洁燃料，减少汽车排放的有害污染物；妥善处理旅客在旅行过程中产生的各种废弃物，保持车厢内外的整洁。

（8）文明

文明服务主要体现在候车乘车环境，驾驶员和乘务员的仪表、谈吐及服务水平、车容车貌等。运输企业为旅客或货主提供文明服务，既符合市场营销的规则，又是社会主义精神文明在运输工作中的体现。

5.1.3 汽车运输工作条件

1．运输区域道路状况因素

运输区域的道路状况是汽车运输过程的直接影响因素。道路状况是指道路等级、路面质量、公路网完善程度、公路附属设施（如停车场、加油站、信号标志和通信设施等）等因素的状况；交通条件则包括公路的交通流量、立体交通和交通管理水平等因素的状况。

道路状况的好坏不仅对车辆的行驶安全、行驶速度、运行材料的消耗、车辆运输服务质量和驾驶员的劳动强度等产生直接影响，而且影响着人们对运输方式的选择和利用。

2．运输区域季节气候因素

受自然气候条件影响，汽车运输所使用的车辆类型和品种应该与之相适应；同时，汽车运输组织工作也应随自然气候的变化而调整。

3．运输对象特性因素

运输对象特性因素主要指货物的种类和特性，客货的流向、流时、流量或运量，客货的运送距离和送达期限等。

4. 运输企业的运输组织技术因素

运输组织技术是指运输企业的运输组织水平和技术水平，包括车辆运行、保管、维护修理制度；工作人员的工作组织和工作制度；装卸作业的机械化程度；运行材料供应和运输企业内部的各项管理工作水平。

5. 社会制度和经济活动因素

社会制度的微小变化会引起社会经济活动的改变，影响运输生产经营活动的方式和效果。计划经济时期，全国一盘棋，运输经济市场整齐划一，运输企业国有化；市场经济时期，运输市场被激活，在国家政策的宏观调控下，独立地依法从事各项经营活动。经济体制的改革为汽车运输企业的生存和发展带来了机遇，同时也带来了挑战。

5.2 汽车利用程度评价指标

汽车的结构、性能和运输工作条件等，在汽车运输过程中，影响着汽车在速度、时间、行程和运载能力等方面的利用程度。

1. 速度利用指标

在相同的运行时间和运载条件下，汽车行驶的快慢影响着完成的运输量。因此，发挥汽车的速度性能，提高运输速度，是提高各汽车运用效率的重要方面。

（1）汽车的技术速度

汽车的技术速度是指汽车在行驶车时内的平均速度，用驶过的距离（行程）L（km）和行驶车时 T_t（h）的比值表示，其影响因素有汽车结构、汽车性能、道路交通状况、驾驶技术、气候条件和运输组织水平等。

（2）汽车的营运速度

汽车的营运速度是指汽车在工作车时内的平均速度，用驶过的距离 L（km）和工作车时 T_d（h）的比值表示，其影响因素有车辆的技术速度、运输距离、运输组织和装卸机械化水平等。

（3）运送速度

运送速度是指车辆运送货物或旅客的平均行驶速度，用驶过的距离 L（km）和运送时间 T_c（h）的比值表示，其影响因素有汽车技术速度、运输组织、途中旅客乘车秩序或货物紧固和包装状况等。

（4）平均车日行程

平均车日行程是指统计期内平均每一工作车日汽车所行驶的里程，用汽车在统计期工作车日内的总行程 ΣL（km）和工作车日 D_d（车日）的比值表示，其影响因素有车辆技术速度和车辆时间利用程度。

2. 时间利用指标

（1）完好率

完好率是指统计期内企业营运车辆的完好车日（D_a）与营运总车日（D）之比，反映营运车辆总车日利用的最大可能性，其影响因素有汽车的技术性能、汽车的使用合理性、汽车的维修组织、汽车的维修质量和处理报废汽车的及时性等。

（2）工作率

工作率是指统计期内企业营运车辆的工作车日（D_d）与营运总车日（D）之比，反映营运车辆总车日的实际利用程度，其影响因素有汽车完好率、气候条件、道路交通条件、运输工作的组织和管理水平等。

（3）总车时利用率

总车时利用率是指统计期内企业营运车辆的工作车日内的工作车时（T_d）和总车时（T）之比，反映汽车工作车日中出车时间所占的比例，其影响因素有运输工作的组织管理水平，合理组织、合理调度资源和采用多班制等。

（4）工作车时利用率

工作车时利用率是指统计期内营运汽车在运输过程中的行驶车时（T_t）和工作车时（T_d）之比，其影响因素有运输工作组织水平和装卸机械化水平。

3. 行程利用指标——行程利用率

行程利用率指统计期内车辆载重行程（L_1）与总行程（L）之比，它反映车辆总行程的有效利用程度，其影响因素有客、货源及运送目的地分布、运输组织和汽车对不同运输对象的适应能力等。

4. 载客量（客位）利用指标

（1）载质量（客位）利用率

载质量（客位）利用率指车辆实际完成的运输周转量与车辆载重行程额定载重（客）量得以充分利用时所能完成的运输周转量之比，表示车辆在载重行程额定载重（客）量的利用程度，其影响因素有货（客）流特性、运距、车辆容量、汽车对运输任务的适应性和运输组织水平等。

（2）实载率

实载率是指车辆实际完成的运输周转量和汽车在总行程中额定载重（客）量得以充分利用时所能完成的运输周转量之比，表示汽车在总行程中额定载重（客）量的利用程度，实载率综合反映了车辆行程利用率和载重（客）量利用率对运输过程的影响。

5.3 汽车运输生产率

汽车运输生产率是指单位时间内运输车辆所完成的产量。单位时间可采用小时、日、月、年等不同统计时间；产量可采用货（客）运量或周转量、出租汽车客运的收费里程或收费停歇时间等；运输汽车则可根据统计计算目的采用单车或车组、车队、企业的全部汽车，也可采用汽车的一个吨位或客位。

1. 载货汽车运输生产率

（1）工作生产率

工作生产率是指平均每工作车时汽车所完成的货运量或周转量，用以评价汽车在工作时间内的生产效率。一般情况下，载货汽车的运输工作是以运次为基本运输过程进行组织的，完成一个运次的工作车时为完成该运次的行驶车时和停歇车时之和。其中，汽车在一个运次中的停歇车时主要包括装卸货物而停歇的车时。

（2）总生产率

总生产率指平均每（在册车时）车辆所完成的货运量或周转量，用于评价车辆在汽车在册时间内的生产效率和运用效果。

2. 载客汽车运输生产率

（1）工作生产率

工作生产率是指平均每工作车时车辆所完成的客运量或周转量，用于评价客运汽车在线路上工作时间内的利用效果。

汽车客运含市内公共汽车客运和公路客运两类，一般以单程为基本运输过程进行组织，其共同特点是在一个单程内，乘客在沿途各停车站上、下车而使车辆在各路段的实际载客人数有所不同。

（2）总生产率

客运汽车总生产率是指单位总车时内汽车所完成的客运量（人次/h）和周期量（人·km/h）。其中生产率公式的推导过程和货运汽车总生产率的推导过程类似，所得客运总生产率计算公式和货运汽车总生产率计算公式在形式上完全一致。但各因素的含义有所不同，并应采用相应不同的单位。

3. 出租汽车运输生产率

（1）工作生产率

出租汽车客运一般按运次为基本运输过程组织，每运次所用的时间包括收费里程（km）的行驶时间，不收费里程（km）行驶时间，收费停歇时间（h）和不收费停歇时间。出租汽车的行程利用率（也称收费行驶系数）是指收费行程和总行程之比，表明出租汽车的工作车时。

（2）总生产率

出租汽车客运的总生产率是指单位车时内完成的收费行程（km/h）和收费停歇时间（h/h），可参照汽车货运总生产率计算公式来确定。

4. 使用因素对汽车运输生产率的影响

在汽车运输实践中，通过对各使用因素对生产率的影响特征和影响的分析研究，并据此优化各使用因素的状态，以使汽车因素生产率得以提高。

各单项指标因素对汽车生产率影响程度的大小顺序为：实际载质量、载质量利用率、装卸工作停歇时间、行程利用率和技术速度等。因此，提高载质量利用率是提高生产率最有效的途径。

5.4 汽车运输成本

汽车的运输成本是评价汽车运输效果的综合性指标。不断降低汽车运输成本是增加企业利润的基础。在汽车运输生产过程中，汽车运输生产力的高低、汽车维修质量的好坏、运输组织水平的高低、人力和物质的节约或浪费、运输服务质量的好坏，最终都以货币形式反映到成本指标上来，影响着汽车运输成本的大小。决定着汽车运输利润的高低。因此在保证汽车运输服务质量的前提下，不断降低运输成本，对于运输企业的生存和发展起着至关重要的作用。

1. 汽车运输费用

汽车运输的全部费用，按照其与汽车运行和产量的关系，可分为变动费用、固定费用和装卸费用三项。其中，各运输企业在确定成本时，装卸费用实行单独核算，故汽车运输费用主要考虑变动费用和固定费用两部分。

汽车的变动费用（元/km）也称为汽车运行费用，是指和汽车行驶有直接关系的费用，通常按照每千米行程消耗的费用计算，包括燃料费、汽车检测维修费、通行费、过渡费和其他与汽车行驶有关的费用。

固定费用（元/h）也称为企业管理费用，是指和汽车行驶无直接关系的费用，即不论汽车行驶与否，企业总要支付的费用，包括汽车保险费、汽车折旧费、职工工资和奖金、行政办公费、水电费、房屋维修费、职工培训费、宣传费和固定设施折旧费等，出租车还包括运营证权证费。

2．汽车运输成本

汽车运输成本是汽车运输单位为完成客货运输任务所支出各种费用的总和。由于汽车运输成本费用分为变动费用和固定费用两项，与之相对应，汽车运输成本也分为变动成本和固定成本两项，即汽车运输成本为变动成本与固定成本之和。

3．使用因素对汽车运输成本的影响

通过分析各使用因素对汽车运输成本的影响特性和影响程度，找到降低汽车运输成本的有效措施。各使用因素对运输成本的影响程度按照以下顺序由大到小排列：载重利用率、行程利用率、装卸停歇时间和车辆技术速度。由此可见，提高载重利用率和行程利用率比缩短停歇车时更能够减低运输成本，是降低运输成本的最为有效的措施。

4．降低汽车运输成本的途径

（1）提高公路等级。这是降低汽车运输成本的有效途径。

（2）提高汽车的技术性能，大力发展大吨（座）位汽车，是降低汽车运输成本的有力措施。

（3）改善经营管理是降低汽车运输成本的重要途径。提高劳动生产率，力求以最少的人力消耗完成最多的运输任务；优化运输生产结构、提高运输效率，充分发挥汽车运用的效能；强化经营管理，节约各项物质消耗；大力开展技术革新，逐步采用先进技术，提高运输生产率。

思考与练习

1．评价汽车利用程度的指标主要有哪些?

2．试分析使用因素对汽车运输生产率的影响。

3．从哪几个方面可以降低汽车的运输成本?

参 考 文 献

[1] 韩爱民．汽车运用基础．北京：中央广播电视大学出版社，2010.
[2] 张永杰．汽车运用基础（第2版）．北京：电子工业出版社，2008.
[3] 陈焕江．汽车运用基础（第3版）．北京：机械工业出版社，2013.
[4] 王盛良．汽车使用、维护与保养技术．北京：机械工业出版社（第2版），2013.
[5] 陈焕江．汽车运用工程．北京：人民交通出版社，2011.
[6] 何宝文．汽车文化与常识．北京：清华大学出版社，2010.
[7] 陈焕江．汽车运用基础（第2版）．北京：机械工业出版社，2011.
[8] 杨宏进．汽车运用基础（第2版）．北京：人民交通出版社，2011.
[9] 姜立标．汽车运用工程基础（第2版）．北京：北京大学出版社，2013.
[10] 赵英勋．汽车运用工程．北京：国防工业出版社，2013.
[11] 叶新娜．汽车运用基础．北京：化学工业出版社，2011.